司马相如
研究论丛之四

四川省司马相如研究会
蓬安县县志编纂委员会办公室 编

第六次司马相如文化研讨会论文集

司马相如与中华广域文化共同体

九州出版社
JIUZHOUPRESS

图书在版编目（CIP）数据

司马相如与中华广域文化共同体：第六次司马相如
文化研讨会论文集 / 四川省司马相如研究会，蓬安县县
志编纂委员会办公室编 . -- 北京：九州出版社，2023.6
　　ISBN 978-7-5225-1855-8

　　Ⅰ . ①司… Ⅱ . ①四… ②蓬… Ⅲ . ①司马相如（前
179- 前 117）－人物研究－文集 Ⅳ . ① K825.6-53

中国国家版本馆 CIP 数据核字（2023）第 089648 号

司马相如与中华广域文化共同体：第六次司马相如文化研讨会论文集

作　　者　四川省司马相如研究会　蓬安县县志编纂委员会办公室　编
责任编辑　肖润楷
出版发行　九州出版社
地　　址　北京市西城区阜外大街甲 35 号（100037）
发行电话　（010）68992190/3/5/6
网　　址　www.jiuzhoupress.com
电子信箱　jiuzhou@jiuzhoupress.com
装帧设计　成都圣立文化传播有限公司
印　　刷　四川金邦印务有限公司
开　　本　880 毫米 ×1230 毫米　32 开
印　　张　12.75
字　　数　322 千字
版　　次　2023 年 6 月第 1 版
印　　次　2023 年 6 月第 1 次印刷
书　　号　ISBN 978-7-5225-1855-8
定　　价　76.00 元

序　言

谭继和

　　司马相如在中国文学史上具有赋圣词宗的地位。宋人林艾轩、朱熹称其为"赋之圣者"，明人詹景凤称其为"赋家之圣"，甚至还有人把他视为独步天下的第一文人，明人侯一元就认为"古今文人，独一司马相如哉！"不过，对这位赋圣，历史上也有人提出疑难、訾议和论责，集中在出生地之谜、大赋的历史地位、通西南夷的评价以及同文君的自由私奔等四大问题上。针对这四大问题产生的历史语境，根据学术界多年来研讨的前沿学术成果，汇集十多年来以四川省司马相如研究会为中心一些海内外学者的研究，这四大问题都得到了解读。尤其是相如故里问题，今天能得出相如"生于蓬安，长于成都"的结论就很不容易，经过学者间多少次论难才能有所依据地把它确定下来。相如是秦汉时司马氏南迁入蜀的一支，其祖先居于今蓬安锦屏镇，有别业记载，故后代命名为相如县，历900年始改县名。长则求学并长期居于成都，有相如宅和相如琴台的记载，传琴台下有响琴瓮，今青羊区琴台路即为纪念相如成都旧居与琴台而命名。邓郁章先生以及蓬安、南充、成都的一些学者为此付出了艰巨的努力。"不羡千金买歌舞，青灯黄卷研相如。疑义精要相析论，墨畦生涯尽入书。"郁章先生多年来的艰辛付出，现在算是有了回报。

有关司马相如的研究，其基本轨迹大体经历了两大发展阶段：一是关于相如故里的争论和探讨；二是关于相如文化的多方面研讨。这两个阶段体现出由相如个人文本的研讨向汉代精英集体文化性格和时代精神的研讨转型的特点，也即马克思所说的由原初的抽象上升到理性的具体的研究特点，我曾在《司马相如与巴蜀文化研究论文集》一书的序言里对此做过解析，这里不再赘述。需要着重强调的是，由故里的探讨，引起了对相如文化研究未来发展方向的思考。

司马相如不只是一个个体，更是一种文化现象。作为相如文化。我认为今后需要深入研讨下列特点：司马相如是汉代"综群书"的"通儒"。相如大赋是"孔氏之门用赋"升堂入室的产物，是孔子诗文教化的结晶，实具有"文以贯道"当以"文章为最"的崇高文化地位，这也是汉代时人的文化观念，是文化中国发展历程中出现的一个特色现象。文化中国薰育出了"文伯"司马相如，相如又以其站在那个时代高度的赋论、赋作和文韬武略，对文化中国的发展做出了杰出贡献。司马相如是汉代文化中国"采儒术以文"的开发者，是以其大赋而成就为汉代"文章诗教"的奠基者。

总而言之，"司马相如与文化中国的关系"是需要我们做的一篇大文章，这篇文章具有重要的思想学术价值和现实意义。但至今我们对这个问题还没有专题涉及，而这又是我们深入研究无法回避的同题。因此，以"司马相如与文化中国"为主旨，应该是未来研究方向的待望。

这里简要地说一说我的四点看法：

一是司马相如在文化中国发展史上的地位。

相如绝不只是一个文学家，只是单纯"为汉词宗"（《华阳国志》），他应是"以诗书而儒"的"通儒"，是百科全书式的汉代大儒家之一。宋人王侔说："吾侪蜀人诗书而儒自长卿始，诚如（秦）宓云。"明人李贽称相如为"词学儒臣"，这些看法是很有见地的，抓住了相如文化性格的本质。

司马相如本人对这个问题有过解答。他在《解客难》一文中，曾针对客人的责难：关于相如即为儒人，为何不"作汉一经"的问题，做出了他自己的解答，提出了他自己关于"文即六经"的看法，这是当时非常大胆的精辟见解。在他之后直到今天的人看来，相如此论正表现了西汉时期"以文章为盛，以诗书为儒"的时代特点。

王充《论衡》说："农无强夫，谷粟不登。国无强文，德闇不彰。"强农与强文是国家关乎命运强弱的两大支柱。而相如正是"国之强文"这一支柱的代表。他死前挂念的是《封禅书》，死后由卓文君献给汉武帝，果然八年后武帝即封泰山，禅梁父，礼中岳。武帝之后，历代封禅遂成为历朝定制。相如此项关于封禅的举述，遭到今人非议甚多。其实，"封禅"从其本质的原初抽象看，正是中华一统凝聚力和向心力信仰的表现。早在夏代即已有祐社祭拜信仰，商人有汤祷，周人有社稷之祀，这些活动是凝聚部族邦国精神，增强部族邦国向心力，统一部族邦国信仰的文化标志，换句话说，也就是最早的封禅。由此可见"封禅"实是华夏民族精神家园里培育大一统国家精神的一个文化地标。相如的封禅书是第一次提出了把渊源甚古的封禅祭祀的活动和地标加以国家制度化的问题，并为之提供理论依据，故而引起汉武帝的重视并加以践行。今天相如封禅书的原文已佚，看不到了，但它应该是对大一统的文化中国的礼仪性信仰与祭拜制度的建立，做出的一个奠基性的贡献。

由此观之，相如其人在文化中国发展史上，尤其是在儒化中国发展史上，实占有一席重要地位。其特点，首先是以"润色王道"为己任，以通圣门儒术之经，为助推文化凝聚中国之用。相如可谓通经致用、擅长国家朝廷通略的大儒和通儒。其次才是文学方面的辞赋之宗，应该摆正这两者的先后位置。

唐人称相如为"文伯""雄伯"，正是从相如为儒宗这个层面说的。唐人张说曰："相如吟咏情性，纪述事业，润色王道，发挥圣门，天下之人谓之文伯。"这个看法，正好说明相如作为"通儒"的文化个性特点。他是"润色王道，发挥圣门""以古圣贤为法者"的儒之"文伯（霸）""雄伯（霸）""绝后光前"（陈子良语）的"文雄"（李白语）和"通人"（《隋书》）。对这一特点，龙显昭先生等少数学者曾经指出过，但未引起学界重视。

二是相如大赋在文化中国经典上的地位。

大赋能否与儒经同等看待，是否算得上以"文"为特点的中国传统文化的主流意识形态，这也是今天学者尚未触及而需要辨证的一个大问题。

重视"文章之盛"，是汉代的时代特征。前人曾多有论述"经礼乐而纬国家，通古今而述美恶，非文莫可也。""孝武之后，雅尚诗文"（《周书》），汉以"文章为盛"，"大汉之文章，炳焉与三代同风"（班固：《两都赋》）。正因此，汉代上自公卿，下至庶民皆通文章。韩愈说："汉朝人莫不能文"，柳宗元说：汉朝"风雅益盛，自天子至公卿、大士、士、庶人咸通焉。四方之文章益烂然矣。"

汉代"文章"二字的内涵，首先是指汉大赋。这是因为汉赋为"骚之余"，是承袭诗骚发展起来的。《诗》是儒经的重要门类，诗教更是儒家礼数的核心；诗骚赋系统，发展到汉代才明确与六经训诂之学分途发展，成为两大系统。而汉赋则是"文章"系统即诗教系统的代表。这是其一。

大赋创作是一门专门学问，必须要通经和通文字，这是汉赋的基础学问。宋人晁说之曰：司马相如造诗赋，"多尔雅之文。通一经之士不能独知其辞，必会五经家相与共讲习读之，乃能通其意"。作大赋只通一经是不行的，必须具备"尔雅古字之学"与能会通五经各派经师讲论的"通经之学"这两个基本条件。这是其二。

"汉人作赋，必读万卷书，以养胸次。……又必精于六书，识所从来，自能作用。"相如赋为何能出人头地，是因为他"命意宏博，措词富丽，千状万汇，出有入无，气贯一篇，意归数语，此长卿所以大过人者也"（明·谢榛）。要有万卷才学，小学功夫，精于六书字学，知其源流从来，特别是儒术根柢，才会有作赋能力。有这样的基础，还要加上有统汇宇宙的千状万汇，控引天地的厚淳宏博，错综古今的出有入无，总揽人物的气贯胸次这样的"赋家之心"，即具有既宏且丽的浪漫想象力和原创力，才可能成就出汉代浪漫主义的赋圣司马相如。这是其三。

更重要的是，作赋还应有儒者的正气。宋人周紫芝认为相如赋的内在禀赋是："大哉气之为用，虽上下与天地同流可也。"刘壎认为其"雄浑之气溢出翰墨外"。儒家的浩然正气是汉代的时代精神，它深深地浸润于汉代文章翰墨之中。除儒学以外，相如赋还特别融入了古蜀仙道之学的想象力，成为以羽化飞仙为特征的东汉天师道教在蜀创立的滥觞。相如赋体现了"浩然之气"毓秀大块和"列仙之儒"（相如《大人赋》）飞升想象的鲜明特点，这是其四。

因了上述四个条件，相如大赋的地位在历史上就被提升到了与"儒学六经"并行的"诗教文章"的崇高地位，故相如也被历代一些文人称为汉文章之祖："长卿之于文章，实全蜀开创之祖"（清人钱谦益）。不仅是全蜀文章之祖，也是汉代整个圣门诗文之祖：其"辞文遂最一代"（明·尹台）。"后世文必称汉，言汉文之雄，必曰司马、扬、王"（明·詹景凤）。"圣门之赋，相如为入室之雄"（唐·卢照邻）。

总起来看，相如大赋是汉代中国诗教文章的代表，具有儒学经典

"兴废继绝、润色洪业"（班固：《两都赋》）的作用，属于汉代儒家主流意识形态，可登汉文大雅之堂。所以，不能把相如赋只看作单一学科的"辞赋之祖"，而要从"汉文章经典之圣"的广视角度来给予肯定。

三是相如大赋的浪漫主义精神内核在民族共有精神家园中的地位。

相如论赋家之心是"包括宇宙，总览人物"，"控引天地，错综古今"；论赋家之迹是"合纂组以成文，列锦绣而为质"。赋家之心与赋家之迹，构成相如浪漫主义文学精神的根基，开启了巴蜀文学浪漫主义的传统。这一传统成为"西蜀自古出文宗"的特色。以相如为榜样，他之后，从"汉代孔子"扬雄、唐诗文革新先驱陈子昂、诗仙李白、诗圣杜甫、千古第一文人苏轼、剑南诗家陆游、明代著述第一人杨升庵、清代性灵南宗张问陶、百科函海大家李调元直到现代文化巨人郭沫若、巴金，皆"比肩相如，始终坚守这一浪漫主义的古老传统与精神追求。它体现了司马相如凌万乘以峥嵘之气，贮千古以磊落之胸，洗宇宙以磅礴之神的浪漫主义精神和总览天地人的大一统宇宙观。这是汉代雄阔宏伟盛世的时代精神的反映，这也是文化中国共同精神家园中坚守的情怀，是民族文化想象力的结晶。

四是相如通西南夷在民族融合、国家认同和文化认同上的作用。

"唐蒙、司马相如开路西南夷，凿山通道千余里，以广巴蜀"（《史记·平准书》），清楚地说明了这一举措对民族交融，开拓巴蜀的历史作用。西南夷有两支：一支是南夷，一支是西夷。相如开通西夷和南夷，不仅是地理中国的统一问题，更重要的价值是文化中国的认同和维护国家统一的问题。它促进了大中华的国家认同和民族认同，在推动文化中国认同方面也起了重大作用。例如，开通南夷，促使夜郎文化与巴蜀文化交融。开通西夷则使冉、駹、邛、笮、徙、榆等族群进一步与蜀人融汇。所设冉、駹、邛、笮、徙、榆六都，就是文化认同与交融的体现。相如通西南夷的举措，统一和稳定了西南地区，促进了西南地区各民族文化向中原文化凝心聚力，至今都还有深远的影响。

南怀瑾先生曾说："立国之本是文化。"文化是中国形成和发展的灵魂，是中华民族凝心聚力的血脉，是中国人共有的精神家园。文化中国的认同，是文化立国的历史过程，是大一统中华多民族国家融合和发展的历史过程。文化中国是养育历代知识精英的肥壤沃土，而历代知识精英则对文化中国的核心文化——以儒释道为主干的中华优秀传统文化的终极本体、终极诉求和终极核心价值的发展做出了杰出的贡献。从这个层面观察，司马相如的浩然之气、浪漫之韵、大雅之声，在文化中国巨人的长廊里实占有一席不可磨灭的地位。尤其是在汉代，以文章教化为盛、儒家文明定型初曙，诗教和礼教第一次国家法典化的关键时期，司马相如是站在这个时代高度上的一颗闪亮的北辰之星，是汉代文章之盛的一个闪亮的文化路标。因此，对司马相如与文化中国的研究，正是我们应该取向的有关司马相如研究未来的发展方向。

目 录

近百年司马相如研究综述

四川师范大学社会科学学报编辑部　李大明　唐　普

司马相如（前179—前118），字长卿，史载蜀郡成都（今四川成都）人，故里在今四川省南充市蓬安县，西汉前期著名的文学家、政治家、语言文字学家，是巴蜀文化和文学的杰出代表。

司马相如以辞赋文章而知遇于汉武帝，并为汉代西南地区的安定、民族的融合和经济社会的发展创立了非常功业。司马相如在辞赋、散文、乐府、小学方面成就斐然，同时又是西汉时期杰出的政治家和巴蜀文化的代表人物，历来对司马相如及其作品的研究代不乏人。

近百年来的司马相如研究，从载体的角度来看，一是报刊论文，据不完全统计，截至2020年底，相关研究论文有300余篇（不包括一般性的评介文章）；二是文献整理，主要是司马相如作品的辑校、汇校、校注，如《司马相如集校注》就分别有金国永、朱一清、李孝中校注的三个版本，高步瀛《文选李注义疏》、费振刚等《全汉赋校注》、张大可等《史记疏证》都涉及司马相如及其作品的研究；三是研究专著和资料整理，如龚克昌、苏瑞龙专著《司马相如》，简宗梧博士学位论文《司

马相如扬雄及其赋研究》，熊伟业博士学位论文《司马相如研究》都是
对司马相如及其作品的专门、系统的研究，踪凡《司马相如资料汇编》
收录了西汉迄至民国两千多年有关相如的记载与评论资料；四是有关司
马相如的文学艺术创作，比如剧本、戏曲表演等。现以近百年来发表的
司马相如研究论文为主，兼及有关专著文献，对司马相如的研究状况作
简要梳理，以便读者了解相关情况。

一、司马相如生平研究

从我们掌握的资料来看，近百年司马相如研究似应以游国恩为
发端。1923年，游国恩在《文艺旬刊》第13—17期连载《司马相如评
传》①，对司马相如的生平事迹和相关作品作了评述。近百年司马相如
生平的研究，主要包括其生卒年、故里、事功等方面。

（一）关于司马相如生卒年的研究

1. 司马相如出生年的研究

这是近百年司马相如研究争论最多的一个问题。游国恩《司马相如
评传》论证司马相如生于汉文帝七年（前173年）、卒于汉武帝元狩五
年（前118年）。姜亮夫在1937年出版的《历代名人年里碑传总表·名
人表》定司马相如生于汉文帝初（前179年）、卒于汉武帝元狩六年
（前117年）②，为后来大多数研究者所接受，如郑振铎1932年写成的

---

① 游国恩《司马相如评传》，《文艺旬刊》1923年13—17期（出版日期分别为11月15日、
11月25日、12月6日、12月16日、12月25日）。据游国恩之女游宝谅《游国恩先生年谱》[《淮
阴师范学院学报（哲学社会科学版）》2002年第1期]，游国恩1923年25岁，时就读于北京
大学中文系。

② 姜亮夫《历代名人年里碑传总表》，商务印书馆，1937年初版，第6页。按：姜亮夫《序
例》云"是书集稿虽屡七八年，而成书则近一年事也。"（《序例》，第3页）知其集稿最早不
过20世纪20年代末，犹晚于游国恩。

《中国文学史》①，刘大杰作于1939年、完成于1948年的初版《中国文学发展史》②，1972年修订的《中国文学发展史》③即如此。新中国成立后的研究，如沈伯俊《司马相如与司马迁》、金国永《司马相如集校注·前言》、朱一清和孙以昭《司马相如集校注·前言》、袁行霈主编《中国文学史》、李孝中和侯柯芳《司马相如作品注译·前言》，都将司马相如生年系于公元前179年④。

　　研究者对司马相如生卒年产生兴趣似应源于束景南和刘开扬的论争。1962年刘开扬发表了《论司马相如及其作品》一文，认为司马相如约生在文帝二年（前178年）、死于元狩六年（前117年）⑤。1984年，束景南发表《关于司马相如游梁年代与生年》一文，否定司马相如生于公元前179年及刘开扬主张的公元前178年之说，推定司马相如生于文帝九年（前171年）⑥。1985年，刘开扬发表《再谈司马相如游梁年代与生年》，以考察司马相如入梁时间入手而推出司马相如出仕之年，并倒推到其生年，"则相如生于文帝元年，是不会有多大错误的"⑦。1987

　　① 郑振铎《郑振铎中国文学史》（上），"中国学术文化名著文库"，吉林人民出版社，2013年版，第79页。
　　② 刘大杰《中国文学发展史》，百花文艺出版社，2007年版，第78页。按：公元前117年为汉武帝元狩六年，刘大杰误为元狩五年。又，此书为1940年代初版本，随后作者于1957年、1962年和1973—1976年间做过三次大规模的修改（参见：陈尚君《刘大杰先生和他的〈中国文学发展史〉——写在〈中国文学发展史〉初版重印之际》，刘大杰《中国文学发展史》附录，百花文艺出版社，2007年版，第618页）。
　　③ 刘大杰《中国文学发展史》第一册，上海人民出版社，1973年版，第144页。
　　④ 参见：沈伯俊《司马相如与司马迁》，《天府新论》1985年第4期；司马相如著、金国永校注《司马相如集校注》，上海古籍出版社，1993年版，《前言》第1页；朱一清、孙以昭《司马相如集校注》，人民文学出版社，1996年版，《前言》第1页；袁行霈主编《中国文学史》第一卷，高等教育出版社，2003年版，第207页；李孝中、侯柯芳《司马相如作品注译》，四川人民出版社，2007年版，《前言》第1页。
　　⑤ 刘开扬《论司马相如及其赋》，原载《江海学刊》1962年第2期，今参：刘开扬《柿叶楼存稿》，上海古籍出版社，1983年版，第23页。
　　⑥ 束景南《关于司马相如游梁年代与生年》，《文学遗产》1984年第3期。
　　⑦ 刘开扬《再谈司马相如游梁年代与生年》，《文学遗产》1985年第2期。按：刘开扬否定相如"东受七经"之说，系在1961年写成的《论司马相如赋的本原和特点》一文，原载《文学遗产》增刊第十辑，今参：刘开扬《柿叶楼存稿》，上海古籍出版社，1983年版，第41—42页。

年，束景南撰文回答刘开扬，补证司马相如入梁时间在景帝七年（前150年），以此驳斥刘开扬前文①。同年，刘开扬再撰《三谈司马相如生年与所谓"东受七经"问题》，对束景南的观点做了反驳②。二者的研究，基本上是以司马相如入梁时间作为切入点进行的，后来的研究者也主要是以此作为论证的基点。其差异，本质上是对司马相如入梁时间考证的差异。

关于司马相如的生年研究随后出现百家争鸣的现象。龚克昌《司马相如传》就直接将司马相如生年定在西汉文帝前元八年（前172年）③，尚永亮、王承丹《盛世文豪：司马相如传》即采用了龚克昌的这种观点④。刘南平则认为司马相如当生于文帝前元十一年（前169年）⑤，费振刚、仇仲谦、刘南平共同校注的《全汉赋校注》据此则将司马相如的生年确定为公元前169年⑥。陈文新主编《中国文学编年史·汉魏卷》认为司马相如约生于前173—前117年⑦。此后，吴贤哲认为司马相如当生于文帝十年（公元前170年）⑧，李昊则认为"其大致生于文帝十年（前170年）"⑨，熊伟业认为司马相如生于汉文帝四年（前176年）⑩，张大

---

① 束景南《司马相如游梁年代与生平的再考辨——答刘开扬先生》，《文学遗产》1987年第1期。

② 刘开扬《三谈司马相如生年与所谓"东受七经"问题》，《成都大学学报（社科版）》1987年第4期。

③ 龚克昌《司马相如传》，龚克昌《汉赋研究》，山东文艺出版社，1990年版，第108页。龚克昌的这种观点又别参：龚克昌、苏瑞隆《司马相如》，春风文艺出版社，1999年版，第1页、89页、90页。

④ 尚永亮、王承丹《盛世文豪：司马相如传》，东方出版社，2001年版，第4页。

⑤ 刘南平《司马相如生平及作品系年考》，《中国典籍—文化论丛》第三辑，中华书局，1995年版，第168页。

⑥ 费振刚、仇仲谦、刘南平校注《全汉赋校注》，广东教育出版社，2005年版，第69页、72页。

⑦ 陈文新主编《中国文学编年史·汉魏卷》，湖南人民出版社，2006年版，第23页。

⑧ 吴贤哲《关于司马相如生年的再思考》，《四川师范大学学报（社会科学版）》2008年第4期。

⑨ 李昊《司马相如生平考辨》，《中华文化论坛》2011年第1期。

⑩ 熊伟业《司马相如研究》，电子科技大学出版社，2012年版，第41页、48页。

可认为司马相如生于公元前174年①。

综上，关于司马相如的生年，研究者目前有公元前179年、公元前178年、公元前176年、公元前174年、公元前173年、公元前172年、公元前171年、公元前170年、公元前169年九种说法。

2. 关于司马相如卒年的研究

司马相如的卒年，争论不大。《史记集解》注"司马相如既卒"引徐广曰"元狩五年也"②，这个结论一直为学界所公认。其实这个研究方法很简单，就是按照《史记·司马相如列传》"相如既卒五岁，天子始祭后土。八年而遂先礼中岳，封于太山，至梁父禅肃然"之史实倒推。

另外一种观点，即认为司马相如卒于元狩六年（前117），前述姜亮夫《历代名人年里碑传总表·名人表》、郑振铎《中国文学史》、刘大杰《中国文学发展史》、金国永《司马相如集校注·前言》都持这个观点，但均未做论证。刘南平认为徐广是按周年计算相如卒年的，若按年头推算系年，应"将司马相如的卒年认定为元狩六年（前117年）"③。此后，她又与叶会昌合作撰文，再次强调了司马相如卒于元狩六年（公元前117年）的结论④。其后如熊伟业、牟歆等⑤，都认可这一说法。

① 张大可《论司马相如》，《信阳师范学院学报（哲学社会科学版）》2012年第3期。此文后收入：张大可、徐兴海编著《一代辞宗司马相如》，商务印书馆，2018年版。按《一代辞宗司马相如》收录此文标题仍作《论司马相如》，但文末注云"本文以《寻找司马相如》为题原载《信阳师院学报》2012年第4期"，疑误记。

② 司马迁《史记》，中华书局，1959年版，第3072页。

③ 刘南平《司马相如生平及作品系年考》，《中国典籍与文化论丛》第三辑，第189页。

④ 刘南平、叶会昌《司马相如卒于公元前117年考——兼论〈史记〉〈汉书〉记年法与系年推算法的逻辑关系》，《河北北方学院学报（社会科学版）》2009年第5期。

⑤ 参见：熊伟业《司马相如研究》，电子科技大学出版社，2012年版，第120—121页；牟歆《司马相如〈天子游猎赋〉创作时间及成赋过程新论》，《四川师范大学学报（社会科学版）》2016年第6期。

（二）关于司马相如故里的研究

司马相如故里有关问题的研究，在21世纪初出现了一个高潮，取得了引人注目的新成果。

《史记·司马相如列传》记载司马相如为蜀郡成都人，《汉书·司马相如传》同，历来著述均沿此说，未有怀疑。清王培荀《听雨楼随笔》最早提出"人皆以相如为成都人，实今之蓬州人"，但他并未论证，可能依据的是地理文献对古迹的记载。20世纪末、21世纪初，四川省的专家学者根据梁天监六年（507年）置相如县的史实，结合六朝以来的有关史料，包括唐宋以来的正史地理志、地理专书文献和地方史志，对《史记》《汉书》的记载提出了质疑，论证司马相如的故里在汉巴郡安汉县，即后之蓬州、今之南充市蓬安县①。相关的研究，有如司马研《王培荀的司马相如"实今之蓬州人"说考论》②，侯柯芳《司马相如爵里质疑》③，房锐、邓郁章《关于司马相如故里问题的再探讨》④，邓郁章《司马相如故里在蓬安》⑤，房锐《关于司马相如故里问题的思考》⑥等。2001年四川人民出版社出版赵正铭、邓郁章主编《相如故里在蓬安》，2007年四川人民出版社又将编者增删、修订后的书稿以《司马相如故里在蓬安》出版，二书中对相关研究文献收录颇为全

---

① 李大明《关于"司马相如故里"的探讨》，赵正铭、邓郁章主编《相如故里文化旅游丛书·司马相如故里在蓬安》，四川人民出版社，2007年版。

② 司马研《王培荀的司马相如"实今之蓬州人"说考论》，《四川师范大学学报（哲学社会科学版）》2000年第4期。按：司马研为"司马相如研究会"化名，该文后收入赵正铭、邓郁章主编《相如故里文化旅游丛书·司马相如故里在蓬安》，四川人民出版社，2007年版。

③ 侯柯芳《司马相如爵里质疑》，李孝中校注《司马相如集校注》附录，巴蜀书社，2000年版。该文后收入赵正铭、邓郁章主编《相如故里文化旅游丛书·司马相如故里在蓬安》，四川人民出版社，2007年版。

④ 房锐、邓郁章《关于司马相如故里问题的再探讨》，《四川师范大学学报（社会科学版）》2005年第2期，该文后收入赵正铭、邓郁章主编《相如故里文化旅游丛书·司马相如故里在蓬安》，四川人民出版社，2007年版。

⑤ 邓郁章《司马相如故里在蓬安》，西华大学、四川省文史研究馆蜀学研究中心主办《蜀学》（第一辑），四川出版集团巴蜀书社，2006年版。

⑥ 房锐《关于司马相如故里问题的思考》，《西南交通大学学报（社会科学版）》2008年第6期。

面。近些年来，有关研究成果还不断出现，如2020年西南财经大学出版社出版由蓬安县政协文化文史和学习委员会、西华师范大学区域文化研究中心、司马相如研究会编著的《相如故城》。

司马相如故里的有关研究，在四川省司马相如研究会和南充、蓬安党委、政府的支持和努力下，得出的司马相如故里在蓬安的结论，目前已为广大研究者所认可，在学术界、文化旅游业界产生了越来越广泛的影响。

（三）关于司马相如事迹的研究

1. 司马相如政治功绩研究

司马相如在文学创作上有着巨大成就和影响，但历史上对他在汉武帝朝的开边治夷的评价褒贬不一。在近百年的司马相如研究中，部分学者对此给予了积极肯定。

游国恩在《司马相如评传》中说："他虽不曾做过很大的官，而一生的事功倒还特别出色：这就是武帝时通西南夷的一件事。文人做这等外交上的事业，在历史上也要数他头一位。"贺燮在1940年发表《宁蜀夷务与司马相如》，认为司马相如"不惟是个文豪，而且是个开拓疆土的伟人，他的辞赋富有积极的民族意识，不但雄冠两汉，而领袖后世，他在汉代毕尽精力，以谋求解决夷务问题"，主张政府借助司马相如的思想解决中国大后方的宁蜀问题[1]。陈中凡在1941年发表《西汉大政治家司马相如》一文，对司马相如《封禅文》的"苦心孤诣"进行了剖析[2]。陈觉玄1942年发表《司马相如》，强调："现在人提到司马相如，都说他是汉代的文人——辞赋家；哪知道他实在是一代的大政治家，其功在扩大中国的国域，提高少数民族的文化，这是万世不可泯灭的

---

[1] 贺燮《宁蜀夷务与司马相如》，《西康青年》半月刊第2卷第1、2期合刊，1940年。
[2] 陈中凡《西汉大政治家司马相如》，《文史杂志》第1卷第9期，1941年。

伟绩。"①

当代以来，以司马相如通西南夷及其作品《喻巴蜀檄》《难蜀父老》着手研究探讨司马相如的历史贡献的文章有：叶红《司马相如和汉武帝时代的西南开发》、赵炳清《司马相如与通"西南夷"》、李殿元《司马相如：西汉边疆开拓的杰出战略家与实践者》、杨伟立《司马相如通西夷及其贡献》、马庆洲《作为使节的司马相如——浅谈司马相如对开发西南夷的贡献》②。

2. 司马相如学历、学源研究

司马相如能够取得非凡的文学成就，除了他的创造力之外，应该与他自身的学识、学养有很大关系。但是，《史记·司马相如列传》仅书"少时好读书，学击剑"，"相如既学，慕蔺相如之为人，更名相如"数语。相如既学，当在入梁之前，《史记索隐》引秦密（宓）云"文翁遣相如受七经"③。此语实出《三国志·蜀书·秦宓传》所载秦宓与王商书，虽无其他文献可证，但影响颇广。

在近百年司马相如研究中，对相如是否受文翁所遣"东受七经"并无一致意见。游国恩《司马相如评传》认可秦宓的说法，考定相如受经在景帝后二年（前142年），《凡将篇》即为"他学成时教弟子编的一种教科书，大约作于武帝初年"④。李淣1937年发表《司马相如卓文君行年考》，"考文翁遣相如受七经，其事当在景帝初即位时"，"相如作

---

① 陈觉玄述《司马相如》，《文史教学》1942年，第6期。
② 参见：叶红《司马相如和汉武帝时代的西南开发》，《西南民族大学学报（哲学社会科学版）》2000年第9期；赵炳清《司马相如与通"西南夷"》，《西华师范大学学报（哲学社会科学版）》2008年第5期；李殿元《司马相如：西汉边疆开拓的杰出战略家与实践者》，《文史杂志》2017年第6期；杨伟立《司马相如通西夷及其贡献》，《蜀学》第十二辑，2017年；马庆洲《作为使节的司马相如——浅谈司马相如对开发西南夷的贡献》，《中华读书报》2017年11月1日，第015版。
③ 司马迁《史记》，中华书局，1959年版，第2999页。
④ 游国恩《司马相如评传（续）》，《文艺旬刊》第14期，1923年11月25日。

凡将篇，疑即学成还蜀，教授吏民所作"①。

刘开扬不同意文翁遣相如"东受七经"说。他在1961年撰成的《论司马相如赋的本原和特点》一文，认为相如赋是继承屈原、宋玉，并否定了秦宓的说法②。束景南在与刘开扬的论争中，则持相反意见，认为司马相如被文翁东遣受经"是完全可能的"，"秦宓之说自必有据"，只是"不必是在文翁任蜀守之时"③。对此，刘开扬《再谈司马相如游梁年代与生年》《三谈司马相如生年与所谓"东受七经"问题》④予以答辩。从双方的论证来看，刘文似更有说服力。

其后，采信司马相如"东受七经"之说的大致有：鲁红平以为司马相如"游梁归来，东受七经"⑤，游梁失败，"受时势的影响，他接受文翁之遣'东受七经'"⑥；李昊以为，"相如东诣京师学习，当在景帝后元元年（前143年）至武帝建元五年（前136）之间"⑦；张大可认为，"司马相如是文帝末蜀郡太守文翁栽培的俊秀，司马相如为郎，当是文翁的推荐"⑧，认可文翁遣送司马相如"东受七经"的说法。认为司马相如"东受七经"不可信者，大致有：刘南平《司马相如"东受七经"考》等文⑨，认为秦宓之信的证据不足；房锐认为，"《三国志》所载秦

---

① 李渼《司马相如卓文君行年考》，《文澜学报》第 3 卷第 2 期，1937 年。

② 刘开扬《论司马相如赋的本原和特点》，刘开扬《柿叶楼存稿》，上海古籍出版社，1983 年版，第 41 页。

③ 束景南《关于司马相如游梁年代与生年》，《文学遗产》1984 年第 3 期；束景南《司马相如游梁年代与生平的再考辨——答刘开扬先生》，《文学遗产》1987 年第 1 期。

④ 参见：刘开扬《再谈司马相如游梁年代与生年》，《文学遗产》1985 年第 2 期；刘开扬《三谈司马相如生年与所谓"东受七经"问题》，《成都大学学报》（社科版）1987 年第 4 期。

⑤ 鲁红平《论司马相如的创作心迹》，《新疆师范大学学报（哲学社会科学版）》2005 年第 2 期。

⑥ 鲁红平《论司马相如的儒家思想》，《西南民族大学学报（人文社会科学版）》2008 年第 9 期。

⑦ 李昊《司马相如生平考辨》，《中华文化论坛》2011 年第 1 期。

⑧ 张大可《论司马相如》，《信阳师范学院学报（哲学社会科学版）》2012 年第 3 期。

⑨ 刘南平《司马相如"东受七经"考》，《张家口师专学报（社会科学版）》1995 年第 1 期；刘南平《司马相如生平及作品系年考》，《中国典籍与文化论丛》第三辑，1995 年。

宓的说法是不可靠的，不能视作信史"①，"司马相如渊博的学识、扎实的功底、惊人的文才，与文翁派遣受经无关"②；何一民、崔峰认为，"司马相如相如与文翁并无任何关系"③。本文2020年发表，对半个多世纪以来的有关研究和争论做了总结，并进一步做了深入论证，提供了新的研究成果。

关于司马相如的师承问题，因为文献有限，大多研究还是通过他的作品进行讨论。比如前述刘开扬认为司马相如赋的本源是屈原、宋玉④；方向红认为，司马相如的思想"既受中原儒家文化影响，又更多地保留了西南蛮夷风"⑤；邢瑞认为，司马相如的辞赋所体现的气势和时代精神，与西汉时的道家思想有着紧密的关系⑥；鲁红平认为，司马相如"其思想不是与儒家大相径庭，而是完全一致"⑦；高萍认为司马相如与长安文化呈现双向互动性，"一方面长安文化玉成了司马相如，使他从纵横之士转变为辞赋之士"，"另一方面司马相如推动了长安文化的发展"⑧；李凯分析了司马相如主要作品的创作背景、儒家文艺观的基本内容，指出其文艺思想中包含了明显且明确的儒家意识⑨；吴艳探讨了楚文化对司马相如辞赋的影响以及对西汉一代辞赋家的影响⑩；金生杨认为，"司马相如学通五经、诸子，继承周秦诸赋而光大之，成就了汉

---

① 房锐《对司马相如成名与文翁化蜀关第的再认识——以〈三国志·秦宓传〉所录秦宓致王商书信为重点》，《唐都学刊》2007年第6期。
② 房锐《司马相如受学说辨析》，《四川师范大学学报（社会科学版）》2008年第3期。
③ 何一民、崔峰《司马相如与文翁关系再辨析——兼论汉代蜀地文化名人大家辈出的原因》，《四川师范大学学报（社会科学版）》2020年第2期。
④ 刘开扬《论司马相如赋的本原和特点》，刘开扬《柿叶楼存稿》，第38—41页。
⑤ 方向红《重评司马相如之人格》，《成都教育学院学报》2005年第10期。
⑥ 邢瑞《道家思想对司马相如辞赋气势的影响》，《勋阳师范高等专科学校学报》2008年第2期。
⑦ 鲁红平《论司马相如的儒家思想》，《西南民族大学学报（人文社会科学版）》2008年第9期。
⑧ 高萍《司马相如与长安文化》，《唐都学刊》2009年第3期。
⑨ 李凯《司马相如文艺思想与儒家文艺思想大相径庭吗？》，《重庆师范大学学报（哲学社会科学版）》2012年第1期。
⑩ 吴艳《从司马相如赋看楚文化对西汉辞赋家的影响》，内蒙古大学2012年硕士学位论文。

赋的辉煌"①；郭玉蕾认为，"司马相如又是在汲取蜀地巫仙文化、儒学思想的基础上创作的汉大赋"②；姜楚雨认为，"对于过去和当下真实又虚构的再现便是司马相如赋全部的价值，也是司马相如继承了《诗经》讽谕传统的一个显著特征"③。

二、司马相如作品研究

司马相如在辞赋、诗歌、小学、散文方面有很高的造诣与成就，近百年来的司马相如研究，有很大一部分是围绕着他的作品而来。这方面的研究，一是司马相如作品的文献整理工作，如辑佚、校注；二是关于司马相如作品的系年；三是司马相如作品的辨伪；四是司马相如作品的义理分析（包括司马相如的赋论），等等。

（一）司马相如作品的文献整理与研究

1. 费振刚、仇仲谦《司马相如文选译》。该书由巴蜀书社1991年出版，选译了《子虚赋》《长门赋》《美人赋》等10篇文章。该书每篇题下有题解、原文和注释、译文，以简体字排版。

2. 金国永校注《司马相如集校注》。金国永1986年完成的《司马相如集校注》以明末娄东张氏刊《汉魏六朝一百三家集·司马文园集》为底本，以明万历间新安汪士贤校《司马长卿集》参校，并参校其他文献④。该书各篇前有题解，每段正文后有注释，既有作品主旨的解释，又有文献真伪的辨识，注释旁征博引，是目前较为通行的司马相如文集

---

① 金生杨《试论司马相如的学术思想》，《西华师范大学学报（哲学社会科学版）》2015年第3期。
② 郭玉蕾《司马相如与蜀地文教》，郑州大学2018年硕士学位论文。
③ 姜楚雨《由〈诗经〉讽谕之义的修辞蜕变论司马相如、扬雄赋的源流与生成》，辅仁大学中国文学研究所2018年硕士论文。
④ 金国永《司马相如集校注·前言》第14页。

的校注本。

3．朱一清、孙以昭校注《司马相如集校注》。该校注本以明汪士贤辑刻、近人傅增湘校并跋的《汉魏六朝诸家文集二十二种》中的《司马长卿集》为底本，并以明张燮《七十二家集》、明张溥《汉魏六朝百三家集》的《司马文园集》及他书参校①，有前言、原文、校记、注释，无题解。

4．李孝中校注《司马相如集校注》。该书主要从旧籍中辑录司马相如作品，"无旧籍可依者，方从辑本，然后加以校注"②。所辑共13篇，另附《凡将篇》残句，合而成集，加以校注。集末附本传、轶事、历代题咏、集评、有关《自叙传》论争，以及侯柯芳论文2篇。

5．《全汉赋校注》。该书收录司马相如《子虚赋》、《上林赋》、《哀二世赋》、《大人赋》、《美人赋》、《长门赋并序》、《黎赋》（残篇）、《鱼葅赋》（存目）、《梓桐山赋》（存目）、《难蜀父老》，共10篇。题下注释交代底本和校本，然后是正文、校注、历代赋评。编者认为，《文选》把司马相如的《难蜀父老》编入"设论"是确切的，该篇是"抒情言志的作品，虽然不以赋名篇，但实际上也是一种赋"③，因此予以收录。

6．李孝中、侯柯芳注译《司马相如作品注译》。该书收录司马相如作品13篇，附录了司马迁《司马相如列传》和司马相如相关轶事、题咏、集评，以及《〈凡将篇〉与"小学"》《风月瑞仙亭》《杂剧传奇中相如文君戏曲目录》。全书分为原文、注文、译文、附录四个部分，"注文力求简明扼要，不避引用旧注，亦不作疏串；第一条为该文出处

① 朱一清、孙以昭《司马相如集校注·前言》第4页。
② 李孝中《司马相如集校注·校注说明》，巴蜀书社2000年版，"校注说明"第2页。按：该说明作于1987年6月，1999年10月修订。
③ 费振刚《北京大学出版社1993年版〈全汉赋·前言〉》，费振刚、仇仲谦、刘南平校注《全汉赋校注》附录三，第1193页。

和题解。译文力求通俗、确切和简明，有可读性；直译为主，意译为辅。附录部分是为了对作者及其作品的了解提供资料和线索"①。该书是李孝中《司马相如集校注》的修订本。

7. 张大可、徐兴海《一代辞宗司马相如》。该书属《史记》人物系列丛书第一辑，是大型古籍整理学术工程《史记疏证》的抽印本丛书。该书主体部分为《史记疏证·司马相如列传》，后附录有张大可论文《论司马相如》。疏证部分主要有题评、集注、集校、语译、集评等内容，附录有《司马相如事历及论著系年》，对列传中的相关问题都有考辨、研讨。

（二）司马相如主要作品系年的研究

1. 《子虚赋》（原作）

游国恩《司马相如评传》附《年表》将《子虚赋》系于汉景帝七年（前150年）；李淼《司马相如卓文君行年考》附录《司马相如著书考》认为此赋为相如景帝中元间游梁所作；何沛雄将此赋系于汉景帝中元初（前149—前148）②；沈伯俊认为司马相如在景帝前元七年（前150年）写下了《子虚赋》③；刘南平将此赋系于汉景帝中元五年（前145年）④，龚克昌等与刘南平同⑤；董灵超认为公元前150年至公元前144年，司马相如从游梁王，著《子虚赋》⑥；熊伟业则认为系于公元前151年最合情理⑦；张大可、徐兴海系于汉景帝中元六年（前144年）相如游

---

① 李孝中、侯柯芳《司马相如作品注译·前言》第6页。
② 何沛雄《上林赋作于建元初年考》文末附《年份事迹表》，《大陆杂志》第36卷第2期。
③ 沈伯俊《司马相如的代表作是〈天子游猎赋〉》，《四川师范学院学报》1982年第2期。
④ 刘南平《司马相如生平及作品系年考》，《中国典籍与文化论丛》第三辑，第181页。
⑤ 龚克昌、苏瑞隆《司马相如》，第91页。
⑥ 董灵超《司马相如的人格精神和文学精神探析》附录二《司马相如生平系年简表》，广西师范大学2006年硕士学位论文，第49—53页。
⑦ 熊伟业《司马相如研究》，第74页。

梁时，是年梁孝王死①。诸家所论，以《子虚赋》为司马相如游梁时作品，殊无疑义，故最迟系于梁孝王薨年（前144年）。

2.《子虚赋》《上林赋》（即《史记》所载《天子游猎赋》，《文选》析为二篇）

游国恩系于汉武帝建元三年（前138）；李淐认为系武帝建元间作；郑嘉甫认为奏《上林赋》在建元间②；何沛雄认为《上林赋》作于上林苑落成之前、始建之时，约在建元二年（前139），《天子游猎赋》上于建元三年（前138）；刘南平认为，《子虚上林赋》约作于建元元年至二年（前139）间；龚克昌以为在汉武帝建元四年（公元前137年）；董灵超借鉴龚克昌、韩晖的论证，系于公元前135年或稍后；张大可等系于汉武帝建元元年（前140）；龙文玲认为《上林赋》作于建元六年五月到元光元年五月之间③；沈伯俊认为《天子游猎赋》的写作时间是元光元年（前134）；熊伟业认为《子虚上林赋》作于元光元年（前134）。诸家以为此赋作于汉武帝建元年间，唯沈伯俊、龙文玲将时间推至元光元年。按：武帝读《子虚赋》的上限是即位时（即建元初），故多数人将此二赋系于建元初或建元年间。

3.《喻巴蜀檄》

游国恩系于汉武帝建元六年（前135）；刘南平系于元光五年（前130年），龚克昌等同；熊伟业认为，应于元光五年夏季作于成都④；董灵超系于公元前131年；张大可等系于汉武帝元光二年（前133）。

4.《难蜀父老》

游国恩系于汉武帝元光六年（前129年）；刘南平认为《难蜀父老

---

① 张大可、徐兴海《一代辞宗司马相如》附录《司马相如事历及论著系年》，商务印书馆，2018年版，第202—204页。

② 郑嘉甫《司马相如著述考》，《东方文化》第2卷第5期，1943年。

③ 龙文玲《司马相如〈上林赋〉〈大人赋〉作年考辨》，《江汉论坛》2007年第2期。

④ 熊伟业《司马相如〈喻巴蜀檄〉丛考》，《许昌学院学报》2008年第3期。

赋》作于元光六年（前129年），龚克昌等同；董灵超系于公元前129
年；杜松柏、熊伟业认为其年代是元朔元年（前128年）①；张大可等系
于汉武帝元光六年（前129年）。

5.《谏猎书》

游国恩系于元朔五年（前124年）；刘南平认为其作年同《哀秦二
世赋》，约建元三年（前138）；龚克昌系于约汉武帝建元四年（公元
前137年）；李昊系于元朔四年（前125年）冬；董灵超系于约前127年或
前126年；熊伟业系于约元朔四年（前125年）；张大可等系于元朔二年
（前127年）。

6.《哀二世赋》

游国恩系于元朔五年（前124年）；李淼、郑嘉莤系于元朔年间；
刘南平于约建元三年（前138）；龚克昌系于约前137年；李昊系于元
朔四年（前125年）冬；董灵超系于约前127年或前126年；熊伟业系于约
元朔四年（前125年）；张大可等系于元朔二年（前127年）。

7.《大人赋》

游国恩系于元狩元年（前122年）；李淼、郑嘉莤系于元朔年间；
龙文玲认为作于元狩五年（前118年）；龚克昌系于前133年；董灵超系
于约公元前125年；熊伟业系于元狩四年（前119年）；张大可等系于元
朔四年至元狩四年间（前125年—前119年）。

8.《封禅书》

游国恩系于元狩四年（前119年）；龚克昌等、董灵超、张大可等
系于元狩五年（前118年）；熊伟业系于元狩六年（前117年）。《史
记》本传只言遗札，故游氏系于司马相如死前一年，其他人则认为是相
如死年所作。

---

① 参见：杜松柏《司马相如〈难蜀父老〉的写作年代、文体与篇名考》，《学术交流》
2009年第11期；熊伟业《司马相如研究》，电子科技大学出版社，2013年版，第89页。

9. 《长门赋》

游国恩、李泺、郑嘉莆均认为作于元光五年（前130年）；龚克昌等系于元朔元年（前128年）；董灵超系于约公元前128年；熊伟业系于元狩三年（前120年）。系于元光五年者，即据赋序"陈皇后罢退长门宫"及《汉书·外戚传》所载陈皇后罢退时间，金国永先生认为"正相如为中郎将使蜀之时，似属不经"①。

10. 《美人赋》

李泺认为系汉景帝中元间游梁所作；龚克昌等认为作于与文君居成都为富人时期，在汉景帝后元二年（前142年）；李昊认为当与《子虚赋》同时，为相如游梁时的习作；董灵超认为司马相如在蜀期间患上消渴疾，约于公元前140年，写作《美人赋》以自刺；刘南平认为约在元朔元年至二年（前128至前127）间；熊伟业也认为是游梁时的早期作品。系年的差异在于此赋之主旨，以《西京杂记》所云"长卿素有消渴疾，悦文君之色，遂以发痼疾，乃作《美人赋》，意欲自刺，而终不能改，卒以此疾至死"，似当作于相如晚年时期。然观此赋"美人"并非文君，而是司马相如，且全文模仿《登徒子好色赋》，恐是游梁期间与诸生戏谑之作。

除以上比较集中的司马相如作品系年研究之外，研究者对司马相如的其他作品系年也有研究，但相对较少。如游国恩《司马相如评传》对《自叙传》《凡将篇》的系年，熊伟业《司马相如研究》则对司马相如的所有作品都作了系年。

（三）司马相如作品真伪的研究

争议的作品主要是《史记·司马相如列传》未载录的作品，主要有《自叙传》、《琴歌》二首、《报卓文君书》、《郊祀歌》、《长门

---

① 金国永《司马相如集校注》，上海古籍出版社，1993年版，第111页。

赋》、《美人赋》等，主要集中在《长门赋》和《美人赋》的争论上。

1. 关于《长门赋》的真伪

游国恩认为《长门赋》的作者应当以司马相如为是，并在《年表》中系于元光五年（前130年）。龚克昌认为，《长门赋》为伪作的理由尚不能成为定论①。叶庆炳认为《长门赋序》乃史辞类序，顾炎武之说仍难成立②。简宗梧通过用韵研究，认为《长门赋》是司马相如作品③。金国永认为此赋"未可泥于《序》之不经而疑赋非相如所作"④。孟彦认为《长门赋》的风格为司马相如所特有，确系司马相如作品⑤。熊伟业也将其列入《司马相如集》可考篇目⑥。

还有前述司马相如文集、文献的整理者，虽未对相关问题进行辨析，但是直接收录作品。他们基本上对顾炎武的怀疑持否定态度，大多是将《长门赋》和赋序作者分别开来，从而证明司马相如是《长门赋》的作者。

也有个别论者如罗智强就认为《长门赋》为伪作⑦。

2. 关于《美人赋》的真伪

游国恩对现存《美人赋》作者是司马相如是持怀疑态度的，其列出后人伪托的主要证据是笨拙的模仿、赋旨的谬误、引用的不伦⑧。罗智强、叶庆炳也认为《美人赋》为伪作⑨。

认为《美人赋》为司马相如作品的有如下主要论者。龚克昌认为，

---

① 龚克昌《司马相如论——〈汉赋研究〉之一》，《社会科学战线》1983年第3期。
② 叶庆炳《中国文学史》，台湾学生书局1987年修订重版，上册，第62页。
③ 简宗梧《大人赋辨证》，《大陆杂志》第46卷第2期。
④ 金国永《长门赋并序·题解》，《司马相如集校注》，第111页。
⑤ 孟彦《〈长门赋〉确系司马相如所作》，《中华文化论坛》1999年第3期。
⑥ 熊伟业《司马相如研究》，第158页。
⑦ 罗智强《略述司马相如与司马迁之文学》，《民钟季刊》第1卷第4期，1935年，第170页。
⑧ 游国恩《司马相如评传（续）》，《文艺旬刊》第17期，1923年12月6日。
⑨ 参见：罗智强《略述司马相如与司马迁之文学》，《民钟季刊》第1卷第4期，1935年，第170页；叶庆炳《中国文学史》，台湾学生书局1987年修订版，上册，第62—63页。

从《美人赋》所表现的思想倾向和艺术倾向来看，它与司马相如其他赋是基本一致的①；简宗梧通过用韵来证明《美人赋》是司马相如作品②；金国永《司马相如集校注》收录了该赋，其《美人赋·题解》云："美人，相如自称。……此文与《文选》宋玉《登徒子好色赋》《古文苑》《讽赋》，在内容、结构方面均相类，若二赋非赝品，则相如此文系仿制。"③刘南平《司马相如生平及作品系年考》则认为《美人赋》为相如作品，并有系年④；伏俊连虽然没有辨证，但他直接将屈原、宋玉和司马相如《美人赋》进行分析研究⑤；陈恩维认为，《美人赋》是司马相如的作品⑥；李昊认为，《美人赋》当与《子虚之赋》同时，亦为相如游梁时的习作⑦。刘刚认为司马相如"模拟"和"借用"宋玉赋创作《美人赋》，是赋家创作中的正常现象⑧；熊伟业认为"论者多以为当属早期游梁之作，应在《子虚赋》前，很有道理"⑨。

其他司马相如文集与文献的整理者，虽没有对此做辨析，但大多将此赋收入司马相如的作品集中。

3. 关于《琴歌》二首的真伪

虽然相关文集的整理者多将《琴歌》收录或附录在司马相如作品集中，但大多数论者基本上都认为此系伪作。游国恩认为，《琴歌》二首

---

① 龚克昌《司马相如论——〈汉赋研究〉之一》，《社会科学战线》1983 年第 3 期。
② 简宗梧《美人赋辨证》，《大陆杂志》第 46 卷第 1 期。
③ 金国永《司马相如集校注》，上海古籍出版社，1993 年版，第 125 页。
④ 刘南平《司马相如生平及作品系年考》，《中国典籍与文化论丛》第三辑，第 169 页。
⑤ 伏俊连《美的企慕与欲的渲泄——屈原、宋玉、司马相如美人赋散论》，《社会科学》1990 年第 4 期。
⑥ 陈恩维《司马相如的拟作与汉赋之定型》，《南阳师范学院学报（社会科学版）》2004 年第 1 期。
⑦ 李昊《司马相如作品考辨》，《中华文化论坛》2006 年第 3 期。
⑧ 刘刚《宋玉〈讽赋〉、〈登徒子好色赋〉与司马相如〈美人赋〉比较研究》，《鞍山师范学院学报》2004 年第 1 期。
⑨ 熊伟业《司马相如研究》，电子科技出版社，1993 年版，第 304 页。

"辞旨浅陋不堪，绝非司马相如的东西"①。罗智强认为《长门》《美人》，包括《琴歌》均系伪作②。金国永在《题解》中也说："观其格调虽具古歌辞之韵味，然句式皆用整齐之七字，似非西汉体制，或系魏晋间人讬名之作。"③

4. 关于司马相如是否参与创作《郊祀歌》

有论者认为，司马相如没有参与《郊祀歌》十九章的创作。如吴朝义认为，《郊祀歌》十九章没有一首产生于司马相如生前，也没有一首为他所作④。

也有部分研究者不否认司马相如是《郊祀歌》十九章的作者之一。如王志翔通过传世文献的搜集考证，分析司马相如作品与《郊祀歌》一致之处，进而论证司马相如是《郊祀歌》的作者之一⑤。李昊认为，《天马》二章不排除相如所作的可能性，而《练时日》《帝临》《青阳》《朱明》《西颢》《玄冥》《天地》《五神》八章，为相如所作的可能性比较大⑥。熊伟业认为李昊所论可据⑦，但并不集中。李程通过考辨，推测《郊祀歌》中的《朝陇首》和《天马》（其一）两首大致可以认定为司马相如创制⑧。

5. 关于《自叙传》的真伪

多数论者认为司马相如有《自叙传》，即为司马迁作列传所本。游国恩认为《自叙传》系司马相如晚年作品（他系于元狩二年，前121），"经太史公删改或增减一点罢了"。李淏《司马相如卓文君行年考》

① 游国恩《司马相如评传（续）》，《文艺旬刊》第17期，1923年12月25日。
② 罗智强《略述司马相如与司马迁之文学》，《民钟季刊》第1卷第4期，1935年，第170页。
③ 金国永《司马相如集校注》，第219页。
④ 吴朝义《〈郊祀歌〉的作者非司马相如辨》，《康定民族师专学报》1988年00期。
⑤ 王志翔《汉〈郊祀歌〉作者考——兼谈司马相如的诗人身份及其诗体创作》，《社科纵横》2019年第9期。
⑥ 李昊《司马相如作品考辨》，《中华文化论坛》2006年第3期。
⑦ 熊伟业《司马相如研究》，第160页。
⑧ 李程《司马相如"骚体制歌"考》，《西华大学学报（哲学社会科学版）》2012年第2期。

附录《司马相如著书考》列有《自序》①。万曼认为"刘知幾说列传是司马相如的自叙,大抵是有所本的"②。刘南平认为司马相如"散文有《自叙传》,约作于元朔二年(前127年)至元狩四年(前119年)间"③。房锐以为司马迁"《史记·司马相如列传》以相如所撰《自叙》为蓝本,加以增改而成"④。

郑嘉荈《司马相如著述考》认为《司马相如集》是班固之后传本,其所载《自叙传》是后人编入集中的⑤,意思是持怀疑态度。踪凡《〈司马相如集〉版本叙录》认为《自叙传》"颇有传说成分",但"暂从旧说,归入相如名下,且待以后再考"⑥。熊伟业列《司马相如集》可考篇目,有《自序》,并认为"相如有无《自叙》,不可确证,……本传基本材料包括《自序》当出自相如本人,而经司马迁增改,这个判断应合乎事实"⑦。

(四)司马相如作品内容和风格研究

1. 司马相如赋作研究

司马相如以《子虚赋》知名于汉武帝,又以《天子游猎赋》闻名于世,对此赋的研究成为司马相如赋作研究的重心。除前面谈到的作品系年以外,百年司马相如研究还从以下方面对此赋做了研究。

游国恩批判了前人关于司马相如《子虚》《上林》二赋模仿宋玉《高唐》《神女》赋的说法,并指出了二赋的六个特点⑧。罗智强分析司马相如赋中文字运用,"更可知其作品之词藻瑰丽,气韵深宕,实为

① 李淰《司马相如卓文君行年考》,《文澜学报》第 3 卷第 2 期,1937 年。
② 万曼《司马相如赋论》,《国文月刊》55—56 期,开明书店 1947 年 5、6 月印行。
③ 刘南平《司马相如生平及作品系年考》,《中国典籍与文化论丛》第三辑,1995 年。
④ 房锐《关于〈史记·司马相如列传〉与司马相如〈自叙〉关系之探讨》,《中华文化论坛》2007 年第 3 期。
⑤ 郑嘉荈《司马相如著述考》,《东方文化》第 2 卷第 5 期,1943 年。
⑥ 踪凡《〈司马相如集〉版本叙录》,《古籍整理研究学刊》2011 年第 6 期。
⑦ 熊伟业《司马相如研究》,电子科技大学出版社,2013 年版,第 159 页。
⑧ 游国恩《司马相如评传》,《文艺旬刊》第 14 期,1923 年 11 月 25 日。

古典文学之特出者矣"①。万曼《司马相如赋论》有专节论及《上林赋》，认为"里面辞汇的丰富，描写的夸眩，都是奠定司马相如在辞赋中独步千古的主要原因"，并认为司马相如赋篇中"运用得出色的，便是联绵字的丰富"，从其丰富的辞汇中，"便发现他铸造的精神"②。田清君充分肯定了司马相如赋作的历史地位："在文学史上说，可谓汉赋的开宗者"，"汉代一切赋家莫不受他影响"③。许结认为，相如献给武帝的"天子游猎之赋"，形象地表现了汉武帝时期文化的形成，他的创作既是汉帝国文化制度统一进程的产物，又引领了汉赋由蕞尔小邦而蔚然大国的新时代④。顾绍炯分析了《子虚》《上林》赋中所塑造的艺术形象，指出了赋作中蕴藏的思想内容，并认为二赋的审美特征是"壮丽"⑤。韦运韬以司马相如《子虚赋》《上林赋》为切入点，着重阐释了二赋的结构特点及运用的结构手法，进而尝试揭示出构成汉大赋写作篇章的基本结构法则⑥。孙少华认为《天子游猎赋》使用了当时域内不同地区方言，并包含域外传入文化信息，说明司马相如此赋的知识来源较为广泛，且汉王朝境内各地区之间、汉王朝与域外各国家或民族之间有着密切的文化、思想联系⑦。

对司马相如赋作的整体研究。龚克昌总结了司马相如赋在赋史上的功绩、表现手法及缺点⑧。黄广华等从审美史的角度探讨司马相如赋的

---

① 罗智强《略述司马相如与司马迁之文学》，《民钟季刊》第 1 卷第 4 期，1935 年。
② 万曼《司马相如赋论》，《国文月刊》55—56 期，开明书店 1947 年 5、6 月印行。
③ 田清君《司马相如及其赋》，《大陆杂志》第十五卷第四期。
④ 许结《诵赋而惊汉主——司马相如与汉宫廷赋考述》，《四川师范大学学报（社会科学版）》2008 年第 4 期。
⑤ 顾绍炯《赤日经天光耀寰宇——司马相如〈子虚〉〈上林〉赋新探》，《贵阳师专学报（社会科学版）》1987 年第 2 期。
⑥ 韦运韬《司马相如大赋之结构艺术》，《青海师范大学民族师范学院学报》2012 年第 1 期。
⑦ 孙少华《〈天子游猎赋〉的文本书写、知识来源与思想传播》，《四川师范大学学报（社会科学版）》2018 年第 2 期。
⑧ 龚克昌《司马相如论——〈汉赋研究〉之一》，《社会科学战线》1983 年第 3 期。

主要贡献和主要缺点①。曹明纲总结了司马相如对辞赋创作的贡献②。汪涌豪认为司马相如文学上通过作品表达了尊君抑臣、反对封建割据、维护中央集权的思想，把形式的铺排、夸饰作为手段，让其服务于宣扬皇权这一部目的③。霍松林、尚永亮认为，欲求完满的创作心理、弥散类推的思维方式、以娱人为主的追求目标，是司马相如赋作的三大主体特征，并形成了固定的赋作模式④。伍联群等认为司马相如的盛世颂歌里还有一种无法排遣的盛世文人的失志之悲与幽怨情怀⑤。陈恩维对否定司马相如模拟赋作价值的偏见提出异议，从文学史的角度肯定了司马相如赋作对屈原宋玉作品的模拟对汉赋定型的贡献⑥。傅正义等认为汉赋有纵横家余韵，正是他的末代纵横家心态，成就了汉大赋铺张扬厉、歌功颂德、劝百讽一等风格特征⑦。邢瑞认为，司马相如辞赋磅礴的气势不仅是汉帝国初期时代精神的体现，而且与西汉时期的道家思想也有着紧密的关系⑧。王德华分析了司马相如赋的"繁类成艳"与"曲终奏雅"⑨。程世和认为，那些具有汉武时代特征的进程，在相如文本中都得到了形象化体现⑩。汪文学讨论了司马相如赋产生主客观因素，认为武帝朝特定的社会风尚和司马相如独特的性情品格，铸就了相如赋，创

---

① 黄广华、刘振东《从审美角度看司马相如的赋》，《文史哲》1987 年第 3 期。

② 曹明纲《司马相如对辞赋创作的贡献》，《社会科学战线》1987 年第 3 期。

③ 汪涌豪《重论司马相如及其赋》，《思想战线》1989 年第 4 期。

④ 霍松林、尚永亮《司马相如赋的主体特征和模式作用》，《陕西师大学报（哲学社会科学版）》1992 年第 1 期。

⑤ 伍联群、刘剑秋《司马相如赋作失志情感论》，《渝西学院学报（社会科学版）》2003 年第 3 期。

⑥ 陈恩维《司马相如的拟作与汉赋之定型》，《南阳师范学院学报（社会科学版）》2004 年第 1 期。

⑦ 傅正义、王美红《司马相如的末代纵横家心态及其对汉大赋的影响》，《重庆工商大学学报（社会科学版）》2004 年第 5 期。

⑧ 邢瑞《道家思想对司马相如辞赋气势的影响》，《郧阳师范高等专科学校学报》2008 年第 2 期。

⑨ 王德华《繁类成艳曲终奏雅——司马相如〈子虚〉〈上林〉赋解读》，《古典文学知识》2009 年第 4 期。

⑩ 程世和《代天子立言：司马相如文本的精神解读》，《陕西师范大学学报（哲学社会科学版）》2009 年第 2 期。

造了赋体文学创作的辉煌局面①。李凯指出，司马相如文艺思想中包含了明显且明确的儒家意识②。姜楚雨认为，"对于过去和当下真实又虚构的再现便是司马相如赋全部的价值，也是司马相如继承了《诗经》讽谕传统的一个显著特征"③。耿建龙认为司马相如借用赋法改造散文风貌，体现了司马相如的文学创作的自觉意识，对西汉政论散文和巴蜀文化产生了深远的影响④。

对司马相如其他赋作的研究。万光治认为司马相如《大人赋》之"大人"当是指得道之人，《大人赋》是一篇从传统的"悲士不遇"的主题中游离出来的游仙兼思玄作品⑤。蒋晓光分析了《哀二世赋》与西汉政论文中"过秦"聚焦始皇及其为政措施的不同，指出此赋尤其关注二世皇帝身后所遭礼遇，该赋以"望南山"为枢纽，将提倡"美政"、追求雄壮崇高容纳其中，落实于文学之上，成为后世纪实性行旅赋的开端。⑥

2. 司马相如其他作品研究

陶启君分析了司马相如《喻巴蜀檄》《难蜀父老》《上书谏猎》和《封禅文》四篇散文，认为其在表现形式上有辞赋倾向，但也有自身的特点⑦。徐世中关注了司马相如其他文体创作，分析了司马相如的檄移文特色⑧。钟嘉芳以《荆轲赞》为研究对象，认为西汉司马相如的《荆

---

① 汪文学《夸目者尚奢——论司马相如赋产生的主客观因素》，《中华文化论坛》2015 年第 4 期。
② 李凯《司马相如文艺思想与儒家文艺思想大相径庭吗？》，《重庆师范大学学报（哲学社会科学版）》2012 年第 1 期。
③ 姜楚雨《由〈诗经〉讽谕之义的修辞蜕变论司马相如、扬雄赋的源流与生成》，辅仁大学中国文学研究所硕士论文，2018 年。
④ 耿建龙《文学美的探录：论司马相如"以赋为文"》，《乐山师范学院学报》2020 年第 7 期。
⑤ 万光治《司马相如〈大人赋〉献疑》，《四川师范大学学报（社会科学版）》2005 年第 3 期。
⑥ 蒋晓光《汉赋中的秦史书写——读司马相如〈哀二世赋〉》，《中国文学研究》（辑刊）2019 年。
⑦ 陶启君《简论司马相如散文的特色》，《四川师院学报》1982 年第 4 期。
⑧ 徐世中《论〈文选〉中司马相如檄移文》，《阜阳师范学院学报（社会科学版）》2004 年第 5 期。

轲赞》揭示了赞文的新变，奠定了后世一种以人物为对象、主要表称扬的文体①。熊伟业将《喻巴蜀檄》作为独立对象进行综合研究，通过对这一篇檄文的考证，着重突出了这篇檄文在文学史上的开创性意义②。李乃龙则从政治史价值的角度去探讨了司马相如"喻难"文（即《喻巴蜀檄》和《难蜀父老》）③。郑伟生分析了历代文人对司马相如《封禅文》文体归属的认识及其成因做了探析，既有文体学意义，也有政治文化意义④。杨靖康以司马相如《难蜀父老》为例，对《文选》难体文收录《难蜀父老》进行分析，认为《难蜀父老》独立成篇、文辞考究、注重教化，因此成为《文选》难体文的典范⑤。

3. 司马相如作品比较研究

其一，是将司马相如的作品与其前的楚辞作家作品进行比较。沈伯俊认为司马相如的成就远远瞠乎屈原之后，既有时代条件的影响，也有个人的主观因素，尽管司马相如学屈原学得不是很好，但他仍是一个有较高成就的作家⑥。坚白比较了楚辞和司马相如赋作内容表现的异同，认为它们是前后相继的两个时代的两大文学潮流⑦。伏俊琏对比分析了屈原、宋玉、司马相如的"美人赋"，认为中国文学史上描写美人的作品成熟于屈宋，司马相如的美人赋完全脱胎于屈宋，并挖掘了他们

① 钟嘉芳《从司马相如〈荆轲赞〉看西汉赞体文的体式特征》，《井冈山学院学报（哲学社会科学版）》2006 年第 5 期。
② 熊伟业《司马相如〈喻巴蜀檄〉丛考》，《许昌学院学报》2008 年第 3 期。
③ 李乃龙《司马相如"喻难"文的政治史价值》，《南阳师范学院学报（社会科学版）》2012 年第 8 期。
④ 郑伟生《论司马相如〈封禅文〉文体归属的变迁》，《中北大学学报（社会科学版）》2018 年第 4 期。
⑤ 杨靖康《难体文三说——以司马相如〈难蜀父老〉为例》，《西南石油大学学报（社会科学版）》2019 年第 2 期。
⑥ 沈伯俊《从屈原到司马相如》，《南充师院学报（哲学社会科学版）》1981 年第 4 期。
⑦ 坚白《司马相如赋和楚辞》，《上海师范大学学报》1987 年第 1 期。

美人赋的内涵及其在文学史、文化史上的地位①。刘刚分析了司马相如《美人赋》与宋玉《讽赋》《登徒子好色赋》的结构和内容，认为司马相如"模拟"和"借用"宋玉赋创作《美人赋》，是赋家创作中正常的现象②。

其二，是"文章西汉二司马"的比较，即将司马相如及其作品与其略约同时的司马迁及其作品进行比较。王以宪认为，扬雄赋予司马相如赋是既能形似，又能神合，兼有创新与变革③。沈伯俊认为司马相如和司马迁在经历和思想上有许多相似之处，他们的区别在于所处时代略有不同，因而司马相如始终无法超出对统治者的"讽谏"，而司马迁则敢于揭露封建社会的种种弊端④。刘振东从美学和艺术社会学的原则出发，比较了司马相如和司马迁的差别⑤。张新科比较了司马相如和司马迁的辞赋，认为它们都是大一统时代的产物，都具有"全""大"的特点，都运用现实与浪漫相结合的艺术手法，共同昭示着文学自觉时代的到来⑥。贾名党等认为司马相如和扬雄各自在散体赋创作上取得了较高成就，虽然他们有许多相似之处，但更多的是表现在人生观、文学观的作品意蕴等方面的不同⑦。

其三，是将司马相如及其作品与其踵武者扬雄及其作品比较。蒋文燕比较了扬雄与司马相如赋风的差异⑧。高安晶的硕士论文从创作风

---

① 伏俊连《美的企慕与欲的渲泄——屈原、宋玉、司马相如美人赋散论》，《社会科学》1990 年第 4 期。
② 刘刚《宋玉〈讽赋〉〈登徒子好色赋〉与司马相如〈美人赋〉比较研究》，《鞍山师范学院学报》2004 年第 1 期。
③ 王以宪《试论扬雄在汉大赋上对司马相如的因革与发展》，《江西师范大学学报（哲学社会科学版）》1985 年第 1 期。
④ 沈伯俊《司马相如与司马迁》，《天府新论》1985 年第 4 期。
⑤ 刘振东《汉代文坛上的双星——司马相如和司马迁比较试论》，《齐鲁学刊》1989 年第 3 期。
⑥ 张新科《司马迁与司马相如论略》，《陕西师范大学成人教育学院学报》1999 年第 1 期。
⑦ 贾名党、吴益群《司马相如与扬雄论略》，《贵州社会科学》2004 年第 3 期。
⑧ 蒋文燕《扬雄与司马相如赋风差异之比较》，《海南师范学院学报（社会科学版）》2003 年第 6 期。

格、辞赋理论和二者辞赋创作差异的角度，较为系统地对司马相如和
扬雄辞赋进行了研究①。而谢秋菊的硕士论文则结合汉赋创作的宏观时
代背景，从题材、风格两个方面入手，比较司马相如和扬雄赋的不同
及原因②。王伟分析了汉代以司马相如、扬雄为主的赋家为达劝谏讽喻
目的，在辞赋创作技巧上对先秦纵横家思想的借鉴③。赵骥从汉代经学
变化的角度分析了司马相如、扬雄田猎赋的异同，认为扬雄田猎赋对于
司马相如的变化，是西汉中后期废弃公羊学、采用传统儒家思想这一趋
势在文学上的反映④。王雪冰则从司马相如赋和扬雄赋对于二者创作模
范的《楚辞》语词祖述差异入手分析，认为相如赋以流动灵活见长，而
扬雄赋以古雅深沉胜出⑤。谢秋菊结合汉赋创作的宏观时代背景，从题
材、风格两个方面入手，比较司马相如与扬雄赋的不同之处，并试图找
出形成差异的原因，从他们身上总结出汉赋发展及创作规律⑥。

三、司马相如与卓文君故事研究

　　围绕司马相如与卓文君的爱情故事，后世不断演绎出新的文学作
品，如诗歌、戏曲、小说、剧本等，近百年的司马相如与卓文君故事的
研究，除了上述研究对象外，也掺杂着对司马相如形象的评价。就《史
记·司马相如列传》《汉书·司马相如传》所叙司马相如与卓文君故
事，以及《西京杂记》所载二人相关事迹，后世文人对二人的评价基本

---

① 高安晶《司马相如与扬雄辞赋研究》，西北大学 2011 年硕士学位论文。
② 谢秋菊《司马相如与扬雄赋比较研究》，重庆工商大学 2014 年硕士学位论文。
③ 王伟《汉赋与先秦辩术——从〈鬼谷子〉看司马相如、扬雄赋的神仙书写》，《华夏文化论坛》
第九辑，2013 年。
④ 赵骥《经学变化的文学投影：司马相如、扬雄田猎赋异同论》，《济南大学学报（社会科学版）》
2018 年第 4 期。
⑤ 王雪冰《司马相如与扬雄赋对于〈楚辞〉语词祖述之异》，《六盘水师范学院学报》
2013 年第 1 期。
⑥ 谢秋菊《司马相如与扬雄赋比较研究》，重庆工商大学 2014 年硕士学位论文。

上呈现出截然不同的两种观点：一种认为是才子佳人式的美好情缘，一种认为是"窃赀""窃色"的私奔孽情。

（一）基于故事源文本的评价研究

《史记·司马相如列传》记述司马相如归蜀，"家贫，无以自业"，受临邛县令王吉之邀做客临邛，从而演绎了一场"琴挑文君"的爱情故事。因其叙事看上去似乎是王吉与司马相如谋取卓氏，故后世论者如扬雄《解嘲》谓司马相中"窃赀于卓氏"，葛洪《抱朴子·外篇·博喻》"窃妻不可以废相如"，刘勰《文心雕龙》认为"相如窃妻而受金"是文士之疵。以上"窃赀""窃妻""受金"，再加上"以赀为郎"的"买官"说，似乎构成了司马相如的品行污点，在古代尤其受到文人的批评。

王立群认为，"琴挑文君"是一场周密的计划和安排，"这个流传千古的爱情传说原来是一个先劫色后劫财的骗局"，"班固写得比司马迁更透彻，他揭示了司马相如和密友王县令的确策划了一个大阴谋"[①]。他还认为，《史记》本传记录的历史，与真实的历史有了差距，而传播的历史存在两个极端（神化、丑化），而相如文君爱情故事则是对历史的一种极端解读，即远离了历史的真实[②]。

但大多数论者对此是持肯定态度的。静远在《漫谈卓文君和司马相如》的短评文中，认为卓文君对司马相如的爱是伟大的、赏识的爱[③]。杨永乐认为，司马相如"是在景帝时以其家产在十万钱以上的资格，选拔进京'为郎'，进而担任武骑常侍"[④]，并不是买来的。方向红认为，"司马相如并不是个没有操守的无行文人，他的所作所为都与他所

---

① 王立群《王立群读〈史记〉之汉武帝》，长江文艺出版社，2007 年版，第 199、194 页。
② 王立群《历史建构与文学阐释——以〈史记·司马相如列传〉为中心》，《文学评论》2011 年第 6 期。
③ 静远《漫谈卓文君和司马相如》，《妇女与家庭》（上海）1947 年第 6 期。
④ 杨永乐《司马相如的官不是用钱买来的》，《文史杂志》2004 年第 5 期。

处的那个时代密切相关"①。董灵超立足于史籍所载，结合时代状况，
力图澄清司马相如"窃赀卓氏"的嫌疑②。钱玉趾则从司马相如与卓文
君的情爱原型出发，认为《史记》《汉书》本传所记载的应当是两情相
悦走到一起的情爱原型，进而认为司马相如并非利用婚姻而窃赀或劫色
劫财，王立群所认为的班固提示的相如与县令策划阴谋观点欠妥③。许
结根据《史记·司马相如列传》的记述，认为后世对相如文君爱情的或
褒或贬，都存在着非历史化的偏差，这又需要将其置放于西汉初年的婚
俗文化背景去考察，以阐发其现实的合理性④。陈婧则认为，司马相如
以赀为郎、离京入梁、琴挑文君等皆当为司马相如在困境下试图摆脱物
质樊笼，寻求理想新人生的尝试与探索，在当时的现实环境下是极其合
情合理的⑤。伏俊琏则认为，司马相如与卓文君私奔成都，是采用当时
娶寡妇常用的"协议抢婚"的方式，不存在"窃色"的问题⑥。蒋天从
"反封建"的角度观照司马相如与卓文君的爱情故事，认为现代语义
上说司马相如和卓文君"反封建"，其实是对他们张扬个性的肯定与
褒奖⑦。

（二）对相如文君故事文学作品的研究

1. 关于相如文君故事文学作品的研究

芦茜以主题学的方法，就卓文君私奔相如故事母题在唐代不同作家
手里以及不同文学样式中的处理，以此了解时代特征和作家用意，研究

---

① 方向红《重评司马相如之人格》，《成都教育学院学报》2005 年第 10 期。
② 董灵超《司马相如的人格精神和文学精神探析》，广西师范大学 2006 年硕士学位论文。
③ 钱玉趾《司马相如与卓文君的情爱原型与现代判定——兼与王立群先生商榷》，《文史杂志》
2008 年第 1 期。
④ 许结《弹琴而感文君——司马相如"琴挑文君"说解》，《四川师范大学学报（社会科学版）》
2007 年第 5 期。
⑤ 陈婧《困境中的无奈与抗争——对司马相如奋斗历程的重新解读》，《宁夏大学学报（人
文社会科学版）》2013 年第 1 期。
⑥ 伏俊琏《司马相如"买官""窃色""窃财"辨正》，《北京社会科学》2015 年第 2 期。
⑦ 蒋天《如何看待司马相如与卓文君的"反封建"》，《文史杂志》2017 年第 6 期。

主题流变所折射出的中国封建社会人们的婚姻观念、婚姻形式、择偶标准、男子负心等婚姻问题①。韦知秀梳理了《史记·司马相如列传》中记载的相如文君传奇爱情故事到唐传奇才子佳人小说的继承和发展关系，探讨了才子佳人小说发展的规律和历程②。晋妮娜从故事情节、语言风格方面比较元末明初无名氏南戏《司马相如题桥记》和明万历年间孙柚《琴心记》，探求了解不同时代环境背景下的文人通过作品所反映出来的自身的思想和心理状况③。汪泽通过对明清易代之际的文人曹宗璠创作的传奇小说《故琴心》进行了研究④。魏朗对明清以来以文君相如故事为题材的戏剧进行了分类：一是专为司马相如立传的，二是为相如"琴挑"、文君"夜奔"辩解、开脱的，三是把卓文君与司马相如恋爱作为才子佳人"风流艳事"来渲染的⑤。苏涵对相如文君爱情故事在后世戏曲中的流变与衍展进行了研究⑥。李莹对现存14种明清司马相如剧的司马相如形象进行研究，认为这些创作，代表了戏曲为文人立传的创作传统的成熟，并推动了才子佳人剧模式的定型⑦。洪珠暎的硕士学位论文《相如文君戏曲之研究：以明清杂剧传奇为范围》对文君相如故流的流传、增益都有说明，对故事引起诸多文人及戏曲家的兴趣有详尽的原因分析⑧。张银京《"相如文君"剧作艺术之研究》，论述相如文君故事剧作虽然故事的真实性限制了情节脉络的改变，但细节的部分和

---

① 芦茜《卓文君私奔司马相如故事在唐代的流变》，《作家杂志》2008年第5期。
② 韦知秀《〈史记〉司马相如与卓文君爱情故事对唐传奇才子佳人小说的影响》，《渭南师范学院学报》2017年第9期。
③ 晋妮娜《〈司马相如题桥记〉与〈琴心记〉比较》，《太原城市职业技术学院学报》2006年第6期。
④ 汪泽《故事"新编"与"历史"的此刻意义——论〈故琴心〉对司马相如故事的幻灭书写》，《四川师范大学学报（社会科学版）》2020年第5期。
⑤ 魏朗《漫谈卓文君与司马相如传奇故事的戏剧》，《文史杂志》1996年第5期。
⑥ 苏涵《母题的流变与模式的衍展——司马相如卓文君戏曲考论》，《中华戏曲》2000年00期。
⑦ 李莹《明清司马相如剧简论》，《时代文学（下半月）》2009年第10期。
⑧ 洪珠暎《相如文君戏曲之研究：以明清杂剧传奇为范围》，台湾大学中国文学研究所1992年硕士学位论文。

人物形象，往往因时代背景的递变、作者的意欲以及读者的接受度的不同，而时有改编的情形，试图展现"历史故事再创造"的灵活性①。梁惠敏就台湾目前现存可见的剧本，挑出含有私奔情节的剧本，包括文君相如的故事，加以整理、分类，试图整理出中国戏曲私奔情节运用的条理②。日本高冈短期大学矶部祐子探讨了相如文君剧的演变，认为对南曲相如文君剧而言，从结构上主要由挑琴、私奔、当垆、题桥及白头吟等情节构成，几乎都是依照史话写出来的，故事主要是以二人的恋爱为线索而发展，并深受恋爱剧之典型《西厢记》的影响，而且鲜明地反映着各个时代的恋爱观③。齐晓枫叙述了相如文君故事的渊源与演变，并从"知己之遇""为才人吐气""女性自择婚姻的启示"等情节探讨相如文君故事的意蕴，并对汉魏史传和明清戏曲中对相如文君故事情节的运用进行探讨④。陈贞吟对比分析了现存最早的两部相如文君戏曲，即无名氏《司马相如题桥记》和朱权《卓文君私奔相如》完全不同的剧作特色，从体制结构、关目情节、思想精神、艺术特色等方面分析比较了二剧的差异，论述了相如文君杂剧在明初的不同创作风貌⑤。詹杏雯针对学界研究"文君相如"故事重在戏曲和剧作部分，尤其是宋代以降及明清杂剧戏曲部分，宋代之前以诗歌为体裁探讨文君相如故事的研究极少的情况，以《史记》至唐诗为范围对文君相如在文学中的角色形象进行了研究⑥。

---

① 张银京《"相如文君"剧作艺术之研究》，台湾政治大学中国文学研究所 2004 年硕士学位论文。
② 梁惠敏《中国戏曲私奔程式研究》，辅仁大学中国文学研究所 2001 年硕士学位论文。
③ 矶部祐子《相如、文君剧之演变》，《汉学研究》（台湾）1988 年第 6 卷第 1 期。
④ 齐晓枫《相如文君故事意蕴析论》，《辅仁国文学报》第 10 集，1994 年。
⑤ 陈贞吟《〈题桥记〉与〈私奔相如〉之比较——明初杂剧的相如文君故事》，《高雄师大学报. 人文与艺术类》2015 年第 38 卷第 6 期。
⑥ 詹杏雯《文君相如在文学中的角色呈现——以〈史记〉至唐诗为范围》，东海大学中国文学系 2009 年硕士学位论文。

2. 关于相如文君故事文学作品的文献研究

李孝中、侯柯芳《司马相如作品注译》附录《杂剧传奇中相如文君戏曲目录》罗列了26种宋元明清时期的杂剧和传奇目录和存佚情况①。汤君对宋元以来有关司马相如和卓文君故事演绎的小说戏文进行了梳理，叙录了宋代五种、元代九种、清代十种、近代四种，共计二十八种②。何煜婷对现存明清相如文君戏曲共十七种进行了时代先后考辨，并以此考察明清文人的爱情婚姻观③。张文对相如文君戏研究的历史和现状进行略述，并梳理了相如文君故事传播和戏曲作品的生成，列出了其目力所及的宋元明清时期的各种剧目④。汪泽对20世纪以来中国古代文学和文化领域的司马相如故事研究成果进行了梳理，其中对于司马相如故事研究成果和研究对象的综述中，有部分涉及相如文君爱情故事的文献⑤。

值得一提的是，踪凡2008年出版的《司马相如资料汇编》，附录了《表现相如生平及其与卓文君爱情故事的文艺作品和相关论著》⑥，收录较多。

此外，在文学创作领域，在当代还出现了大量的司马相如小说、传记，以及戏曲，都不可避免地将相如文君的爱情故事进行了艺术演绎⑦。特别值得一提的是，21世纪初，蓬安县川剧团大型史诗剧《相如长

---

① 李孝中、侯柯芳《司马相如作品注译》，第178—179页。

② 汤君《宋元以来小说戏文之相如文君故事叙略》，《四川师范大学学报（社会科学版）》2008年第2期。

③ 何煜婷《现存明清相如文君戏曲研究》，四川师范大学2014年硕士学位论文。

④ 张文《相如文君戏考论》，西北师范大学2007年硕士学位论文。

⑤ 汪泽《司马相如故事研究综述与前景展望——以中国叙事文化学为依据》，《天中学刊》2016年第1期。

⑥ 踪凡《司马相如资料汇编》，中华书局，2008年版，附录三，第463—469页。

⑦ 相关作品有：李岱《卓文君夜奔司马相如》（地方戏，吉林人民出版社，1958年版），丛培香、徐广琴《司马相如》（中国文史人物故事，人民文学出版社，1996年版），郭启宏《司马相如》（昆剧，《剧本》1994年第10期，上海昆剧团1995年上演，《上海戏剧》1997年第5期刊出该剧舞台演出本），黄子毅《司马相如》（小说，九州出版社，2011年），陈国本《司马相如全传：巴蜀大才子》（长春出版社，2000年版），孔菁慧《何缘交接为鸳鸯：司马相如与卓文君》（齐鲁书社，2000年版），尚永亮、王承丹《盛世文豪：司马相如传》（东方出版社，2001年版），《越女天下白》（CD，廖琪瑛演唱，浙江文艺音像出版社，2007年版），等等。

歌》，全剧包括《序曲》《文武少年》《大赋惊天》《凤凰情缘》《当垆卖酒》《风雪夷道》《梦魂故里》，2009年在成都展演，并先后登上了中央人民广播电台、中央电视台。当然，文学作品的演绎有些是学者型的，比如尚永亮、王承丹《盛世文豪：司马相如》会根据史实做一些学理性的判断（如生卒年），还有一些创作型的，则会做一定的改编，并不一定符合史实。比如史诗剧《相如长歌》，在第三场里《凤凰情缘》就有今见《琴歌》的演唱。

2020年，经实施四川历史名人文化传承创新工程领导小组会议审议通过，10位第二批四川历史名人名单出炉，司马相如作为文学家、训诂学家、历史学家、博物学家、政治家，巴蜀文化的杰出代表入选。这必将进一步推动司马相如及巴蜀文化研究，助力新时代中华优秀传统文化的创造性转化和创新性发展。

司马相如文论与武帝朝政治

南京大学　许　结

　　司马相如在汉代的地位，基本是以文章显，如《汉书·公孙弘卜式儿宽传》论汉武帝朝之得人，"儒雅则公孙弘、董仲舒、儿宽……文章则司马迁、相如"；又《地理志》记述"司马相如游宦京师诸侯，以文辞显于世，乡党慕循其迹。后有王褒、严遵、扬雄之徒，文章冠天下"①。所言"文章（辞）"，多指辞赋之文，特别《汉书·扬雄传》载录雄自序仿相如赋而为"四赋"，以及班固称颂相如为"辞宗"，迨至宋明时代有关"赋圣"说的形成②，已成批评定式。论词章如沈约《宋书·谢灵运传论》云"巧为形似之言"，说思想如裴度《寄李翱书》云"谲谏之文也，另为一家，不是正气"。但也有不拘辞赋一体者，如常璩《华阳国志》称赞曰："长卿彬彬，文为世矩。"特别是明人王祎虚构《司马相如答客难》文，其中假托"相如"答"客"讨论"文之时义"一段云：

---

　　① 班固《汉书》，中华书局，1962 年版，第 1645 页。
　　② 参见拙文《司马相如"赋圣"说》，《四川师范大学学报》，2014 年第 2 期。

文之时义大矣哉。经纬天地，黼黻造化……是故两仪，文之体也；三纲，文之象也；五常，文之质也；九畴，文之数也；道德，文之本也；礼乐，文之饰也；孝弟，文之美也；功业，文之容也；教化，文之明也；刑政，文之纲也；号令，文之声也。……方今大汉道济燧庭，德侪牺轩……昭然乎宇宙之声灵也，粲然乎官府之仪章也，秩然乎朝廷之等威也。①

如果出于"文之时义"来看待相如辞赋以外的论述文，将其文论置放武帝朝的政治生态，则有值得发覆之义。

相如今存议论文字，除《谏猎书》与其"天子游猎之赋"中类似言说，另有三篇值得关注，分别是《喻巴蜀檄》《难蜀父老文》与《封禅文》，其与武帝朝政治紧密关联。

一、《喻巴蜀檄》与开边政略

在武帝朝，司马相如曾两度出使西南巴蜀之地，一次以皇帝身边郎官的身份前往，为弥补唐蒙出使西南处事不当的过失，一次是以"中郎将"身份仗节前往。前者留下《喻巴蜀檄》，后者则有《难蜀父老》。这两篇重要的议论文均作于相如出使西南时期，而此出行又是他唯一一次改变作为宫廷言语侍从献赋邀宠，真正为朝廷施行政略的事务。对此，《史记·司马相如列传》记述很简单：相如为郎数岁，会唐蒙使略通夜郎西僰中，发巴蜀吏卒千人，郡又多为发转漕万余人，用兴法诛其渠帅，巴蜀民大惊恐。上闻之，乃使相如责唐蒙，因喻告巴蜀民以非上意。②

---

① 王祎《王祎集》卷十三，杭州：浙江古籍出版社，2016 年版，第 398 页。
② 司马迁《史记》，中华书局，1959 年版，第 3044 页。

其中宜关注几个字词语：一是"使略"，指唐蒙作为使者往巴蜀之地行朝廷政略。二是"责"，武帝再派相如出使巴蜀的任务，就是责备唐蒙的行为过失。三是"非上意"，在相如喻示巴蜀父老的"檄文"中，明确将唐蒙的作为与武帝分割，其"使略"的责任或后果全推卸给唐蒙个人。据史书记载，早在建元六年大行王恢击东越时，唐蒙随行，在东越获知蜀地及西南物产丰富，就向武帝提出在西南置郡县的主张。其后武帝命唐蒙为中郎将，从巴蜀笮关进入，会见了夜郎侯多同。对唐蒙入西南的经历，《史记·西南夷列传》记云：

> 蒙厚赐（夜郎侯多同），喻以威德，约为置吏，使其子为令。夜郎旁小邑皆贪汉缯帛，以为汉道险，终不能有也，乃且听蒙约。还报，乃以为犍为郡。发巴蜀卒治道，自僰道指牂柯江。蜀人司马相如亦言西夷邛、筰可置郡。使相如以郎中将往喻，皆如南夷，为置一都尉，十余县，属蜀。[①]

可知唐蒙因提出在西南置郡县，被武帝遣往喻"威德"，并为"置吏"，被后世称为"西南丝绸之路"的开拓者；而相如也是在西南置郡县的倡导者，只是后于唐蒙以"郎官"职出使，故无此"开拓"之名，但两人出使西南的任务相同，都是为武帝的开边远略服务。唐蒙于时"发巴蜀卒治道"，既为功绩，亦生祸端，而相如出使正是代表武帝去纠正唐蒙因修道路而造成的巴蜀官民的恐慌，和由此潜伏的乱兆，以安抚巴蜀民众。这一"反"（启祸端）—"正"（平事端），是两人相继出使之因。对后来大西南完成郡县式管理的历史功绩，相如功劳绝不亚于唐蒙。

---

① 司马迁《史记》，中华书局，1959 年版，第 2994 页。

对相如来讲，这次出使是他人生轨迹上重要的一段历程。大约在武帝元光五年①，即公元前130年，唐蒙为迎合武帝的野心，急功近利，在巴蜀地区一下征调了千余吏卒和两万多民工，日夜修造由今四川宜宾经云南昭通、贵州咸宁再到昆明的"石门道"，当地有少数民族首领不听调遣，唐蒙就用"军兴法"，即战时军事法，诛杀多名首领，引起了巴蜀地区民众的恐慌，有"民变"的危险。汉武帝遣派相如往巴蜀安抚百姓，宜为深思熟虑，推测其用意有三：其一，相如为蜀郡人，根系深，人脉广，便于权宜行事。其二，相如是他身边的近臣，以"郎官"出使，仅为皇帝负责，回护其短而彰扬其长，为其职责。其三，相如确有行使政略的才能。尤其是第三点，我们可以通过相如以檄文告喻巴蜀父老的文字中，得到淋漓尽致的展示。

这篇被后世编相如文集者命名为《喻巴蜀檄》（或称《喻巴蜀父老檄》）的文字②，共分三段，也是相如告喻巴蜀父老的三层意思。文中首先告喻蜀地最高长官太守，以高屋建瓴之势彰明"蛮夷"之乱必治，以及武帝即位后平四方、一中国的胆识、策略与作为，接着才批评唐蒙办事的误差。其中称赞武帝开边统一各民族的决心，文笔婉转，却气势雄浑：

> 陛下即位，存抚天下，辑安中国。然后兴师出兵，北伐匈奴，单于怖骇，交臂受事，屈膝请和。康居西域，重译纳贡，稽首来享。移师东指，闽越相诛。右吊番禺，太子入朝。南夷之君，西僰之长，常效贡职，不敢怠惰，延颈举踵，喁喁然皆向风慕义，欲为臣妾，道里辽远，山川阻深，不能自致。

① 据《汉书·武帝纪》记载元光五年（公元前130年）："夏，发巴蜀治南夷道。"对应相如《喻巴蜀父老檄》文中所言"方今田时，重烦百姓"，可推知相如往巴蜀并作喻父老文当在元光五年秋季。

② 按：全文载《史记》本传，金国永《司马相如集校注》题名《谕巴蜀父老檄》。

这对"圣作"的赞美，铺写了伐匈奴、平西域、征闽越、吊番禺等，既有历史事实，也有为文夸饰之处。比如匈奴单于请和亲是建元六年的事，而兴师北伐宜指《史记·匈奴传》《汉书·武帝纪》及《通鉴》卷十八所记载：元光二年（前133）武帝从大行王恢议，以韩安国、李广、王恢等将军骑材官三十余万人匿雁门的马邑谷中，阴使人引诱匈奴骑兵进入埋伏圈。匈奴果然有十数万骑入雁门郡，离马邑尚有百余里，觉察有情况引兵退走，汉兵大队人马追击，结果无功而返。至于卫青等挫败匈奴是元光六年（前129年）以后的事，所言匈奴"怖骇"，"屈膝请和"，是具有想象成分的。①但相如作为武帝"一统中国"并绥远四方的坚定支持者，不仅在此文的描写中可见，即使在他以夸饰为主的"天子游猎"赋中，也得以呈现。相如如此张大汉势，前提是告喻巴蜀太守的话，"蛮夷自擅，不讨之日久矣，时侵犯边境，劳士大夫"，这就确立了他告喻的基调，朝廷"使略"西南地区的方针的正确性。于是再由对汉略四方的夸张之词，引出这段文字的重点：朝廷派遣中郎将唐蒙以及"发巴、蜀之士"兴修道路没有错误，错在"发军兴制，惊惧子弟，忧患长老"，失于"时"而谬于"法"。结论是这些做法"非陛下之意"及"非人臣之节"，既斥唐蒙之误，也暗喻巴蜀父老的抵触不合时宜。

由此相如进入他檄文的第二层次意思，紧接"非人臣之节"畅述"人臣之道"，要在"急国家之难"。相如先树立起为国奋不顾身的榜样：

> 边郡之士，闻烽举燧燔，皆摄弓而驰，荷兵而走，流汗相属，惟恐居后；触白刃，冒流矢，议不反顾，计不旋踵；人怀怒心，如报私雠。

<hr>

① 参见司马相如著、金国永校注《司马相如集校注》有关《谕巴蜀父老檄》的注释，上海古籍出版社，1993年版，第149页。

开发与平定"西南夷"是国策，这与抗击匈奴，用兵闽越一样，岂能"与巴蜀异主哉"？这文势一转，已由责备唐蒙而变为责备巴蜀父老，逗引出行之文字的"恩""威"兼施政略。先看"恩"，相如用铺陈之法历叙"剖符之封，析圭而爵，位为通侯，居列东第"，"遗显号于后世，传土地于子孙"，"名声施于无穷，功烈著于不灭"，甚至做到"肝脑涂中原，膏液润野草"，至上的国家意志与至高的道德绑架，使受"喻"者无地自容。再说"威"，与前述反证的是"即自贼杀，或亡逃抵诛，身死无名""耻及父母，为天下笑"，这些绝非"独行者之罪"，而与"父兄之教不先，子弟之率不谨"相关，"寡廉鲜耻，而俗不长厚"，乃至"其被刑戮，不亦宜乎"！这又把过错由个别行为转嫁给整个巴蜀父老，使唐蒙"诛其渠帅"行为也变得理所当然了。这种极尽利诱威逼之能事，行之相如文字，已将朝廷"使略"造成的难堪，解脱干净，"喻"词转变成了"训"词。

言至此而意未尽，相如在"喻"文的第三段继"非陛下之意"，再强调"陛下之意"：一则是因唐蒙"方今田时，重烦百姓"之过错，昭示地方，以彰显皇帝的恩德；一则是派"信使"（相如自谓）以晓谕百姓解决"发卒之事"，既责斥唐蒙，更在于教谕巴蜀父老，即"让三老孝弟（悌）以不教诲之过"担负责任。可以说，相如巴蜀之行，解决"发卒之事"是实，而喻示教训为虚，观其檄文，则斥责唐蒙是虚，告谕巴蜀官民为实。这其中显示出相如不辱使命且善于文辞的高超技艺。刘勰《文心雕龙·檄移》评曰："相如之难蜀老，文晓而喻博，有移檄之骨焉。"①虽名称《难蜀父老》，实亦兼含《喻巴蜀檄》的文意。宋人楼昉《崇古文诀·评文》说这篇文章："全是为武帝文过饰非，最害人主心术。然文字委曲回护，出脱得不觉又不怯，全然道使者、有司不

---

① 刘勰著、范文澜注《文心雕龙注》，人民文学出版社，1958 年版，第 379 页。

是，也要教百姓当一半不是。最善为辞，深得告谕之体。"①所言文法得"体"，是一方面，而"文字委曲"与"善为辞"则是另一方面，其中因"术"而彰"用"，是相如常用的手法。

相如为何寓"术"于"文"，要在迎合当时的开边政略。在汉武帝一朝，征东越，伐匈奴，服南粤，包括对大西南诸国的置郡县管理，皆与其大政方针紧密联系。概括其来有两大视点：第一个视点是大一统思想的主导作用。这一思想最突出的体现在《汉书·董仲舒传》载董氏上"天人三策"中之第三策的建议：

> 《春秋》大一统者，天地之常经，古今之通谊也。今师异道，人异论，百家殊方，指意不同，是以上亡以持一统；法制数变，下不知所守。臣愚以为诸不在六艺之科孔子之术者，皆绝其道，勿使并进。邪辟之说灭息，然后统纪可一而法度可明，民知所从矣。②

董氏所论，是思想的大一统，这与汉武帝"罢黜百家，表彰六经"（《汉书·武帝纪》"赞语"）文化政策相契合。如果将此"大一统"落实于行政，在武帝一朝最大的政略就是"抗匈奴"与"削藩国"。从汉高祖"平城之围"受困于匈奴，经汉文帝相继颁发的《与匈奴和亲诏》《遗匈奴和亲书》，到汉武帝颁布的《欲伐匈奴诏》《征南粤诏》《巡边诏》等，特别是与匈奴的战事，改变了汉初以来的汉匈关系。由此而来的一系列开边，成为武帝时最显眼的政略。这期间相如曾两度出使西南，就与武帝的这一政略紧密联系。有关开边，汉初学者已有论述，如晁错的《言守边卫塞务农力本当世急务二事》，其中多言"秦

---

① 楼昉《崇古文诀》，上海：上海古籍出版社，1993年版，第26页。按，有关论述参见拙文《汉代"文术"论》，载《文学遗产》2020年第6期。
② 班固《汉书》，中华书局，1962年版，第2523页。

时北攻胡貉，筑塞河上，南攻杨粤，置戍卒焉……贪戾而欲广大"的过失①，其与相如《喻巴蜀檄》对开边施政的歌颂大相径庭。当然，不同于汉匈战事，武帝朝对西南的开发，奉行的是怀柔政策。这又引出我们说的第二个视点，就是为了集中精力抗击匈奴，武帝朝施行了欲北先南，经略三越、西南夷的政略。②

有关西南诸国，《史记》《汉书》均有《西南夷传》，可观其大概。何谓"西南夷"，据张守节《史记·正义》说，"在蜀之南"，也就是相如家乡的更南端的广大地区。对这一片区域，《史记·西南夷列传》开篇就做了简要的介绍："西南夷君长以什数，夜郎最大；其西靡莫之属以什数，滇最大；自滇以北君长以什数，邛都最大：此皆魋（《汉书》作"椎"）结，耕田，有邑聚。"这是接近蜀地的西南诸少数民族地方邦国，多有城池，其中以夜郎、滇、邛都规制较大。《史记》该传接着记述："其外西至同师以东，北至楪榆，名为嶲、昆明，皆编发，随畜迁徙，毋常处，毋君长，地方可数千里。"所说的"椎结""编发"，皆民族发饰，所谓"随畜迁徙"，即游牧，在古代西南地区有"游耕"的生活方式。由于流动性强，没有"君长"（政权机构），确实存在管理的困难。接着传文又记述更为广远的区域："自嶲以东北，君长以什数，徙、筰都最大；自筰以东北，君长以什数，冉駹最大。……在蜀之西。自冉駹以东北，君长以什数，白马最大，皆氐类也。"③其中提到的"徙、筰都"与"冉駹"，在当时都是较大的邦国，合前面叙述的各区域，被统称为"巴蜀西南外蛮夷"。

这广袤的大西南区域，正是汉天子远略之地，尤其是与巴蜀郡县邻近的地区，更是宜加管辖与治理，以防范边陲之患。在武帝执政时期，

---

① 班固《汉书》，中华书局，1962年版，第2283、2284页。
② 参见庄春波《汉武帝评传》第四章《反击匈奴拓边置郡》之一《欲北先南，经略三越、西南夷》，南京大学出版社，2001年版，第156—159页。
③ 司马迁《史记》，中华书局，1959年版，第2991页。

连续出现了几次影响西南稳定的事件。例如武帝因西南地区多次反叛朝廷，曾遣公孙弘前往视察，欲平其情而通其道，结果公孙弘审时度势，劝武帝先致精力以伐匈奴，暂缓西南之事，结果武帝放下西夷事，仅置南夷夜郎两县一都尉而已。又如元狩元年（前122年）博望侯张骞出使西域大夏，见市场有蜀布、邛杖，得知"从东南身毒国，可数千里，得蜀贾人市"（《史记·西南夷列传》），于是武帝命王然于、柏始昌、吕越人等出使西夷西，欲往身毒国，至滇后被滇王滞留，未能开通前行道路。后来南越反叛，武帝征发南夷兵助战，又因且兰君不愿劳师伐远，聚众反叛，杀了天子使者与犍为太守。迨至征伐南越的战争胜利后，武帝才平南夷为牂柯郡，夜郎也随之入朝，朝廷任命其首领为夜郎王。相继置郡有越巂、沈犁、汶山、武都等。于是再使王然于以兵威劝谕滇王入朝，直至元封二年（前109年）滇王始举国降服，西南广大区域得以平定。

居此期间，尤其在武帝欲伐北而先平南的政略指导下，相如初使西南以及所作《喻巴蜀檄》的功用显而易见。这也就有了他第二次出使西南及发布《难蜀父老》文的缘故。

二、《难蜀父老》与汉德建构

有了初使西南的成功，武帝对相如"复通"道路，开辟"西夷"的建议完全接受。据史书记载，在武帝对解决西南问题举棋未定时，相如提出了具有历史意义的两大建议：首先是反对用武力征服西南，采取和平通商的方法进行互市融通，并建议朝廷派汉人官吏去参加少数民族地区的政权管理。第二是在靠近蜀郡的一些西南少数民族人群聚集区域设立郡县，直接收归朝廷管辖。这两条建议均合武帝心意，于是委派相如为中郎将前往巴蜀及西南地区行使朝廷威权，相如也因此开始了第二次出使西南的征程。

对相如再次出使西南的身份、做派以及蜀地人欢迎的程度，在《史记·司马相如列传》中有着较为详细的记述。先看出使的情况：

> 拜相如为中郎将，建节往使。副使王然于、壶充国、吕越人驰四乘之传，因巴蜀吏币物以赂西夷。

再看相如到达家乡蜀地时的情形：

> 至蜀，蜀太守以下郊迎，县令负弩矢先驱，蜀人以为宠。于是卓王孙、临邛诸公皆因门下献牛酒以交欢。卓王孙喟然而叹，自以得使女尚司马长卿晚，而厚分与其女财，与男等同。

史载"蜀人以为宠"，这一"宠"字，是富贵归故乡的形象写照。其一，太守郊迎、县令负弩矢先驱，司马贞《史记·索隐》："亭吏二人，弩矢合是亭长负之，今县令自负矢，则亭长当负弩也。则负弩亦守宰无定，或随轻重耳。"①其二，诸公"献牛酒以交欢"②，示尊重以馈赠。其三，卓王孙悔"使女尚司马长卿晚，而厚分与其女财"，以其戏剧性的行为变化，反衬出相如再返蜀郡的荣耀。至于相如这次出使的效绩，史迁的记述是：

> 司马长卿便略定西夷，邛、筰、冄、駹、斯榆之君皆请为内臣。除边关，关益斥，西至沫、若水，南至牂柯为徼，通零关道，

---

① 司马迁《史记》，中华书局，1959年版，第3047页。
② 有关"赐牛酒"，清人王先谦结合汉昭帝始元元年、汉元帝初元元年、汉章帝元和二年的三次"赐牛酒"举动，颇有考论，详参朱雪源、李恒全《"赐民爵""赐牛酒"与汉代普惠性社会福利研究》，《社会科学》2021年第1期。

桥孙水以通邛都。

他不仅采取怀柔政策使邛、筰等地的少数民族政权纷纷内附，而且西至沬水、若水，南至牂牁边塞，修零关道路，架孙水桥，直达邛都。也因此"还报天子，天子大说（悦）"。作为文献的记述，相如再使西南写就的一篇《难蜀父老》，是驳斥蜀中长老的观点，借以坚定武帝开边拓疆的决心，由此折射出武帝朝的政治生态和其文论价值。

对这篇文章，《史记·司马相如列传》记载"蜀长老多言通西南夷不为用，唯大臣亦以为然"，相如想反驳他们，却因自己身处其境，于是作此文字，"以风天子"。这个"风"（讽）不同于他献赋"讽"皇帝奢侈，而是为了坚定武帝开发西南的决心，完成其一统疆土的政略。如果说他前一篇《喻巴蜀檄》偏重实际事务，则此文更多地提升到政治思想的高度①。相如此文采取"欲擒故纵"法，假托蜀中的"耆老大夫"和"缙绅先生"的二十七位弟子之口，诘问使者开头。继以"使者"的长篇大论，宣示汉廷政略，既标举"贤君"（有为之君）理应如何，又彰显"汉德"的意义所在。最后复以诸老弟子（诸大夫）折服其言，唯诺其事而告终。先看冠首文字：

> 汉兴七十有八载，德茂存乎六世，威武纷纭，湛恩汪濊，郡生澍濡，洋溢乎方外。于是乃命使西征，随流而攘，风之所被，罔不披靡。

阐明自高祖到武帝"六世"的功"德"，特别是汉兴七十八年后武帝的一系列政治举措，这才引出"命使西征"的行径与"罔不披靡"的

---

① 前人对此文颇有评述，如吕祖谦《大事记解题》卷十二评相如《难蜀父老》"深陈百姓之苦，以成人君悔过之美"，乃一隅之见。

成绩。由此再引出蜀中诸大夫对使臣的质疑，形成一种不谐的论调。比如"天子之于夷狄也，其义羁縻勿绝而已"①，意思是汉族与少数民族的关系只需保持正常的朝贡关系即可，不必要设郡县以加强统治。又比如指责使者：你要通夜郎，三年啦，有什么成效，现在又要开通西南夷道，士卒疲倦，百姓力屈，恐怕最终还是要失败的。作为使者的代言人，相如对这些论点一一反驳，比如他说，如果照你们这样安于现实，不求进取的逻辑，巴蜀之地又怎么能够像今天这样过上文明的生活呢！一个有作为的贤君，绝不应因循守旧，委琐龌龊，而应有强烈的责任感与进取心，不管是"夷狄殊俗之国"，还是"辽绝异党之域"，哪怕是"六合之内，八方之外"，只要缺少文明教化，都是朝廷的耻辱，何况西南人民对汉天子如"枯旱之望雨"。所以从长远眼光来看，眼前巴蜀之地百姓的辛苦，只是暂时的，有何怨望？相如不仅畅谈当下的形势，还列举历代贤君如夏禹治水等功绩加以佐证，为武帝"讨强胡""消劲越"的功勋张目。其文势纵横，议论洋溢，既可见为辞之精彩，更能看到个中强烈而广大的政治抱负。

在这篇文章中，最凸显的是一段话语和一大理念。一段话语就是文中传诵千古的名言：盖世必有非常之人，然后有非常之事；有非常之事，然后有非常之功。

紧接的话语是说大汉皇帝应该"贤君之践位也，岂特委琐龌龊，拘文牵俗，循诵习传，当世取说云尔哉！必将崇论宏议，创业垂统，为万世规，故驰骛乎兼包并容，而勤思乎参天贰地"。从历史的结果来看，前一句很似汉武帝这个人，后一句很像汉武帝所做的事。如果说对"创业垂统"的话，汉武帝是以此自勉并终身履行，那么有关"非常之人""非常之事"的说法，堪称武帝难以忘怀的记忆。在相如说此话

----

① 这里说的"羁縻"，意联络、维系，指三代以来华夏与夷狄的关系。《史记·索隐》："羁，马络头也。縻，牛缰也。……言制四夷如牛马之受羁縻也。"可见这一词是具有贬义的。

二十三年之后的元封五年（前106年）①，汉武帝颁布《求贤诏》有云：

> 盖有非常之功，必待非常之人，故马或奔踶而致千里，士或有
> 负俗之累而立功名。夫泛驾之马，跅弛之士，亦在御之而已。其令
> 州郡察吏民有茂材异等可为将相及使绝国者。②

不仅用相如之词，亦取其义，使"非常之人"由衡"贤君"到求"贤臣"，关键是"非常之事"与"非常之功"，这与武帝朝的政治作为是共脉动的。如果我们将相如的提法对应贾谊于文帝朝《上疏陈政事》（亦称《治安策》），虽然也是谈治国理政大事，但其立论"前车覆，后车戒"的警示，故为之痛哭、流涕、太息③，与相如"非常"之说不能同日而语。如果我们再比较与相如同朝为官的东方朔，他在《答客难》中说"水至清则无鱼，人至察则无徒。……明有所不见，聪有所不闻，举大德赦小过，无求备于一人之义也。枉而直之，使自得之；优而柔之，使自求之；揆而度之，使自索之。盖圣人之教化如此，欲其自得之，自得之，则敏且广矣"④，其"自得"之论，正与相如反对"拘文牵俗，循诵习传"潜符默契。而综观当朝思想，比较董仲舒与公孙弘，前者于元光元年《举贤良对策》中大谈"天人相与""礼乐教化"与"养士""求贤"等，重在"道"，后者于元光五年《举贤良对策》中则强调"因能任官，则分职治"等"八事"为"治（民）之本"⑤，重在"治"。相形之下，相如之论显然是由"治"而"道"，这也是他

① 按：据司马相如《难蜀父老》文章开头说"汉兴七十有八载"，可以推算出作于武帝元光六年（前129年），距离"元封五年"（前106年），已是23年。
② 班固《汉书》，中华书局，1962年版，第197页。
③ 班固《汉书》，中华书局，1962年版，第2237—2258页。
④ 萧统编、李善注《文选》，中华书局，1977年版，第629页。
⑤ 班固《汉书》，中华书局，1962年版，第2615页。

《难蜀父老》提出的一大理念，就是由"汉业"观"汉德"。

考"汉德"一词，最初由相如《难蜀父老》提出，文中反复强调汉朝皇帝之"德茂乎六世""德洋恩普""至尊之休德"等，而关键语在论汉武帝功业的一段话：

> 北出师以讨强胡，南驰使以诮劲越。四面风德，二方之君。鳞集仰流，愿得受号者以亿计。故乃关沫若，徼牂牁，镂灵山，梁孙原。创道德之涂，垂仁义之统，将博恩广施，远抚长驾，使疏逖不闭，曶爽阊昧。得燿乎光明，以偃甲兵于此，而息讨伐于彼。遐迩一体，中外禔福，不亦康乎！夫拯民于沉溺，奉至尊之休德，反衰世之陵夷，继周氏之绝业，天子之急务也。①

如果对应汉初娄敬《上书谏高祖》批评其"欲与周室比隆""而欲比隆成康之时"②，到东汉学者经王莽之乱倡言"大汉继周"，其间相如提出的"继周氏"的"天子之急务"，是特别值得关注的。正是因为彰显了武帝执政前期已有一系列功业，所以相如在该文收束处托言诸大夫臣服而赞叹"允哉汉德"。继后《汉书·夏侯胜传》记载汉宣帝即位初，为褒扬武帝，对丞相御史说："孝武皇帝躬仁谊，厉威武，北征匈奴，单于远遁，南平氐羌、昆明、瓯骆两越，东定薉、貉、朝鲜，廓地斥境，立郡县，百蛮率服，款塞自至，珍贡陈于宗庙；协音律，造乐歌，荐上帝，封太山，立明堂，改正朔，易服色；明开圣绪，尊贤显功，兴灭继绝，褒周之后；备天地之礼，广道术之路……功德茂盛。"③这是回顾前朝，将武帝的功业与功德结合起来。到西汉末年，

---

① 引自司马相如著、金国永校注《司马相如集校注》，上海古籍出版社，1993年版，第167页。
② 班固《汉书》，中华书局，1962年版，第2121、2122页。
③ 班固《汉书》，中华书局，1962年版，第3156页。

扬雄《法言·孝至》再次提出"汉德其可谓允怀矣。黄支之南，大夏之西，东鞮、北女，来贡其珍"①，结合其《长杨赋》中继歌颂高祖之"天德"与文帝之"俭德"，对武帝的"功德"更是浓墨重彩，所谓"熏鬻作虐，东夷横畔，羌戎睔眦，闽越相乱，遐萌为之不安，中国蒙被其难。于是圣武勃怒，爰整其旅……使海内澹然，永亡边城之灾，金革之患"②。这些评价，传承了相如之说，只是经汉宣帝、元帝之后，外戚势炽，讨论汉德更倾向于汉统。而基于武帝功业的汉德观，在相如《封禅文》中有着进一步的阐发。

三、《封禅文》与帝国新宗教

相如两使西南，是他生平从事政务的重要阶段，也成就了关乎当朝政治生态的《喻巴蜀檄》与《难蜀父老》这两篇政论之文。遗憾的是他因"使时受金"而"失官"，虽然不久复职郎署，又做了几年"孝文园令"，其人生之冷遇造就了他人生中与献赋邀宠完全不同的一面，即"称病闲居，不慕官爵"。也正因为他介乎参与朝廷政治与游离官场俗务之间，于晚年称病闲居茂陵时，又留下了一篇具有极强当朝政教意义的《封禅文》。

有关《封禅文》及武帝经眼的过程，《史记》本传有段记载：

天子曰："司马相如病甚，可往从悉取其书；若不然，后失之矣。"使所忠往，而相如已死，家无书。问其妻，对曰："长卿固未尝有书也。时时著书，人又取去空居。长卿未死时，为一卷书，曰有使者来求书，奏之。无他书。"其遗札书言封禅事，奏所忠。忠奏其书，天子异之。③

---

① 汪荣宝撰、陈仲夫点校《法言义疏》，中华书局，1987年版，第546页。
② 扬雄著、张震泽校注《扬雄集校注》，上海古籍出版社，1993年版，第124页。
③ 司马迁《史记》，中华书局，1959年版，第3063页。

武帝派所忠取书，得"遗札书言封禅事"，而"天子异之"。或谓"异"指不同意见，据武帝后来施行封禅大典事，此"异"当取本义，即奇异、惊异，有赞美义。对应相如每上文武帝的反应是"善之"（《子虚赋》《谏猎书》）、"大悦"（《上林赋》《大人赋》）等，可为旁证。而武帝为何派所忠取书，获《封禅文》以献？史书未予说明，但结合所忠生平，却能透露出一些资讯。有关所忠的记载，《史记》除了相如传，计有三处，分别是《孝武本纪》《封禅书》《平准书》。《平准书》载有所忠进言"世家子弟富人或斗鸡走狗马，弋猎博戏，乱齐民"一事，而《孝武本纪》则记述其参与国家宗教及祭祀：

> 其秋，上幸雍，且郊。或曰"五帝，泰一之佐也。宜立泰一而上亲郊之"。上疑未定。齐人公孙卿曰："今年得宝鼎，其冬辛巳朔旦冬至，与黄帝时等。"卿有札书曰："黄帝得宝鼎宛朐，问於鬼臾区。区对曰：'黄帝得宝鼎神策，是岁己酉朔旦冬至，得天之纪，终而复始。'於是黄帝迎日推筴（策），後率二十岁得朔旦冬至，凡二十推，三百八十年。黄帝仙登于天。"卿因所忠欲奏之。所忠视其书不经，疑其妄书，谢曰："宝鼎事已决矣，尚何以为！"卿因嬖人奏之。上大悦，召问卿。对曰："受此书申功，申功已死。"①

由此记载可知所忠乃皇帝近臣，参与有关方士进献神方及祭祀活动，但他又与方士不同，故有"视其书不经，疑其妄书"的质问，但拗不过皇帝的喜好，自然也就顺从了有关的宗教活动。于是我们联想到相如与所忠的两大共同点，其一，两人都曾是皇帝身边的近臣；其二，两人均不偏信方士神鬼游仙之说，相如上《大人赋》带有明显的反对"游仙"的目

---

① 《史记》，按《史记·封禅书》《汉孝武故事》记述基本相同。

的，但都不反对当朝国家宗教的建设，并参与其事。这也是司马迁《封禅书》既取效相如的《封禅文》，也将所忠事迹收录其中的原因之一。

"封禅"词语在先秦就有，但完整讨论封禅之事则始于相如的《封禅文》。例如司马迁《封禅书》引管仲曰"古者封泰山禅梁父者七十二家"，相如《封禅文》开篇即谓"略可道者七十有二君"，虽亦征引前人之说，却早于史迁书多年。班固《白虎通》引孔子说"升泰山，观易姓之王，可得而数者七十余君"[1]，并彰明其义："王者易姓而起，必升封泰山何？报告之义也。始受命之日，改制应天，天下太平功成，封禅以告太平也。"[2]而封禅大典作为国家宗教的礼仪，汉武帝之前多为"虚像"，其后则成为制度，历代传承不息。封禅作为帝王祭祀天地的大典，具功隆德合的盛世的象征，所谓"封"，指培土，在泰山上培土为坛祭天，以报天之功；所谓"禅"（本作"墠"），指除地，在泰山下的梁父除草辟场祭地，报地之功。相如之所以倡导报天地之功的祭祀大典，实不同于方术诸神祇以及三代的庙祭（祭祖宗），而与武帝朝国家新宗教的建立有关。

考察三代（夏商周）的国家祭祀，以"庙祭"为主，《汉书·郊祀志》记周公相成王时，"郊祀后稷以配天，宗祀文王于明堂以配上帝。四海之内各以其职来助祭"[3]，说的是以"庙"（如后稷庙、文王庙）为主。而汉代自刘邦作为平民皇帝登基，因不同于前代的尊贵血统，所以在建立国家宗教时不断进行造神运动，虽亦承续秦祀"四帝"传统[4]，而为"五帝"祭祀，但因巫风盛炽[5]，未定一尊。到汉武帝时，因其耽于方术，或祭"神君"，或祀"太一"，是汉初以来造神方式的延续，

① 有关孔子的说法，又见《太平御览》引《汉官仪》《韩诗外传》等记载。
② 陈立撰、吴则虞点校《白虎通疏证》，中华书局，1994年版，第278页。
③ 班固《汉书》，中华书局，1962年版，第1193页。
④ 参见徐旭生《中国古代的传说时代》，科学出版社，1960年版。
⑤ 详见《史记·封禅书》中有关"梁巫""晋巫""秦巫""荆巫""九天巫""河巫"等各司神职的记载。

也可以说是建立国家新宗教的探索。武帝本人信仰的不确定性，并不影响国家宗教建立的进程，董仲舒在《春秋繁露·郊事对》中有关国家祭祀，就有答廷尉张汤问："所闻古者天子之礼，莫重于郊。郊常以正月上辛者，所以先丰神而最居前。礼，三年丧，不祭其先，而不敢废郊。郊重于宗庙，天尊于人也。"①以祭天（地）之礼（郊）重于宗庙，以"天尊于人"，是汉代新宗教的重要标志。相如的《封禅文》是从历史渊承与思想价值来倡导尊天敬地的国家祭祀，其中既有对盛世制礼的渴望与提倡，也内涵了对武帝迷恋方士泛神倾向的担忧。

读《封禅文》，可分为五段文字。首段写轩辕氏以前有关封禅的传说，以治世为尚，以逆行为戒，所谓"罔若淑而不昌，畴逆失而能存"。次段自轩辕（黄帝）历述三代，重在由"周"朝而及于"汉"世。其说有二：一是列述圣君所为，如"君莫盛于唐尧，臣莫贤于后稷"，"公刘发迹"，"文王改制"等；二是引述《六经》以证事，如谓"《六经》载籍之传，维见可观"，举例有《尚书》之"元首明哉，股肱良哉"等。引出"大汉之德"一节文字，极言符瑞臻至与成功而封禅的意义：

> 大汉之德，逢涌原泉，沕潏漫衍；旁魄四塞，云布雾散；上畅九垓，下泝八埏。怀生之类，霑濡浸润，协气横流，武节飘逝，迩狭游原，迥阔泳沫，首恶湮没，暗昧昭晰，昆虫凯泽，回首面内。……符瑞臻兹，犹以为德薄，不敢道封禅。②

此以符瑞衬托盛德，批评"不敢道封禅"的现状，突出文中重点第三段文字。

这段文字假托"大司马"进言，颂武帝之功，言封禅之要。所托

---

① 有关古代的郊祭，可参见李学勤《释"郊"》，《文史》第36期，中华书局，1992年版。
② 萧统编、李善注《文选》，中华书局，1977年版，第676、677页。

"大司马"，据《汉书·百官公卿表》，武帝元狩四年（前119年）置大司马，加于将军号上，有此尊称者武帝朝仅二人，一是卫青为大司马大将军，一是霍去病为大司马骠骑将军。相如文中假其职以为借重，类似赋家假托人物的写法。在"大司马进曰"的语词中，相如先排比"陛下仁育群生""陛下谦让而弗发"，进谓"夫修德以锡符，奉符以行事"，以封禅之事为"天下之壮观，王者之丕业"，所以祈请"陛下全之"，成此盛举。为付诸实行，这段文字的收束处用"前圣之所以永保鸿名而常为称首者用此，宜命掌故悉奏其义而览焉"的继往圣绝学话语，实开新章。所谓"圣人弗替，而修礼地祇，谒款天神，勒功中岳，以彰至尊，舒盛德，发荣号，受厚福，以浸黎民也。皇皇哉斯事，天下之壮观，王者之丕业，不可贬也"，其中包括因礼敬神，缘神尊德的思想。

继后四、五两段皆收束，第四段以"天子沛然改容"承接"大司马"的话，以"愉乎，朕其试哉"作答，归于"询封禅之事"。这段文字结以诸"颂"文作赞美之意。颂文有五首，或言"甘露时雨，厥壤可游"，或言"万物熙熙，怀而慕思"，或言"般般之兽，乐我君囿"，或言"濯濯之麟，游彼灵畤"，或言"宛宛黄龙，兴德而升"，皆为祥瑞。后再束以"厥之有章，不必谆谆。依类托寓，谕以封峦"①。文章第五段收结，以"天人之际已交，上下相发允答。圣王之德，兢兢翼翼也"，喻"兴必虑衰，安必思危"的忧患。

很显然，相如《封禅文》既有感世之忧，更多盛世之颂。朱熹《楚辞后语》批评相如"其将死而犹以封禅为言"乃"亦足以知其阿意取容之可贱也"②。姑不论相如文中讽意，就是颂"汉德"的文字，也是切

---

① 按《封禅文》以"颂"附"文"，东汉班固《两都赋》系以《明堂》《辟雍》《灵台》《宝鼎》《白雉》五诗，正是相如文法的嗣效。
② 朱熹撰、蒋立甫校点《楚辞集注》，上海古籍出版社、安徽教育出版社，2001年版，第231页。

合当时武帝初盛期招贤俊，尊儒术，兴学校，崇礼乐，溃匈奴，扩疆土的显赫功勋。相如临终遗留下的《封禅文》，是他对盛汉国家新宗教建设的思考，其中核心思想及影响，又体现于王朝后续的宗教事务与汉德由"功业"归于"正统"的问题。

有关《封禅文》的后续事务，《史记》相如传仅记一句："司马相如既卒五岁，天子始祭后土。八年而遂先礼中岳，封于太山，至梁父禅肃然。"说的是元封元年（前110年）武帝率群臣登泰山行封禅大典礼。对武帝行封禅，《史记·封禅书》录有武帝泰山回驾"制诏御史"诏书：

> 朕以眇眇之身承至尊，兢兢焉惧不任。维德菲薄，不明于礼乐。……登封太山，至于梁父，而后禅肃然。自新，嘉与士大夫更始，赐民百户牛一酒十石，加年八十孤寡布帛二匹。复博、奉高、蛇丘、历城，无出今年租税。其大赦天下，如乙卯赦令。①

其中除了尊重国家封禅大典，有两点值得关注，即帝王自己的怵惕之心与普惠生灵的爱民之意，而这也恰是武帝八年前所读到的《封禅文》中所极力倡导的。在诏书中，武帝特别提及"自新"与"更始"。因为在施行封禅大典之前，如何制订祀仪，武帝曾询问诸臣，兒宽有段较长的回答，以为"封禅告成，合祛于天地神祇"，"各称事宜而为之节文"，并谓"唯天子建中和之极，兼总条贯，金声而玉振之，以顺成天庆，垂万世之基"，乃至"上然之，乃自制仪，采儒术以文焉"②。其中关键在"自制仪"，诚如顾颉刚记述的，早在元封之前，济北王已将泰山献出，到元封元年封禅时，诸儒生又以古礼说事，难以实施，所以

---

① 司马迁《史记》，中华书局，1959 年版，第 1398 页。
② 班固《汉书》，中华书局，1962 年版，第 2630、2631 页。

武帝采用祭"太一"礼来封泰山。①无独有偶，在相如拜孝文园令时因武帝好游仙而上《大人赋》以讽喻，其中有关仙界的描绘即以"北极"（太一所居）为重点②。如赋中述"北游"云：

> 回车揭来兮绝道不周，会食幽都。呼吸沆瀣兮餐朝霞，噍咀芝英兮叽琼华。嬐侵浔而高纵兮，纷鸿涌而上厉。贯列缺之倒景兮，涉丰隆之滂沛。驰游道而脩降兮，骛遗雾而远逝。迫区中之隘陕兮，舒节出乎北垠。遗屯骑于玄阙兮，轶先驱于寒门。③

其"幽都"（西北方地名）"北垠"（北极之地）"寒门"（北极之门）均为传说中的极北之地。作者在赋中描写"乘虚无而上征兮，超无友而独存"的精神，表达的正是一种仙游的至极境界。值得注意的是，赋家以此为行游之终结，标示着到达的"极地"，如果结合汉武帝信奉"太一"尊神，以及设置神庙和相关祭祀活动，特别是后来以"太一"法修封泰山，其间的关联也是有蛛丝马迹的。

如果说在《难蜀父老》中，相如论"人道"所述"汉德"是基于武帝朝的"功业"，那么在《封禅文》中论"天道"（帝国宗教）所述之"汉德"，又在"功业"之上构设了诸多符瑞，以成就其天道圣统即"汉统"的意识。该文中所述武帝"仁育群生，义征不憓，诸夏乐贡，百蛮执贽"以及"首恶湮没，暗昧昭晰"等功业，无不涂饰以"囿驺虞之珍群，徼麋鹿之怪兽""昆虫凯泽""乘龙于沼"等瑞兆，彰显"修德以锡符，奉符以行事"的神统与道统。只是相如强调的"汉统"与"汉

---

① 参见顾颉刚《汉代学术史略》第四章《汉代受命改制的鼓吹与实现》，东方出版社，1996年版，第13—16页。

② 有关太（泰）一（壹）星与太一祀，参见钱宝琮《太一考》，收载《钱宝琮科学史论文选集》，科学出版社，1983年版。

③ 司马相如著、金国永校注《司马相如集校注》，上海古籍出版社，1993年版，第106页。

德"的关系，与西汉中后期因外戚干政、东汉惩"新莽"教训所大倡之"汉统"不尽相同，属于当时朝廷改制中的神道构设，是武帝朝新宗教的体现。《汉书》引录吾丘寿王于武帝朝汾阴得宝鼎群臣恭贺时说：

> 臣闻周德始乎后稷，长于公刘，大于大王，成于文武，显于周公。德泽上昭……故名曰周鼎。今汉自高祖继周，亦昭德显行，布恩施惠，六合和同，至于陛下，恢廓祖业，功德愈盛……而宝鼎自出，此天之所以与汉，乃汉宝，非周宝。①

"汉宝"非"周宝"，"汉德"亦不同于"周德"，这既在行政，又缘于学理。周人重礼尚德，视"德"为"礼"的核心，到春秋末世，礼乐崩坏，仍尚礼以尊德，如《左传·文公十八年》记鲁史克代季文子释"事君之事"谓："先君周公制周礼曰：则以观德，德以处事，事以度功，功以食民"②。这是发展周公制礼以观德的思想，孔子将"德"归于"仁"，孟子将德归于"义"，是对原始"礼德观"在学理的解析与提升。而到了汉武帝朝始倡"汉德"，实际上是与"罢黜百家，表彰六经"的文化政策相关，内涵了以儒术为经术，以经术代行政的思想内核，这才是相如推述"汉德"的意义所在。

四、颂汉：文学书写的政治义涵

从相如明确阐发政治见解的文章来看，其文论中对当朝的态度，显然是以肯定与赞述为主的。因为他的生存发展期处景、武之际，作为言语侍从在武帝朝，亲见武帝早期的改制作为，在开边政策、新宗教的建

---

① 班固《汉书》，中华书局，1962年版，第2798页。
② 杨伯峻编著《春秋左传注》，中华书局，2009年版，第633—634页。

立，特别是他由武帝功业以论汉德的颂汉思想，无不与当朝的政治发展大势合拍，或者说是武帝朝政治的积极参与者。但是，由于相如是朝廷的文臣，所以对他以赋作为主体的文章批评，往往偏向"虚辞"与"讽谏"两端，尤以"讽谏"为主要精神所寄。究其因，发端于西汉时期司马迁与扬雄的评论。史迁以《诗》之传统衡"赋"，评相如赋作"要归引之节俭，此与《诗》之风谏何异"①。扬雄经西汉成、哀乱世，为赋虽效相如，但却无不标明"讽"，其言相如赋"劝百讽一""曲终奏雅"等，是属于以己心度前贤的一种批评方式，却掩盖了相如文章"颂汉"的现实性。虽然，相如文章有讽谏意识，如上"天子游猎之赋"及上《谏猎书》，但皆为防"佚游"过度，且常以天子"大奢侈"的自省方法表述，这是回护，而非责难。考查相如作为宫廷言语侍从而有极大的政治抱负，又在于两点：其一，相如非单纯侍文之士，对此，宋人晁说之《扬雄别传》引述扬雄评枚（皋）马（相如）谓："军旅之际，戎马之间，飞书驰檄用枚皋；廊庙之下，朝廷之中，高文典册用相如。"②"高文典册"，才是其擅长之艺。其二，相如文虽用儒家经义，然非儒生，颇似王充所言"文儒之业，卓绝不循"的"文儒"。王充《论衡》梳理汉代学术，提出与经学博士为主体的"世儒"并存的"文人"，且称颂"儒生过俗人，通人胜儒生，文人逾通人"（《超奇》），"论发胸臆，文成手中，非说经艺之人所能为也"（《佚文》），所谓"鸿笔之人，国之云雨也，载国德于传书之上，宣昭名于万世之后"（《须颂》）③。相如为文正在道与治之间，重在"贵今""文德"与"文采"。

如果我们从《封禅文》回溯相如赋"上林"，其假托"亡是公"宣扬朝廷大业与董仲舒倡《春秋》公羊学赞述王朝"一统"思想相近，体现

---

① 司马迁《史记》，中华书局，1959 年版，第 3073 页。
② 晁说之《嵩山文集》卷十九，上海书店出版社，1985 年版，第 602 页。
③ 刘盼遂著《论衡集解》，中华书局，1959 年版，第 280、412、406 页。

了当时"削藩"与"抗匈"的政略，那么在相如临终的上书中，显然是对王朝新宗教的建立擘画献猷，其思想一以贯之。我们读《子虚赋》中楚王行猎一段，当与《国策》楚王游云梦，结驷千乘类似，而《上林赋》"天子校猎"的描写，全为新造，思想的关键在假托"亡是公"的说话：

> 楚则失矣，齐亦未为得也。夫使诸侯纳贡者，非为财币，所以述职也；封疆画界者，非为守御，所以禁淫也。……且二君之论，不务明君臣之义，正诸侯之礼，徒事争游戏之乐，苑囿之大，欲以奢侈相胜，荒淫相越，此不可以扬名发誉，而适足以贬君自损也。

紧接着赋中描写的统一气象，如"张乐"一节：

> 奏陶唐氏之舞，听葛天氏之歌；千人唱，万人和；山陵为之震动，川谷为之荡波。《巴俞》、宋、蔡，淮南、《于遮》，文成、颠歌。……荆、吴、郑、卫之声，《韶》《濩》《武》《象》之乐，阴淫案衍之音；鄢、郢缤纷，《激楚》结风。

由气势到德性，相如《上林赋》中的表达或被称为"曲终奏雅"，具体到文本就是赋文收束处的一段话："游乎六艺之囿，驰乎仁义之涂，览观《春秋》之林。射《狸首》，兼《驺虞》；弋玄鹤，舞干戚；载云罕，掩群《雅》，悲《伐檀》，乐《乐胥》。修容乎《礼》园，翱翔乎《书》圃。述《易》道，放怪兽；登明堂，坐清庙。"[①]这是以"六艺"述"礼德"，来呈现行仁政之君主的形象。

这种德政思想在相如的另一篇作品《哀二世赋》（或作《哀秦二世

---

① 司马相如著、金国永校注《司马相如集校注》，上海古籍出版社，1993 年版，第 31、76、85—86 页。

赋》）中得到另一方式的书写。汉承秦制，却又以秦亡为教训，到身处武帝朝盛世的司马相如，其观点也是如此。《史记》本传记载他曾侍上出行，"还过宜春宫"旧址①，"以哀二世行失"而作此赋。指斥秦政的过失，是汉初立国借鉴的直接教训，其中的代表言论有贾谊的《过秦论》与贾山《至言》中的过秦之说。如贾谊《过秦论》历数秦之所以兴、所以衰，以至所以亡的教训，如谓"秦以区区之地，千乘之权，招八州而朝同列，百有余年矣，然后以六合为家，崤函为宫。一夫作难而七庙隳，身死人手，为天下笑，何也？仁义不施，而攻守之势异也"等言说，兴亡之鉴，人们耳熟能详。其中贾谊又认为，"向使二世有庸主之行，而任忠贤，臣主一心而忧海内之患……天下集矣……则不轨之臣无以饰其智，而暴乱之奸止矣"②。正是承续文帝朝诸臣子进言"俭德"以鉴"秦亡"，相如在武帝朝功德盛时，以"哀秦"为赋，开创这一题材的文学书写，是极有历史意义与思想价值的。对此，《文心雕龙·哀吊》认为："自贾谊浮湘，发愤吊屈……盖首出之作也。及相如之吊二世，全为赋体；桓谭以为其言恻怆，读者叹息"③。从文体分类看，这篇文章既属辞赋，又属"哀吊"类，而从文学发展史的角度来看，《哀二世赋》的确是对贾谊《吊屈原赋》的继承。如赋中写道："持身不谨兮，亡国失势；信谗不悟兮，宗庙灭绝。"④这里有两点：一由贾谊之"哀臣"（吊屈）而为"哀君"（二世），以"持身"与"失势"论，有着更强的"新政"意识。二由汉初的"过秦"转为"哀秦"，前者更多指向秦的暴政，后者偏向于个人的失误。这种思想的转变同样体现在相如开边意识、削藩问题上，他不同于汉初人反对"贪戾而欲广大""前车覆，后车戒"，反而强调"非常之人"

① 张守节《史记正义》引《括地志》："秦宜春宫在雍州万年县西南三十里。宜春苑在宫之东，杜之南。《始皇本纪》云葬二世杜南宜春苑中。"又按云："今宜春宫见二世陵，故作赋以哀之也。"
② 贾谊《贾谊集》，上海：上海人民出版社，1976年版，第5—6页。
③ 刘勰著、范文澜注《文心雕龙注》，人民文学出版社，1958年版，第241页。
④ 司马相如著、金国永校注《司马相如集校注》，上海古籍出版社，1993年版，第134页。

行"非常之事"的治道。由相如的《哀二世赋》开辟了以赋文"哀秦"的题材，后继者纷纷。可以说，汉代赋家的"建德"观，以及"大汉继周"的德教传统，多与惩秦亡教训相关。如：

> 越安定以容与兮，遵长城之漫漫。剧蒙公之疲民兮，为强秦乎筑怨。舍高、亥之切忧兮，事蛮狄之辽患。不耀德以绥远兮，顾厚固而缮藩。身首分而不寤兮，犹数功而辞愆。（班彪《北征赋》）①
>
> 秦政利觜长距，终得擅场。思专其侈，以莫己若。乃构阿房，起甘泉，结云阁，冠南山，征税尽，人力殚。……驱以就役，唯力是视。百姓弗能忍，是以息肩于大汉。（张衡《东京赋》）②

一是征行赋，行路有感；一是京都赋，摹写帝国，二者皆是以"哀秦"之亡来赞述汉德的。

如前所述，相如倡导"汉德"，基于武帝朝的"功业"，到宣、元之后更重"汉统"，实因"外戚"政治，如清人赵翼论《两汉外戚之祸》说"两汉以外戚辅政，国家既受其祸……推原祸本，总由于柄用辅政，故权重而祸亦随之"③，由于上溯到对武帝得失的评价，如元、成庙议对"武庙"之尊毁的讨论。《汉书·韦贤传》引录刘歆《武帝庙不毁议》，列举其南灭百越、北攘匈奴、东伐朝鲜、西伐大宛，以及"兴制度，改正朔，易服色，立天下之祠，建封禅，殊官号，存周后，定诸侯之制"，称赞武帝"功德皆兼有焉"④。这种对武帝功业的肯定，实

---

① 萧统编、李善注《文选》，中华书局，1977年版，第143页。
② 张衡著、张震泽校注《张衡诗文集校注》，上海古籍出版社，1986年版，第94页。
③ 赵翼著、王树民校证《廿二史札记校证》，中华书局，2013年版，第67—68页。
④ 班固《汉书》，中华书局，1962年版，第3126、3127页。

与相如赞述当朝功业的思想衔接，以"汉业"彰"汉统"，到了东汉政教昌明期又有了回响，如班固《西都赋》以"乃有九真之麟，大宛之马，黄支之犀，条支之鸟，逾昆仑，越巨海，殊方异类，至于三万里"[①]，张衡《东京赋》以"惠风广被，泽洎幽荒。北燮丁令，南谐越裳，西包大秦，东过乐浪。重舌之人九译，金稽首而来王"[②]，表彰天子"王会"礼仪的气象。如果再对应相如《封禅文》中假托大司马言的一段话，即"仁育群生，义征不憓；诸夏乐贡，百蛮执贽；德侔往初，功无与二。休烈浃洽，符瑞众变，期应绍至，不特创见"，这对武帝朝政教的赞美，显然为汉人颂"德"奠定了思想基础。

---

① 萧统编、李善注《文选》，中华书局，1977年版，第24页。
② 张衡著、张震泽校注《张衡诗文集校注》，上海古籍出版社，1986年版，第152页。

从司马相如对李杜的影响
看其对中华文化的贡献

西南民族大学　徐希平

　　祖国西南地区的文学如同其源远流长的历史文化一样，灿烂辉煌，光焰夺目。这里的秀美山川与特殊的人文环境，孕育出独具特色、多彩多姿的文学成就，包括民间流传的神话谣谚和文人创作的诗词歌赋。它成为中华民族文学宝库中的一朵格外艳丽的奇葩，在整个中国文学史和文化史上都具有极为重要的地位。

　　唐诗被誉为中国诗坛的珠穆朗玛峰，李杜则被视作最亮的双子星座。李杜文章在，光芒万丈长，作为盛唐最为耀眼的金星。李白生前知音魏颢为李白编辑《李翰林集序》开宗明义：

　　　　自盘古划天地，天地之气，艮于西南。剑门上断，横江下绝，岷峨之曲，别为锦川。蜀之人无闻则已，闻则杰出，是生相如、君平、王褒、扬雄，降有陈子昂、李白，皆五百年矣。

　　这里列举汉唐五百间巴蜀名人，首先是司马相如，最后是李白。作为中国文学史上以纯文学作家身份出现的第一人，以其辞赋天才而令帝王青睐，名闻天下，成为汉赋的奠基人，其成就代表了汉大赋的最高成就。鲁迅先生评价他是"不师故辙，自摅妙才，广博宏丽，卓绝汉代。"司马相如与另一位成都辞赋大家扬雄并称为"扬马"，所创作的大赋极尽铺采文、夸张扬厉之能事，其宏伟壮阔的场景、富丽堂皇的气象，反映了汉朝大一统帝国的浩浩雄风、赫赫声威。"扬马"也成为汉赋一代文学最杰出的代表，成为汉大赋创作的两座巅峰，其文学地位有如楚辞之屈宋、散文之韩柳；诗中之李杜、词中之苏辛。

　　《汉书艺文志》著录司马相如赋二十九篇，扬雄赋作现存十一篇，二人是最早的一批西南文学家，其文集也是西南文学家文集现存最早者，2021年本人主编《西南文学文献》，理所当然地以司马相如、扬雄为收录之首。

　　2017年，四川省委宣传部推出"四川历史名人文化传承工程"，李白、杜甫、扬雄、司马相如都被推为四川历史名人，可见其影响和声誉。李杜都以汉代西南大家为楷模，杜甫自诩"赋料扬雄敌""扬雄更有河东赋"，李白则反复曰称自己"十五观奇书，作赋凌相如"。但实际上李白自小就受到了司马相如的影响和激励，在《秋于敬亭送从侄耑游庐山序》中，李白开篇即提"余小时，大人令诵《子虚赋》，私心慕之"，毫不掩饰地表达了对司马相如的倾慕之心。后来到了湖北，作《上安州裴长史书》中，李白非常自豪地将司马相如称为"老乡"，"见乡人相如大夸云梦之事，云楚有七泽，遂来观焉"。如当代学者所评：李白"对司马相如情有独钟，在其诗文赋中多次提及司马相如，充满羡慕、自豪、眷恋之情，李白和司马相如有着共同的浪漫情怀。他对司马相如在乡土文化上，文学才情上，政治理想上有着强烈的认同感。"①

---

① 韩大强《论李白的司马相如情结》，《信阳师范学院学报》2013年第2期。

一、李白与司马相如相近的特点

《史记·司马相如列传》："司马相如者，蜀郡成都人也，字长卿。少时好读书，学击剑。"《汉书·司马相如传》皆载明司马相如出生于蜀郡成都（司马相如字长卿，蜀郡成都人也），清代《四川通志》也记载："汉司马相如成都人，侨居蓬州。"少年时代喜欢读书练剑。

司马相如的《子虚赋》《上林赋》为汉代一代文学之典范，但其成就却远远不限于文学，其政治见解更是高于常人。建元六年（公元前135年），相如担任郎官数年，先后为沟通巴蜀、开发西南而作《谕巴蜀檄》《难蜀父老》宏文，晓喻百姓，说服家乡父老，文人参政，使重大实际问题得以成功解决。"略定西夷，邛、筰、厓、駹、斯榆之君皆请为内臣。除边关，关益斥，西至沬、若水，南至牂柯为徼，通零关道，以通邛都。还报天子，天子大说。"

《史记司马相如传》载："相如使时，蜀长老多言通西南夷不为用，唯大臣亦以为然。相如欲谏，业已建之，不敢，乃著书，籍以蜀父老为辞，而己诘难之，以风天子，且因宣其使指，令百姓知天子之意。"从而使巴蜀和西南民族地区为汉朝中央政府有效管辖，为开发西南边疆，民族团结合作做出了积极的贡献。充分体现其作为杰出政治家的远见卓识、政治智慧和能力，彪炳史册，功在千秋。

与此同时，史书载李白有很多与司马相如相似的特点，《新唐书文艺传》载：李白父亲从西域遁还巴西后，李白出生，"十岁通诗书，既长，隐岷山。州举有道，不应。苏颋为益州长史，见白异之，曰：'是子天才英特，少益以学，可比相如。'然喜纵横术，击剑，为任侠，轻财重施"。同样的好读书，好创作，好击剑，反映出汉唐时期西南地区文人和文化显著特征。

李白自称"五岁诵六甲，十岁观百家"的天才少年，胡永杰评葛景春先生新撰的《李白传》，特地举出第二章"蜀中岁月"下"少年苦学"一节中指出：李白"十五观奇书"，"奇书当指纵横家书（其中主要包括《长短经》）和辞赋之类（辞赋尤其是汉大赋也是受到夸大其词、游说之风气颇强的纵横家书影响的）。说明李白小时在辞赋下过功夫"。[①]如此说来，则李白与司马相如都同样好辞赋，共同受到先秦纵横家的影响，故其能写出并庄屈以为一心的《大鹏赋》等系列辞赋，开创独步大唐、浪漫雄奇的太白诗风。

特别有趣的是，司马相如与卓文君的爱情故事千古流传，而李白的第一次婚姻也似乎隐隐与司马相如有关，其《上安州裴长史书》自述道："见乡人相如大夸云梦之事，云楚有七泽，遂来观焉。而许相公家见招，妻以孙女，便憩于此。"为追慕司马相如笔下的云梦泽，来到湖北，由此成婚，酒隐安陆，何等浪漫。

而在诗文之外，当然最让李白钦慕上心的，是与司马相如一样志存高远，有着相近的政治抱负，司马相如《喻巴蜀檄》曰："陛下即位，存抚天下，辑安中国。"文章最后指出："陛下患使者有司之若彼，悼不肖愚民之如此，故遣信使晓谕百姓以发卒之事，因数之以不忠死亡之罪，让三老孝弟以不教诲之过。方今田时，重烦百姓。已亲见近县，恐远所谿谷山泽之民不遍闻，檄到，亟下县道，使咸知陛下之意，唯毋忽也。"为了天下安定，民族团结和睦，司马相如不遗余力地促进信息沟通，达到政通人和，上下齐心，天下大治的目的。这对李白和杜甫都有很大影响。李白《代寿山答孟少府文》曰："申管晏之谈，谋帝王之术。奋其智能，愿为辅弼，使寰区大定，海县清一"，这也是与杜甫"许身一何愚，窃比稷与契""致君尧舜上，再使风俗淳"的志向一致，正因

① 胡永杰《评葛景春〈李白传〉》，载《唐代文学研究年鉴》（2021年卷）。葛景春《李白传》2020年12月由天地出版社出版。

为这个崇高的理想，李白没有相如当年的我高车驷马，应诏入京，却同样满怀豪情，仗剑去国，辞亲远游，临行前作《别匡山》诗以抒怀："莫怪无心恋清境，已将书剑许明时"，立志于效力与盛唐这个伟大的时代。

李白一生未能实现其功成身退的愿望，但却念念不忘。《赠从弟南平太守之遥二首》："少年不得意，落魄无安居。愿随任公子，欲钓吞舟鱼。常时饮酒逐风景，壮心遂与功名疏。兰生谷底人不锄，云在高山空卷舒。汉家天子驰驷马，赤军蜀道迎相如。天门九重谒圣人，龙颜一解四海春。彤庭左右呼万岁，拜贺明主收沉沦。翰林秉笔回英眄，麟阁峥嵘谁可见。"为从弟送别诗中，将回乡任职的李之遥比喻为受到相如还乡的待遇，可以看出其未曾断绝的特殊的相如情结。

李白离开家乡后，漫游四方，足迹所到，开创无数的文化旅游精神物质资源，一首《梦游天姥吟留别》而成为后世称羡的浙东唐诗之路标志，六上宣城留下皖南无数打卡景点。但他有关西南和蜀中故里的大量书写，尚待进一步深入发掘和利用。李白在蜀中和后来在他乡的岁月，李白写下《登锦城散花楼》《峨眉三月歌》《上皇西巡南京歌》《朝发白帝城》大量歌咏西南历史地理景观与人文内涵的名篇，成为不朽的经典，也寄托诗仙对故乡的深情和眷恋，李白与司马相如一样，最后再没有能回到故乡。但却如白雪朗月，光照天地，永留人寰。

二、从西南民族文学及文化看司马相如与李杜对中华文化的影响

与李白一样，司马相如的政治和文学成就对杜甫同样有着深远的影响。乾元二年（759年）末，杜甫在从陇南入蜀，进入成都之前，路经德阳北面鹿头山，作《鹿头山》诗云："悠然想扬马，继起名硉兀。"想到蜀中两位先贤司马相如与扬雄，前后相继，成为名闻遐迩的高标，

令杜甫十分崇敬，因而入蜀前崇敬之情油然而生。在蜀中生活期间每每念及，并学习传承其文学思想和政治主张。杜诗被称作诗史，其中不乏大量运用赋笔体，直抒胸臆，如元稹《杜工部墓系铭》所谓"铺陈终始，排比声韵，大或千言，次犹数百，词气豪迈而风调清深，属对律切而脱弃凡近"。虽然后人对此方法评论不一，见仁见智，但其对汉赋有所借鉴是无疑的，亦可见其集大成的特点。同时，司马相如于文学成就外的政治远见，也为杜甫所传承。不仅是文学大家，也是巴蜀文化与中华文明的杰出代表。建元六年（公元前135年），相如作《谕巴蜀檄》《难蜀父老》宏文，参与解决实际重大现实问题，帮助巴蜀民族地区为汉朝中央政府有效管辖，为开发西南边疆，民族团结做出积极贡献。体现其作为杰出政治家的远见卓识、政治智慧和能力，彪炳史册，功在千秋。唐代宗广德元年（763年），杜甫作《为阆州王使君进论巴蜀安危表》，广德二年在严武幕中作《东西两川说》，要求对参与戍边的羌汉将士待遇管理一致。此外还作《野望》诗云："西山白雪三城戍，南浦清江万里桥"，《西山三首》其二"辛苦三城戍，长防万里秋"，都表现出对川西高原西山松、维、保三城戍一带局势的关切，对民族地区问题的重视，也显出其近于司马相如的政治眼光和远见卓识。

学界有许多文章论及司马相如开发西南夷的意义，论及李白杜甫与民族文化的渊源。自司马相如开始，巴蜀地区书面文学崛起于西南，成为全国领军团队，代不乏人，西南少数民族亦同样参与其间，笔者此前曾有《历代少数民族作家对李白的接受》《李杜诗学与民族文化》等论著专门讨论李杜与少数民族关系，讨论以西北地区为主的少数民族作家所受李白影响，最近笔者主持国家社科基金重大项目《古代西南少数民族汉语诗文集丛刊》，比较系统地梳理西南地区少数民族汉语诗文创作。这其中，有羌族、彝族、白族、纳西族、土家族、布依族、苗族、侗族等九个少数民族尚存有历代汉文诗集，有藏族零星汉文诗创作，还有一些民族今天已经融合于其他民族中，如鲜卑或西域迁入西南的一些民族保存有汉文诗集，其中都反映出李杜对西南民族文学的影响，从一个侧面表现出李白诗歌对西南文学与文化的巨大影响，反映出对中华文明巨大贡献之一斑，也是对中华民族共同体意识的自觉体现。

西南少数民族汉语诗创作，或赞美西南神奇山川、民俗风情，或抒发效力于时的高远志向，或表现对西南地区历史名人的倾慕，往往借李杜诗歌而寄寓情怀，也流露出对李白豪放飘逸诗风的天然认同，从一个侧面表现出司马相如和李白开创的巴蜀文学对西南文学与文化的巨大影响，反映出对中华文明巨大贡献，也是对中华民族共同体意识的自觉体现。

司马相如与卓文君当垆卖酒的故事成为千古佳话，对于川黔地区酒业发展和酒文化也应该是极大的推动。从李白杜甫到苏东坡都有许多赞美川酒的名篇。杜甫还专门赞美司马相如与卓文君当垆卖酒的爱情佳话，其《琴台》诗云："茂陵多病后，尚爱卓文君。酒肆人间世，琴台日暮云。野花留宝靥，蔓草见罗裙。归凤求凰意，寥寥不复闻。"仇兆鳌《杜诗详注》评曰："上四溯琴台遗事，下则登台而吊古也。病后犹爱，言钟情独至。酒肆二句，写茂陵生前之事，是昔日琴台。野花二句，想文君殁后之容，是今日琴台。归凤求凰，乃当时琴心所托，末故用此作结。"用晚年相如、文君的深情相爱，弥深，暗点他们当年琴心相结的爱情的美好。此外，杜甫还酷嗜美酒，郭沫若统计杜甫有关酒的有300多首，占全部诗作约1455首的21%，入蜀后更特别喜欢川酒，写下大量饮酒诗篇，"盘飧市远无兼味，樽酒家贫只旧醅"尤为人熟知。他还特别直接点名赞美一些巴蜀名酒。如《绝句漫兴九首》之八："人生几何春已夏，不放香醪如蜜甜。"《杜臆》称为"郫筒酒"。《将赴成都草堂，途中有作，先寄严郑公五首》云："鱼知丙穴由来美，酒忆郫筒不用沽。"据《杜诗详注》卷十三注曰："《成都记》：'成都府西五十里，因水标名曰郫县，以竹筒盛美酒，号为郫筒。'《华阳风俗录》：'郫县有郫筒池（今郫筒井），池旁有大竹，郫人刳其节，倾春酿于筒，苞以藕丝，蔽以蕉叶，信宿香达于外，然后断之以献，俗号郫筒酒。'"①可见杜甫写雅鱼郫筒酒堪称绝配。

《野望》："射洪春酒寒仍绿，目极伤神谁为携。"

《宴戎州杨使君东楼》："重碧拈春酒，轻红擘荔枝。楼高欲愁思，横笛未休吹。"

《谢严中丞送青城山道士乳酒一瓶》："山瓶乳酒下青云，气味浓香幸见分。鸣鞭走送怜渔父，洗盏开尝对马军。"

以上所写成都郫都的郫筒酒，川南戎州（宜宾）美酒，川北射洪春酒等，皆为四川地区全国名酒之滥觞，巴蜀美酒源远流长，也可看出司马相如之遗风。

司马相如对酒的经营，李白杜甫对酒之喜爱，成为中国酒文化的重要内容，影响深远。如被称为西南巨儒的清代著名布依族诗人莫友芝，曾作题为《芦酒》三首，另有《芦酒考》云：

> 杜子美《送从弟亚赴河西判官》句云："芦酒多还醉"，宋庄绰《鸡肋编》："关右塞上人造嚼酒，以笛管吸于瓶中"，杜诗："芦酒"，盖谓此。蔡梦弼《草堂诗笺》："大观三年，郭随出使虏，举芦酒问外使时立爱。立爱曰："芦酒，糜谷酝成，可酸醅，取不醉也。但力微，饮多则醉。"子美之言信验。自是言杜诗者并谓芦酒即今咂酒，良然。唯咂当依季裕作嚼，并子答切，即"沠"正字。咂，又"沠"之俗也。此酒凡十名，又曰炉酒、曰箇酒、曰杂麻、曰钓藤、曰钓竿、曰竿儿、曰沠麻、曰琐力麻，而炉、芦为最古。

① 仇兆鳌《杜诗详注》，中华书局，1979年版，1106页

遵义常秋冬之交，以高粱或杂稻谷、小米、麦稃酿可，陈久益美，他时酿者不能久也。

土家族诗人陈景星《七十晋五生日述怀二十首》其一："少经磨炼老康强，食字传为辟谷方。此际胸怀仍坦荡，当年意气太飞扬。回头陆变桑成海，婪尾天留菊佐觞。薄饮茅苔乡酿美，醒台醉听谱霓裳。"诗后自注曰："茅苔村酒甲于黔蜀。是日往醒舞台观剧。"直接赞美西南著名特产茅台美酒，其渊源与巴蜀黔中诗酒文化一脉相承，源远流长。

结语：2021年是司马相如诞生2200年，也是李白诞生1320年。2020年是杜甫逝世1250年。两千多年来，司马相如和李白皆为乡人永远的骄傲。南朝梁天监六年（507年），司马相如故乡蓬安（或说司马相如曾在此寓居），析安汉县北置相如县。以此举寄托故乡对司马相如的怀念，杜甫曾写下"匡山读书处，头白好归来"的名句。相如文化博大精深，司马相如与李杜文化精神由各民族文化精华积淀而成，又作为中华宝贵文化遗产而沾丐后人。司马相如和李白杜甫都对中华文化产生深远的影响，李白精神万代景仰，远播海外，成为人类的共同财富，伟大遗产和无尽宝藏，其丰富的文化内涵无论对于当代社会物质文明和精神文明建设，对于铸牢中华民族共同体意识和人类命运共同体都有十分积极的价值和意义。

中土佛教界的司马相如观[①]
——以寺院志为考查中心

四川大学　张　勇

我们知道，出家人虽然身披缁衣，却不可能与纷扰的尘世绝缘。元稹《度门寺》诗："心源虽了了，尘世苦憧憧。"杜荀鹤《题开元寺门阁》诗所言"唯有禅居离尘俗，了无荣辱挂心头"，只不过为理想状态或暂时形态罢了。超尘拔俗既极少见，抗尘走俗倒是常态。正如释晦机元熙（1238—1319）《一山禅师书》所说："吾法兄静退养高，足以眇视当今抗尘之迹为可羞。"[②]福元德谦（1267—1317）亦感叹曰："缁衣之士，抗尘世表。苟不媿于朝闻夕死可矣，尚何慕于外哉！"[③]何况自度之后，尚需入嚣尘而拔生灵乎！

---

① 本文属于 2016 年度国家社科基金重点项目"中国佛教寺院志研究"（项目编号 16AZS002）的中期成果。
② 东阳德辉编《敕修百丈清规》卷八尾附。高楠顺次郎、渡边海旭、小野玄妙等编《大正新脩大藏经》，东京：大正一切经刊行会，大正十三年（1924）至昭和九年（1934）版，第 48 册，no.2025，第 1160 页 a 栏。
③ 念常《佛祖历代通载》卷二十二。高楠顺次郎、渡边海旭、小野玄妙等编《大正新脩大藏经》，第 49 册，no.2036，第 731 页 c 栏。

一般而言，佛教僧人大都广泛涉猎世俗文献，不过对其内容和所费精力有限制罢了①。这样，一代文宗司马相如受到僧众青睐，是很自然的。

作为我国古代重要文学体裁之一汉大赋的实际开创者，西汉蜀郡成都人司马相如（公元前179—前117）②致力于被视为"古诗之流"③的赋，理论和实践并重，成就斐然，其赋作④除了突出的文学价值之外，还具有历史和语言⑤等多方面的成就⑥，故而古来浸润极广⑦，研究成果亦甚夥⑧。不过，过去基本都关注长卿在白衣中的影响，忽略甚至无视佛教界的观念。今略为梳理部分汉文寺院志中的有关材料，借以见其一斑，并就教于大方尔。

---

① 张子开《〈历代法宝记〉所引"外书"考》，首都师范大学主办"中国敦煌吐鲁番学会成立三十周年国际学术研讨会"（2013年8月17至21日·北京）论文。后载中国敦煌吐鲁番学会、首都师范大学历史学院、香港大学饶宗颐学术馆、北京大学东方学研究院合办《敦煌吐鲁番研究》第十四卷，上海：上海古籍出版社，2014年12月第一版，第523—535页。

② 司马相如生平，参考：1. 司马迁《史记》卷一百十七《司马相如列传第五十七》，北京：中华书局，1982年11月第2版。2. 班固《汉书》卷五十七上《司马相如传》，北京：中华书局，1962年月6月第1版。

③ 班固《〈两都赋〉序》："赋者，古诗之流也。"见（梁）萧统编、李善注《文选》卷一《赋甲·京都上·班孟坚两都赋二首》，北京：中华书局，1977年11月第1版，第21页上栏。

④ 司马相如的作品现存者不多，有关整理本可参考：1. 司马相如著，金国永校注《司马相如集校注》，"中国古典文学丛书"之一，上海：上海古籍出版社，1993年9月第一版。2. 朱一清、孙以昭《司马相如集校注》，北京：人民文学出版社，1996年2月第一版。3. 李孝中《司马相如集校注》，成都：巴蜀书社，2000年12月第一版。4. 张连科《司马相如集编年笺注》，沈阳：辽海出版社，2003年12月第一版。

⑤ 康达维《康达维自选集：汉代宫廷文学与文化之探微》，苏瑞隆译，上海：上海译文出版社，2013年9月第一版。

⑥ 中国大百科全书总编辑委员会《中国文学》编辑委员会、中国大百科全书出版社编辑部编《中国大百科全书》"中国文学Ⅱ"卷，褚斌杰撰"司马相如"条，北京：中国大百科出版社，1986年11月第一版，第763页右栏至第764页左栏。

⑦ 踪凡编《司马相如资料汇编》，"古典文学研究资料汇编"之一，中华书局，2008年11月第一版。

⑧ 近百年来的研究动态，参考：费振刚主编《先秦两汉文学研究》，季羡林名誉主编，张燕瑾、吕薇芬主编"20世纪中国文学研究"丛书之一，北京出版社，2001年12月第1版，第321—325页。

一、征引颂赞相如之诗文

作为寺院志，免不了征引与本寺本山等本地风光有关的前人诗文。这些前代文学作品中，时有司马相如的影子。所引援的这些世俗人士所撰的诗文，间有对司马相如才华的歌赞。

《嵩山少林寺辑志》卷十三，引唐杨炯（盈川令）《和刘侍郎入隆唐观》律诗曰：

> 福地阴阳合，仙都日月开。山川临四险，城树隐三台。
> 伏槛排云出，飞轩遶涧廻。参差凌倒影，潇洒轶浮埃。
> 百果珠为实，群峰锦作苔。悬萝暗疑雾，瀑布响成雷。
> 方士烧丹液，真人泛玉杯。还如问桃水，更似得蓬莱。
> 汉帝求仙日，相如作赋才。自然金石奏，何必上天台①。

此之"汉帝"，谓汉武帝。他如南朝梁沈约《游沈道士馆》诗"秦皇御宇宙，汉帝恢武功"，北周庾信《道士步虚词》之六"汉帝看桃核，齐侯问枣花"，李白《妾薄命》诗"汉帝重阿娇，贮之黄金屋"，其中的"汉帝"所指皆同。将相如"赋才"与汉武帝之"求仙"并列，似乎不伦不类，其实正与唐王朝崇尚道家道教的时代风潮相契合②；何况，相如正是因其"作赋才"为武帝所赏识才平步青云的吧。

---

① 傅梅《嵩山少林寺辑志》卷十三《韵始篇二·唐·五言排律》。见《大藏经补编》第 24 册，No. 0141，第 730 页 a 栏。
② 参考：1. 吕思勉《隋唐五代史》，上海古籍出版社，2005 年 11 月第 1 版。2. 王仲荦《隋唐五代史》，上海人民出版社，2003 年 4 月第 1 版，2004 年 4 月第 2 次印刷。3. 韩国磐《隋唐五代史纲》，人民出版社，1979 年 5 月第二版。4. 陈寅恪《隋唐制度渊源略论稿》，生活·读书·新知三联书店，2001 年版。5. 陈寅恪《唐代政治史述论稿》，生活·读书·新知三联书店，2001 年版。

杨炯（650—? ），"初唐四杰"之一。华阴（今属陕西省）人，官终盈川令，故寺志加小注"盈川令"以说明。擅长五律，明人童珮辑有《盈川集》，张燮又有重辑①。

这里的《嵩山少林寺辑志》，其实是从明文林郎、登封县知县、邢台傅梅元鼎所撰《嵩书》中辑录出来的。据梅氏自序，是书撰成于万历四十年（1616）。

《嵩山少林寺辑志》又援用了王维（701—761）《戏赠张五弟諲三首（时在常乐东园，走笔成）》，其二云：

> 张弟五车书，读书仍隐居。染翰过草圣，赋诗轻子虚。
> 闭门二室下，隐居十年余。宛是野人野，时从渔父渔。
> 秋风日萧索，五柳高且疏。望此去人世，渡水向吾庐。
> 岁晏同携手，只应君与予②。

摩诘赠诗的张五弟諲，因排行第五，人称"张五"，永嘉人。曾和王维居于嵩山少室山。后出仕，又复隐，曾有蜀中之行，李颀《临别送张諲入蜀》诗记曰"蜀江流不测，蜀路险难寻"。后归老于永嘉故里。事见《唐才子传》《唐诗纪事》和《历代名画记》等。《唐才子传》载："諲，永嘉人。初隐少室山下，闭门修肄，志甚勤苦，不及声利。后应举，官至刑部员外郎。明《易·象》，善草隶，兼画山水，诗格高古。与李颀友善，事王维为兄，皆为诗酒丹青之契。维赠诗云：'屏风误点惑孙郎，团扇草书惊内史。'李颀赠曰：'小王破体闲支策，落月梨花照空

---

① 参考中国大百科全书总编辑委员会《中国文学》编辑委员会、中国大百科全书出版社编辑部编《中国大百科全书》"中国文学Ⅱ"卷，孙望、郁贤皓撰"杨炯"条，第1144页。
② 傅梅《嵩山少林寺辑志》卷十三《韵始篇二》。《大藏经补编》，第24册，No.0141，第712页a栏至b栏。

壁。诗堪记室妒风流，画与将军作劲敌。'天宝中谢官，归故山偃仰，不复来人间矣。有诗传世。"①

正因为"善草隶，兼画山水，诗格高古"，故王右丞赞其"染翰过草圣"，王氏"团扇草书惊内史"也是这个意思。"草圣"者，对工于草书者的美称，汉张芝（？—约192）、唐张旭（生卒年不详）皆获是名。西晋书法家卫恒《四体书势》："弘农张伯英……临池学书，池水尽黑。下笔必为楷则，常曰'匆匆不暇草书'，寸纸不见遗，至今世尤宝其书，韦仲将谓之草圣。"唐张彦远《法书要录》卷一引南朝宋羊欣《采古来能书人名》亦言："弘农张芝，高尚不仕，善草书，精劲绝伦……人谓为草圣。"杜甫《饮中八仙歌》之七则曰："张旭三杯草圣传，脱帽露顶王公前，挥毫落纸如云烟。"张諲"草圣"谓谁，不详。"赋诗轻子虚"之"子虚"，当然是指司马相如《子虚赋》了。辛文房称諲"诗格高古"，可见张五与长卿之诗风本不相同吧。

记载云南大理名山鸡足山胜景佛事的《鸡足山寺志》，内有"前人"所撰《宾苍阁记》，描述自己即"阳"募资在华首壁"拜佛台"所建宾苍阁之壮观景色曰：

鸡足游观之胜，在华首一壁。肰游者往往并壁而行，视壅于壁，得其十之一，而不见壁之全胜也。大顶西南行里许，有磐石出于绝壑之上，可以坐啸，又名"拜佛台"。一登此石，则华首千仞，苍肰起于东北，令人意动神竦。全壁之胜，擧在目中；游观之奇，无有出其右者。

阳既于大顶建释迦殿，至此募人出赀，授僧真净，命建一阁，

---

① 傅璇琮主编《唐才子传校笺》，中华书局，1987年版，第一册，第358至361页。

将读书其中。顷之，阁成，赵雪屏题曰"宾苍"。

阳尝徐物色之，其横绝地维，如细柳淮淝之阵，示人以勇；其顿挫起伏，千态万状，如《上林》《长门》之赋，示人以文；其峻拔不可径而造，又如陈蕃之榻、李膺之门，示人以介；其正色不阿，如古纯臣之立朝，示人以忠；其静默不言，如古圣贤之相授受，示人以道。登此阁也，则此宾苍肰而来；泉声、树色，无非示我周行也。

大哉，宾乎！命童子识之。[①]

华首壁，即华首门，在鸡足山顶峰天柱峰的西南。"大顶"即天柱峰顶上之"释迦殿"，今为金顶寺。文中之"阳"，就是《宾苍阁记》前面那篇《迦叶殿记》的作者李元阳（1497—1580）。李元阳，字仁甫，号中溪；大理人，白族；明代思想家。中年丧父归家之后，不复为官，隐居故乡四十余年。《鸡足山寺志》之"前人"，即同前面人之义。撰《宾苍阁记》时，李元理尚未出，建阁乃为"读书其中"；归田后，也常住鸡足山。

李元阳称赞拜佛台一带的景色"其顿挫起伏，千态万状，如《上林》《长门》之赋，示人以文"，其实是赞美司马相如《上林赋》和《长门赋》"顿挫起伏，千态万状"，文气浩瀚深测，跌宕起伏，回旋转折，变化无穷也。

虽然上述颂扬诗文并非出自缁衣之口之手，但寺院志选录之，本身就表明了佛教界的态度吧。

---

① 释大错（钱邦芑）纂，范承勋增补《鸡足山寺志》卷九《艺文中·明·碑记》。《中国佛寺史志汇刊》，第082册，No.0084，第607页a栏至第609页a栏。

二、径直称颂长卿才华才能

寺院志中直接赞颂司马相如的文字，大略可分为三类：寺院志作者赞美，寺院志序跋褒扬，以及文士官员为僧人所撰碑铭中的称颂。

清杨雍建《三山禅师衣钵塔铭》颂扬司马相如为蜀中才子的代表：

> 相如褒雄，蜀才肆好。泽远教衰，儒弗能有。①

塔铭所记为"蜀东三山来禅师"，即明末临济宗高峰灯来（1614—1685）。"蜀东"，谓垫江，即今合川县也。

"褒雄"，汉代四川人王褒（约513—576）和扬雄（前53—后18）。二人皆为文学家，皆与长卿为蜀人，故与司马相如对举。"肆好"，极好。《诗·大雅·崧高》："吉甫作诵，其诗孔硕，其风肆好，以赠申伯。" 马瑞辰通释："'其风肆好'与'其诗孔硕'相对成文，其风犹言其诗，肆好即极好，犹言孔硕，古人自有复语耳。"明临济宗僧牧云通门（1599—1671）《复吴鹿友相公》："自念疏野，未敢托楮墨问讯。然而夙兴夜寐，莫不在大庇中兹蒙授佳章，兼赐和拙语，穆如肆好琼瑶之锡，未足云喻。"②清初临济宗僧道忞（1596—1674）《南涧箬菴问禅师塔铭》："师今往矣，吾宗式微；红轮收焰，桂魄潜辉。曷昭来许，厥猷奕奕。山翁作颂，其诗孔硕，其风肆好，师固推雄。"③"泽远教衰，儒弗能有"者，感叹如今儒家衰微了，已经没有司马相如、王

---

① 王亨彦《普陀洛迦新志》卷七《营建门第七·塔·三山来禅师衣钵塔》。《中国佛寺史志汇刊》，第 010 册，No.0009，第 483 页 a 栏。
② 毛晋编阅《牧云和尚嬾斋别集》卷四。《嘉兴藏》，第 31 册，no.B267，第 569 页 a 栏。
③ 道忞《布水台集》卷十四《塔铭二》。《嘉兴藏》，第 26 册，no.B181，第 362 页 b 栏。

褒和扬雄这样的人才了。

这应该是对相如才华的绝大推崇吧。

司马长卿之才华，自然首推文学成就，文学成就又首推大赋，大赋中又以《子虚赋》和《上林赋》为翘楚。这一点，寺院志作者当然是很清楚的。

王履和《〈嵩书〉后序》曰：

> 仙籍禅宗之不外焉者，腾光吐图皆休祯也，非以是为其异也而志之也。金石丹砂、草木鸟兽，凡为嵩之所有，即非书之所无者，乃成其为嵩也。阴阳之会，鬼神所凭，其间奇灵幽怪，《上林》《子虚》所不载而亦载之也。神道设教，圣人所不废也。①

这里所称许的，乃《子虚赋》和《上林赋》之"奇灵幽怪"风格。作为司马相如乃至于整个汉大赋的代表作，《子虚赋》和《上林赋》结构宏大，气势宏伟，辞采富丽，特别是后者体现了大一统中央王朝的声威，深刻地影响了后来的大赋。正如鲁迅所说："（相如）制作虽甚迟缓，而不师故辙，自摅妙才，广博闳丽，卓绝汉代。"②

当然，《子虚赋》和《上林赋》本乃文学作品，并非实录，大部分内容属于虚构。有时，寺院志撰者也会特意指出这一点。

清定海知县江阴缪燧《增修普陀山旧志例（秦志）》曰：

> 自郡县之有志，而二氏之书、泉石烟霞之记，往往而见焉。然十洲、三山，多指神仙之事，且有无不可知。惟普陀片石，孤悬海

① 傅梅《嵩山少林寺辑志》卷二十二。《大藏经补编》，第 24 册，No.0141，第 867 页 b 栏至第 868 页 a 栏。

② 鲁迅《汉文学史纲要》第十篇《司马相如与司马迁》。

中，为普门胜地；觉迷拯溺，历有明征。为之说者，亦其慎哉！吾是以志佛不敢旁及，志山不敢《子虚》，志事不敢《齐谐》，志辞不敢月旦；悉依旧闻，实以近事，盖此书之大凡也。若夫琳宫之废兴、香炊之盛衰、学人之聚散，与世沧桑，不无俯仰。正不必以彼抑此，资我悬河耳。①

"志山不敢《子虚》"，当然是因相如此赋的虚幻因素而言啦。《汉书·司马相如传上》："相如以'子虚'，虚言也，为楚称；'乌有先生'者，乌有此事也，为齐难；'亡是公'者，亡是人也，欲明天子之义。"是赋假托"子虚""乌有先生"和"亡是公"三人相互问答，故而后世称虚构或不真实之事或物为"子虚"。南宋周密《齐东野语·开运靖康之祸》："然考之五代新旧史，初无是说，安知非托子虚以欺世哉？"缪燧之"子虚"语，正此义也。按，"秦志"，即定海县署幕宾秦耀曾所撰之普陀山志。

司马相如以《子虚赋》得武帝常识，再因《上林赋》而拜为郎；复拜中郎将，奉使西南地区，撰有《喻巴蜀檄》和《难蜀父老》等诸文②。其实，这里的"蜀"或"巴蜀"，指的是汉武帝元封五年（前106年）所设的十三刺史部中的益州刺史部。益州，即《尚书·禹贡》和《周礼·职方》中的"梁州"。益州刺史部的辖境，约今四川折多山、云南怒山、哀牢山以东，甘肃武都、两当、陕西秦岭以南，湖北郧县、保康西北，贵州除东边以外地区③。所以，巴蜀以外的相关地区也多认

① 王亨彦《普陀洛迦新志》卷十二《叙录门第十二》。《中国佛寺史志汇刊》，第010册，no.9，第613页a栏至第614页a栏。
② 参考：1. 司马迁《史记》卷一百十七《司马相如列传第五十七》，中华书局，1982年11月第2版，2648—2654页。2. 班固《汉书》卷五十七上《司马相如传第二十七上》，中华书局，1962年版。
③《辞海》编辑部编、复旦大学历史地理研究所修订《辞海·地理分册（历史地理）》"益州"条，上海辞书出版社，1982年版，第224页。

为司马相如与之相关。《鸡足山志》即称，云南南部的汉文明时代始于西汉：

> 野史氏曰：滇南古属西域天竺界内，自西汉以后始通中国，前此帝王之化不及。而彝俗愚悍，赖佛教化导，兴起善思。《郡志》载："兹地旧有三千兰若。鸡山元旦，僧俗烧香散花，远近至者万计，自汉迄今无虚岁。"可知滇南崇信佛教，殆先于中国。今村野土民，多有不畏王法，而谈及因果报应，则凛肰敬信者。肰则释氏遏恶扬善之功，有助于帝王之治匪浅也。志寺院。①

具体而言，西汉时期带来汉文明的又是司马相如：

> 野史氏曰：于戲！地由人重，岂不然哉？滇南古属西域，崇尚释氏其来久矣。至文章礼乐之教，则开自司马相如。宋祖玉斧一画，复沦于侏僷者数百年。故滇中人物，自明以前，概难稽核。士生斯地，其亦不幸也！夫今考之舆志，征之野史，以及故老传闻，择其可纪者着之。若夫耳目传疑者，则姑阙焉。孔子曰："多闻阙疑。"诚不敢屈笔以诬斯民也。志人物。②

"文章礼乐之教"，即汉王朝所代表的中原文明也。"宋祖玉斧一画"，即"斧画"故实。北宋初年，王全斌平定后蜀之后，欲乘势夺取云南，以图献宋太祖；太祖因唐朝用兵南诏而导致中衰，故以玉斧画大

---

① 释大错（钱邦芑）纂，范承勋增补《鸡足山寺志》卷四《寺院上》。《中国佛寺史志汇刊》，第 081 册，No.0084，第 253 页 a 栏至第 254 页 a 栏。

② 释大错（钱邦芑）纂，范承勋增补《鸡足山寺志》卷六《人物》。《中国佛寺史志汇刊》，第 081 册，No.0084，第 381 页至第 382 页。

渡河以西，曰："此外非吾有也。"后以《"斧画"指统辖之外的疆域。明史·云南土司传一·大理》："大理乃唐交绥之外国，鄯阐实宋斧画之余邦，难列营屯，徒劳兵甲。""僰僮"，即"僰离"。我国西部少数民族乐舞的总称。《周礼·春官·鞮鞻氏》"掌四夷之乐"，贾公彦疏引《孝经纬·钩命决》："西夷之乐曰僰离。"东晋陶潜《圣贤群辅录上》："伯夷为阳伯乐，舞僰离，歌曰招阳。""僰僮者"，借指少数民族。"宋祖玉斧一画，复沦于僰僮者数百年"，指宋太祖弃云南等地，听任少数民族统治也。

《鸡足山志》称滇南的中原文明由司马相如所开辟，这是对司马相如的最高褒奖吧。

三、余论

当然，中土佛教寺院志提及司马相如时，无论是征引他人颂赞之诗文，还是自己称赞长卿才华功德，都是为了弘化佛教之需。

不过，以之为例，我们也可以窥见中土佛教的"外书"观，即我国僧人利用"外书"的状况，借以了解世俗文人在佛教界的影响和世俗诗文的流传情况，借以知晓佛教界对于俗世文人的态度即文士观，甚至据以推测佛教界的文学观念。

论司马相如对儒家"大一统"思想的
继承与发展

四川省社会科学院　李桂芳

司马相如（约前179—前117），蜀郡成都人，中国历史上伟大的文学家、卓越的政治家。善辞赋，后人称之为赋圣、"辞宗"，其代表作品为《子虚赋》《上林赋》。鲁迅先生曾在《汉文学史纲要》中指出："武帝时文人，赋莫若司马相如，文莫若司马迁。"[①]可见，他在中国文学史上占有非常重要地位。此外，司马相如还是一位卓越的政治家，在其政治生涯中留下了光辉的篇章。武帝时，司马相如曾两次奉令出使西南夷，筑西夷道，并写下《喻巴蜀檄》《难蜀父老》两篇流传千古的政论文，显示出其卓越的政治才能，为汉中央王朝开发西南夷地区做出了积极贡献。本文通过对司马相如作品的解读以及他在汉武帝开发西南夷中的政治活动来分析司马相如的儒家"大一统"思想，从而阐释司马

---

① 鲁迅《汉文学史纲要》，上海古籍出版社，2005年版，第49页。

相如的儒家思想理论和政治实践都是对先秦儒家"大一统"思想的继承和发展。

一、先秦儒家的大一统思想

"大一统"思想在中国有着悠久的历史，如《尚书·尧典》中的"协和万邦"①、《诗经·小雅·北山》中的"溥天之下，莫非王土；率土之滨，莫非王臣"②等就蕴含着天下一统的含义。"大一统"一词最早出现在战国时的《春秋公羊传》（或称《公羊传》）中。《公羊传》是一部解释儒家经典《春秋》的著作。孔子作《春秋》，开篇即云："隐公元年春，王正月。"《公羊传·隐公元年》解释道："元年春，王正月，元年者何？君之始年也。春者何？岁之始也。王者孰谓？谓文王也。曷为先言王而后言正月？王正月也。何言乎王正月？大一统也。"③这是在理论上首倡大一统思想。对于大一统，历代学者都有阐释。汉代董仲舒著《春秋繁露》，发挥公羊说，视"一统"为"天统"，并认为"天统"贯彻古今，永恒不变，即所谓："《春秋》大一统者，天地之常经，古今之通谊也。"④之后，王吉云："《春秋》所以大一统者，六合同风，九州共贯也"⑤，将"大一统"推衍地理和文化上的统一。唐代徐彦曰："王者受命，制正月以统天下，令万物无不一一奉之以为始，故言大一统也。"⑥可见，"大一统"不仅指疆域版图的统一，同时还包括制度政令的统一以及民族、文化风俗的统一。

---

① 李民、王健撰《尚书注译·尧典》，上海古籍出版社，2004 年版，第 1 页。
② 程俊英《诗经译注》，上海古籍出版社，2004 年版，第 315 页。
③ 公羊高撰；顾馨、徐明校点《春秋公羊传》，辽宁教育出版社，1997 年，第 1 页。
④ 班固《汉书·董仲舒传》，中华书局，1959 年版。
⑤ 班固《汉书·王吉传》，中华书局，1959 年版。
⑥ 《十三经注疏·春秋公羊传注疏》卷一，中华书局，1980 年版，第 2196 页。

春秋战国时期，面对礼崩乐坏的混乱状态，各派思想家都在探寻社会统治稳定之方，可以说此时的大一统思想已经成为一种全社会崇尚的观念。孔子首先提出了"一匡天下"①的主张，说："天下有道，则礼乐征伐自天子出"②，"礼乐征伐自天子出"，就意味着"天下有道"，就是大一统的表现，已明确表达出大一统思想。孟子主张天下"定于一"③；荀子主张"一天下"和"天下为一"④。孔子整理修订的《春秋》寓大一统思想于微言之中，后被《公羊传》所阐发。总的说来，先秦儒家的大一统思想，是孔孟荀等以其儒家思想为基础，对春秋战国时期社会矛盾的深刻反思，从而提出了一系列社会统一治理方略。从孔子的"一匡天下"，到孟子的天下"定于一"，再到荀子的"一天下"，最后至《公羊传》的"大一统"，都表达了先秦儒家在社会秩序方面对于"一统"的理想，可以说"大一统"是先秦儒家的核心主张之一，其主要内涵有：

首先，要尊王。即维护王或君主的绝对权威，这是大一统的政治核心。儒家认为维护国家统一的关键就是"尊王""忠君"。因此就必须处理好君臣之间的关系，这就是所谓"君君、臣臣"，具有严格的等级观念；君王的权威至高无上，政令才会在全国畅通无阻，就会达到"治安中国，四夷自服"，国家高度统一的目标，正如孔子所说："天下有道，则礼乐征伐自天子出"。

其次，要重民。即民本思想，是儒家一以贯之的重要思想。儒家认为人心的向背是实现国家统一的基础，提出"民惟邦本，本固邦宁"⑤，甚至还提出了"民为贵，社稷次之，君为轻"⑥的主张，强调

---

① 杨伯峻《论语译注·宪问》，中华书局，1958 年版，第 159 页。
② 杨伯峻《论语译注·季氏》，中华书局，1958 年版，第 181 页。
③ 郑训佐、靳永《孟子译注·梁惠王上》，齐鲁书社，2009 年版，第 8 页。
④ 张觉《荀子译注·王霸》，上海古籍出版社，2012 年版，第 249 页。
⑤ 李民、王健撰《尚书译注·五子之歌》，上海古籍出版社，2004 年版，第 1 页。
⑥ 郑训佐、靳永《孟子译注·尽心下》，齐鲁书社，2009 年版，第 244 页。

"保民而王，莫之能御也"①；"用国者，得百姓之力者富，得百姓之死者强，得百姓之誉者荣。三得者具而天下归之"②。

最后，施仁政，重教化。仁是儒家思想的内核。孔子提出了"仁"的学说，倡行"为政以德"，高度赞赏管仲的"仁德"，认为"桓公九合诸侯，不以兵车，管仲之力也。如其仁，如其仁！"③孟子进一步发展了孔子"仁"的学说，提出了"仁政"的概念，强调"以民为本"，将仁政的作用推向了极致，认为"仁人无敌于天下"④，仁者无敌。儒家高度重视教化的作用，主张采用仁、义、礼、乐等多种手段深入教化于民。"省刑罚，薄税敛，深耕易耨，壮者以暇日修其孝悌忠信，入以事其父兄，出以事其长上，可使制梃以挞秦、楚之坚甲利兵矣"⑤。"城郭不完，兵甲不多，非国之灾也。上无礼，下无学，贼民兴，丧无日矣"⑥。教化是巩固国家的大一统的重要举措。

二、司马相如对先秦大一统思想的承袭和发展

汉初，由于长年战争，社会凋敝，统治集团实行以黄老思想为指导的休养生息政策。随着社会经济的恢复发展，汉武帝时，改黄老而尊儒学，实现了儒学的独尊地位。有研究指出，崇儒和重赋是汉武帝时代的两大文化政策。而司马相如正切合了这一时代特征，故成为了汉武帝的座上宾。据《史记·司马相如列传》载，"武帝立，好辞赋，读其《子虚赋》善之，曰："朕独不得与此人同时哉？""⑦司马相如因其文获武帝赞

---

① 郑训佐、靳永《孟子译注·梁惠王上》，齐鲁书社，2009年版，第9页。
② 张觉《荀子译注·正论》，上海古籍出版社，2012年版，第158页。
③ 杨伯峻《论语译注·宪问》，中华书局，1958年版，第158页。
④ 郑训佐、靳永《孟子译注·尽心下》，齐鲁书社，2009年版，第241页。
⑤ 郑训佐、靳永《孟子译注·梁惠王上》，齐鲁书社，2009年版，第7页。
⑥ 郑训佐、靳永《孟子译注·离娄上》，齐鲁书社，2009年版，第112页。
⑦ 司马迁《史记·司马相如列传》，中华书局，1959年版。

赏，先后被封为郎、中郎将、孝文园令。事实上，在司马相如的文学作品中充分体现了先秦儒家大一统思想的内涵，如尊王、重民、仁政等。

（一）尊王思想

《子虚赋》《上林赋》是司马相如的代表性作品，集中体现了儒家倡导的"大一统"思想。此二赋以游猎为题材，通过虚构的人物对话展开情节，不仅极其夸张地描写了豪华壮丽的宫苑以及诸侯、天子的游猎盛况；而且以维护国家统一为主旨，盛赞汉王朝大一统的赫赫威势和文治武功，希图通过田猎的形式来表达"张天子以抑诸侯"的思想主题，这明显是尊王意识的充分表达。如赋中司马相如先借子虚先生之口，尽情夸耀楚国云梦之大、物产之美，楚王田猎歌舞之盛，后让乌有先生批评子虚曰："不称楚王之厚德，而盛推云梦以为高，奢言淫乐而显侈靡""然在诸侯之位，不敢言游戏之乐，苑囿之大"①，以此说明诸侯应守礼制，不拟人君；接着又借无是公之口对齐楚的一并否定而发论："二君之论，不务明君臣之义而正诸侯之礼，徒事争游猎之乐，苑囿之大，欲以奢侈相胜，荒淫相越，此不可以扬名发誉，而适足以贬君自损也"②，最后无是公从汉天子狩猎上林苑的盛大场面对汉帝国的强盛统一做了一番描写和赞美，很显然，在无是公的眼里，齐楚虽贵为诸侯，但跟当今天子相比，他们仍然是居于"臣"的地位，而相对应的汉天子则是名正言顺的"君"，因此，司马相如在这里是借无是公之口贬损齐楚，实则是在张扬汉天子的权威，是尊王、尊君的体现，也是对大一统王朝的肯定，这也是儒家大一统思想的表现。

司马相如曾奉汉武帝之令两次出使西南夷，并写下了《谕巴蜀檄》和《难蜀父老》两篇政论文。两篇政论文一方面赞颂大一统政治，又歌颂了汉武帝的丰功伟业。在《谕巴蜀檄》中，司马相如诏告巴蜀太守等

---

① 司马迁《史记·司马相如列传》，中华书局，1959年版。
② 司马迁《史记·司马相如列传》，中华书局，1959年版。

人:"蛮夷自擅不讨之日久矣,时侵犯边境,劳士大夫。陛下即位,存抚天下,辑安中国。然后兴师出兵,北征匈奴,单于怖骇,交臂受事,诎膝请和。康居西域,重译请朝,稽首来享。移师东指,闽越相诛。右吊番禺,太子入朝。南夷之君,西僰之长,常效贡职,不敢怠堕,延颈举踵,喁喁然皆争归义,欲为臣妾,道里辽远,山川阻深,不能自致。"①檄文通过对武帝时期的开疆拓土、周边部族争相来朝的兴盛局面,歌颂了天子一统天下的伟绩。又说"陛下患使者有司之若彼,悼不肖愚民之如此,故遣信使晓谕百姓以发卒之事,因数之以不忠死亡之罪,让三老孝弟以不教之过。方今田时,重烦百姓,已亲见近县,恐远所溪谷山泽之民不遍闻,檄到,亟下县道,使咸知陛下之意,唯毋忽也"。②在文中,司马相如将武帝塑造成了一个心系天下的圣德君王形象,包含了儒家思想中君仁臣忠思想。

在《难蜀父老》中,司马相如概述汉王朝国力强盛,四海归服的大好形势。文曰:"且夫贤君之践位也。岂特委琐握齪,拘文牵俗,循诵习传,当世取说云尔哉!必将崇论闳议,创业垂统,为万世规。"③歌颂了汉武帝开拓西南疆土的远见卓识。又说:"今封疆之内,冠带之伦,咸获嘉祉,靡有阙遗矣。而夷狄殊俗之国,辽绝异党之域,舟车不通,人迹罕至,政教未加,流风犹微,内之则犯义侵礼于边境,外之则邪行横作,放弑其上。君臣易位,尊卑失序,父兄不辜,幼孤为奴,系累号泣。内乡而怨,曰:'盖闻中国有至仁焉,德洋而恩普,物靡不得其所,今独曷为遗己!'举踵思慕,若枯旱之望雨。鳌夫为之垂涕,况乎上圣,又恶能已?故北出师以讨强胡,南驰使以诮劲越。四面风德,二方之君鳞集仰流,愿得受号者以亿计。故乃关沫、若,徼牂牁,镂零

---

① 司马迁《史记·司马相如列传》,中华书局,1959年版。
② 司马迁《史记·司马相如列传》,中华书局,1959年版。
③ 司马迁《史记·司马相如列传》,中华书局,1959年版。

山，梁孙原，创道德之涂，垂仁义之统。将博恩广施，远抚长驾，使疏逖不闭，阻深闇昧得耀乎光明，以偃甲兵于此，而息讨伐于彼。遐迩一体，中外提福，不亦康乎？夫拯民于沉溺，奉至尊之休德，反衰世之陵迟，继周氏之绝业，天子之急务也。百姓虽劳，又恶可以已哉？"①这正是儒家大一统思想的深层意蕴。在此，司马相如认为武帝开西南夷道虽是劳民，却是史无前例的壮举，故称汉武帝是"非常之人"，武帝开边则是"非常之功"。因此，他在文中一再称武帝为"至尊""天子""王者"。

（二）仁政思想

司马相如倡行儒家的"仁治"理念，认为建大一统，并非为君主一人之安乐而是为了"拯民于沈溺"，将民众从水深火热中拯救出来。他以大禹治水为例：昔日洪水滔天，百姓流离失所，大禹"乃湮鸿水，决流疏河"，疏通河道，洪水得治使天下万民得以安宁。今大汉"冠带之伦，咸获嘉祉，靡有阙遗矣"。而西南夷"殊俗之国，辽绝异党之地，舟车不通，人迹罕至，政教未加，流风犹微"，以致"内之则犯义侵礼于边境，外之则邪行横作，放弑其上。君臣易位，尊卑失序，父兄不辜，幼孤为奴，系累号泣。内乡而怨，曰：'盖闻中国有至仁焉，德洋而恩普，物靡不得其所，今独曷为遗己！'"以为汉朝皇帝是德行厚重、恩泽普施的仁德之君，于是蛮夷是"举踵思慕若枯旱之望雨"，"豁夫为之垂涕，况乎上圣，又恶能已？"②可以说，儒家实现大一统的方略之仁政思想在司马相如作品中也表现得十分突出。如在《子虚赋》中，司马相如借乌有先生之口批评子虚说："有而言之，是章君之恶；无而言之，是害足下之信。章君之恶而伤私义，二者无一可，而先生行之，

---

① 司马迁《史记·司马相如列传》，中华书局，1959 年版。
② 司马迁《史记·司马相如列传》，中华书局，1959 年版。

必且轻於齐而累於楚矣。"①乌有先生认为子虚所言，违背了儒家"仁义礼智信"的教导，违背了儒家所倡导的仁民爱物、节用俭朴的思想。在《上林赋》中的结尾处，歌颂了汉武帝自我检讨以及采取一系列惠民的措施："地可以垦辟，悉为农郊，以赡萌隶；隤墙填堑，使山泽之民得至焉。实陂池而勿禁，虚宫观而勿仞。发仓廪以振贫穷，补不足，恤鳏寡，存孤独。出德号，省刑罚，改制度，易服色，更正朔，以天下为始。"②开仓放粮赈济贫穷，抚恤鳏寡孤独者。施恩德，省刑罚施行革新，以天下为重。"览观《春秋》之林，射貍首，兼驺虞，弋玄鹤，建干戚，载云罕，揜群雅，悲《伐檀》，乐《乐胥》，修容乎《礼》园，翱翔乎《书》圃，述《易》道，放怪兽，登明堂，坐清庙，恣群臣，奏得失。四海之内，靡不受获。"③让臣下检讨朝政之得失，使天下百姓人人受益。"若夫终日暴露驰骋，劳神苦形，罢车马之用，抚士卒之精，费府库之财，而无德厚之恩，务在独乐，不顾众庶，忘国家之政，而贪雉兔之获，则仁者不由也。"④司马相如认为帝王若终日奢靡，游猎寻欢车马不用于正途，士卒不使于正道，耗费国库钱财而不施恩于庶民，一己淫乐而不顾百姓，废弃国政而贪围猎之欢，非仁君所为。这些无疑都是儒家仁政思想的体现。

在《封禅书》中，司马相如不仅勉励武帝举行封禅之盛典，而且更重要的是强调"圣王之德，兢兢翼翼""兴必虑衰，安必思危"，帝王必须敬天顺德。⑤

（三）礼乐教化

礼乐教化是儒家所倡导的个人"修齐治平"的基础，这其中不仅

---

① 司马迁《史记·司马相如列传》，中华书局，1959 年版。
② 司马迁《史记·司马相如列传》，中华书局，1959 年版。
③ 司马迁《史记·司马相如列传》，中华书局，1959 年版。
④ 司马迁《史记·司马相如列传》，中华书局，1959 年版。
⑤ 鲁红平《论司马相如的儒家思想》，《西南民族大学学报》（人文社科版）2008 年第 9 期。

包括普通民众，君王也包括在内。《上林赋》中云："于是历吉日以斋戒，袭朝衣，乘法驾，建华旗，鸣玉鸾，游乎六艺之囿，骛乎仁义之途，览观《春秋》之林，射貍首，兼驺虞，弋玄鹤，建干戚，载云罕，掩群雅，悲《伐檀》，乐《乐胥》，修容乎《礼》园，翱翔乎《书》圃，述《易》道，放怪兽，登明堂，坐清庙，恣群臣，奏得失。四海之内，靡不受获。于斯之时，天下大说，乡风而听，随流而化，喟然兴道而迁义，刑错而不用，德隆乎三皇，功羡於五帝。若此，故猎乃可喜也。"①司马相如这里直接引入儒家之"六艺"——《诗》《书》《礼》《易》《乐》《春秋》，描绘了一幅君王游观于儒家经典之林的美好画面，可以说是比较典型的倡导以"诗书礼义"来教化天下的例子。

汉统一大帝国的建立，对边民广施恩德，"将博恩广施，远抚长驾，使疏逖不闭，阻深闇昧得耀乎光明，以偃甲兵於此，而息诛伐於彼。"②认为建立大一统的国家，就能广施恩德，"创道德之涂，垂仁义之统"，施行教化，让边地民众知伦理，习仁义，使隔绝偏僻不开化的边民"遐迩一体，中外提福"，实现与中原地区的经济文化一体化。

在《喻巴蜀檄》中说："陛下患使者有司之若彼，悼不肖愚民之如此，故遣信使晓谕百姓以发卒之事，因数之以不忠死亡之罪，让三老孝弟以不教之过。"③一方面指出君王应仁民爱物，另一方面臣下应尽忠。因此，司马相如强调以礼乐施行教化，并不只是强调礼乐在教化中的重要性，最重要的目的是指向教化的结果，那就是君君、臣臣、父父、子子，就是君仁臣忠、父慈子孝、夫唱妇随、兄悌弟恭。

总之，司马相如通过自己的文学作品宣扬儒家大一统思想，完全

① 司马迁《史记·司马相如列传》，中华书局，1959年版。
② 司马迁《史记·司马相如列传》，中华书局，1959年版。
③ 司马迁《史记·司马相如列传》，中华书局，1959年版。

切合当时汉王朝的政治思想趋势，也是历史发展的趋势。正如许结所说："就汉文化的整体结构而言，相如等作家创制大赋作品表现的思想正与强盛的帝国行政模式，经学家宇宙同人事、阴阳五行同王道政治结合的大一统思想匹配，以其独特的赋家之心建构起宏伟壮丽的艺术殿堂。"①

三、司马相如大一统思想的实践

（一）讽谏汉武帝开发西南夷，一统西南边疆

司马相如讽谏汉武帝，认为建立大一统国家不仅是君主的职责，更是君主有所作为的表现，坚定汉武帝的开边主张。

汉武帝时，唐蒙出使夜郎，并在今贵州设立郡县，开山凿道，征发巴蜀士卒，耗费巨大的人力物力，引起了巴蜀民众的不满，再加上夜郎君长不时反叛朝廷，使得一些朝中大臣对开发西南夷的决策发生了动摇，从而主张放弃。据《史记·司马相如列传》载"相如使时，蜀长老多言通西南夷不为用，唯大臣亦以为然。相如欲谏，业已建之，不敢，乃著书，籍以蜀父老为辞，而己诘难之，以风天子，且因宣其使指，令百姓知天子之意"②。司马相如认为汉朝建立后，历经几十年的休养生息，国家强盛，有能力建立大一统的国家，说"汉兴七十有八载，德茂存乎六世，威武纷云，湛恩汪濊，群生澍濡，洋溢乎方外。于是乃命使西征，随流而攘，风之所被，罔不披靡。因朝冉从駹，定筰存邛，略斯榆，举苞满，结轶还辕，东乡将报，至于蜀都"。③同时，他还驳斥了朝中一些大臣诸多开发西南夷不便的借口，"耆老大夫缙绅先生之徒二十

---

① 许结《汉代文学思想史》，南京大学出版社，1990 年版，第 128 页。
② 司马迁《史记·司马相如列传》，中华书局，1959 年版。
③ 司马迁《史记·司马相如列传》，中华书局，1959 年版。

有七人，俨然造焉。辞毕，因进曰：'盖闻天子之于夷狄也，其义羁縻
勿绝而已。今罢三郡之士，通夜郎之涂，三年于兹，而功不竟，士卒劳
倦，万民不赡，今又接之以西夷，百姓力屈，恐不能卒业，此亦使者之
累也，窃为左右患之。且夫邛、筰、西僰之与中国并也，历年兹多，不
可记已。仁者不以德来，强者不以力并，意者殆不可乎！今割齐民以附
夷狄，弊所恃以事无用，鄙人固陋，不识所谓。'使者曰：'乌谓此乎？
必若所云，则是蜀不变服而巴不化俗也，余尚恶闻若说？然斯事体大，
固非观者之所覩也。余之行急，其详不可得闻已……'"在此，司马相
如先借"耆老大夫缙绅先生"之口，诘难"通西南夷"不切合实际的做
法，然后针对"耆老大夫缙绅先生之徒"的诘难，相如以巴蜀变服化俗
为例，言"必若所云，则是蜀不变服而巴不化俗也。余尚恶闻若说"，
认为若对"蛮夷"之地只是一味地采取羁縻政策，那巴蜀也不可能变服
化俗。而巴蜀地区的变化，正好是推进西南夷的开发先例。

　　司马相如认为建立大一统国家是历史发展的趋势，因此他认为开发
西南夷的意义，可以扩展疆土，远播仁德，从而使远近一体，同享福
祉，天下长治久安。他讽谏汉武帝作为一代贤明之君，应创立大业，垂
范万世。勉励汉武帝是"非常之人"，必会建立"非常之功"，"盖世
必有非常之人，然后有非常之事；有非常之事，然后有非常之功。非常
者，固常人之所异也。故曰非常之原，黎民惧焉；及臻厥成，天下晏如
也"，又说"夫拯民于沈溺，奉至尊之休德，反衰世之陵迟，继周氏之
绝业，斯乃天子之急务也"。①

　　（二）出使西南夷，筑西夷道，实现中央王朝对西夷的统治

　　司马相如曾先后两次出使西南夷，稳定了汉王朝开发西南边疆的后
方基地，为汉中央王朝开发西南夷地区做出了积极贡献。汉武帝建元六

---

① 司马迁《史记·司马相如列传》，中华书局，1959 年版。

年（前135年）派中郎将唐蒙经管西南夷事务。唐蒙受命开通夜郎，征发巴、蜀二郡的官吏士卒上千人，同时又诛杀了当地的民族首领，致使巴、蜀百姓大为震惊恐惧，当地人民怨声载道。为稳定在巴蜀地区的统治，汉武帝派司马相如出使西南夷，安抚巴蜀民众。史载"会唐蒙使略通夜郎西僰中，发巴蜀吏卒千人，郡又多为发转漕万馀人，用兴法诛其渠帅，巴蜀民大惊恐。上闻之，乃使相如责唐蒙，因喻告巴蜀民以非上意"。①在《喻巴蜀檄》中云"今闻其乃发军兴制，惊惧子弟，忧患长老，郡又擅为转粟运输，皆非陛下之意也"，②他认为唐蒙"用军兴法"之事，乃是自作主张，非武帝之意，于是采用恩威并施的方法，成功地安抚了巴蜀民众。

司马相如第二次出使西南夷时，"唐蒙已略通夜郎，因通西南夷道，发巴、蜀、广汉卒，作者数万人。治道二岁，道不成，士卒多物故，费以巨万计。蜀民及汉用事者多言其不便"。③由于筑路耗费巨大而不能通，致使"蜀长老多言通西南夷不为用，唯大臣亦以为然"④。而此时西夷因经济利益，表现出欲归附汉朝的意向。"是时邛、筰之君长闻南夷与汉通，得赏赐多，多欲愿为内臣妾，请吏，比南夷。"但此时朝廷内部官员对开发西南夷却意见相左，汉武帝问询曾出使巴蜀的司马相如，相如认为"邛、筰、冉、駹者近蜀，道亦易通，秦时尝通为郡县，至汉兴而罢。今诚复通，为置郡县，愈於南夷"。⑤司马相如赞同并建议开发西夷，得到汉武帝的认同，"天子以为然，乃拜相如为中郎将，建节往使。副使王然于、壶充国、吕越人驰四乘之传，因巴蜀吏币物以赂西

---

① 司马迁《史记·司马相如列传》，中华书局，1959年版。
② 司马迁《史记·司马相如列传》，中华书局，1959年版。
③ 司马迁《史记·司马相如列传》，中华书局，1959年版。
④ 司马迁《史记·司马相如列传》，中华书局，1959年版。
⑤ 司马迁《史记·司马相如列传》，中华书局，1959年版。

夷"。①于是"司马长卿便略定西夷，邛、笮、冉、駹、斯榆之君皆请为内臣。除边关，关益斥，西至沫、若水，南至牂柯为徼，通零关道，桥孙水以通邛都。还报天子，天子大说"。②通过司马相如的此番经营，不仅使邛、笮、冉、駹、斯榆等部族归顺内附，成为汉王朝的一部分，而且又凿通了零关道（在今四川芦山）、架起了孙水（今四川安宁河）桥，官道直通邛都（今四川西昌东南），道路的开通密切了中原地区与西南少数民族地区的联系，从而促进了中原地区与西南地区的经济文化交流。此后，汉王朝先后在西南地区设置了多个郡县，并委派郡守县令实行统治，《史记·西南夷列传》记载："相如以郎中将往喻，皆如南夷，为置一都尉，十余县，属蜀"③，为西南地区纳入中央王朝的版图奠定了坚实的基础。

总之，司马相如从理论上旗帜鲜明地宣扬拥护"大一统"思想，并从儒家理论出发论证了君臣之道，君仁民忠，共同致力于建立维护大一统国家；司马相如通过出使西南夷，筑西夷道，将西夷地区纳入汉中央王朝版图，将其"大一统"思想在政治实践中不遗余力地贯彻施行。这正是对先秦儒家"大一统"思想的继承和发展。"大一统"思想是儒家的核心思想之一，对我国历史产生了巨大的作用和影响。"大一统"思想是中华各民族的共同凝聚力，也是维系中华民族团结统一的重要思想源泉。

---

① 司马迁《史记·司马相如列传》，中华书局，1959 年版。
② 司马迁《史记·司马相如列传》，中华书局，1959 年版。
③ 司马迁《史记·西南夷列传》，中华书局，1959 年版。

马扬典范在海东文坛之构建及表现形态

北京师范大学　陈丽娟　四川师范大学　房　锐

在"文学代胜"观念中，汉赋与楚骚、六朝骈语、唐诗、宋词、元曲并列而为"一代文学之胜"，而汉武帝至元帝108年的汉赋全盛期内①，又以司马相如成就最高，班固称其为"赋颂之首"，王世贞冠之以"赋圣"称号。相如以"天纵绮丽"②作《子虚赋》《上林赋》，开创了汉大赋铺张扬厉、体国经野的形制与风格，成为当世经典。然经典的形成除"自身品质价值、时代的审美风尚"③外，还离不开批评家的阐释与创作者的拟效，相如赋在西汉末到东汉间成为经典正在于与班固、扬雄的际会。中国赋论的早期载体即史书，《汉书》中班固提出的"辞宗"说为相如赋成为经典做出理论开拓，而扬雄以"每作赋，常拟

---

① 王芑孙《读赋卮言》云："赋家极轨，要当盛汉之隆。"（王芑孙《读赋卮言》，《赋话广聚》第三册，北京：北京图书馆出版社，2006年版，第303页）李曰刚《辞赋流变史》："自武帝起，迄元帝止（西元前一四〇年——前三三年），凡一百零八年，为汉赋全盛期。"李曰刚《辞赋流变史》，台北：文津出版社，1987年版，第109页。

② 程廷祚《骚赋论》："长卿天纵绮丽，质有其文；心迹之论，赋家之准绳也。"郭绍虞《中国历代文论选》第一册，上海：上海古籍出版社，1979年版，第146页。

③ 吴承学、沙红兵《中国古代文学的经典与反经典》，《文史哲》，2010年第2期。

之以为式"①的拟效行为，以及模拟所得《甘泉》四赋成为相如经典化历程中最具代表意义的接受者。

扬雄之后虽仍有大量文人对相如赋手追心摹，然扬雄拟赋的不可替代性在于其模拟兼具变造和开创，为汉大赋"演为具体的文体"做出了补益、加固与凝定的贡献。如简宗梧先生所说，扬雄作《甘泉赋》"刻意讽谏，并以此自得"，补益了相如作赋逞才邀宠、讽谏不足之缺，并带动了对赋体文学"曲终奏雅""劝百讽一"的反思和改制。《河东赋》是糅合散文赋与骚体赋的初次尝试，《羽猎赋》是赋篇有序之滥觞，《长杨赋》于体物之中加入议论，丰富了大赋的内涵。②扬雄因此成为可与相如并美的赋家，论家多将马扬对举，甚而有"并誉"和"并毁"的现象。

马扬之成为经典，不仅垂范后世，亦沾溉海东，本文拟从接受视野对朝鲜半岛汉文学做整体观照，以考察马扬典范在海东文坛的构建及多种表现形态。

一、起点

朝鲜后期文人洪万宗（1643—1725）曾云："我东以文献闻于中国，中国谓之小中华。盖由崔文昌致远唱之于前，朴参政寅亮和之于后。"③崔致远被誉为"东国文章之祖"④，他不仅是朝鲜半岛以文学闻名中国的第一人，也是朝鲜半岛马扬接受的起点。崔致远在疏、状等公

---

① 班固撰，颜师古注《汉书》卷八十七上，北京：中华书局，1962年版，第3515页。
② 简宗梧《从扬雄的模拟与开创看赋的发展与影响》，《汉赋史论》，台北：东大图书股份有限公司，1993年版，第148—157页。
③ 洪万宗《小华诗评》卷之上，《韩国诗话丛编》第三卷，首尔：太学社，1996年版，第424页。
④ 金澜卿《东鉴文钞序》，《云养集》卷10，《韩国文集丛刊》第328册，首尔：景仁文化社，1996年版，第394页。

文写作中屡用扬雄典事，如《谢加料钱状》："唯忧福盛，难报恩深。岂料笔端乏白凤之词，日无可效。"①《考功蒋泳郎中》："螭头阶上，则亲吐凤之才。"②《西川柳常侍》："以永传不朽之谭，先见未来之事。可使掩蜀都之赋，高齐剑阁之铭。"③《求化修诸道观疏》："古人有言：'为可为于可为之时则可。'"④或以扬雄高才自谦、赞人，或以扬雄之赋为评价标准，或以扬雄之言为行为准的，堪称多层次以扬雄为典范之先声。而崔致远对司马相如的称引，则聚焦于政治建树。司马相如曾奉汉武帝之命出使西南夷，高车驷马还乡，作《难蜀父老》有言："盖世必有非常之人，然后有非常之事；有非常之事，然后有非常之功。"⑤崔致远多次引用此语⑥，又在《行次山阳续蒙太尉寄赐衣段令充归觐续寿信物谨以诗谢》中写道："自古虽夸昼锦行，长卿翁子占虚名。既传国信兼家信，不独家荣亦国荣。"⑦表达对相如得志的歆羡与建功立业的渴望，后人亦以"蜀桥来渡，学相如之题名"誉美致远。这种情绪具有一定的典型性，在后世朝鲜文人关于司马相如的反复吟咏中亦逐渐形成"题桥立志""君臣际会"等主题。

　　崔致远的马扬接受初步显示了马扬在海东传播的一些面向，但不乏单薄与片面，原因也很简单，在崔致远生活的新罗时期，整个朝鲜半岛汉文学发展尚处初始阶段，此为一；崔致远作为宾贡生留学于唐、应试于唐，其时所盛行的是唐风律赋，此为二；崔致远对马扬的学习与推崇纯是个人自发行为，不受时代风气与文学思潮之裹挟，有别于宋明复古思潮传入朝鲜半岛后，文人学宗汉赋，马扬接受始蔚为大观，且突破了

① 崔致远《桂苑笔耕集》，北京：中华书局，2007年版，第632页。
② 崔致远《桂苑笔耕集》，北京：中华书局，2007年版，第274页。
③ 崔致远《桂苑笔耕集》，北京：中华书局，2007年版，第233页。
④ 崔致远《桂苑笔耕集》，北京：中华书局，2007年版，第567页。
⑤ 司马迁《史记》卷一百一十七，北京：中华书局，1982年版，第3050页。
⑥ 按《西川罗城图记》《徐州时溥司空三首其二》。
⑦ 崔致远《桂苑笔耕集》，北京：中华书局，2007年版，第750页。

浅表接受，显示出复杂性与多元化，此为三。故随着汉文水平的发展、文学思潮的嬗变及典范意识的增强，崔致远后，高丽朝尤其是朝鲜朝对马扬的接受炽盛，马扬之才学、际遇、人格、赋艺等方在海东文坛的宏阔时空中得到多层次的接受和全方位的阐释，真正体现出典范之效用。

二、模拟

海东文人对马扬的学习模拟可分两个路径：其一，普遍性学习，即对马扬辞赋做整体观照，或诵读记忆，或以资规法，此亦习赋的两个阶段与层次。赋本是诵读的艺术，朝鲜文人甚重记诵之学，尹愭曾云："夫记诵之学，固非其至也；而薄记诵不为，则又无以领略前言，受用于吾身矣。若是乎记诵之不可废也！"[①]又如《宋子大全》："读书者，必有逐日背诵之文，然后根本有立矣。不然，其所制述，琐屑无足观也。"[②]童蒙者"能口诵，句绝不差"常被视作天才。[③]故记诵马扬之赋的现象非常普遍，如申维翰（1681—1752）"自少时爱诵诗之国风、屈左徒骚歌、司马长卿赋，徧阅汉魏唐诗，得其精粹"，[④]崔弘甸（1636—1701）"惯诵庄马词赋之属，遂以文鸣于京乡"，[⑤]李汇泽（1814—1876）"古赋多成诵，而《长门赋》独万读"。[⑥]这种诵赋行为也常见诸朝鲜文人诗中，如"时时诵子虚""凌云争诵相如赋""彩毫人诵长杨赋""凌云爱诵大人赋""逐贫有赋应堪诵"等，不胜枚举。

---

① 尹愭《轮诵要选序》，《无名子集文稿》卷1，《韩国文集丛刊》第256册，第199页。
② 宋时烈《崔慎录》，《宋子大全》附录卷17，《韩国文集丛刊》第115册，第545页。
③ 案：姜大遂《家状》："甫六岁，学千字，读之以音而不屑解，人甚奇之。及授童蒙先习，自能口诵，句绝不差，岂非天才耶。"姜大遂《寒沙集》卷7，《韩国文集丛刊（续）》第24册，第616页。
④ 崔成大《杜机诗集序》，《杜机诗集》，《韩国文集丛刊（续）》第70册，第510页。
⑤ 权尚夏《县监崔君行录》，《寒水斋集》卷34，《韩国文集丛刊》第151册，第153页。
⑥ 李晚焘《响山文集》卷19，《叔父通德郎秋观府君行录》，第548页。

比诵读更进一层的学习则是创作实践上的规法，兹举朝鲜前中后期不同身份、阶级的文人为例以做论说。如朝鲜前期有承政院都承旨权达手（1469—1504）"力为古文，赋祖杨马，诗取建安。每所作出，后生争传诵之"，[①]光州进士朴宗挺（1555—1597）"尤善于辞赋，直以相如、子云为法。汪洋大肆，名振一时"。[②]朝鲜中期辞赋大家赵缵韩（1572—1653）、赵纬韩（1567—1649）兄弟二人"以文雄并峙"，纬韩"词赋上规相如，下袭仲宣。飞章走檄，笺谍铭颂，俱有奇气"，[③]缵韩"敷陈则轨乎杨马，纂言则根于韩柳。奇而有致，险而不诡"。[④]门下弟子慎天翊赞其"超然横越，直得杨马真派"，从而弥补了海东"虽称小华，地实偏薄。前后词匠大家云，皆未免局量浅狭"[⑤]的地理与人文缺陷。申混"骚赋步骤杨、马，而时有齐气"。[⑥]朝鲜后期奎章阁大提学黄景源（1709—1787）"文词古质，有典有则，出入于扬马"。[⑦]诸家以马扬为范，各有侧重，俱取得显著效果。此外，马扬赋作为经典范式，除泽惠海东赋坛，亦沾溉他体。朝鲜中期"学诗者，或以韩诗为基，杜诗为范"，李植（1584—1647）则指出韩诗"大篇杰作，则乃杨、马词赋之换面也。与读其诗，宁读杨、马之为高也"，[⑧]虽其轻韩倾向带个人感情色彩，但认识到马扬赋宏大恣肆之艺术表现力，并施为学诗之准的，却可谓卓见。金净著《济州风土录》，"录风土叙物产处，似相如《子虚赋》，而光焰则加焉"，[⑨]这也是相如赋长于

---

① 郑宗鲁《赠通政大夫承政院都承旨行通德郎弘文馆校理桐溪权先生行状》，《立斋集》卷43，《韩国文集丛刊》第253册，第221页。
② 安邦俊《朴兰溪事迹》，《隐峰全书》卷4，《韩国文集丛刊》第80册，第389页。
③ 赵絅《玄谷集序》，《龙洲遗稿》卷11，《韩国文集丛刊》第90册，第188页。
④ 李景奭《玄洲先生集序》，《白轩先生集》卷30，《韩国文集丛刊》第96册，第227页。
⑤ 慎天翊《玄洲集跋》，《玄洲集》卷15，《韩国文集丛刊》第79册，第438页。
⑥ 赵絅《初菴集序》，《龙洲遗稿》卷11，《韩国文集丛刊》第90册，第189页。
⑦ 洪良浩《答黄判枢书》，《耳溪集》卷15，《韩国文集丛刊》第241册，第259页。
⑧ 李植《学诗准的》，《泽堂先生别集》卷14，《韩国文集丛刊》第88册，第517页。
⑨ 权鳖《海东杂录》。

体物的特点给记叙文体增添的光彩。

其二是针对性的模拟，即择选马扬赋经典篇目加以拟和或仿作。模仿是赋家创作入门的必要手段，可以说除了"汉赋的开发者"司马相如能做到"不师故辙，自抒妙才"①，具备独创性之外，②大部分赋家都不能脱离前辈的创作经验，扬雄即是好古而善模仿的典型。朝鲜文人对此亦早有体认，李睟光曾云："古人文章，亦多模仿。如扬雄反离骚，出于屈原离骚。曹植七命、张协七启，出于枚乘七发。东方朔答客难、扬雄解嘲，出于宋玉答楚王问。韩退之送穷文，出于扬雄逐贫赋。是知创始难而模仿差易耳。"③马扬赋为汉赋翘楚，自然是朝鲜文人模仿之渊薮，如金锡胄内弟申瑞明曾"仿司马长卿上林，语极宏丽，至数千言，近代词赋家所未有也"，④尤以《长门赋》之拟作数量最多。现存记载较早有《长门赋》同题赋作的是南趎，据李廷馨（1549—1607）《黄兔记事》载："南趎，谷城人。状元及第，声名藉甚。烛影赋、长门赋，脍炙一时。"⑤惜今文不存。又如湖南儒生崔云翼（1647—1714）"逮己巳之变，忠愤慷慨，泣拜西宫，作《长门赋》以见志。"⑥文亦不存，但结合史事，凭此赋题，可遥想其志。另有李安讷（1571—1637）《拟长门赋》，郑吾道（1647—1736）《长门赋》，姜希孟（1424—1483）《解嘲词》，梁进永（1788—1859）《解嘲赋》，慎天翊（1592—1661）《反反离骚》，全文尚存，诸篇拟作或踵事增华，或反案为文，皆具特色。

① 鲁迅《汉文学史纲要》，北京：人民文学出版社，1973 年版，第 57 页。
② 按：闻一多认为"《上林赋》是司马相如所独创，它的境界极大。……凡大必美……后来的《两京》《三都》诸赋，无非仿自《上林》《子虚》"。
③ 李睟光《芝峰类说》卷 8。
④ 金锡胄《内弟权知承文院副正字申君墓志铭》，《息庵遗稿》卷 23，《韩国文集丛刊》第 145 册，第 539 页。
⑤ 李廷馨《黄兔记事》，《知退堂集》卷 13，《韩国文集丛刊》第 58 册，第 222 页。
⑥ 任宪晦《都事崔公墓碣铭》，《鼓山先生文集》卷 11，《韩国文集丛刊》第 314 册，第 273 页。

三、专集

在中国，"赋家以专集刊行于世，明以前甚少，至清代则风势大炽"。①而在朝鲜半岛，17世纪初亦诞生了马扬赋之专集——《扬马赋抄》（郑紫元编），可以说是值得关注的赋学现象。郑紫元"妙年善属文，既以词赋冠上舍选，而其好古文词益笃。乃悉取长卿、子云诸赋，倩锦阳都尉手写编成"，②并邀请当时文坛"月象溪泽"四大家之一的溪谷张维（1587—1638）为之作序。而伴随赋集的编撰又催生出"马扬没而世无赋"的赋学命题，此说较明人"唐无赋"说更为偏执，其理论内涵则可于张维《扬马赋抄序》中抽绪。故作为事件的郑集与作为理论的张序，宜合而观之。

明人李梦阳首倡"唐无赋"说，何景明复从时代更迭与文体嬗变角度阐述此说云："经亡而骚作，骚亡而赋作，赋亡而诗作。秦无经，汉无骚，唐无赋，宋无诗。"二子实际上是认为赋衰于魏。而郑紫元谓："马扬没而世无赋，外此无足溷吾目矣。"将赋衰亡的时代上限提至扬雄卒年。换言之，即全面否定了自东汉以后的整个赋史。对此，张序可为郑说之诠证：

西京之隆，成都有司马长卿者以赋名，能为宏博巨丽之词，汪洋恣睢，驰骋从横，盖祖述离骚而体格稍变。说者谓神化所及，非虚言也。扬雄氏后出，慕而俲之。以沈深老健之气，发为奇崛聱牙之语。虽奔轶绝尘，或稍后于文园。而步骤辙迹，如出一轨。斯两家者，诚千古词林之标极也。自是之后，东都有班孟坚、张平子，

① 许结《历代赋集与赋学批评》，《南京大学学报》2001年第6期，第30页。
② 张维《扬马赋抄序》，《溪谷集》卷5，《韩国文集丛刊》第92册，第87页。

魏晋有何平叔、左太冲诸人，竭力摹拟，而未能得其影响。盖神藻绝艺，独秉天机，终非学力所就也。

张维之论较郑说虽稍委婉，但同样表达了独尊马扬之意，尤其是所谓"千古词林之标极"更意在强调千载之下未有过马扬者。此外，论中还有两点值得注意：一是对马、扬赋特征的把握。宏博巨丽指向相如赋之辞藻，"汪洋恣睢，驰骋从横"概括相如赋之体势。"奇崛聱牙"盖指扬雄多用奇字，如刘永济所言"铸词用字，皆渊深而奇伟"。"沈深老健"则与刘勰评扬雄"深玮""沉寂""志隐而味深"异曲同工。事实上，历来赋论家多认为扬雄重模拟，仿相如而作四赋，但张维却能对马扬做差异性观照，揭橥"沈深老健""奇崛聱牙"为扬赋区别于马赋的独特之处，实弥补了扬雄赋"神化"不够的缺陷，使其虽"稍后于文园"却仍能呈示立体化的形象以至与相如赋并美而为典范。二是强调神藻与天机，重才甚于学。张维认为相如是"独秉天机"的典型，扬雄则有"沈深老健""奇崛聱牙"之绝艺，然他又举班、张、何、左为例，于西汉—东汉—魏晋纵向比较视域下标举马扬之典范性，概因在他看来此四家不仅是赋史英杰，亦可代表东汉以下所有以生而有限之学力"竭力摹拟"，穷追马扬却"未能得其影响"的赋家。由此，独尊西京的倾向表现得愈加明显。

由上，所谓"马扬没而世无赋"的实际内涵可说是宏博巨丽、汪洋恣睢以及沈深老健、奇崛聱牙之赋的消亡，此亦表明郑紫元真正推崇的乃传统而正宗的西京大赋。此类赋作以体国经野的气势与铺张扬厉的风格承载了强盛的帝国文明，充沛着高蹈热情的出世精神，所代表的正是宏伟壮丽的盛汉时代。明乎此，则又可勘进一层：由《扬马赋抄》的编撰透视赋域复古宗汉与朝鲜中期国家中兴之关系。

《扬马赋抄》与"马扬没而世无赋"说诞育于复古的时代氛围，不仅是郑紫元个人的赋学理念，更反映了当世科举试赋及场屋风气之弊。
张序云："今世以词赋取士，顾博士家所业，自有近代型范。即六朝唐
宋，已过高矣，何以马扬为。"取法于上，得之中；取法于中，则为
下。六朝唐宋赋实赋之中品，然对朝鲜士子来说仍"过高"，则场屋文
风之鄙浅可想而知。与郑、张时代相近的权得己（1570—1622）亦表现
出复古宗汉倾向："世道日下，文章日卑。纤丽为工，而浮靡是尚。雕
篆为才，而小巧争华。抽黄对白，例多骈俪之句。理胜于词，谁是载道
之文。典重温雅，已无至于古人矣。求其如西汉之奇伟卓绝，亦不可
得。则其所谓歌颂之作，不过为晋宋间萎弱之文而已。"[1]郑紫元编纂
《扬马赋抄》正是希望以雄壮玮丽、气势磅礴的西京赋来扭转当世卑弱
的文风，而他自己亦希望成为马扬那样的人物："丈夫生世，快意事有三
焉。第一遭时乘运，展布志业。握三寸不律，铺张鸿猷，藻饰太平。入
则赞扬廊庙，出则锁钥藩维。尊主康时，垂声竹帛。此上愿也。"[2]郑
紫元企慕国家中兴，盛世太平，如此自身方可像相如、扬雄一样宣扬上
德、润色鸿业，为王朝服务。刘熙载云："古人一生之志，往往于赋寓
之。"[3]而郑紫元一生之志，已寓于赋集之纂。张维同样对郑紫元寄予
厚望："余窃念国家抚中兴之运，宫阙苑囿制度文物，稍稍振作日新矣。
石渠、金马之上，虽不乏大手笔。甘泉、上林铺张扬厉之作，自当属之
其人，非可容易也。紫元今虽蹭蹬，决非久于布衣。异日朝廷有大述
作，则凌云吐凤之手，其庸可得以辞诸。"此语以凌云吐凤之誉冠予紫
元，表明张维亦知紫元心以马扬自期。而国家中兴正是辞赋复古宗汉
的历史动因，宫阙苑囿、制度文物振作日新，自然呼吁大手笔、大述作
的出现，而要书写物质文明、文化气象、礼仪制度，舍大赋其谁？可以

① 权得己《颂》，《晚悔集》卷2，《韩国文集丛刊》第76册，第157页。
② 张维《送郑评事紫元佐关西帅幕序》，《溪谷集》卷5，《韩国文集丛刊》第92册，第91页。
③ 刘熙载撰，袁津琥校注《艺概注稿·赋概》，北京：中华书局，2009年，第448页。

说，这已然昭示了"国家中兴"与"大赋复兴"之间的关联。

那么由此观之，郑紫元编纂《扬马赋抄》的意义与影响便在于：他以绝对的独尊性与排他性宣示了马扬的典范地位，开始重新构建起以"大述作"、大气象的盛汉宫廷文学为鹄的审美风尚，进而推动复古思潮的展开，以实现对萎弱赋风的矫正。同时，其通过编专集的方式寄寓情志抱负，又可说是在蓄才存志，以待国家礼乐复苏，文明中兴。

四、选本

若编纂专集是构建典范的强劲手段，选集则是添砖加瓦的重要力量。一方面，选本"往往能比所选各家的全集更流行，更有作用"[①]；另一方面，"入选者即精品，反复入选者就成为精品中之精品，由此便导致了典范的建立"[②]。因此，从选本入手，确是观觇马扬赋典范化的重要路径，兹举四种，以阐述马扬赋在朝鲜选集中的生存样像。

1.《选赋抄评注解删补》。受中国文学批评影响，朝鲜选本编纂亦蔚成时风。中国选本之流传海东最早、影响力最长久深远者，当推萧统《文选》[③]。朝鲜文人不仅熟读《文选》，还将《文选》中赋篇单独抄录，形成《选赋》《六家文选》《选赋抄评注解删补》等多种抄本形态，并衍生出多个传抄、刊刻系统。众所周知，抄本在形成过程中，实寓含了抄写者的学术思想，以《选赋抄评注解删补》为例，编者除抄录赋文本外，还抄删评注、删补篇目，显然体现了其多种批评思路。是集以《文选》赋为蓝本，共收录51篇文章，自《两都》至《芜城赋》悉数

---

① 鲁迅《魏晋风度及其他》，上海：上海古籍出版社，2019 年版，第 262 页。
② 张伯伟《论朝鲜时代女性文学典范之建立》，《中国文化》2011 年第 1 辑。
③ 按：张伯伟《〈文选〉与韩国汉文学》："在韩国汉文学发展的历史上，就选本对创作示范、批评准的以及文人趣味的影响而言，没有第二部书可以和《文选》相媲美。"《文史》2003 年第 1 辑。

全录，"《灵光》以下十三篇，则文非不佳，而人各异尚，古人已有病之者，故删之"。选与删皆可见其功力与眼光，诚如许筠所叹："选者之功甚巨，而顾易删者则心甚劳焉。盖采取诸家，不问尺度之长短，悉掇其华者，选者之易也。合诸选而投其长短厚薄，不问其华色，必令粹然合乎度。然后乃登诸策者，删者之劳也。"①可以说，经朝鲜人之删补其已成一"新"书，此亦即鲁迅所谓"择取一书，删其不合于自己意见的为一新书"。换言之，以《灵光》为界限，前此诸篇可视为选者心中精品之精品，灵光以下则需"佳者"方能与之等列。

而就马扬赋的收录情况来看，《甘泉》《子虚》《上林》《羽猎》《长杨》皆处《灵光》以前，是以全数收录，《长门》虽在《灵光》之后，但因选者喜爱，故仍入选。事实上，在中国辞赋史上不少赋作皆曾借由《文选》在海东的传播而实现经典化，但像马扬赋这样在经典传播过程中经历再一次的品评删汰，以经典之经典的典范佳品继续流传，则又宜区别看待。显然，马扬赋典范性的树立在一定意义上已逐渐脱离《文选》这一载体，转而承载了朝鲜人的赋学认识，并由此在异文化中焕发出新的生命力。

2.《扬马赋选》。朝鲜中后期，赋域流行着"祖骚宗汉"的复古思潮，赋选编纂与此桴鼓相应。英祖年间李种徽（1731—1797）编《扬马赋选》，于序中明言其选赋祖骚之意："余喜读楚词，班张以下，殊不欲观。至于扬、马二子之文，求之屈宋，盖亦嫡传。又以为沿流而溯源，缓亟繁简，可以验古今之变而阶梯等级，亦有先后之序。为词赋者，不可不知也。故采其尤近于楚者，合为一卷，以附楚词之下。"②是集与郑紫元《扬马赋抄》稍异，仅取马扬赋中"近于楚者"，郑抄宗汉，李选择于汉赋之外更重楚骚，二集体现了选者在复古思潮接受中的同中之异。

---

① 许筠《题诗删后》，《惺所覆瓿稿》卷13，《韩国文集丛刊》第74册，第245页。
② 李种徽《扬马赋选序》，《修山集》卷2，《韩国文集丛刊》第247册，第306页。

3.《文章类选》。选本编纂除受文学思潮影响，还与文学制度相关联。尹愭（1741—1826）《文章类选》就是一部在对科赋取士反思之下编选而成的选集。制度能促进文学的发展，如唐代考赋，而律赋蔚为大国，朝鲜时代科举重古赋，亦产生了很多优秀的作品。但制度同时又会约束文学的发展，尤当科试成为作赋目的，其弊端则愈加凸显。《文章类选》序云："我东之士操觚童习者，大约不出于赋、表、策三者，盖所以决科也。此固已非第一等工夫，而窃观世益下俗益惰，近之业是者，全不事古作者轨躅，惟以近体科作为三尺。不但体格之日就荒陋而已，往往豕亥蹈袭，玉瓦混换，而茫昧于出何书而成何说。可哀已！"①惩于此，尹愭"走溯三者之源，而选出若干篇，以澄其流"，于赋，则本着"选之又选，宁遗毋滥"的原则，取汉至宋赋共二十九篇，首列司马相如、扬雄赋，涵盖《长门赋》《子虚赋》《上林赋》《甘泉赋》《羽猎赋》《长杨赋》《反离骚》七篇。从选篇来看，仍有《文选》的影响痕迹留存，而《反离骚》之入选，则显而易见是其祖骚的立场。总的来说，通过考赋的效仿树立起马扬赋的经典性，而作为经典，又指导赋的创作，此为马扬赋在考赋与习赋两个层次的典范作用。

4.《骚赋汇芳》。是书编纂于朝鲜后期，其性质是科赋参考书，教士子作场屋程文，采取"选句"的方法，将110篇中国辞赋的字句文本分门别类收录在册，类似唐宋时代风行的"赋格"类撰述。全书分天道、地道、君道、臣道、人道、德器、赋性、人事、神道、丽美、农桑、文章、居处、百用、宴乐、万物十六个部门，以天道部为例，此部选取赋中描绘天、日月、星辰、雨露、霜雪、风云、雾霞、雷电、时令、昼夜、旱、造化、元气、灾祥、禳灾、兆征的字句。如《蜀都赋》："天以日月为纲。"《归去来辞》："聊乘化而归真，乐夫天命复奚

---

① 尹愭《文章类选序》，《无名子集文稿》卷1，《韩国文集丛刊》第256册。

疑。"此书编纂思想根源于传统的文学摘句，演进为以句法为中心的创作法则，对士子积累辞藻、研习"秀句""警句"有很大帮助。书中选录扬雄《甘泉赋》《长杨赋》，司马相如《上林赋》《长门赋》，四赋包罗万象，于诸部门皆有可观采。若其与尹愭《文章类选》相比，尹氏可谓是通过选篇的方式，试图以"古作者轨躅"从根本上匡救当时的荒陋赋风，而《骚赋汇芳》则是希望用以字句为单位的技法教学，使马扬赋成为士子应制的津筏，从而强化其典范性。

综上，纵观朝鲜半岛历代文人对马扬的接受，可以发现朝鲜文人自觉选择了马扬作为辞赋乃至文学创作的典范，且马扬在当世即成为经典，这一独步赋史的地位更有益于其在异域传播中直接以"凝定经典"的形态被接受并蔓延其影响，而非如杜诗典范在朝鲜半岛的建立呈现出"历程性"①。另外，《文选》之较早传入朝鲜半岛并发生巨大、持久而普遍的影响也对马扬典范的建立起到传播媒介作用。更为重要的是朝鲜朝中后期文坛受明代"祖骚宗汉"观念影响而兴起复古思潮，对马扬典范的深入提供了添砖加瓦的力量。可以说朝鲜辞赋文学正是在学宗马扬的基础上摸索发展起来的，通过记诵作品、揣摩赋艺、编集刊刻、步趋模拟，逐渐发展到自如创作、闹场竞作，多种多样的表现形态无不呈示马扬典范的效力。

---

① 张伯伟《典范之形成：东亚文学中的杜诗》，《中国社会科学》2012 年第 9 期。

司马相如文献整理研究窥见之一二

山东财经大学　王继训

一、问题的提出

原因一：关于司马相如研究，通过对近几年的大数据分析参考（知网和读秀），得出图书1种，学术论文多达63篇，会议论文39篇，报纸70篇，涉及学术期刊1251种，内容多有汉武帝、汉赋、司马迁、巴蜀文化、文学创作、诗经、汉魏六朝和数字诗歌等等。结果发现对于其故里四川蓬安，却鲜有提到，我也是第一次来到此地，有感于此，所以有必要对司马相如研究中的文献资料整理，多说几句。

原因二：对于学术研究，无论个案还是理论，首先要有趣，才能做好选题，顺藤摸瓜，进行文献综述，佐以技艺与方法，形成概念与命题，最后到达理论的彼岸。做学问并非枯燥，不需要献身更不需要头悬梁锥刺股，学海无涯苦作舟是儿时打的预防针。有些学问依然是阳春白雪而非下里巴人，但又不是高不可攀，做学问不要为虚荣和功利而投奔学问，可以为兴趣爱好去探索一种生活的可能，它与常识有关，只是比常识稍进一步。若为虚荣与功利，注定要失望，因为虚荣功利之路途无尽头无止境！过去大家对学而时习之的理解是，习字为温故而知新，这不是没道理，但坦率地说单纯重复未必给人带来太多乐趣，经常练习新技艺是件快乐事，自己每天进步一点一滴，也是人生的一种境界！关键在于把自己独特感受经历分享出来。所以学科碰撞，学会拓展研究的边界。其实文化研究，包括地域文化研究，个案研究，其本身就是一门交叉学科研究。有交叉就有不同学科之间的碰撞，发生碰撞的不仅是角度与方法，还包括学科内的具体知识。有人或许说交叉学科不就是讲不同的学科知识与常识进行混杂，缺乏创新性。这种说法过于简单与武断。古人云：他山之石，可以攻玉，我们不能抱残守缺，固步自封，拒绝排斥有用的知识，学科交叉的真正问题所在，就是把一门主学科与其他学科的知识进行恰如其分地结合，这才是交叉学科研究前进的方向吧！视角的转换是研究角度的变化，而范式的突破往往形成新的理论或者概念。转换视角，不一定看到想要的结果；但相对于一条路走到黑的做法，转换视角更容易看到意想不到的结果。新范式的产生，自然引领新的研究，如同新路开辟了，新图景就被发现了，新理论也形成了。范式突破是研究积累到一定程度的产物，积累多了自然形成范式的转换与突破。

　　原因三：如何发掘新的、有意义的问题，仍是当今学术界，也是司马相如研究最为关心的一个问题。何谓"新问题"？我以为对于某一研究问题的进一步发展，有时并不需要采用以新论题形式革了旧论题的命，另起炉灶；而其见识下的情形完全可以新的角度不断探讨"旧"的论题。换言之，就是"旧题论"，就是新写法、新角度、新立意、新问题。"旧题新论"即依据前人研成果而展开不同角度的新研究。何谓"角度"？我以为就是对具体历史现象不同视角的观察。同一研究对象，如果采用了不同的观察角度，就有可能得出与他人不尽相同的结论。论题虽旧，其命弥新，关键在于论者独到的眼光与视角。所以从角度这一命题上讲，角度不同，可以透过表象不同进而测到历史的真相，有时比论题的孰新孰旧更为重要。

二、问题

问题一：实物资料（包括碑刻、墓志）。比问题重要的是史料，这是常识。史料不仅是我们准确了解史事的基础，还是引发我们发现更多有意义新问题最有效的方法，通过发掘前人所未能了解的史事，广征博引。认真研读文献，从来都是史学研究者的本分。由于存世文献所反映的历史信息，存在偶然性、片面性、不对称性与碎片化，所以对碑刻、牒谱等文献的搜寻与利用就显得越来越有意义。这就要求我们必须充分利用石刻文献，做到对实物资料的解读要先于对论题的建构。当然史学需要与史料打交道，进而探求史实，并建立起在哲学层面的方法论。我们在接受史料的时候，不要武断采信或者拒斥，而更多的应该是一种反思。早在1930年，陈寅恪先生就倡导一种"一时代之学术，必有其新材料与新问题，取用此材料，以研求问题，则为此时代学术之新潮流"的研究态度。虽说是敦煌学，但用在这里，也不为过。何谓"学术新潮流"？无外乎选用新材料、研究新问题。

何谓"新材料"？我以为就是尚未刊布的石碑、墓志，包括一些私藏与散存的资料；甚至是秘不示人的资料。也包括能为该领域研究提供新信息的旧材料，即那些以前不为人们所知的新的旧材料，包括过去尚未收录的史料与收藏。近年来，出版了大量石刻史料文集，现存于国家图书馆、北大图书馆、中国历史博物馆等。

今后学者们应加大对新发现的实物资料进行系统的整理与研究工作，通过文物材料的形象性与文献材料相互补充、互相印证，可以大大补充文献材料的不足，我们可以通过实物与文献互证，还原其历史本来面目。随着新材料的不断出现，随着个案与局部研究的深入，我们一定会知其然，而且还会知其所以然的。

实物的整理研究，涉及了很多历史内容，限于篇幅所限，论述到此，还是希望抛砖引玉，供有兴趣者以后展开论述，还有"一方水土养一方人"的问题。由于地理位置、自然环境和风土民情的不同，还应该注意到董仲舒研究中的鲜明而独特的地域个性。

问题二：民间文献。它指一般意义上是指有关区域史、地方史研究的材料，比如牒谱、文书、歌谣、传说故事、信件等。

这里着重谈谈民间记述与文人叙事。

中国的民间传说中常包含很多奇异古怪现象，用现代科学的眼光来看，这些现象自然是不存在的，但对其经久不衰的书写背后却包含着东方文化其自身独特的文化意义。这些非自然的描述往往侧重出没地点和目击者，以及来自现场的记录，这种文化现象的构建颇有启发意义，不仅可以作为视觉符号，还可以使由此衍生出来的风俗习俗获得新的叙述意义。

应该说关于司马相如的故事，也有不少民间传说的记载吧。从这些故事里不难发现，民间口头传承的奇异现象，往往会成为后世文人再次创作的原始资料，譬如《聊斋》中的鬼狐花妖等精怪，亦是采自民间叙事，我想同理用于司马相如的当地传说。

其故事原型经历了几十代人的传播，伴随民众喜闻乐见的情节不断添加，所传递的情感产生共鸣，能留下来的，皆是令人印象深刻的元素。一旦落到纸上定型，很容易成为经典，变成精练的语言和剪裁，稳定的载体和形式，使口耳相传的奇异故事变得可以阅读和传播。不论是口头传说还是书面记录，这些民间故事里都保存着很多神话碎片，这些碎片历经转摘与增饰，又形成了新的组合，进入文献记录后，在纸面上不断增殖，添加了新的枝叶，晚出的故事在情节上更为完整，不单惊奇怪异，更兼有人情练达，所以说这些民间叙事，值得关注，不仅仅因为它们仍在民间继续流传，甚至传递至今。

近几十年来，运用民间文献从事本领域所取得的成果也是毋庸置疑的。但是值得引起我们注意的是，在这一重视过程中，似乎出现了某些无限拔高和滥用史料的偏颇现象。这其中最为突出的问题，是在运用民间文献时所掺杂的情感因素，以及学术研究的雷同化和碎片化倾向；尤其不少地方的文史专家，出于对故乡的热爱之情，在编撰地方志书时，总是希望家乡的好事越多越好。于是在采择历史文献资料的时候，往往不做认真审慎的考察鉴别，而是一见到有利于光大家乡历史文化的材料，就如获至宝，唯恐遗漏。显然，这样的资料，对于研究是有害的。而且其中的大部分，书写格式和内容大致相同，这种雷同性的文书，一叶可以知秋。由于这些民间文献具有明显的区域性特征，以及它的雷同性与散乱性，许多专题性研究往往陷入就事论事、就地论地的狭隘境地，缺乏宏观性的历史审视，甚至出现某些以偏概全、孤芳自赏，断章取义又想当然的学术短视。

所以我们在从事民间文献的搜集整理和学术研究时，我们不妨用"以小见大"的研究方法，避免目前存在的对于民间文献重搜集、轻研究的现象。

问题三：传统的文本文献。这里不再赘叙，仅就几点做下说明。董仲舒作为历史人物的可靠性问题，我们可以参考文本文献。不管这些著作、材料如何逐渐整合、附会，进而形成体例完整的文本文献，但对于这些文本文献，我们有责任确定其可靠性与真实性。文本文献的价值不言而喻，为我们研究司马相如提供了重要的理论线索。李学勤先生在其《重写学术史》这本书中，曾多次讲过学术史的意义，现摘录如下：第一，可使一些古书的可信性得到基本认可；第二，可使一些古籍的属性和成书时代得到大致的确认；第三，可使许多学术著作的价值得到新的、进一步的认识；第四，可对古代时期的学术源流做出新的判断。

随着科技的发展，对传世文献、文本的保护、整理、资料检阅等方面，都已经做到了不断创新和完善，随着新成果的不断发布，值得期许。

三、结论

整理司马相如文献，从事司马相如新选题、新视角的阅读与写作，要注意把握微观研究与碎片化研究的界限。如何正确对待与处理阅读、史料、写作的"碎片化"现象？对碎片化的研究最早见于20世纪80年代"后现代主义"文献中，原义指完整的东西被破成诸多零块。如今，"碎片化"已应用于政治学、经济；社会学和传播学等多个不同领域中。其概念界定为：社会阶层的多元裂化，导致消费者细分、媒介小众化。随着互联网时代的到来，数字技术、网络技术、传输技术的大量应用，大大强化了碎片化现象，比如信息的碎片化，受众的碎片化，写作的碎片化，阅读的碎片化。

碎片化的缺点是我们获取知识与信息越来越容易，乃至我们养成了快速粗糙、无耐心的阅读习惯。每天阅读信息非常多，却似乎没有记住多少东西，但我们对于碎片化的批评，也要谨慎，理性，不要动辄打棍子扣帽子，合理合情合法地对待新生事物。不少学术界人士对于碎片化阅读比较排斥，尽管他们不主张也不从事这方面研究，但不妨碍他们给这种新现象贴上"垃圾"的标签。我们也承认碎片化的知识、写作与阅读存在这样或那样的问题，缺乏精品，也有的不合逻辑，不应回避的是，其中一些也确实有新元素、新启发和新趣味，随着时代的发展，大数据的推广，假以时日，作为传统阅读与写作的一种有益补充，不仅为新学术发展注入活力，说不准还会成为下一个主流，大势所趋呢！

浅议椿轩居士《凤凰琴》

西华师范大学　方新蓉

　　文人史书，叹兴亡，常欲加之自己的价值判断。司马相如和卓文君故事从汉到清有无数的演绎与发展，不断通过文人之笔弥补前人，追求自由的想象力。演绎前代故事是情感的宣泄，也是道德的阐发。椿轩居士[①]因时代的原因，他自身的思考，让古老的相如文君故事重新焕发了生机。

一、《凤凰琴》的故事

　　《凤凰琴》（2卷）全剧分上下两卷，各八出，共计十六出。卷前题："同治甲子新镌《椿轩五种曲》：《凤凰琴》《双龙珠》《金榜山》《四贤配》《孝感天》，本暑（按，应作署）藏板"。卷前亦有署"道光己亥冬至后三日华亭王承华丽堂氏拜撰"之"《凤凰琴》序"。卷端

---

① 王文章《傅惜华藏古典珍本丛刊提要》学苑出版社，2010年版，第196页。

题："《凤凰琴》原本、椿轩居士编次"，上卷前有剧作"本意"。四川大学图书馆有藏。

相如大胆追求自己的爱情。第一出《择配》中司马相如自叙"欲藉宦途以谋佳偶"，佳偶标准是"访一才貌双美又能识琴音者"，但几次相选失败，相如决定去梁国选寻佳偶，因为"大梁之地，中原美女甚多，或者得一知音佳人以为匹偶，方是终身乐地"。梁国寻找无果，于是回到四川，"客游梁国，难觅仙娥，可作终身之配，因怀旧友。会赋归来之辞，昨日已别梁王，今朝欲还蜀郡"。卓王孙家资丰厚，有女卓文君失偶无缘，打算为其择一夫婿。卓王孙严格按照古代的门当户对选婿，卓文君唱道："来巨富豪，爹爹妈妈要将门户定豪华，生憎他，诗书全没些些。"而卓文君自己选夫君的标准则通过卓王孙口中说出："怎奈小女，要择有才有貌郎君，不论家之贫富。"恰巧相如离梁回蜀，拜访县令王吉。面对司马相如的标准，好友王吉介绍说卓文君符合，但她是"富有百万家资"卓王孙的女儿，凡是说亲的都是富豪之家，而他的希望极为渺茫。相如想"与卓家原非亲眷，如何一个生客，得进内堂见那美人，岂不是空走一遭"，于是与王吉商量好进入卓府的对策。他选择替王吉翰墨，成功引起了卓文君的注意。对于县令所送寿轴，文君主动问到"寿轴出自何人""他可老嚒""看他年貌如何"，初次表现出自己对题轴人的欣赏。相如终于如愿以偿，得到了卓王孙的邀请到府一叙。马相如先拒绝再登门祝寿。卓文君听说司马相如来了，虽然自己"行介又止介"，但让侍女替她看一看。相如看到卓文君的美貌而醉，借醉酒留宿卓家。夜间操琴，引来卓文君窃听，卓文君唱道"玉镜而今无聘下，支机何处赠仙槎"，遗憾相如不主动来提亲，下聘礼。相如知文君之意，乃托王吉做媒，王孙以其贫不允。观音知道文君当配相如，于是乘着卓王孙带卓文君外出打猎之机，叫神虎将卓王孙一家冲散，让卓文君来到保安寺。当相如听到卓文君对老尼姑的哭诉时，他没有直接冲出去与卓文君见面，而是采取了弹琴这种默契方式，和当初二人定情之时一样，用琴声引来卓文君。至此，二人在有礼有节下见面，并在保安寺尼姑的见证下拜了天地。卓王孙知道两人事情后大怒，欲叫两个儿子抢回卓文君。儿子却认为司马相如虽然现在家贫，但才是以后富贵的保证，二人结合也是佳偶，"长卿之材可依也，吾妹配之，亦是佳偶"。相如和卓文君回到成都，两人因琴结缘，因此在家中拜琴。因家徒四壁，二人决定让琴僮用梁王所赠宝衣换取银两，但仍不足，于是最后选择回卓府，寻求卓府的救济。因卓王孙不认这门亲事，相如卖掉车马以租店面卖酒为生，卓文君亲自打酒。因老夫人不满卓王孙对待自己女儿刻薄，在其助攻下，相如得到卓王孙家所赠予的嫁妆。二人回到成都买了田宅，成为富人，众人得知后都来道贺。当相如和卓文君走过升仙桥时，相如为卓文君讲了这座桥的来历，卓文君让相如在桥上题句。当司马相如提笔时，虎仙和众神出现，随着相如的提笔与放笔，桥底的水也发生了变化。失宠的陈皇后派人寻求司马相如，得其帮助《长门赋》重获宠幸。相如请命平抚羌夷等地，在卓文君的帮助下，成功平抚了巴蜀等地。相如荣归故里，全城百姓都来迎接。卓王孙一家团聚。

二、《凤凰琴》的写作

（一）对前代类似作品的继承

相如与文君的婚配继承了以往故事中的才貌是两情相悦的最根本因素。从《史记》本传中相如是"雍容闲雅甚都"，文君"心悦而好之"，到《西京杂记》"文君姣好"，相如"悦文君之色"，再到历代演绎，都是才子佳人色调。《凤凰琴》也是再三强调他们择偶标准才貌双全。

《凤凰琴》中有着《西厢记》中类似的琴挑场景，只不过相对于崔莺莺对琴声大段文学性描述后矜持的表达，"他那里思不穷，我这里意已通。娇鸾雏凤失雌雄。他曲未终，我意转浓，争奈伯劳飞燕各西乐，尽在不言中"，"是弹得好也呵！其词哀，其意切，凄凄然如鹤唳天，故使妾闻之，不觉泪下"。这里的卓文君更显活泼与生动，更具有心理活动，也更大胆，其唱道："图遇仙郎，姓司马，曾坐朝廷博士衙，因嫌官小访天涯，遍择娇娃，归来尚守幽窗寡。到临邛，写一幅鸾笺无价，同县官来祝爹妈。像图堪把陈平画，奴见他，才貌真风雅，他见奴，鼓琴兜搭，恁般情话。玉镜而今无聘下，支机何处赠仙槎。"

《凤凰琴》中有着《牡丹亭》中类似的订终生场景。杜丽娘在得到判官帮助下复活后，在石道姑的主持下，在梅花庵中与柳梦梅拜了天地。司马相如与卓文君在观音帮助下，在老尼姑的见证下，在保安寺中拜了天地。

（二）《凤凰琴》的新意

虽然，魏朗先生《漫谈卓文君与司马相如传奇故事的戏剧》对椿轩居士的《凤凰琴》进行了批判，"不仅违背了历史事实，还影响了戏剧效果"[①]，但这正展示出古老故事的新意。

1. 展现了清代戏曲由情返理、以礼正情的倾向

晚明因为王阳明心学及李贽"童心说"和公安三袁"性灵说"的影响，表现"情"成为学术、文学乃至戏曲创作的最高宗旨。汤显祖的天下至情论就是其代言人，"天下女子有情，宁有如杜丽娘者乎？梦其人即病，病即弥连，至手画形容，传于世而后死。死三年矣，复能溟莫中求得其所梦者而生。如杜丽娘者，乃可谓之有情人耳。情不知所起，一往而深，生者可以死，死可以生。生而不可与死，死而不可复生者，皆非情之至也。……嗟夫！人世之事，非人世所可尽，自非通人，恒以理相

---

① 魏朗《漫谈卓文君与司马相如传奇故事的戏剧》，《文史杂志》1996年第5期，第37页。

格耳。第云理之所必无，安知情之所必有邪"。①男女之情高于伦理道德与普通事理。汤显祖虽然让杜丽娘成为以情抗理的化身，但细微处仍可见丽娘守理、礼之处。作为魂时，她说"聘则为妻，奔则为妾"，一定要与柳梦梅焚香拜天地后才结合，复活后，更为坚持"鬼可虚情，人须实礼"，要柳梦梅去父母那提亲。

清戏曲因重视程朱理学（封建伦理道德的鼎力维护，对三纲五常、忠孝节义的大力鼓吹）和对礼学的提倡，向儒家的伦理道德"理"和"礼教"回归。清人强调忠孝节义之伦理，也不完全否定儿女之情，认为儿女之情为五伦之一，同于忠臣孝子之情。吕履恒《洛神庙》自序曰："曲也者，委曲以达其所感之情。情莫切于五伦，夫妇其一也。"②张坚《梅花簪》自序中曰："天地以情生物，情主于感，故可以风。……《三百篇》后，递降为填词。然子舆氏有云：今乐犹古乐，其兴、观、群、怨之道，正维风化俗之机，孰谓传奇苟作者哉？"③儿女之情仍具有兴、观、群、怨，维风化俗效果。李调元《雨村曲话》自序曰："夫曲之为道也，达乎情而止乎礼义者也。"④

椿轩居士六种曲（《凤凰琴》《金榜山》《双龙珠》《四贤配》《天感孝》以及《孝感天》）至少在题目上就有三种直接标以忠孝节义。在具体的唱词中，如《四贤配》中曲子〔浪淘沙〕"头上有青天，单看心田，炼来节义火中莲，唾水溺他终自溺，果报无偏。两美必周全，一线相牵，更将忠孝配良缘。"〔一剪梅〕"天柱谁能大手擎，一世文明百世文明，乾坤正气浩然生，男亦艰贞女亦艰贞。"余下的，如《金榜山》，胡建次《中国古典戏曲批评中的政教之论》引用《金榜

---

① 蔡毅《中国古典戏曲序跋汇编》，齐鲁书社，1989年版，第1222页。
② 蔡毅《中国古典戏曲序跋汇编》，齐鲁书社，1989年版，第1671页。
③ 蔡毅《中国古典戏曲序跋汇编》，齐鲁书社，1989年版，第1684页。
④ 蔡毅《中国古典戏曲序跋汇编》，齐鲁书社，1989年版，第166页。

山》中寿亭撰写的序，并且说"寿亭认为将戏曲具有风教之义视为其艺
术表现的关节所在，他界定在艺术教化的整体原则下，戏曲在嬉笑怒骂
中都是可以走向艺术表现极致的"。①又如《双龙珠》体现了"善有善
报恶有恶报"的主题，主人公钱绍德讲道："皇天有眼，皇天有眼，仁义
种心田，郎君果获乌纱戴。"只要心存善良，终会获得青睐。至于《凤
凰琴》也是符合"发乎情而止乎礼义"儒家思想的。

　　许结先生认为"相如与文君的婚姻尝受到传统法理与礼俗的质疑，
其中最突出的是两点，即文君因相如琴挑而'私奔'和其'新寡'的身
份"②。对于私奔，《凤凰琴》没有涉及文君欲自寻佳偶，冲破礼教束
缚的"夜奔"，而是在情节安排上先有《择配》《议婚》，并且在文君
心随相如而动，情缘相如而发后，在《虎腾》中出以神助的形式——观
音的帮助，来展现天生佳偶相携秦晋的爱情归宿，然后又有《闹妆》
《归蜀》《郊迎》《交欢》等出，最终将私奔事合理化。也正因为这种
的题材处理方法，《凤凰琴》卷前王承华《序》云："腐史（指司马迁
《史记·司马相如列传》）诬以新寡，未闻文君先有前夫；诬以夜奔，
相如已先为贵客；明明王吉作合于前，卓王孙嫌贫于后，致佳人才子蒙
受不白之冤。"《凤凰琴》上卷前"本意"中所说的："才子配佳人，天
地长春。冤遭腐史屈难伸，新寡夜奔飞谤语，千载蒙尘。讹事莫认真，
据实难陈，山川吐气一翻新。谁向垆边开醉眼，看出前因？"对于新
寡，《凤凰琴》中提到卓文君失偶无缘，打算为其择一夫婿。失偶无缘
是错失了好的配偶没有缘分，不是新寡，也正因此，家资丰厚卓王孙才
大张旗鼓为之择婿，且在来求娶媳的人中挑挑选选。相如与文君的爱情
有障碍，不在"非礼"而在门第悬殊。相如与卓文君在一起后，虽然也

---

　　① 胡建次《中国古典戏曲批评中的政教之论》，《湖南大学学报》2007年版，第2期。
　　② 许结《弹琴而感文君——司马相如"琴挑文君"说解》，《四川师范大学学报》2007年，
第5期。

过了一段苦日子，但最后却是由"家贫无以自业"到"为富人"，从而为时俗艳羡。

值得一提的是，椿轩居士一方面肯定了二人的勇敢追求爱情，及其美好感情，但另一方面，为了体现夫为妻纲的理学思想，他让卓文君失语，成为相如回护者。司马相如要寻佳偶，卓文君契合其要求地出现了；家境的悬殊，为了男人的自尊，卓文君大胆主动；当她与司马相如拜天地后，文君说："在家从父，出嫁从夫，奴家只有从新郎的"；家徒四壁，文君说"今嫁才郎，胜嫁富郎，已遂居室之心"。两人生活困难，她从不抱怨，并说"妾既从君，终身仰望，举凡极苦的事，皆当免从"；文君亲自抱瓮去背街汲水、辛勤当垆抛头露面；为了相如的前途，宁愿自己像姜妻一样独守空闺："郎君前程远大，勿以妾身羁绊，愿乘长风，破万里浪，为天下奇男，独不闻怀……妾实愿以齐妻姜自待。"当相如治羌夷还是巴蜀，她仍围绕相如给予幕后意见，"羌夷骚动，实唐蒙恐吓之故，郎君须用好语抚他"，"郎君此檄，可以安抚羌夷。但邛筰君长，犹有负嵎莫撄之状。郎君笔下有神，亦当露布示彼，使其畏服"，"郎君此檄，可以绥动邛筰君长。但巴蜀编氓，父兄之教不先，子弟之率不谨，而俗不长厚者，皆由太守县官，未能整饬风化。郎君亦当以檄文，使吾乡邦，太和翔洽，共乐升平"。表面上是展现文君与相如都是具有同样胸怀韬略，勇智善谋的才人，但实际上只是一个贤内助罢了，完全不是作者思想进步、不拘泥于传统的"男尊女卑"思想的产物[①]。椿轩居士把文君塑造成一个"要择天下锦心绣口，第一才子，携带孩儿传名后世"的有明确目的依附女子。既然嫁给了相如，就

[①] 何煜婷《现存明清相如文君戏曲研究》，四川师范大学 2014 年硕士论文，第 111 页："此剧中的文君可谓超越了同时代其他剧作的被动形象，而展现更为自觉的男女平等意识。文君作为一女子，已经参与到男人所主导的政治领域，这恐怕是封建时代以正统自居的卫道士所不能想象的。而这又可见出作者思想进步、新颖，不拘泥于传统的'男尊女卑'观念之难能可贵处。"

应该一切听从于他，一直追随于他，为他而活，就要失去了自己的想法，"随郎作主，不必谋及奴家"。

　　2. 观音的被选择与加入

　　关于观音的被选择与加入，普遍认为是只有消除私奔影响这一种原因。如张海霞《性别视野中的古代文君相如戏》认为《凤凰琴》中增加观音来周全两人婚事，消除了他们私奔的影响，虽然不像其他神仙戏，但是也增加了许多神仙的味道①。王艳梅《文君私奔与戏曲研究》讲述《凤凰琴》中极力回避两人私奔事件，利用观音安排"主要是表明男女情真意切，会得到佛主的庇佑、神的帮助，体现出宗教主义色彩。从而使事情变得合乎情理"②。何煜婷《现存明清相如文君戏曲研究》中提到《凤凰琴》"在主题不归于神仙度化之旨，只是偶尔利用神仙相助的模式"，"维护文君之尊礼形象，洗脱私奔之丑，并带有天生宿命姻缘的意味"。③李雅婷《椿轩六种曲研究》也认为"作者并没有将两人的私奔放大，毕竟是在赞扬两人之间的情感，所以借助观音来消除私奔的影响"④。然而，笔者认为《凤凰琴》中观音的被选择与加入应是多重因素造成：观音信仰的流行、观音身上的忠孝思想、女性的帮助者、顺缘及其以欲止欲的宗教观。

　　（1）"户户观世音"

　　《法华经·普门品》谓释迦牟尼佛就菩萨"以何因缘，名观世音"的提问答无尽意菩萨曰："善男子，若有无量百千万亿众生，受诸苦恼，闻是观世音菩萨，一心称名，观世音菩萨即时观其音声，皆得解脱。"观音大慈大悲，无差别的人心救援，对社会贫弱者的关爱，对人间苦难

---

① 张海霞《性别视野中的古代文君相如戏》厦门大学，2006 年硕士论文。
② 王艳梅《文君私奔与戏曲研究》广西师范大学，2010 年硕士论文，第 27 页。
③ 何煜婷《现存明清相如文君戏曲研究》四川师范大学，2014 年硕士论文，第 115 页。
④ 李雅婷《椿轩六种曲研究》，山西师范大学，2019 年硕士论文，第 9 页。

"称名解脱""闻声往救"的担当感、紧迫感为民众喜闻乐道。随着佛教的发展到了清代越来越突出其实用性与功利性的价值，越来越趋向平民化、世俗化。美国宗教社会学家彼得·贝格尔指出"所谓世俗化意指这样一种过程，通过这种过程，社会和文化的一些部分摆脱了宗教制度和宗教象征的控制"①。本来就很亲民的观音在这种世俗化的潮流中更是淡化其神圣性质，脱离了佛教规约，人们每遇到各种天灾人祸、人世难题，如婚嫁、生育、学业、仕途等，皆求助于这位最富于慈悲之心、最能接受求告、最肯助人为乐的菩萨。也正因为如此，她成为民众生活中不可缺少的精神支撑，与民众生活联系最密切的佛教神祇。观音道场遍及全国各地，千家万户争相供养观音佛像，"户户观世音"成为普通家庭的标配。蒲松龄《关帝庙碑记》亦云："故佛道中惟观自在，仙道中惟纯阳子，神道中惟伏魔帝，此三圣愿力宏大，欲普度三千世界，拔尽一切苦恼，以是故祥云宝马，常杂处人间，与人最近。"②乾隆以后，各地酒楼茶馆蜂起，为下层百姓、贩夫走卒、市井平民看戏提供了极大的方便。这些群体的生存状态影响着他们的审美趣味，有着对观音的精神需求。

（2）观音身上的儒家思想

印度来的观音在北宋，多了新的身世，即妙善公主的故事。妙庄王有三个女儿，名妙因、妙缘、妙善。长大成人后，妙因、妙缘都听从父王的旨意出嫁了。唯妙善公主不听父命，不肯嫁夫，决心出家修行。妙庄王再三劝说，妙善公主也不回心转意，妙庄王十分气愤，就将妙善公主贬为庶民，赶出皇宫。妙善到香山出家修行。后来妙庄王得了重病，危在旦夕，需要服用亲人手和眼，病才能痊愈。大女、二女不肯做出牺牲。妙善把自己的双手和双眼剜割下来，交给大臣带回给妙庄王服用，

---

① 彼得·贝格尔著，高师宁译，何光沪校《神圣的帷幕》，上海人民出版社，1991年版，第1页。
② 蒲松龄《蒲松龄集》，上海古籍出版社，1986年版，第43页。

妙庄王病愈。上天神灵被妙善公主的孝心所感动，使妙善长出了千手千眼。这里的千手千眼观音是儒家"孝"思想与佛教的结合。明谢肇淛《五杂俎》卷十五言观音菩萨关注苦难现实人生，有着儒家大圣人孔子、孟子情怀，"佛氏之教一味空寂而已，惟观音大上慈悲众生，百方度世，亦犹孟子之与孔子也"。[①]

（3）观音是女性的救护者与倾诉者

在明清小说中，观音经常作为陷入危难女性的救助者出现。明《初刻拍案惊奇》卷二十四中，夜珠被妖人掠走，其父母"日日在慈悲大士像前，悲哭拜祝"。夜珠"默祷观音救护"，不但没有遭妖邪凌辱，而且正当妖人要奸淫夜珠时，她大呼"灵感观世音"，妖人遂被诛灭。夜珠和见义勇为的刘德远喜结良缘，进香拜谢观音，修成观音庙。再如卷二十七中，王氏丈夫被害，她逃亡为尼，"每日早晨，在白衣大士前礼拜百来拜，密诉心事，任是大寒大暑，再不间断"，最终凶徒受刑。清《五凤吟》写退休县尹邹泽清女邹雪娥因乡宦祝廷芳之子祝琼题于青莲庵壁上诗一见钟情，因无由交往而产生苦恼，小说第二回写道："雪娥手托香腮闷闷地坐了一会，忽长叹道：'我今生为女流，当使来世脱离苦海'。遂叫素梅去取一幅白绫来。少顷白绫取到，雪娥展放桌上，取笔轻描淡写，图成一幅大士，与轻烟着人送去裱来。又吩咐二人道：'如老爷问时，只说是小姐自幼许得心愿。'"这就是借助观音像将邹小姐的内心世界揭示得淋漓尽致。邹雪娥情窦初开，但爱情所激发的生命活力却被官宦小姐的身份所窒息，非常苦闷，又无法向人倾诉，只有将精神的慰藉寄托于观音菩萨，画观音像成为她郁闷心情的一种宣泄。这些故事的流行，使得备受礼教束缚的女性对观音的依赖更强。相如与卓文君之间门第相差太大，卓文君苦其相如没有正式提亲，下聘礼，虽然这时

① 谢肇淛《五杂俎》，中央书店，1935年版，第287—288页。

没有提到观音像，但是内心深处是希望得到观音的救赎的。

（4）观音身上的顺缘思想

《普门品》所载：观世音菩萨有三十二应身，应以何身得度者，即现何身而为说法。因此对于人们对性欲的追求，观音就化为美人来度化。《续玄怪录》记载："昔延州有妇人，颇有姿貌。孤行城市，年少之子悉与之游，狎昵荐枕，一无所却。数年而殁……以其无家，瘗于道左。大历中，忽有胡僧自西来，见墓遂跌坐，具敬礼焚香，围绕赞叹数日。人见谓曰，此一纵女子，人尽夫也。以其无属，故瘗于此。和尚何敬邪？僧曰，非檀越所知，斯乃大圣，慈悲喜舍，世俗之欲，无不徇焉。此即锁骨菩萨，顺缘已尽，圣者云耳，不信，即启以验之。众人即开墓，视遍身之骨，钩结如锁状，果如僧言。"故事中的妇人与人狎昵性交，从不拒绝，死后露出真身，仍是锁骨菩萨。它告诉我们纵淫女子与菩萨一体，宣扬了顺缘的思想。这个埋于金沙滩的锁骨菩萨宋代已经与观音混为一谈了。黄庭坚在《戏答陈季常寄黄州山中连理松枝》曰："金沙滩头锁子骨，可妨随俗男暂婵娟。"在《观世音赞》曰："设欲真见观世音，金沙滩头马郎妇。"马郎妇的故事在元代释觉岸《释氏稽古录》有正式记载：唐宪宗元和十二年（817），观世音菩萨欲化陇右，示现为美女挈篮鬻鱼。人竞欲娶，女云："一夕能诵《普门品》者事之。"至黎明，能诵者二十余人。女复授以《金刚经》，能诵者犹十数人。女更授以《法华经》七卷，约能三日能背诵者。至期，独以马氏子能通经，依礼迎妇入门，女称病求止别房，须臾便死，体即烂坏，遂葬之。数日后，有紫衣老僧至葬所，命起视之，唯黄金锁子骨存。老僧谓众人曰："此乃观音大士也，悯汝等障重，故方便化汝等耳。"另外，我们还在《牡丹亭》里中看到：柳梦梅在花园中拾到一幅画像，第一反应这是观世音图，要放在房中早晚供奉。这是观音救苦救难的潜意识反映。之后，柳梦梅意识到这不是观音，是一幅人间女子的行乐图，于是爱情间识萌动，更加殷勤，希望画下的女子下来与之配鸳鸯。这里同样是，观音与人间情爱的对象成为一体了。从上面的故事中，我们不仅可以看出，观音化身的美人都是纵欲的化身，本身是与佛教的色戒相冲突，但却内含有欲望的烦恼与清净的菩萨是一体的，没有差别的，一切顺缘即可，欲还可止欲。

　　总之，佛教赋予了观音人道主义精神，欲望的烦恼与清净的菩萨无二的宗教领悟，中国赋予了观音儒家孝道之心，加之，普通家庭对观音的供奉，女性的救护者，最终椿轩居士让观音在《凤凰琴》中担当了补恨、顺缘的角色。如同剧本前的"本意"所说"窈窕知音意气投，关雎从此泳河州"。既然，有情有意，那么观音出场周全婚姻。她一方面派土地化作卖琴翁把文君的红丝琴卖给相如，并将之引入保安寺；另一方面又派山王化作神虎，冲散在外打猎的文君与卓王孙，也引文君至保安寺。于是二人相遇，在老尼姑的主持下拜了天地。剧本也以焚香谢观音作结。

　　值得一提的是，椿轩居士六种曲中都或多或少有观音身影。我们发现，《凤凰琴》中观音是显现；《金榜山》讲述张全仁不远千里来到金榜山的梓潼宫求子是观音的作用；《双龙珠》中钱邵德的妻子郑氏用双龙珠躲过了钱邵金放火烧房子的危难，在发大水时护住了房屋，同样也是观音的作用；《天感孝》与《孝感天》虽然出现的神灵是金星与天皇，但是讲到留下刘恒一人的原因是其孝顺，而孝同样是观音的品格；《四贤配》中白观音是人名，恪守妇道，经历了丈夫杀人一事，认为是缘尘已满，从此远离人间，于是决定在娘家苦修苦炼，欲脱凡尘，求升仙界。在自己离开之时，为父母又寻来一女儿，同时也在天上暗自保护他们，同样也孝敬自己的父母。

　　综上所述，椿轩居士让离经叛道的相如与文君故事回归理或礼的正统道路，并同时观音的加入，造成了陌生化新鲜感，但又在陌生化中融入了熟悉的因子，大大引起了民众的审美情趣。

历史上的相如县

西华师范大学　杨小平

相如故城主要由文庙、武庙、城隍庙、玉环书院、龙神祠、天主堂组成，总面积约12500平方米。"相如故城"的表述早见于明清方志，并非今人的新表述。相如故城是相如县所在，相如县因司马相如而设立，历史悠久，文化底蕴深厚。新石器时代该地区就有人类活动。从历史沿革来看，相如故城所在地的名称几经变迁，涉及面宽，情况比较复杂，与南充市高坪区、仪陇县、营山县、岳池县都有交叉，容易与南宋宝祐六年（1258）之前的蓬州混淆。

相如故城在春秋系巴国地，秦属巴郡，汉初置安汉县。梁天监六年（507），梁武帝萧衍设立相如县，属于梓潼郡。隋代，相如县属于巴西郡隆州。唐代武德四年（621），相如县属于果州。南宋宝祐六年（1258），相如县由果州改属蓬州。元至正十五年（1278），相如县成为蓬州治所。明洪武四年（1371），明太祖朱元璋废相如县。从天监六年（507）到洪武四年（1371），相如县存在了865年。

一、梁武帝天监六年（507）设立相如县

南朝梁武帝天监六年（507），酷爱文学的梁武帝萧衍十分仰慕"一代辞宗"司马相如，为纪念汉代辞宗赋圣司马相如，划安汉县地（今蓬安县绝大部分及南充市高坪区东北一角、仪陇县新政镇一带、营山县西部、岳池县北部部分地域），设置新县，以"相如"作为县名，以相如旧居为县治，即以司马相如故宅为县治①。相如县东邻渠县，南接安汉县，西北邻南部县，北靠大寅县（今蓬安县茶亭乡蓬池坝）。

《隋书·地理志上》"巴西郡"说：

> 相如，梁置梓潼郡。②

《隋书》作为正史，结论可信。

《旧唐书·地理志四》剑南道下"相如"条也说：

> 汉安汉县地，梁置梓潼郡，周省郡立相如县。③

《嘉陵江志》第十三章《蓬安县》也说：

> 梁置相如、安固等县。④

---

① 当地传说相如故宅、相如旧居有二，一在锦屏镇相如故城。一在利溪镇两河塘附近的刘家坝、黄家坝、郑家坝。文献无考，存疑待考。
② 魏征《隋书》，中华书局，1973年，第824页。
③ 刘昫等《旧唐书》，中华书局，1975年，第1674页。《旧唐书》说周省郡误，当是西魏省梓潼郡。周省的是蓬州所在的伏虞郡。
④ 马以愚《嘉陵江志》，上海：商务印书馆，1947年，第192页。

（一）梁朝设置相如县的原因

北周（557—581）地理文献《周地图记》最早记载了设置相如县的缘由。李昉等撰《太平御览》卷一六七《州郡部十三·果州》引《周地图记》说：

> 相如县有相如坪、相如故宅，因以名县。[①]

据《周地图记》，设置相如县的缘由就是其境内保存有与司马相如有关的历史遗存。《周地图记》一书宋时尚存，故《太平御览》《太平寰宇记》等书得以征引。

在封建时代，郡县的设置是朝廷的一件大事。而按照正常的申报程序来讲，相如县的设置，当是经过地方官吏层层上报，最后由最高决策者梁武帝萧衍审查设置理由和命名依据后方才批准[②]。同时，相如县的设置，与梁代统治者对司马相如的热爱似也有很大的关系。武帝学识渊博，文学造诣极深，能重用文士。《梁书》卷三《武帝纪下》说：

> 天情睿敏，下笔成章。千赋百诗，直疏便就。皆文质彬彬，超迈今古。[③]

《梁书》卷四九《文学上》载：

> 高祖聪明文思，光宅区宇。旁求儒雅，诏采异人。文章之盛，

---

① 李昉等《太平御览》，中华书局，1960 年，第 816 页。
② 龙显昭《〈史记·司马相如列传〉三题》，司马相如与巴蜀文化研讨会论文，2004 年，第 4 页。
③ 姚思廉《梁书》，中华书局，1973 年，第 96 页。

焕乎俱集。每所御幸，辄命群臣赋诗。其文善者，赐以金帛。诣阙
庭而献赋颂者，或引见焉。其在位者，则沈约、江淹、任昉。并以
文采，妙绝当时。至若彭城到沆、吴兴丘迟、东海王僧孺、吴郡张
率等，或入直文德，通宴寿光，皆后来之选也。①

对汉代辞宗司马相如，梁武帝是充满景仰之情的。他析安汉地，以
"相如"名县的做法，除了有充分的历史依据外，还与他对相如的仰慕
有关系。

梁武帝之子昭明太子萧统编《文选》三十卷，史称《昭明文选》。
张溥《汉魏六朝百三家集》卷二《汉司马相如集题词》说：

　　梁昭明太子《文选》，登采绝严。独于司马长卿取其三赋四
文，其生平壮篇略具，殆心笃好之，沉湎终日而不能舍也。②

徐坚《初学记》卷二四《居处部》录梁简文帝萧纲《琴台诗》说：

　　芜阶践昔径，复想鸣琴游。音容万春态，高名千载留。弱枝生
古树，旧石抗新流。由来递相叹，逝川终不收。③

梁简文帝对司马相如也比较热爱，可能是其父产生的影响。
（二）梁朝设置相如县的官方文献已亡佚
梁朝统治者设置相如县的官方文献早已荡然无存。

----

① 姚思廉《梁书》，中华书局，1973年，第685—686页。
② 张溥《汉魏六朝百三家集》，江苏古籍出版社，2002年。殷孟伦《汉魏六朝百三家集题辞注》，
人民文学出版社，1960年，第4页。"绝严"，《汉魏六朝百三家集题辞注》作"极严"。
③ 徐坚《初学记》，中华书局，1962年，第575页。

《隋书》卷四九《牛弘传》说：

> 及侯景渡江，破灭梁室，秘省经籍，虽从兵火，其文德殿内书
> 史，宛然犹存。萧绎据有江陵，遣将破平侯景，收文德之书，及公
> 私典籍，重本七万余卷，悉送荆州。故江表图书，因斯尽萃于绎
> 矣。及周师入郢，绎悉焚之于外城，所收十才一二。①

《资治通鉴》卷一六五《梁纪二十一》元帝承圣三年（554）
也说：

> 帝入东阁竹殿，命舍人高善宝焚古今图书十四万卷。

胡三省注：

> 《考异》曰："《隋·经籍志》：'焚七万卷'，《南史》云'十
> 余万卷'，按周僧辩所送建康书已八万卷，并江陵旧书，岂止七万
> 卷乎！今从《典略》。"②

虽然烧毁典籍的数量有差异，但是众多典籍被焚毁是大家公认的。
江陵一炬，使大量珍贵的典籍毁于一旦，记载典籍（尤其是梁代官修地
理文献）亦随之烟消云散。

《隋书·经籍志》著录有自汉以来各朝诏书，其中"《梁天监元
年至七年诏》十二卷，《天监九年、十年诏》二卷，亡"③，唐初虽亡

---

① 魏征《隋书》，中华书局，1973 年，第 1299 页。
② 司马光编著《资治通鉴》，中华书局，1956 年，第 5121 页。
③ 魏征《隋书》，中华书局，1973 年，第 1088 页。

佚，但梁以后至隋代，还应存在，设立相如县之诏书即应载于《梁天监元年至七年诏》内。

（三）相如县设立于梁代的方志舆图记载证明

古志舆书，均记载了南北朝梁天监六年（507）立相如县的史实。

北宋乐史《太平寰宇记》卷八六《剑南东道五·果州》说：

> 相如县，亦巴西郡地，梁天监六年置相如县，兼立梓潼郡于此。至后周郡废县存。即汉司马相如所居之地，因以名县，其宅今为县治。①

《蜀中广记》卷五四《蜀郡县古今通释第四·川北道属·蓬州》指出：

> 梁天监中置相如县，长卿桑梓也。今名，后周所改。《图经》云："两蓬高峙，屹然云霄。"废伏虞郡，梁初置。废咸安郡，唐天宝置。废相如县，梁置，兼立梓潼郡于此。李商隐诗"梓潼不见马相如"是也。相如故宅，今为州治。②

（四）相如县设立于梁的其他文献佐证

据《宋书·州郡志》记载，巴西太守"领县九"，九县的县名明确，具体有：阆中、西充国、南充国、安汉、汉昌、晋兴、平州、怀归、益昌③，无相如。

据《南齐书·州郡下·巴西郡》记载，巴西郡领县九，九县的县名

---

① 乐史《太平寰宇记》，金陵书局刊本，清光绪八年（1882）版，第4页。
② 曹学佺《蜀中广记》，《四库全书》本，商务印书馆，1986年，第734页。
③ 沈约《宋书》，中华书局，1974年，第1170—1171页。

明确，具体有：阆中、安汉、西充国、南充国、汉昌、平州、益昌、晋兴、东关。^①九县县名中并无相如。

可见，宋、齐皆无相如县甚明，晋、宋、齐、梁大量地理书志资料也显示没有相如县，因此，《隋书》云"梁置"无误。

宋元明清众多地志皆有相如县记载。

欧阳忞《舆地广记》卷三一《梓州路》也说：

> 上相如县，汉安汉县地。梁置梓潼郡。西魏废郡，置相如县。^②

《读史方舆纪要》卷六十八《四川三》说：

> 梁置相如县，梓潼郡治焉。

清光绪《蓬州志·建置篇》载：

> 梁分安汉北境初置相如之县，为有司马相如故居，兼置梓潼郡治焉。^③

《初学记·州郡部》卷八引《益州记》说：

> 鸡邮神在相如县东，次北下步有鸡邮溪，因此而为之名。^④

① 萧子显《南齐书》，中华书局，1972 年，第 300 页。
② 欧阳忞《舆地广记》，李勇先、王小红校注，四川大学出版社，2003 年，第 908 页。
③ 方旭《蓬州志》，清光绪二十三年刻本，第一篇《建置篇》第 1 页。
④ 徐坚《初学记》，中华书局，1962 年，第 184 页。

北宋乐史《太平寰宇记》卷八六《剑南东道五·果州》引《益州记》说：

> 鸡邮神在相如县，以神祠在鸡邮溪侧，故为名。[①]

《初学记》《太平寰宇记》引《益州记》并未署明作者。《益州记》作者若为任豫，则相如县显然非梁天监六年所设，而是更早。任豫时代不详，多以为南朝宋人，则相如县至少在南朝宋代已设。事实并非如此，可以参看熊伟业《司马相如研究》一书。

冯梦龙也知道相如县，他在《情史类略·情侠类·卓文君》卷四说：

> 今之蓬州，唐谓之"相如县"；迄今有相如祠。相如之取重后代若此！彼风流放诞者得乎哉？[②]

熊伟业《司马相如研究》指出：

> 考诸史籍，南朝梁天监六年（507）始建相如县，相如县名是因为司马相如有"故宅、别业"在此地而取。简言之：今蓬安县在汉、晋、南朝宋、齐时代为"安汉县"辖地，南朝梁天监六年，从"安汉县"分设一县，命名为"相如县"，直到明代取消"相如县"直接合并为"蓬州"，民国在原地设立"蓬安县"，相如县名共存在八百余年。[③]

---

① 乐史《太平寰宇记》，金陵书局刊本，清光绪八年（1882）版，第4页。
② 冯梦龙《情史类略》，岳麓书社，1983年，第111页。
③ 熊伟业《司马相如研究》，电子科技大学出版社，2012年，第5页。

二、南北朝废梓潼郡与存相如县

南北朝时期的梁至西魏，相如县为梓潼郡治，西魏废梓潼郡，存相如县。天正二年至太平二年（552—557），西魏攻占蜀地期间，梓潼郡废，相如县改属南渠郡。

梁元帝萧绎承圣元年（552）、梁武陵王萧纪天正二年（552）至梁敬帝太平二年（557），西魏攻占蜀地，梓潼郡废，相如县改属南渠郡。

《隋书·地理志上》"巴西郡"说：

> 相如，梁置梓潼郡，后魏郡废。①

欧阳忞《舆地广记》卷三一《梓州路》也说：

> 上相如县，汉安汉县地。梁置梓潼郡。西魏废郡，置相如县。②

相如县所在的梓潼郡是西魏废置的，需要注意的是，南北朝的蓬州与相如县并不同郡，宋、齐置归化郡，梁武帝天监六年（507）不久，设伏虞郡。周闵帝元年（557），改伏虞郡为蓬州，州治设在安固县。明正德《蓬州志》卷一说：

> 《禹贡》：梁州，□□□□□之为巴子国地，秦汉属巴郡，蜀

---

① 魏征《隋书》，中华书局，1973 年，第 824 页。
② 欧阳忞《舆地广记》，李勇先、王小红校注，四川大学出版社，2003 年，第 908 页。

汉属巴西郡，晋因之，南宋属归化郡，齐因之。梁天监置隆城郡（今仪陇县），大同置伏虞郡，治宣汉县（今达州地）。后周置蓬州，治安固县（今营山县地），辖大寅县（今营山县地）。隋州废，属巴西、清化、宕渠三郡。唐复置蓬州，治大寅县，贞观属山南道，天宝改咸安郡，至德改蓬山郡，乾元复为蓬州。王孟蜀俱因之。宋治蓬池县（即大寅县），淳祐徙治云山（在今治东南一十里），领相如、蓬池、营山、仪陇、伏虞、良山六县。元初置蓬州路，后复为蓬州，治相如县（即今治。梁于此置梓潼郡）。本朝以相如县省入，隶顺庆府，属川北道。[①]

周武帝天和二年（567），陕西南郑人赵文表任蓬州刺史，政尚仁恕。《太平御览》卷一六八《州郡部》引《周地图记》："武帝天和四年（569）割巴州之伏虞郡，隆州之隆城郡於此置蓬州"[②]，治安固县。据《通典》卷一七五《州郡》，隋大业初年，废蓬州，以其地并入巴西、清化、宕渠三郡[③]。

中唐李吉甫《元和郡县图志·阙卷》逸文卷一据《纪胜·顺庆府》记云：

> 相如县，周闵帝省县。[④]

《旧唐书·地理志》"相如"条也说：

> 周省郡，立相如县。[⑤]

---

① 《天一阁藏明代方志选刊续编》第 67 册《蓬州志》，上海书店，2014 年，第 792 页。
② 李昉《太平御览》，中华书局，2011 年，第 1087 页。
③ 杜佑《通典》，中华书局，2003 年，第 1829 页。
④ 李吉甫《元和郡县图志》，中华书局，1983 年，第 1067 页。
⑤ 刘昫等《旧唐书》，中华书局，1975 年，第 1674 页。

而蓬州所在的伏虞郡则是后周省。两者往往容易混淆。后周废的不是梓潼郡，而是伏虞郡。梓潼郡虽废，但相如县仍存。《元和郡县图志·阙卷》《旧唐书·地理志》误说相如县是后周省。马以愚《嘉陵江志》十三章《蓬安县》：

> 梁置相如、安固等县。相如属梓潼郡，安固属伏虞郡。北周改伏虞郡为蓬州。[①]

三、隋相如县属巴西郡，唐武德四年（621）属果州

《旧唐书》《舆地广记》等记载相如县在隋属巴西郡，唐武德四年（621）属果州（治今四川省南充市顺庆城区），属于山南西道。五代时，"王、孟蜀俱因之"[②]。

隋开皇三年（583），罢郡，相如县属隆州。隋大业三年（607），改州为郡，属巴西郡。

《旧唐书·地理志四》"剑南道"下"阆州"条说：

> 隋巴西郡。武德元年，改为隆州，领阆中、南部、苍溪、南充、相如、西水、三城、奉国、仪陇、大寅十县。其年，又立新井、思恭二县。四年，以南充、相如属果州，仪陇、大寅属蓬州。又置新政。七年，又以奉国属西平州。还以奉国来属。又省思恭入阆中县。[③]

---

① 马以愚《嘉陵江志》，上海：商务印书馆，1947 年，第 192 页。
② 《天一阁藏明代方志选刊续编》第 67 册《蓬州志》，上海书店，2014 年，第 791 页。
③ 刘昫等《旧唐书》，中华书局，1975 年，第 1672 页。

武德元年（617），相如县仍属于隆州，隆州由阆州改名而来。相如县属于巴西郡。

武德四年（621），割隆州之相如、南充置果州后，相如县改属果州。

《旧唐书·地理志四》"剑南道"下"果州中"条说：

> 武德四年，割隆州之南充、相如二县置果州，因果山为名。①

北宋欧阳忞《舆地广记》卷三一《梓州路》记载相如县说：

> 隋属巴西郡。唐武德四年来属。有琴台镇、龙角山、嘉陵江。②

据此，相如县在武德四年（621）归属果州。

《新唐书·地理志四》说：

> 果州南充郡，中。武德四年析隆州之南充、相如置，大历六年更名充州，十年复故名。……县五：南充，上。有盐。相如，中。有盐。③

武德四年，相如县与南充县、西充县、流溪县、岳池县共五县，都属于果州。

根据记载，唐宋时期相如县属于果州，并不属于蓬州。唐代相如县令有陈子良、唐五代县令有李德休，北宋有尹天民，南宋有邓良。根据

① 刘昫等《旧唐书》，中华书局，1975年，第1673页。
② 欧阳忞《舆地广记》，李勇先、王小红校注，四川大学出版社，2003年，第908页。
③ 欧阳修、宋祁《新唐书》，中华书局，1975年，第1039页。

相如县设令，可以推断相如县人口超过万户。因为县过万户方能称令，万户以下称长。

后梁开平元年至南宋宝庆二年（907—1226），相如县隶属于果州。宝庆三年，果州以宋理宗"初潜"之地，由州升府，名顺庆府，相如县仍为顺庆府的属县。

根据典籍记载，从科举开始到宋代，相如县登科中举之人，自何士宗以下，合二十七人。

南宋淳祐三年（1243），四川制置使余玠在运山（燕山寨）上筑城抗蒙，将当时在今茶亭的蓬州州府、蓬池县府和在今锦屏镇的相如县府，在今营山的朗池县府一起迁上运山，共同组织军民抵抗蒙古军队。据祝穆《方舆胜览》卷六八《蓬州》，蓬州"连巴引梓，蔽蜀控夔"①。宝祐六年（1258）相如县城迁回锦屏。也就是说相如县城搬迁到运山时间长达15年（1243—1258）。

四、宋宝祐六年（1258）相如县改属蓬州

南宋时，相如县属于潼川府路。相如县在南宋宝祐六年（1258）由果州改属蓬州。北宋到南宋宝祐六年（1258）之前，相如县都隶属于果州，不属于蓬州。相如县与蓬州的隶属关系始于宝祐六年（1258）。据《宋史·地理志》记载：

> 嘉熙间，兵乱。宝祐六年，自果州来属。②

从此，原本属于顺庆府的相如县改隶于蓬州。

---

① 祝穆《方舆胜览》，中华书局，2003 年，第 1185 页。
② 脱脱等《宋史》，中华书局，1977 年，第 968 页。

《元一统志》也记载宝祐六年（1258）相如县划归蓬州的事情：

> 宝祐六年，郡守张大悦以城降附，遂以相如县拨属蓬州。[①]

这是蓬州辖区在战争期间最大的调整，即把顺庆府的相如县拨归蓬州。

五、元至元十五年（1278）相如县成为蓬州州治

抗蒙失败，元朝建立。至元十五年（1278），"蜀定，令毁云山寨，复以军民还旧理"[②]。然而原州治蓬池县因数十年战乱而残破不堪，且水陆交通不便。张德润没有执行"复以军民还旧理"的诏令，而将蓬州州治从运山城移入嘉陵江岸边的相如县城。元世祖至元十五年（1278），张德润将蓬州迁入相如县城，蓬州与果州、阆州三州并列，领营山、仪陇、相如三县。蓬州与相如县州县同治，相如县成为蓬州的政治、经济、文化中心。

雍正《四川通志》记载的理由是：

> 前旧治距相如县、嘉陵江一百余里，不当水陆舟车之会，乃徙州于此为理。[③]

道光《蓬州志略》记载的理由相同：

---

① 胡昭曦、唐唯目等《宋末四川战争史料选编》，四川人民出版社，1984 年，第 420 页。
② 洪运开《蓬州志略》卷二，清道光十年（1830）刻本。胡昭曦、唐唯目等《宋末四川战争史料选编》，四川人民出版社，1984 年，第 420 页。
③ 黄廷桂《四川通志》卷 26，四库全书本，第 1148 页。

然此州从昔依山为治，距相如县、嘉陵江一百余里，不当水陆舟车之会，乃徙州于此为理。[①]

《大明一统志》卷九"蓬州"条说：

元初置蓬州路，后复为蓬州，治相如县。[②]

明清以来地方志书多以此次迁治是张大悦的决策。正德《四川志》记载："元至元间，张大悦徙相如故宅之东。"[③]事实上，蓬州移治相如县的是张大悦之子张德润。明正德《蓬州志》卷三《州署》进行过翔实的考辨，说：

本州自汉唐来迁徙不一，元至元戊寅始自云山徙相如县司马相如祠堂之左，今治是也。元末兵毁。本朝洪武四年十一月，判官陈弘领印开设，仍其旧址。成化乙未，知州毕宗贤撤而新之，岁久载敝。弘治庚申，知州王锦重修。按：《左丞张大悦墓碑记》："宋宝佑戊午为元宪宗八年，守蓬，降于元。至至元七年，请老，其子德润袭爵。十年冬，卒。"十五年戊寅，州自云山迁治相如县。旧记谓大悦迁州，考之未详也。又按：《王教授墓志》："东川右副都元帅张公德润，与之为莫逆交。至元甲戌，举之为蓬州"云云，又任化龙《重修州学记》："戊寅混一，移治相如。至元壬辰秋，蜀省右丞张德润倡义捐俸廪以贲饰圣贤像。"记作于皇庆二年，亦不言大悦迁州。今考其时，意者为德润迁也，俟更考之。[④]

① 洪运开《蓬州志略》卷二，清道光十年（1830）刻本。
② 李贤、彭时等撰修《大明一统志》，四库全书本。
③ 胡昭曦、唐唯目等《宋末四川战争史料选编》，四川人民出版社，1984年，第455页。
④ 《天一阁藏明代方志选刊续编》第67册《蓬州志》，上海书店，2014年，第830页。

也就是说，元代至元戊寅（1278），相如县成为蓬州州治所在。这段考辨的角度和结论都是正确的。"戊寅混一，移治相如"是继任东川副都元帅张德润所为，而不是其父张大悦。所谓"考其时"，即至元七年（1270）张大悦请老退休，至元十年（1273）去世，而至元十五年（1278）移治相如县，也就是说，移治相如县时已过世五年了。

当然就是在正德年间编修《蓬州志》时，仍然有学者坚持张大悦移治的传统说法。时任蓬州儒学学正卿惟贤在《重修蓬州治记》（载正德《蓬州志》卷三《公署》）中说：

> 按蓬州，古咸安郡也。旧在蓬池。宋淳乙巳武节大夫杨大渊始迁于云山。及元至元戊寅，右丞张大悦复迁于果州相如县，建治于相如故宅之东。[①]

看来，即使在元明时就分不清迁治相如县究竟是张大悦还是张德润了。

张德润将蓬州治所迁至相如县，相如县成为蓬州首县。但由于长期战乱，人烟稀少，政务简易，元朝整并了蓬州属县。据《元史》卷六十《地理志》载：

> 至元二十年，立蓬州路总管府。后复为蓬州，领三县。相如，至元二十年以金城寨入焉。营山，下，至元二十年并良山入焉。仪陇，下，至元二十年并蓬池、伏虞入焉。[②]

由此可知，蓬州由战前的五县变成了战后的三县，即相如县、营山

---

① 《天一阁藏明代方志选刊续编》第 67 册《蓬州志》，上海书店，2014 年，第 835 页。
② 宋濂等《元史》，中华书局，1976 年。第 1440 页。

县、仪陇县，其中相如县还是由顺庆府划拨过来的，实际上就营山、仪陇两县而已。

宋代之蓬州本辖蓬池、营山、仪陇、伏虞、良山等五县，以蓬池县为首县。据《宋史·地理志》载：

相如……嘉熙间兵乱，宝祐六年，自果州来属。①

这段文字表述有问题，相如县划拨给蓬州时果州已改名为顺庆府。

金毓黻《大元一统志辑本》卷三说：

至元十五年，蜀定，令毁云山砦，复以军民还旧理。然此州从昔依山为治，距相如县嘉陵江一百余里。不当水陆舟车之会。乃徙州于此为理所。建宣抚征南都元帅府，并蓬州总管军民府。二十年并废。②

清代康熙《顺庆府志》则说：

元置蓬州路，治相如县。③

根据典籍记载，太平兴国五年（980）到开庆元年（1259），相如县有三百余人中举。康熙《顺庆府志》卷六《学校》记载"蓬州儒学"说：

元至正中迁此，明因之。康熙二十五年奉颁御书"万世师表"。④

① 脱脱等《宋史》，中华书局，1977年，第2223—2224页。
② 胡昭曦、唐唯目等《宋末四川战争史料选编》，四川人民出版社，1984年，第420页。
③ 李成林修，罗承顺等纂《顺庆府志》，康熙二十五年（1686）刻本，康熙四十六年（1707）增刻本，嘉庆十二年（1807）补刻本。
④ 李成林修，罗承顺等纂《顺庆府志》，康熙二十五年（1686）刻本，康熙四十六年（1707）增刻本，嘉庆十二年（1807）补刻本。

陈言昌《相如县故城遗址》认为：

> 又据清道光九年《蓬州志略》与南充地区新编《建置沿革·自
> 然环境》志记载，元代政区建置变化甚大，实行省、路、府
> （州）、县四制，而相如县治地于元至元二十（1283）年迁入今蓬
> 安县锦屏镇。[①]

陈言昌所言有误，宝祐六年（1258），相如县城在运山城的宋蒙战
争结束后就已经迁回原地锦屏镇。至元十五年（1278），相如县城已经
成为蓬州州治，并非至元二十年（1283）。

六、明洪武四年（1371）废相如县，
民国二年（1913）改名蓬安县

明太祖洪武四年（1371），省相如县，直属蓬州。相如县从设立的
天监六年（507）到废省的洪武四年（1371），共有865年历史。

明正德《蓬州志》卷二《城池》说：

> 州城（周七百七十丈，高一丈八尺）。按：本州因相如县治，
> 旧无城池。天顺末，德阳盗起，有司始严城郭之备，判官李懋、吏
> 目韩仲义奉当道檄，树木为栅，筑土为墙。成化辛卯，知州毕宗贤
> 又以西北二门地势隐蔽，复因其高阜，筑月城二。弘治间，分守参
> 政陕西胡公，乃命保宁府同知段普鹜以砖石，覆之以屋。然寻为风
> 雨摧圮，无复完堵。正德己亥，知州阎侃措置修完，然逾年摧圮如

---

① 陈言昌《相如县故城遗址》，蓬安政协文史委《蓬安文史资料选辑（第四辑）》，1994年，
第31页。

故。今判官杨相复奉巡抚陕西马公命，方兴修筑。云城门四：东蓬莱、南凤山、西龙溪、北五马。①

清《续通典》卷一四三"蓬州"条说：

元属顺庆路，明洪武中以州治相如县省入。②

康熙《顺庆府志》也说：

明以相如县省入，编户六里，隶顺庆府。③

陈言昌《相如县故城遗址》认为：

明洪武初以蓬州治相如县省入。④

明洪武四年（1371）后，相如县并入蓬州，相如县城与蓬州州城合二为一。旧城唐至明代城墙均先后毁于战乱，清康熙四年（1665）起，蓬州州城、州署连续重建。明代正德还有相如县学的遗存。正德《蓬州志》记载说：

相如县学，在州城东北隅，庙基见存。今称为夫子台。⑤

---

① 《天一阁藏明代方志选刊续编》第 67 册《蓬州志》，上海书店，2014 年，第 803 页。
② 清高宗撰《续通典》，商务印书馆，1935 年，第 1977 页。
③ 李成林修，罗承顺等纂《顺庆府志》，康熙二十五年（1686）刻本，康熙四十六年（1707）增刻本，嘉庆十二年（1807）补刻本，第 47 页。
④ 陈言昌《相如县故城遗址》，蓬安政协文史委《蓬安文史资料选辑（第四辑）》，1994 年，第 31 页。
⑤ 《天一阁藏明代方志选刊续编》第 67 册《蓬州志》，上海书店，2014 年，第 982 页。

清朝嘉庆初年，白莲教在川东举行起义。清朝在整个川东北地区实施"坚壁清野"政策，各州县官员组织团练，训练乡勇，立寨保民。嘉庆皇帝用时九年，耗费大量国力才将其扑灭。嘉庆白莲教暴动时，蓬州成为当地百姓的避乱之所。光绪《蓬州志》卷十二《武备篇》载：

> 达州奸民王三槐煽乱丑类蜂起，所在寇攘，民多葺寨堡以保，而云山之寨民棚居者数千。……三年正月十二日，云山火，民死者二百余人。①

清方旭纂修光绪《蓬州志·邑聚篇》记载说：（乾隆）四十年，周天柱改南门于州署前，更名曰文明，并更东门曰紫气、西门曰涌金、北门曰真武。

民国二年（1913），蓬州改名，取"蓬州""安汉"之首字，定名蓬安县。

1958年蓬安县城从锦屏镇搬迁到周口镇。

---

① 方旭《蓬州志》，清光绪二十三年刻本，第十二篇《武备篇》第4—5页。

杜甫情理并重而珍视夫妻情

——兼说"茂陵多病后，尚爱卓文君"

西华大学　郑家治

　　现存杜甫集中既没有彰显宣扬节烈的诗文，也没有在诗文中出现节烈一类词汇，晚年夔州诗歌《赠太子太师汝阳郡王琎》有 "好学尚贞烈，义形必沾巾"[①]之说，不过此贞烈并不指女子的贞节或者节烈，而是指对国家对君主的忠烈。两湖诗歌《聂耒阳以仆阻水书致酒肉》中有"义士烈女家，风流吾贤绍"[②]之说，但此烈女指的是为父兄报仇而不惜一死的刚烈女性，因此与义士相连并相对，即聂政是义士，聂莹则是烈女。杜甫作为封建时代的正统儒家文人，他对节烈应该有自己的观点，自然也有自己的爱情观，不过都没有表现出来。

　　杜甫结婚甚晚，为古代所少有。婚后夫妇和谐恩爱，除诗人不幸陷贼约一年时间，其他时候都在一起，直至杜甫去世。其间杜甫既没有外

---

　　① 杨伦《杜诗镜铨》，上海：上海古籍出版社，1980 年版，682 页。
　　② 杨伦《杜诗镜铨》，上海：上海古籍出版社，1980 年版，1028 页。

遇，也没有纳妾，更没有出入青楼楚馆的行为。杜甫作为唐代右姓大族的子弟，且是家中长子，后又曾为率府参军、左拾遗等官，其在家中的地位与社会地位都很高，即便后来流寓各地也受到亲友权贵与地方长官的礼待甚至厚待，常常与主人主官一起参与歌舞宴会，接触的女性很多，出轨与风流的机会应该不少，但他却能忠于爱情或者夫妇之情，很好地把持自己。考察杜甫的全部诗歌，可知他没有写作过真正的情诗，也没有写作过艳诗，但他写女性或者涉及女性的诗歌，包括出入声妓场所的诗歌却不少，下面拟分类解读其有关诗歌，以考察其爱情观、女性观与夫妻情。

第一，表现夫妻真情的诗歌。杜甫开元二十九年（741年）30岁时才与司农寺少卿杨怡之女结婚。之后夫妇二人始终相随，相濡以沫直至杜甫去世。今存杜甫诗集中有关表现夫妻情感的作品极少，即便有也多寄托了家国之思，与普通的寄内诗等类爱情诗颇不相同。

一是《月夜》。天宝十五载（756年）八月，诗人自鄜州赴行在，为贼所获，不幸陷贼孤身在长安，家人则在鄜州，诗人于是有名作《月夜》①。诗人在长安月夜望月思家思妻，但诗歌首联却想象妻子在鄜州望月，所谓"今夜鄜州月，闺中只独看"。家人在一起，一般而言，望月就应该是妻子与儿女一起望，一起思念远方的丈夫与父亲，但诗中却是"独看"。颔联承上，写为何是独看，所谓"遥怜小儿女，未解忆长安"。颈联转写想象中妻子在月下望月思念远人的形象与情景，所谓"香雾云鬟湿，清辉玉臂寒"。诗歌用词极为准确而又优美，写出妻子之美丽动人与深情感人：雾是香雾，鬟是云鬟，辉是清辉，臂是玉臂，陕北深秋初冬深夜妻子仍在独自在月下望月思夫，一片深情至情，十分感人。尾联宕开，想象将来夫妻团聚相会的情景：夫妻双双站在窗前，

---

① 杨伦《杜诗镜铨》，上海：上海古籍出版社，1980年版，126页。

斜倚透明的窗帏，任凭月光照耀，不禁流下经历战乱与分离之后相聚的幸福泪水，而后再深情凝望，所谓"何时倚虚幌，双照泪痕干"。《杜臆》说："意本思家，偏想家人之思我，已进一层。至念及儿女不能思，又进一层。……'云鬟'、'玉臂'，语丽而情更悲。至于'双照'可以自慰矣，而仍带'泪痕'说，与泊船悲喜，惊定拭泪同，皆至情也。……儿女尚小，此其只独看者也。雾湿寒臂，看月之久也，忆望之至也。"①而"香雾云鬟湿，清辉玉臂寒"一联即便放在整个中国古代的情诗与艳诗中，也是最为优美动人的，但却没有脂粉气。可见不是杜甫不能写，或者写不好，而是杜甫不愿写。

二是《一百五日夜对月》②。至德二载（757年）寒食时诗人有此诗，诗题不标作《寒食》而标作《一百五日夜对月》是为了表现离家之久：诗人去年冬至离家，至今已经以日计算一百五日，所谓度日如年。诗歌首联写自己陷于贼中，寒食孤苦无依，因此思念家人，且热泪横流，所谓"无家对寒食，有泪如金波"。在外无家而想念在鄜州临时安的家，其实是想念家人，尤其是想念妻子。颔联发挥想象，运用神话传说，说自己望月思家与思念妻子，因此便希望月光越明亮便越能看清家人与妻子，所谓"斫却月中桂，清光应更多"。颈联转而写想象中家中的情景，所谓"仳离放红蕊，想象颦青蛾"。《诗经》："有女仳离，啜其泣矣。"③仳离即别离。所谓"仳离放红蕊"，即别离之后红蕊自放，时光照旧流逝。所谓"想象颦青蛾"，即想象中妻子因为忧愁而颦眉。连起来二句是说时光不断流逝，而妻子却在忧愁思念中度日如年。尾联运用牛女相思相会的典故来表现对来日聚会的希望，所谓"牛女漫愁思，秋期犹渡河"，意为牛郎织女相思忧愁漫漫不已，但也有中秋渡

① 王嗣奭《杜臆》，上海：上海古籍出版社，1983年版，42页。
② 杨伦《杜诗镜铨》，上海：上海古籍出版社，1980年版，130页。
③ 《诗经正义·王风·中谷有蓷》，阮元十三经注疏本。

河相会的一天，我们也如此。

　　以上两首诗歌写于同一个时期，同一种环境，表现了陷贼孤独的诗人对家人的思念，也表现了对妻子的思念与夫妻深情。诗中所表现的情感十分深沉婉曲，妻子的形象也十分优美，甚至显得十分凄艳，所谓"香雾云鬟湿，清辉玉臂寒"。与李白对比，李白虽然写了不少寄内赠内诗，如《寄远十二首》《代赠远》《闺情》《秋浦寄内》《自代内赠》《秋浦感主人归燕寄内》《别内赴征三首》《在浔阳非所寄内》《南流夜郎寄内》《代别情人》等，共有十一题二十四首之多，但却没有描写过妻子的形象，且所表现的夫妻真情似也浅于杜甫。

　　第二，拟作艳诗。自六朝以来，文人作艳诗或拟作艳诗成风，初唐诗人如此，李白亦如此，杜甫也有两首。其一是《即事》①。诗歌写于流寓东川时，为诗人随地方官员观赏舞女歌舞而作。诗歌前二句以对仗句写舞女的华美装饰，所谓"百宝装腰带，真珠络臂鞲"。后二句写舞女歌舞时的笑容笑姿，与结束时的赏赐，所谓"笑时花近眼，舞罢锦缠头"。诗歌是典型的描写舞女的艳诗，与六朝、初唐时的同类诗歌之内容与风格很相似。其二是《数陪李梓州泛江有女乐在诸舫戏为艳曲二首赠李》②。之一从李公带着女乐泛江春游写起，形容一时声妓之盛，因此标明是"艳曲"。首联写主人李梓州弃马上船泛江，周围随从之船上有很多女乐，所谓"上客回空骑，佳人满近船"。中二联描写众女乐歌舞作乐之情景，所谓"江清歌扇底，野旷舞衣前。玉袖临风并，金壶隐浪偏"。尾联写歌舞佳人的表情，所谓"竞将明媚色，偷眼艳阳天"。仇兆鳌说："舫上佳人，有歌者，有舞者，有迎风并立者，有提壶引水者，此分写佳人景态也。又见彼此凝眸，媚眼交映于春光，此合写佳

---

① 杨伦《杜诗镜铨》，上海：上海古籍出版社，1980年版，390页。
② 杨伦《杜诗镜铨》，上海：上海古籍出版社，1980年版，444页。

人情致也。"①之二从女乐说到李公。首联承接前一首，所谓"白日移
歌袖，青霄近笛床"。白日承上艳阳而来，前后自相联络。移白日，酣
歌终日也，近青霄，歌声乐器声响彻云霄也。颔联描写歌舞情景，所谓
"翠眉萦度曲，云鬟俨成行"。萦眉度曲，前歌将尽，俨立成行，后歌
将继也。颈联转写春游歌舞会结束立马候迎李梓州之时已经日暮，满
载女乐之回舟其香气仍然在水上流淌，所谓"立马千山暮，回舟一水
香"。尾联诗人以戏言来规劝李梓州不要耽于享乐，更不要与歌舞妓苟
合，所谓"使君自有妇，莫学野鸳鸯"，而要严夫妇之礼，重夫妇之
情，决不可在外拈花惹草，嫖娼狎妓，与人偷情苟合。仇兆鳌说："曲终
奏雅，其词丽以则，本诗人作赋之义。此岂《玉台》《香奁》诸体淫而
近亵者所可同日语哉！"②以上诗歌描写歌舞作乐之状，应该是正统的
艳诗，但诗人却只描写歌舞之状与情致，并没有流露出丝毫淫亵之意，
且在末尾告诫李梓州等人不要耽于歌舞享乐与男女风流，与人偷情苟
合，与普通艳诗大不相同。

第三，陪同官员携伎游览玩乐的诗歌。这类诗歌与前所谓艳诗近
似，但其内容主要是描述陪同官员游览宴会的情况，兼带抒发自己的感
受。这类诗歌以在东川流寓之时为多。

第一首是《陪王侍御同登东山最高顶宴姚通泉晚携酒泛江》③。诗
歌前八句写姚公为政清静，诗人得王侍御邀请而登东山宴会，日暮时又
携妓登舟游览。次八句写携酒泛江歌舞饮宴的情景。其中前四句描写尽
情歌舞作乐的情况与音乐之优美动听，所谓"笛声愤怨哀中流，妙舞逶
迤夜未休。灯前往往大鱼出，听曲低昂如有求"。从"笛声愤怨哀中
流"可知当时演奏者所奏乐曲的情感与风格是愤怨悲哀，这类曲调颇不

① 仇兆鳌《杜诗详注》，上海：上海古籍出版社，1979年版，996页。
② 仇兆鳌《杜诗详注》，上海：上海古籍出版社，1979年版，997页。
③ 杨伦《杜诗镜铨》，上海：上海古籍出版社，1980年版，431页。

合饮宴待客，当是当时的时事时风与民众情感的真实表现。后四句写夜深风起时仍然乐舞喧呼不已，以及自己的感受。最后四句告诫诸公要谨慎低调地为人做官，要赶快回家与妻子及家人团聚，而不要纵情酒色，否则便可能落得乐极悲生，所谓"请公临深莫相违，回船罢酒上马归。人生欢会岂有极，无使霜露沾人衣"。临深，即如临深渊，如履薄冰。"无使霜露沾人衣"表面上是说不要玩乐得太晚，实际上暗含不要享乐太多太过，越过社会道德与法规的红线。

　　稍后又有《春日戏题恼郝使君兄》①。黄鹤注："宝应元年十一月，公至通泉时，郝招饮，出二姬侑樽。次年春，公在梓州，因作此诗以戏之。"诗歌前四句追叙通泉之宴会。从"忆昨欢娱常见招"可知郝使君与杜甫交情很深，因此便"常见招"；也可推知郝使君奢侈而好客，不然便不可能"常见招"。从"细马时鸣金騕褭，佳人屡出董妖娆"可知其宴客既有骏马，又有美女，极尽豪爽奢侈之能事。次四句望郝使君再携家妓而来，所谓"东江流水西飞燕，可惜春光不相见！愿携王赵两红颜，再骋肌肤如雪练"。诗歌前二句是起兴。最后四句再致盼望之词，所谓"通泉百里近梓州，请公一来开我愁。舞处重看花满面，樽前还有锦缠头"。百里携妓，势所不能，因此诗人不过是空想而已，故曰戏、曰恼。

　　不久在阆州又有《陪王使君晦日泛江就黄家亭子二首》②。此王使君为阆州刺史。之一前半写泛江所观赏的景色。后半说："结束多红粉，欢娱恨白头！非君爱人客，晦日更添愁。"前二句写伴随王使君周围装扮整齐华丽的女子多是其红粉知己，且王氏风流放荡，纵情声色，以致叹恨自己年老无能。后二句意思是王使君如此行事，不是喜欢客人，而是使人更添一段愁绪。杜甫这客人添愁的原因，是远离家乡与亲人，且

---

① 杨伦《杜诗镜铨》，上海：上海古籍出版社，1980年版，436页。
② 杨伦《杜诗镜铨》，上海：上海古籍出版社，1980年版，502页。

流寓各地，寄人篱下，贫困潦倒，因此不能不悲伤忧愁。之二前四句写江边黄家亭子周围的优美景色，所谓"有径金沙软，无人碧草芳。野畦连蛱蝶，江槛俯鸳鸯"。蛱蝶、鸳鸯隐喻女性与游览的男女，因为正月晦日中和节还没有蛱蝶，也不应该有成双成对的鸳鸯。颈联转写日晚风生之时亭子及其周围的暧昧烟花与香味，所谓"日晚烟花乱，风生锦绣香"。尾联写他面对这种场面与氛围而生的感慨，所谓"不须吹急管，衰老易悲伤"，也即前所谓"欢娱恨白头"。

接着又有《泛江》，浦起龙注："想亦地主相邀，故有妓乐。"①诗歌首联写泛舟江上，所谓"方舟不用楫，极目总无波"。两船并排而行，因此就不用楫，周围也没有波浪起伏，且可以容纳歌舞乐队。颔联写主客在方舟之上泛江饮酒，深湛的江上还有服饰洁净的歌儿舞女，所谓"长日容杯酒，深江净绮罗"。颈联转写自己对面此情此景的感慨，所谓"乱离还奏乐，飘泊且听歌"。"乱离还奏乐"是对战乱未平却纵情声色歌舞的地方官员的谴责与嘲讽，而"飘泊且听歌"是自己的感慨与无奈，意思是自己漂泊异地，寄人篱下，因此对主人的纵情声色便只能睁一只眼，闭一只眼，而不敢随便规劝甚至斥责。尾联宕开一笔，想象回忆，有神远之味，主要想象家乡之美与表思乡之情，所谓"故国留清渭，如今花正多"。此"花"既可指美景，也可指美色，说此地着绮罗歌舞作乐的歌伎比起昔年故乡的美女来，不可同日而语。

离开成都南下途经戎州时有《宴戎州杨使君东楼》。②看来这位杨使君为招待宴请杜甫下足了功夫。诗歌首联说："胜绝惊身老，情忘发兴奇。"东楼的装饰摆设与宴会歌舞被杜甫这位长期居住两京、曾南游吴越北游齐鲁的世家子弟称为"胜绝"，且"惊身老"而不能纵情参与，还为之"情忘"而又"发兴奇"，可知不一般。颔联承上写宴会上歌伎

---

① 浦起龙《读杜心解》，北京：中华书局，1961 年版，469 页。
② 杨伦《杜诗镜铨》，上海：上海古籍出版社，1980 年版，566 页。

之多与玩乐之甚，所谓"座从歌妓密，乐任主人为"，说座位上的歌伎多到密密麻麻的程度，而且任主人调笑玩乐，无施不可。颈联转写饮酒与品果，所谓"重碧拈春酒，轻红擘荔枝"。此二句是"重拈碧春酒，轻擘红荔枝"之倒文，拈即举杯劝饮，唐人常用语。歌伎们重拈美酒，劝客痛饮，还轻擘红荔枝以喂给主人和客人吃。尾联"楼高欲愁思，横笛未休吹"感叹横笛演奏未停，诗人却已经"欲愁思"。愁何？忧国忧民，愁国愁家，愁自己年老流寓。

　　第四，表现戍卒妻子的情感与生活的诗歌。古乐府《捣衣篇》是传统题材，都托为戍妇之言。杜甫之名作《捣衣》①写于流寓秦州时期，来自现实生活。当时安史之乱未平，吐蕃之乱又生，因此戍边士卒极多。诗歌写戍妇秋日捣衣的情景与对丈夫的一片深情，是典型的闺怨诗，或者思妇诗。诗歌首联写戍妇"亦知戍不返"，但她还"秋至试清砧"，其对丈夫的一片深情痴情被表现得十分婉曲深沉。颔联当是戍妇对丈夫的想象之词，即丈夫"已近苦寒月，况经长别心"，因此无论丈夫他回来与不回来，自己都得捣衣做衣服。颈联写戍妇不辞辛苦而捣衣寄衣，所谓"宁辞捣衣倦，一寄塞垣深"。尾联写戍妇的心声："用尽闺中力，君听空外音。"即我不惜用尽所有力气捣衣，丈夫你听你空中的声音吧。仇兆鳌引赵汸《杜工部五言赵注》说："此因闻砧而托为捣衣戍妇之词曰：我亦知夫之远戍，不得遽归，方秋至而拂拭衣砧者，盖以苦寒之月近，长别之情悲，亦安得辞捣衣之劳，而不一寄塞垣之远。是以竭我闺中之力，而不自惜也。今夕空外之音，君其听之否耶。'音'字含一诗之意。"②

　　杜甫"三别"中有《新婚别》③。诗歌表现安史之乱中胡乱征兵之

---

①　杨伦《杜诗镜铨》，上海：上海古籍出版社，1980 年版，256 页。
②　仇兆鳌《杜诗详注》，上海：上海古籍出版社，1979 年版，609 页。
③　杨伦《杜诗镜铨》，上海：上海古籍出版社，1980 年版，222 页。

事情，通过新婚戍妇的致辞独白，表现诗人对百姓的同情与对国事的忧虑，但同时也表现了新婚女子对丈夫的忠贞，还侧面反映了当时的婚恋观。诗歌首四句总起，用比兴来感慨嫁给征夫之不幸，所谓"兔丝附蓬麻，引蔓故不长。嫁女与征夫，不如弃路旁"。次八句叙述不幸在于初婚之晨丈夫即被征兵惜别，太过匆忙，且自己身份不明，语中颇含羞意。再次八句回忆婚前与婚后之事，词旨悲切，所谓"父母养我时，日夜令我藏。生女有所归，鸡狗亦得将。君今往死地，沉痛迫中肠。誓欲随君去，形势反苍黄"。其中前四句表现了当时女子婚前婚后的生活习俗，即未嫁时只能在家做家务而不能随便见异姓男子，到时必须出嫁，嫁后则一切随夫。再次八句勉励其夫努力为国杀敌，且自励忠贞，即儒家的"止乎礼义"，所谓"勿为新婚念，努力事戎行。妇人在军中，兵气恐不扬。自嗟贫家女，久致罗襦裳。罗襦不复施，对君洗红妆"。最后四句用比喻收，终望夫妇团聚，所谓"仰视百鸟飞，大小必双翔。人事多错迕，与君永相望"。诗中的女主人公坚毅刚强、通达晓事，且对丈夫忠贞不渝。以上两首诗歌一重在表现对丈夫的无限深情，一既表对丈夫的忠贞深情，也表其刚强与通达。

第五，以历史、神话题材来赞扬男女情爱的诗歌。

其一是流寓两川时期在成都写的《琴台》①。《史记》载："司马相如……因病免归，而家贫。是时卓王孙有女文君新寡，好音，故相如缪与令相重，而以琴心挑之……文君夜亡奔相如，相如乃与驰归成都，家居徒四壁立……相如与俱之临邛，尽卖其车骑，买一酒舍酤酒，而令文君当垆，相如自著犊鼻裈与保庸杂作，涤器于市中。"又云："相如口吃而善著书，常有消渴病。与卓氏婚，饶于财。其进仕宦，未尝肯与公卿国家之事，称病闲居，不慕官爵。"②首联不写相如以琴挑文君的浪漫

① 杨伦《杜诗镜铨》，上海：上海古籍出版社，1980 年版，352 页。
② 司马迁《史记·司马相如传》，二十四史百衲本。

故事而写病后的爱情与生活："茂陵多病后，尚爱卓文君。""尚爱"
二字极准确，因为封建时代士人多升官后移情别恋，病后爱弛，但相如
却在生病免官后还爱文君。杨伦引蒋弱六说："千古情种，风流佳话，尽
此二语。"爱者授心也，《诗经》《左传》中有爱字，其后贾谊《过秦
论》、司马迁《史记·陈涉世家》、刘义庆《世说新语》也有爱字，但
都是友爱、仁爱、爱护、喜爱、吝惜的意思，只有汉乐府《古诗四首》
之三"结发为夫妻，恩爱两不疑"表现夫妻爱情，但文人诗词中却极少
用，杜甫之前写相如文君者没有人用爱字，此后也少有，足见杜甫追
求夫妻之爱，且可称古代诗人中赞扬肯定夫妻情爱的第一人。颔联说相
如玩人世于酒肆之中，思暮云于琴台之上，表现了不羁而多情之状，所
谓"酒肆人间世，琴台日暮云"。颈联想象文君殁后之容。尾联说归凤
求凰，乃当时琴心所托，如此真情而今已经很难见到，所谓"归凤求凰
意，寥寥不相闻"。诗歌语出司马相如《琴歌》："凤兮凤兮归故乡，遨
游四海求其凰，时为通兮无所将。何悟今夕升斯堂，有艳淑女在此房。
室迩人遐毒我肠，何缘交颈为鸳鸯。"①黄生云："作此题者，有二种
语。轻薄之士则慕其风流，道学之师则讥其淫佚。慕者徒逞艳词，讥者
必多腐词，均去风雅三十舍。杜公此诗，意实讥之，而辞若慕之，即起
语十字已为妙于立言，结处含辞婉至，深达比兴之旨。全诗低回想象，
真若美之不容口者，其实盖讥世俗之好德不如好色耳。清辞丽句，攀屈
宋而轶齐梁，公固久以自命，而岂后世轻薄文士、道学头巾敢望其后
尘哉。"②

　　其二是夔州时期的《牵牛织女》③。诗歌前八句写牛女之会出于传
俗之妄。末尾有"飒然精灵合，何必秋遂逢"之问，言下之意是精灵

　　① 逯钦立《先秦汉魏晋南北朝诗》，北京：中华书局，1983 年版，99 页。
　　② 黄生《杜诗说》卷四，四库全书文渊阁本。
　　③ 杨伦《杜诗镜铨》，上海：上海古籍出版社，1980 年版，619 页。

之合是理所当然的，而且夜夜可逢，而不必仅仅在中秋。次十四句写七夕之祈请乃世俗之好事者所为，乃以成俗。最后十四句表达自己对牵牛织女之事的见解，且因织女而及夫妇，以见人情之不可以苟合。诗人认为未嫁之女当以礼律身，且勤事织作。接着将其上升到君为臣纲，说婚后夫妇如君臣之契合，不容咫尺逾越，夫妇间讲究恩义，恩始于夫妇互相爱敬，义则始于不违背礼法，如此则"小大有佳期，戒之在至公"。否则便会夫妇不合，甚至被丈夫所抛弃，所谓"方圆苟龃龉，丈夫多英雄"。张綖说："吾见圆凿方枘，龃龉难入，英雄丈夫必不以不令之女而为妇，刚明正大之主又岂以不合之士而为臣哉？此又以男女无苟合之道，以比君臣无苟合之义也。"①

综上五类诗歌，可以大略窥见杜甫的爱情观、女性观，其表现：一是认为男女之情与夫妇之合是正当的自然的，所谓"飒然精灵合，何必秋遂逢"，因此他赞赏司马相如与卓文君之结合与爱情，所谓"茂陵多病后，尚爱卓文君"，且感叹这种爱情此后已经很难见到，所谓"归凤求凰意，寥寥不相闻"。而夫妻团圆更是合情合理的，所谓"何时倚虚幌，双照泪痕干"，"牛女漫愁思，秋期犹渡河"。二是既重视夫妇之礼，同时也重视与强调夫妇之情。重视夫妇之礼，如所谓"防身动如律，竭力机杼中。虽无舅姑事，敢昧织作功"，所谓"明明君臣契，咫尺或未容。义无弃礼法，恩始夫妇恭"，所谓"父母养我时，日夜令我藏。生女有所归，鸡狗亦得将"。他重视夫妇之礼，但却不强调所谓节烈，整个杜诗中都没有关于节烈的内容与词语，而李白却在《溧阳濑水贞义女碑铭》中赞扬濑水女为贞义女。重视与强调夫妇之情，包括夫妇别后的相思与忠贞，所谓"罗襦不复施，对君洗红妆。仰视百鸟飞，大小必双翔。人事多错迕，与君永相望"，所谓"宁辞捣衣倦，一寄塞垣

---

① 张綖《杜工部诗通》卷十三，四库全书文渊阁本。

深。用尽闺中力，君听空外音"，与别后的相会，所谓"何时倚虚幌，双照泪痕干"。三是爱美女与写美女，如写妻子是"香雾云鬟湿，清辉玉臂寒"，还有所谓"越女天下白，鉴湖五月凉"。他也有少量的艳诗艳曲，但却艳而不淫，艳而有度。诗中也写歌儿舞女，所谓"笑时花近眼，舞罢锦缠头""江清歌扇底，野旷舞衣前。玉袖临风并，金壶隐浪偏。竞将明媚色，偷眼艳阳天""翠眉萦度曲，云鬓俨成行""重碧拈春酒，轻红擘荔枝"。四是对女性不能逾越情礼的红线。他对美色也曾流露出羡慕之情，如所谓"结束多红粉，欢娱恨白头"，但却认为不能过度，所谓"请公临深莫相违，回船罢酒上马归。人生欢会岂有极，无使霜露沾人衣"，还严厉警告说："使君自有妇，莫学野鸳鸯。"简言之，他既严夫妇之礼，更重夫妇之情，决不在外拈花惹草，与人偷情苟合，更不嫖娼狎妓。

司马相如在德语世界的译介与接受

西南交通大学　何　俊

司马相如被誉为"辞宗""赋圣"，2020年入选第二批四川历史名人。汉武帝时期，司马相如和司马迁并称"两司马"，鲁迅先生后来评价"武帝时文人，赋莫若司马相如，文莫若司马迁"[①]，足见司马相如在赋上的重要贡献。近年来，国内学界对司马相如其人其作，尤其是"赋"这一文类的研究不可谓不兴盛，取得了较为丰硕的研究成果。如果我们把视线稍微放大，在关注"西学东渐"的同时也把目光投向反向进行的"中学西传"，就可以发现司马相如，尤其是以他为重要代表人物之一的"赋"早就已经走出国门，吸引了一批海外汉学家的注意力。如果说东亚地区（主要是日本和朝鲜）的赋学研究因为隶属汉文化圈的古典学术的组成部分故而源远流长，那么欧美地区的相关翻译和研究成果就主要是在20世纪以降涌现出来，而且打上了西方汉学的独特视野和范

[①] 鲁迅《鲁迅全集》·第十卷·小说旧闻钞·唐宋传奇集·汉文学史纲要》，北京：人民文学出版社，1973年版，第576页。

式的烙印。①就后者而言，值得注意的是，汉赋以及司马相如其人其作不仅在英语世界收到了回声，发端较晚而后来居上的德语区（主要是德国、奥地利和瑞士德语区）汉学界也对司马相如表现出一定程度的接受和传播兴趣。这一方面体现为司马相如作品的德语翻译，尤其是《文选》的近乎全译让其中收录的七篇司马相如之作都有了德语版本；另一方面，德语区汉学界自发轫以来一直都有勤勉撰写"中国文学史"书系的传统，其中司马相如其人其作都有不同程度的提及，这也彰显了德语世界的汉学研究庙堂对司马相如的认识和了解的变迁。

一、司马相如作品的德语翻译

司马相如有不同体裁和形式的作品传世，其中无疑"赋"最具代表性。如果把《子虚赋》和《上林赋》视为两篇独立之作的话，在《文选》中收录的七篇司马相如作品中有三篇都是"赋"（《子虚赋》《上林赋》《长门赋》），载入《史记》的《司马相如列传》全文转载的八篇作品中也有四篇要划归为"赋"的范畴（《子虚赋》《上林赋》《哀二世赋》《大人赋》）。此外，以赋名世的司马相如还可以驾驭其他文学体裁，比如诗歌、上书、檄文等，这些在德语世界也受到了一定程度的关注，有一些对应的德语译文出现。

（一）赞克所译《文选》中的司马相如赋

司马相如作品德译的开先河要归功于奥地利汉学家赞克（Erwin Ritter von Zach，1872—1942），这位来自奥匈帝国的汉学家早年曾在中国从事外交官工作，在1919年奥匈帝国解散后移居巴达维亚（印尼首都雅加达的旧名）。1928年，赞克撰文猛烈批评德国汉学家何可

---

① 许结《中国辞赋理论通史（下）》，南京：凤凰出版社，2016 年版，第 685 页。

思（Eduard Erkes，1891—1958，又译"叶乃度"）的《文选》英译文和俄裔法籍汉学家马古礼（Georges Margouliès，1902—1972）的法译文，并于次年开始《文选》的德译工作。除了早年发表在《泰亚》（Asia Major）上的几篇译文，赞克的单篇译文只能刊登在主要面向荷兰占领的东印度群岛上德语母语者的《德国瞭望》（Deutsche Wacht）以及后来他自费印行出版的《汉学文稿》（Sinologische Beiträge）上面，其后哈佛燕京社汇集了所有译文，德裔美籍女汉学家方马丁（Ilse Martin Fang，1914—2008）负责编辑，由哈佛大学出版社在1958年重印推出两卷德语译本（Die chinesische Anthologie. Übersetzung aus dem Wen Xüan）。赞克的《文选》德译依据的底本是1869年湖北崇文书局出版、李善注释的版本①，占据原文90%以上的篇目。《文选》收录的七篇司马相如的作品被全部译出，其中包括三篇赋：第七卷第三篇《子虚赋》（"Tzu-hsü-fu"），第八卷第一篇《上林赋》（"Poetische Beschreibung des kaiserlichen Jagdparks"），第十六卷第二篇《长门赋》（"Der Ch'ang-men-Palast"）。

　　正如赞克的其他中国古代文学翻译巨著，比如《李白全集》《杜甫全集》《韩愈全集》等一样，《文选》德语译本面向的主要群体也是汉学系的师生，或者有志于攻读和研究汉学的专业人士，而不是更为普遍的一般读者群体。也就是说，赞克翻译这些中国集部典籍的目的是"授人以鱼"和"授人以渔"，而不是为了娱乐大众和提供阅读上的消遣。赞克所译的李白、杜甫和韩愈的诗歌，一个显著的特点就是在形式摈弃了原来"诗"的元素和特质，而采取了近乎散文的体裁和形式。从篇幅上看，译文要比原文超出很多，固然这里有作为西方语言的德文不似汉

---

① Ilse Martin Fang. „Vorwort des Herausgebers". Erwin von Zach (trans.), Ilse Martin Fang (ed.) Die chinesische Anthologie. Übersetzung aus dem Wen X ü an (Volume I), Cambridge, Mass.: Harvard University Press, 1958, S. viii.

语古文含蓄凝练而有张力的内在原因，但赞克在翻译时采取了近乎道白的散文体语言也是一个重要因素。

赞克的翻译目的及其面向的接受群体也决定了其以学术研究为导向的翻译范式，以及"文化释义的翻译策略"[1]。赞克的翻译范式从他对标题中的"赋"这一字眼的翻译即可窥见。作为汉朝"一代之文学"的赋，在我国古代各类问题中占据特殊地位，可以称得上是我国古典文学中的"国粹"。有关"赋"这一文类名称翻译的复杂性和多样性，已有学者专门撰文讨论[2]，但主要集中在英译方面。近年来，也有研究从赞克的《文选》德译文出发，来研究标题中出现的"赋"的德语译法。具体来说，赞克对"赋"的迻译可以分为以下四个门类：一类译为"……诗意的描写"（poetische Beschreibung），此类属于"大赋"，篇幅较长，多描述奢靡华丽的皇家生活，如都城、畋猎等，在结构和旨归上讲究"劝百讽一"，艺术上铺张扬厉，诗意充盈，所谓"丽靡之赋"，司马相如的《上林赋》即在此列；第二类被迻译为"……的描写"（Beschreibung），也就是去掉了"诗意的"这个描述性和界定性定语，这里涉及的是"小赋"，篇幅短小、多用韵文、句式丰富多样，侧重抒发个人心志，即托物言志、咏物抒情；第三类直接采用"赋"的汉语拼音转写——"fu"，它代表该篇目要么在内容上与帝王宫廷生活无涉，要么对帝王没有劝谏之意，《子虚赋》就是这类"赋"的代表篇目；第四类则是以名词（词组）或动名词为篇题，"赋"这个字在翻译中没有呈现出来，其用意跟第三类相似。[3]把"赋"翻译成"描写""描述"，凸显了"赋"起源于中国古代文学"赋比兴"三种主要手法中的

---

① 林琳、罗静《试论赞克的〈文选〉德译本中对"赋"的翻译理念》，《德意志研究》2018年版，第148页。

② 郭建勋、钟达锋《赋与狂诗——从赋的译名看赋的世界性与民族性》，《中山大学学报·社会科学版》2014年第5期，第1—6页。

③ 林琳、罗静《试论赞克的〈文选〉德译本中对"赋"的翻译理念》，第147—148页。

"赋"这一特点，而且暗合西方的"状物诗"，[①]与著名美学家朱光潜对"赋"所作的"大规模的描写诗"[②]的界定不谋而合，但赞克在其翻译中显然做了更加细致和幽微的区分。对"赋"的拼音化转写译法一方面体现了赞克与其他国外汉学家一样，对"赋"这一中国古典文学体裁民族性和独特性及其带来的"不可译性"的认可，同时也彰显出他"知其不可为而为之"的翻译决心，甚至在深思熟虑的基础上将这一类"赋"单列出来，可谓煞费苦心。可见，赞克对"赋"这个字的翻译，都是在通盘考量全文内容的基础上进行的，彰显了他一丝不苟的学术翻译范式，也为译界盛行的"优秀翻译家必须同时也是学者"或曰"译研合一"的说法提供了一个佐证。此外，赞克对司马相如赋的标题也采取了文化解释的策略，对标题中出现的中国文化负载词汇采取各种方式进行解释和说明。比如"上林赋"中的"上林"一词，赞克就解释为"皇帝的畋猎园囿"，由此在很大程度上消除了德语区读者的接受壁垒。

赋介于诗与文之间，"非诗非文，亦诗亦文"，融散文元素与诗的韵律节奏于一炉而炼之，可谓"有韵之文"（rhyme-prose）；另一方面，"赋者，古诗之流"，赋产生于"赋诗言志"的活动中，与其说赋是诗化的散文吗，不如说是散文化的诗，故而又有"散文诗"（prose poem）之译法。[③]尽管赞克在绝大多数时候把司马相如的赋译成了散文体，但在《上林赋》中的某个地方创造性地把一段诗意充盈的文字译成了诗体，这既体现为文字的分行，也表现为绝大多数诗行的押韵，而且押同一个韵脚。这段译文得到了当代汉学家顾彬的充分肯定[④]，其原文如下：

---

① 郭建勋、钟达锋《赋与狂诗——从赋的译名看赋的世界性与民族性》，第 2 页。
② 朱光潜《诗论》，上海：上海古籍出版社，2004 年版，第 174 页。
③ 郭建勋、钟达锋《赋与狂诗——从赋的译名看赋的世界性与民族性》，《中山大学学报·社会科学版》第 5 期，第 1—6 页。
④ 顾彬著、刁承俊译《中国诗歌史》，上海：华东师范大学出版社，2008 年版，第 52 页。

沸乎暴怒，泅涌澎湃。滭弗宓汩，逼侧泌㵩。横流逆折，转腾
潎冽，滂濞沆溉。穹隆云桡，宛潭胶戾。逾波趋浥，涄涄下濑。批
岩冲拥，奔扬滞沛。临坻注壑，瀺灂霣坠，沈沈隐隐，砰磅訇礚，
潏潏淈淈，湁潗鼎沸。驰波跳沫，汩㷀漂疾。悠远长怀，寂漻无
声，肆乎永归。①

赞克的学术型翻译范式还体现在作为翻译"副文本"（paratext）
的注释上，这些注释都以夹注的形式呈现，分为三大类：一类是他从李
善评注中吸收的评注和补充，第二类是赞克自己添加的译者注，比如补
充了一些从上下文中推断出来的、方便德语区读者理解和接受的附加信
息，这两类信息在编辑时都用中括号标记出来，目的是把篇章的正文
与所有附属文本区别开来②；还有一类则是对参考文献的注释，这既包
括对参看前人翻译贡献的文献参照，又包括在涉及人名、地名或者历
史文化等专有名词时对各种辞典和百科全书的引用，而这类注释在体例
上都用小括号标识③。比如说，在《子虚赋》译文的标题后面就指点读
者对照英国汉学家韦利的英语译文④。另外，在遇到较难理解或者容易
产生误解的中国文化负载词汇时，也会指引读者参看前辈汉学方家的
经典翻译或者研究成果。同样拿《子虚赋》译文来举例："其石则赤玉
玫瑰"中的"玫瑰"被直接用拼音"Mei-kuei"转写出来，后面标注
"参看《通报》1915年，第206页"，这里指的实则是德裔美籍汉学家
劳费尔（Berthold Laufer，1874—1934）1915年在《通报》第16卷第2
期上发表的一篇论文《光学镜片：一、中国和印度的（聚焦）点火透

---

① 萧统编，李善注《文选》，上海：上海古籍出版社，1986年版，第362—363页。
② Ilse Martin Fang. „Vorwort des Herausgebers ", S. ix.
③ Ilse Martin Fang. „Vorwort des Herausgebers ", S. ix.
④ Erwin von Zach (trans.), Ilse Martin Fang (ed.) Die chinesische Anthologie. Übersetzung aus dem
Wen X ü an (Volume I), Cambridge, Mass.: Harvard University Press, 1958, S.103.

镜》（ *Optical Lenses: I. Burning-Lenses in China and India* ），文中第 206页及后续几页在援引各种文献材料的基础上探讨了中国古代的"玫瑰"实乃一种矿石而非透镜；另有一处"其卑湿则生藏茛兼葭"，在转写出"兼葭"（ Chien-chia ）后提醒读者参考理雅各（ James Legge， 18151897）翻译的《中国典籍》（ *The Chinese Classics* ）第五卷第195 页，即英译《诗经》中的《兼葭》。赞克所译的司马相如三篇赋中经常利用的参考文献还有白挨底（ George MacDonald Home Playfair， 1850—1917）的《中国地名辞典》（ *The Cities and Towns of China, A Geographical Dictionary* ）、翟理思（ Herbert Allen Giles，1845— 1935）的《古今姓氏族谱》（ *A Chinese Biographical Dictionary* ），收入理雅各所译六卷本《中国圣书》（ *The Sacred Book of China* ）中的《道家典籍：道德经》（ *The Text of Taoism: The Tao Teh King* ），还有法国汉学家沙畹（ Edouard Chavannes，1865—1918）翻译的《史记》（ *Les mémoires historiques de Se-Ma Ts'ien*，《司马迁纪传》），等等。鉴于赞克译研合一的翻译范式和文化解释的翻译策略，佛尔克（ Alfred Forke，1867—1944）在赞克的纪念文章中所作的批评——赞克这位语文学家"对语言学之外的问题，尤其是中国文化层面的话题都不感兴趣"[①]恐怕就站不住脚了。

（二）德语世界对司马相如其他作品的翻译

《文选》中收录的司马相如其他四篇作品也被赞克译出：第39卷 "上书"第四篇《上书谏猎》（ "*Ich überreiche dem Kaiser [Han Wu-ti] eine Eingabe, worin ich ihn warne, sich auf die Jagd zu begeben*" ），第44卷第一篇《喻巴蜀檄》（ "*Kundmachung an [die Bewohner der Länder] Pa und Shu*" ），第44卷第一篇《难蜀父老》（ "*Ich treibe*

---

① Alfred Forke. „Erwin Ritter von Zach in memoriam ", Zeitschrift der Deutschen Morgenländischen Gesellschaft, Vol. 97, No. 1/2 (1943), S. 12.

die alten Männer Ssu-Ch'uan's in die Enge"），以及第48卷第一篇
《封禅文》（*"Abhandlung über die grossen, dem Himmel und der Erde
dargebrachten Opfer feng und shan"*）。

　　司马相如的诗歌也在德语世界收获了知音。早在1899年，佛尔克所
译的《中国诗歌撷英》（*Blüthen chinesisher Dichtung*）就收录了《琴
歌二首·其一》（*"Der PhÖnix"*）和《其二》（*"Der PhÖnix [Ein
Gleiches]"*）。译者对这第一首做了附注，言称据说司马相如正是借
助弹着古琴唱着这首歌，引诱了他当时寄居在其家中的卓文君。[①]　豪
泽尔（Otto Hauser，1874—1932）在1908年初版的《中国诗歌》（*Die
chinesische Dichtung*）中简要介绍了司马相如，尤其是他和卓文君之
间的爱情故事，但是把这段我们经常视为爱情佳话的故事看作是"一
个小的丑闻事件"[②]，文后翻译出《琴歌二首·其一》。如前所述，因
为"赋"有着"无韵之诗"的特点，西方汉学家翻译的"赋"经常与其
他诗歌并列收录在各类中国古诗集中出版，这在德语世界也不例外。
奥地利汉学家史华慈（Ernst Schwarz，1916—2003）在1978年翻译出
版的《闲情逸致：中国三千来的爱情诗》（*Von den müßigen Gefühlen.
Chinesische Liebesgedichte aus drei Jahrtausenden*）就收有《美人
赋》，不过标题被改译为"有关坚定诗人与众美仙子的诗"（*"Poem
vom standhaften Dichter und den schÖnen Feen"*）。1995年，德国
汉学家坎德尔（Jochen Kandel）翻译出版《中国的爱情诗精粹：来自
古代中国的诗歌》（*Sinesisches Liebesbrevier. Gedichte aus dem alten
China*），其中收录司马相如《美人赋》的选段。

① Alfred Forke. Blüthen chinesischer Dichtung, Magdeburg: Commissionsverlag, 1899, S. 7.
② Otto Hauser. Die chinesische Dichtung, Berlin: Marquardt, 1908, S. 25.

二、德国"中国文学史"书系对司马相如的关注

迄今为止，尚未出现专门用德语撰写的司马相如专论（论文或专著）。这并非意味着司马相如在德语区的接受仅仅限于翻译层面，对其人其作的研究同样也在进行，具体表现为德国汉学学科建制以来推出的多部《中国文学史》对司马相如的论述。从历时的角度来看，登堂入室走进德语世界《中国文学史》著作的司马相如，其形象也经历了一个日渐清晰、丰富和立体化的过程。

（一）德国汉学发轫期的《中国文学史》

德语世界的第一部"中国文学史"著作是汉学家硕特（Wilhelm Schott，1802—1889）的《中国文学论纲》（*Entwurf einer beschreibung der chinesischen litteratur*，1854），这也是世界上第一部此类著作①。该著作采取的是"文献""典籍""书卷"这一广义上的"文学"概念，其"美文学"部分才符合今天狭义上的"文学"定义。②硕特的这部文学史著作利用的资料源自两部《索引》，即柯恒儒（Julius Klaproth，1783—1835）编制的《柏林皇家图书馆中文、满文书籍索引》（*Verzeichnis der Chinesischen und Mandshuischen Bücher der KÖniglichen Bibliothek zu Berlin*，1882）和硕特自己编制的《御书房满汉书广录》（*Verzeichnis der Chinesischen und Mandschu-Tunguischen Bücher und Handschriften der KÖniglichen Bibliothek zu Berlin*，1840）。③硕特的这部著作在"美文学"部分提及诗歌、小说和

① 方维规《世界第一部中国文学史的"蓝本"：两部中国书籍〈索引〉》，《世界汉学》2013 年第 12 卷，第 126 页。
② 方维规《世界第一部中国文学史的"蓝本"：两部中国书籍〈索引〉》，第 127 页。
③ 方维规《世界第一部中国文学史的"蓝本"：两部中国书籍〈索引〉》，第 128 页。

戏剧等文学门类，但没有提到"赋"这一独特的中国文学体裁，也没有提及司马相如。

几年之后，葛禄博（Wilhelm Grube，1855—1908）在1902年的《中国文学史》一书中数次述及司马相如。在《汉代的诗文》一章中，葛禄博提及汉武帝推崇宗教精神文化，对改革祭祀仪式情有独钟，并为这一改革注入了新的活力，即建立了专门的礼乐机构，而这一机构的核心成员就有司马相如和李延年。葛禄博还将司马相如与枚乘并举，但认为后者是汉赋更为重要的代表人物[①]，这与今天国内学界的研究论断颇相抵牾，因为国内学界一般认为"汉赋最重要的作家当属司马相如，他不仅是汉赋的集大成者，其个人形象也集中体现着古代文人的诸多主要特征"[②]。此外，葛禄博在写戏剧和叙事文学时提及王实甫的《西厢记》，并将崔莺莺和张生提及关于司马相如与卓文君的一段对话翻译出来，对司马相如做了一个附注，言称他用自己的歌声诱使卓文君与他私奔[③]。

莱比锡汉学家何可思所著《中国文学》篇幅较短，只有区区100来页。书中在简述汉代文学时对司马相如一笔带过，称其为当时突出的文学人物之一，其冒险生活的知名度毫不亚于其文学创作。[④]有着"德国孔夫子"之称的德国传教士卫礼贤（Richard Wilhelm，1873—1930），来青岛后不但没有发展一名基督教徒，反而被源远流长、博大精深的中国文化俘获，后半生笔耕不辍地翻译出多种中国思想文化典籍。另外，他还著有《中国文学》一书，书中用较大篇幅介绍了司马相如。为了方便德语区读者的理解和接受，卫礼贤采用比附的方法，用德国文化中较

---

① Wilhelm Grube. Die Geschichte der chinesische Litteratur, Leipzig: C. F. Amelangs Verlag, 1902, p. 224.
② 熊伟业《司马相如研究》，成都：电子科技大学出版社，2012年版，第2页。
③ Wilhelm Grube. Die Geschichte der chinesische Litteratur, p. 366.
④ Eduard Erkes. Chinesische Literatur, Breslau: Ferdinand Hirt, 1922, S. 4.

有代表性的关键词"漫游者"来描述司马相如，称其为"漫游歌者"的代表人物：一路辗转迁徙，过着动荡冒险的生活，一时间穷困潦倒，一时间又深得朝廷的宠爱；尽管他喜欢四处冒险，但从根本上说还是一个让人信赖、严肃认真的人物。①接下来，卫礼贤对司马相如的生平经历做了较为翔实的转述，所涉之处基本符合史实：从他与卓文君的爱情故事，到他的诗文创作以及与李延年一起进行的乐府民歌收集，再到他委托卓文君交给汉武帝派来的使节的遗作《封禅文》等等，无所不包。如果考虑到司马相如对汉武帝时期礼乐制度的建立做出了特殊贡献，他的遗作《封禅文》就是建立这一礼乐制度的总纲领，就不得不感佩卫礼贤对中国历史文化的熟稔。尤其值得一提的是，简述中还提及"黄金买赋"这一典故，即司马相如受汉武帝失宠皇后陈阿娇百金重托而作《长门赋》的故事。饶有兴味的是，卫礼贤对此评价说，这是中国文学史上为诗作支付润笔的开先河之例②。按照卫礼贤这一文学史著作的习惯做法，在介绍某个时期的文学发展状况之后都会挑选一些有代表性的作品进行试译，就汉代来说，他聚焦的是女性诗歌，其中就有卓文君的《白头吟》。在译诗之后，卫礼贤对这首诗的意图作了附加注释，突显了司马相如"浪荡子"和"负心人"的一面，也在一定程度上呼应了对这位赋家"浪游人"和"冒险欲望"性格特征的总结。

（二）20 世纪中期以降的《中国文学史》

第二次世界大战后，德国汉学资料奇缺，1945年传教士汉学家菲佛尔（Eugen Feifel，1902—1999）由日文翻译成德文的《支那学术文艺史》在北平出版。在撰述汉代文学史这一部分，著作介绍了"赋"（德文译为"fu"）这一体裁，赋在汉武帝时期臻于发展高潮，这跟汉帝国

---

① Richard Wilhelm. Chinesische Literatur, Wildpark—Potsdam: Akademische Verlagsgesellschaft Athenaion, 1926, S. 116.

② Richard Wilhelm. Die chinesische Literatur, S. 117.

当时的繁荣昌盛不无关系，也跟当时统治者支持文学的态度息息相关。
武帝自己也创作过赋，但这一文学体裁的真正代表者是司马相如①。著
作又专辟一节介绍司马相如，开头第一句话就把他视为汉朝坐第一把交
椅的诗人。除了提及司马相如的赋作品，著作还提到了他对训诂等小学
的精通，言称他在赋中精准而又事无巨细地描述了事物的本来面目，就
连最小的细节问题也没有忽视，因其对汉字的卓越认识和掌握，读者在
阅读其作品时颇有在字典中穿梭的感觉。此外，著作尤其凸显了司马
相如对四字排比诗的精通，认为其作品与六朝时期骈文的兴盛颇有渊源
和共通之处。接下来，作者简要介绍了《子虚赋》和《上林赋》的主要
内容与核心主旨。最后，著作还涉及同时代人对司马相如赋的评价和效
法，认为赋中经常出现的问句形式就是来自司马相如，盛赞了他自然的
表达方式、超凡的诗学才华、精湛的语言学知识以及恢宏大气的语言风
格，而这些后来都被视为赋这一体裁本来的风格特征。不过，著作同时
也指出，后来赋逐渐转向，其文风尽管华美浓艳，但并不自然，而且其
中充斥着太多艰深晦涩的典故和惯用表达。②如前所述，该著作本由日
本学者捉刀，德国学者只是将它迻译成德语，可谓是对日本汉学研究成
果的转贩。鉴于日本这个一衣带水的邻邦悠久深厚的汉学研究传统，不
难窥见该著作对司马相如及其代表性作品类别"赋"的认识水平明显提
升了一个台阶。这部文学史代表了当时日本汉学的研究水平，为正处在
低谷的德国汉学带来了活力。③

　　1990年，当代欧洲三大汉学家之一——施寒微（Helwig Schmidt-

---

① Eugen Feifel. Geschichte der chinesischen Literatur. Mit Berücksichtigung ihres
geistesgeschichtlichen Hintergrundes, dargestellt nach Nagasawa Kikuya: Shina gakujutsu bungeishi,
Hildesheim/Zürich/New York: Olms, 1982, S. 133.

② Eugen Feifel. Geschichte der chinesischen Literatur, S. 136.

③ 姚君玲《20 世纪德国文学史中的〈红楼梦〉》，《红楼梦学刊》2011 年第 3 期，第
271—272 页。

Glintzer，1948— ）推出另一部《中国文学史》，该书后来不断再版，足见其水准之高。值得一提的是，本书中"赋"被译为西方语言中较为通行的"狂诗"（德：Rhapsodie，英：rhapsody）[①]。在《南方的歌唱：忧郁与升天》这一章中，施寒微提出"仪式之旅"的概念，认为此处还涉及一个转向的问题，即最初的巫术之旅和后来摆脱一个腐败社会或一位昏君的逃离演变成为一场执行统治仪式的君主之旅，而这一点也在司马相如的《大人赋》里得到了印证。[②]施寒微接着引用了《史记·司马相如列传》里的一段话来说明司马相如创作此赋的动机，并指明了它的讽喻性特征，认为当时的君主，即汉武帝无论如何都该认识到标题中的"大人"即是指的自己。施寒微还引用了赞克译文中的一段，表达了对赋中这场盛大而奇诡的旅行赞叹，认为以前那些有关逃离尘世的描述中的悲伤之情已经消失得无影无踪。[③]在另一处论述书信这一文学体裁时，施寒微指出书信中可以窥见中国古典文学中散文与诗歌，或者无韵之文与韵文之间的靠近与聚拢，尤其提及保留下来的为数不多的情书，比如司马相如与卓文君之间的鱼雁传书，但认为那些可能是后世的伪造[④]。在该著作的另外一个章节"作为批评工具的赋"，施寒微指出《子虚赋》和《大人赋》可能是中国最早的讽刺文学作品[⑤]。在这一部分，施寒微再次列举司马相如的《上林赋》，并又一次征引赞克的译文，详述了这一文类进谏君主的批判教化功能。就《上林赋》而言，施寒微认为其结尾部分让人想到战国时代百家争鸣的雄辩之术，而该赋的其他地方又让人想到发源于《楚辞》的诗人天际遨游。[⑥]在施寒微看

---

① 有关"赋"与"狂诗"的对比及这一译法的讨论，参见：郭建勋、钟达锋《赋与狂诗——从赋的译名看赋的世界性与民族性》，第4—5页。

② Helwig Schmidt—Glinzer. Geschichte der chinesischen Literatur, München: Beck, 1999, S. 46.

③ Helwig Schmidt—Glinzer. Geschichte der chinesischen Literatur, S. 47.

④ Helwig Schmidt—Glinzer. Geschichte der chinesischen Literatur, S. 100.

⑤ Helwig Schmidt—Glinzer. Geschichte der chinesischen Literatur, S. 115.

⑥ Helwig Schmidt—Glinzer. Geschichte der chinesischen Literatur, S. 115.

来，对各种宫殿、园囿和厅室的描述实则构建了一个君主在其中出现的"小的宇宙"，而此处涉及的不是对具体地点和场所的描绘，而是一个人在具有象征性装饰的背景下的心灵上的启示，在后来出现的赋中，君王的形象就逐渐被作为作者的"我"，甚至作者本人替代。①除了介绍司马相如的作品，施寒微也对其人做了简介，指出作为宫廷诗人司马相如也承担一定的外交事务，及其看似对立实则统一的多重身份，比如既是文人又是政客，既是独立的批评者又是一心效忠君王的臣仆，既是放荡不羁的艺术家又是道德上的警示者。②

（三）千禧年以后的《德国文学史》

千禧年以降，德国汉学家顾彬主编出版堪称皇皇巨著的十卷本《中国文学史》，第一卷就是他自著的《中国诗歌史：从起始到皇朝的终结》。德文版2002年推出，2013年中国国内推出汉译版。书中在论述汉代文学时提及赋、乐府和古诗这三种样式，声称"赋有助于在意识形态方面巩固新建立的统一国家和进行扩张的中华帝国"③，在这一文学体裁中"涉及中国皇帝的显露和对他在当时已知世界中的作用的颂扬"④，并且"把赋作为列举的原始意义看作是宗教因素的一种影响"⑤。随后，顾彬自然而然地谈及《文选》，并列举了两汉京城赋的三大重要题材，即皇权、祭祀和狩猎。⑥顾彬在这一节花费较大笔墨，从较为独到的视角出发，对司马相如的《上林赋》做了令人耳目一新的阐释。在他看来，这篇赋具有"显而易见的宗教背景和宇宙学背景"⑦。在援引英语和德语世界汉学家《上林赋》研究成果的基础上，

① Helwig Schmidt—Glinzer. Geschichte der chinesischen Literatur, S. 115.
② Helwig Schmidt—Glinzer. Geschichte der chinesischen Literatur, S. 116.
③ 顾彬著、刁承俊译《中国诗歌史》，第52页。
④ 顾彬著、刁承俊译《中国诗歌史》，第53页。
⑤ 顾彬著、刁承俊译《中国诗歌史》，第53页。
⑥ 顾彬著、刁承俊译《中国诗歌史》，第54页。
⑦ 顾彬著、刁承俊译《中国诗歌史》，第58页。

顾彬总结归纳出这篇赋的诸多特征，比如"林宛是上天与统治者所订契约的凭证，是一种护身符"，而"畋猎在古代有着比今天密切得多的宗教联系"，因此"赋不啻为汉代宗教礼仪的一个重要组成部分，是巩固统治、安定世界的一种手段"。① 另外值得一提的是，尽管顾彬在此前对赞克的《文选》德语翻译质量不以为然，甚至称译文"不可阅读"②，此处却极力褒奖赞克所译《上林赋》中的"水路"这一段美妙译文（原文即为上文讨论过的译为诗体的那段文字，"沸乎暴怒……肆乎永归"），并长篇大段地加以征引，这就为赞克该段独具匠心、近乎创作的翻译文字提供了一个旁证。

明斯特大学汉学系教授艾默礼2004年组织出版的《中国文学史》是此类著述中的又一部力作，也是迄今提及司马相如最多、相关叙述最为全面而翔实的一部。该著从历时视角出发，按照历史时期排列，由多名学者合著完成。在德裔美籍汉学家柯马丁（Martin Kern）执笔的"秦朝与西汉文学"一节中大量出现了有关司马相如的论述。柯马丁在叙述《楚辞》时特别提及《远游》一章，提及它跟上古和中古时期中国文学的紧密关联，其中就有司马相如的《大人赋》③。柯马丁接下来花较多篇幅叙述了"赋"这一文学体裁，同样把它译为"狂诗"（Rhapsodie），指出"赋"是一种在中国南方流行的文学形式，其发展过程中的两大来源是《楚辞》的早期诗篇（尤其是《离骚》《九歌》《大招》和《招魂》）和战国时期的"说辞"文体，由此推断"赋"兼具雄辩技巧和语言文字美学的特质。在另一处，柯马丁又把司马相如的赋与《庄子》《楚辞》并列，视为中国南方文学的代表。④柯马丁还指

① 顾彬著、刁承俊译《中国诗歌史》，第 60 页。
② 顾彬著、刁承俊译《中国诗歌史》，第 55 页。
③ Martin Kern. „Die Anfänge der chinesischen Literatur ". Reinhard Emmerich (Hrsg.) Chinesische Literaturgeschichte, Stuttgart/Weimar: Metzler, 2004, S. 56.
④ Martin Kern. „Die Anfänge der chinesischen Literatur ", S. 79.

出，"赋"不是在作为统治中心的宫廷里面发展成形，而是在当时各大诸侯王，比淮南王、吴王和梁王等管辖的文化中心里形成。这些宗室子嗣招揽和吸引了来自全国各地的文人雅士，其中就包括枚乘和司马相如。①柯马丁又把司马相如与扬雄对举，称他们是西汉时期通行的文学体裁——"赋"的重要代表人物，并指出"赋"在形式上的特点就是"无比之长"（司马相如的"赋"最长可以达到500行），此外还有对话结构、简短的叙事前引、不规则变化的韵律以及有韵和无韵部分的混合、穷尽对每个对象事无巨细的描摹、极度夸张、排比和骈偶的经常性运用，此外还有押头韵以及重叠联绵词的铺排，叠床架屋、像阶梯式人工瀑布倾泻如注的描述和枚举，以及充盈着异常丰富和艰深的词汇。②

在柯马丁看来，西汉时期"赋"的美学特征在于道德表达与极端的语言修辞之间的内在张力，并援引枚乘的《七发》和司马相如的《天子游猎赋》来说明"赋"这类作品不光是要论述一个特定主题，主要还是展现创作者的语言功底和文字力量。③他还指出，"赋"的雄辩术结构表现为明显虚构出来的对话，其中参与讨论者离奇古怪的名字这一元素在《庄子》的寓言中就可以找到熟悉的踪影，此外还体现为对名字和事物近乎穷尽的列举，以及悦耳的联绵词戏剧般的堆砌，还有极尽夸张之能事的离奇描述，而西汉时期的大赋首先是宫廷文化在文学上进行自我展示和炫耀的工具。④柯马丁也注意到《文选》把如今学界一般看作是《天子游猎赋》合体的《子虚赋》和《上林赋》分为两个篇章，并进行了以下较为精彩的论述：

① Martin Kern. „Die Anfänge der chinesischen Literatur ", S. 63.
② Martin Kern. „Die Anfänge der chinesischen Literatur ", S. 64.
③ Martin Kern. „Die Anfänge der chinesischen Literatur ", S. 65.
④ Martin Kern. „Die Anfänge der chinesischen Literatur ", S. 65—66.

司马相如在《子虚赋》和《上林赋》中对皇帝畋猎苑囿的描绘并非是为了描写而描写，这两篇赋其实是用高度仪式化的语言创作而成的艺术作品，而这一审美上的戏剧构建了一个作为"世界图像"的理想苑囿，以及作为世间统治者的皇帝形象。这篇庄重大气的赋没有描述人类文明的中心和巅峰，而是通过其无与伦比的富丽堂皇的语言本身展示了这一中心和巅峰。在不少情况下，在用华美得不可方物的语言竭尽所能地描述过相关对象之后，赋还会陡然转用平和的措辞，并以道德上的宣告来结束全文。而赋的美学纲领也正好在这一转变之中显露出来：其语言威力最终不是目的本身，而是先让受众兴奋起来、随后又让其转换心境的修辞手段。《上林赋》正是如此：如果说雄霸四方的皇帝先是对已知的、包括神话传说世界中聚集的生物进行了一场无法衡量的大范围的屠戮，接下来又放任自身地沉浸在同样高度仪式化的声色放浪之中，但突然之间他又陷入了深思和冥想之中。与此同时，先前极端感性、节奏生动的语言也转变成了沉稳缓慢、古典素朴的双声词。①

接下来，柯马丁翻译出"于是酒中乐酣…'与天下为更始'"一段，并指出在这样一个恢宏大气的转换之中形成了天子作为古代传说中的帝王的形象，认为他的周围是汇集了贤臣雅士的朝廷，跟他一起出现的还有作为表演观众的汉代皇帝，后者后来被其文学上的形象更换和替代。②柯马丁还述及汉赋的功能以及同时代和后世对这一独特体裁的评价问题：他认为汉赋把文学视为审美享受目标和道德转化工具的复杂建构，并把对帝王的称颂和隐性批评这两个中心功能融合起来，由这两个对立功能引发的道德模糊性也让该文类早在西汉末年就已经得到了批判

① Martin Kern. „Die Anfänge der chinesischen Literatur ", S. 66.
② Martin Kern. „Die Anfänge der chinesischen Literatur ", S. 66.

性的关注，并且让赋这一文体的名声直到今天都还让人觉得可疑。[①]柯马丁还注意到了如下史实：尽管扬雄后来对汉赋提出了一般性的批评意见，但司马相如的"大"赋风格对早期的扬雄的影响仍然不可否认。[②]此外，谙熟中国文学和语言发展历史的柯马丁还谈到了语言学或曰小学的发展，在这一章节述及两汉时期的早期词典，此处就包括鲁迅曾经提及的司马相如已佚的文字学著作《凡将篇》[③]。

"东汉至唐代的文学"一章由著作的发行人艾默礼亲自操刀，提到了司马相如的赋作对郭璞（276—324）的影响[④]，在叙述李白时提及同样出生于西南地区的文学前辈，比如汉代的司马相如和初唐的陈子昂[⑤]。

三、结语

有着"诗哲之国""诗思并立"美誉的德国，是世界上将异族作品翻译成本民族语言最多的国度，而德国汉学界（包括在世界汉学范围内同样一度较有影响力的奥地利汉学）自学制建立之日就一直秉承严格的语文学传统，尤其注重对汉语语言的精准掌握以及对中国文学细致入微的理解和阐释。鉴于德语区汉学界长期以来存在的厚古薄今的传统，中国古典文学研究在该区域也结出了累累硕果，而司马相如其人其作的相关译介和研究就是这方面的例证。为赞克《文选》德译本结集出版担任编辑工作的方马丁的丈夫、同为哈佛燕京学社重要成员的华裔

① Martin Kern. „Die Anfänge der chinesischen Literatur ", S. 67.
② Martin Kern. „Die Anfänge der chinesischen Literatur ", S. 67.
③ Martin Kern. „Die Anfänge der chinesischen Literatur ", S. 86.
④ Reinhard Emmerich. „Östliche Han bis Tang ". Reinhard Emmerich (Hrsg.) Chinesische Literaturgeschichte, Stuttgart/Weimar: Metzler, 2004, S. 110.
⑤ Reinhard Emmerich. „Östliche Han bis Tang ", S. 151.

美籍学者方志彤曾经颇有见地地指出，德语区汉学界四位大家在经史子集四部平分秋色，所谓"各美其美、美美与共"：卫礼贤论经，福兰阁（Wolfgang Frank，1863—1946）治史，佛尔克专注子部，赞克醉心集部。①从本文的论述可以看出，德语区汉学界四位当家中有三位都曾不同程度地关注过司马相如，足见这位四川历史名人在异域引起的"文化品牌效应"。从东西方"视域融合"（Horizontverschmelzung）的角度来看，国外汉学界对司马相如的译介和接受也可以成为司马相如研究的组成部分。

---

① 方志彤《佛尔克教授与其名著〈中国哲学史〉》，《研究与进步》1939 年第 1 期，第 53 页。

司马相如与中华优秀传统文化

四川省社科院　王　韵

中华优秀传统文化博大精深并且源远流长，积淀着中华民族最深沉的精神追求，是每一个中国人最基本的文化基因。"中华传统文化凝聚着中华民族共同经历的奋斗历程，蕴含着中华民族共同培育的民族精神，贯穿着中华民族共同坚守的理想信念，是中华民族共同创造的精神家园"[①]。中国作为一个历史悠久的多民族文明古国，能够得到持久长续的发展，与具有强大凝聚力和包容性的中华文化密切相关。

司马相如是西汉盛世汉武帝时期杰出的文学家和政治家。他不仅有极大的文化成就，在语言文字、政论及政治活动、音乐美学等方面也颇有建树，在蜀文化的发展史上发挥了承先启后的作用。司马相如勇于追求自由，敢于创新的精神，包容开放的心态及其强烈的爱国情怀都与中华优秀文化传统息息相关。

[①] 薛庆超《习近平与中华优秀传统文化》，《行政管理改革》2017 年第 12 期。

一、司马相如的自由创新精神与中华优秀传统文化

中华优秀传统文化是中华民族在历史上数千年来创造的物质文明和精神文明结晶。习近平总书记指出："世世代代的中华儿女培育和发展了独具特色、博大精深的中华文化，为中华民族克服困难、生生不息提供了强大精神支撑"①。中华民族之所以能够保持五千年文明的延续，不断地克服内忧外患的民族危机，与中国历史上志士仁人自强不息，坚持自由创新的精神有密切的关系。汉赋名家辈出，司马相如被班固、刘勰称为"辞宗"，即一代辞赋创作的宗师，还被林文轩、王应麟、王世贞等学者称为"赋圣"。班固在《汉书·叙传》中说："文艳用寡，子虚乌有，寓言淫丽，托风终始，多识博物，有可观采，蔚为辞宗，赋颂之首"②，对司马相如有极其崇高的评价。

中华民族具有"天行健，君子以自强不息"的民族精神传统，这不仅构筑了中华民族不断进取的内在精神力量，也是中华民族繁荣发展的持续动力，更是中华优秀传统文化的重要体现。司马相如作为两汉时期最具有代表性的辞赋作家，他的作品体现出了强烈的自我意识，他提倡"自得于内"和"得之于心"，他的这种自我意识，独立的自由创新精神，与中国传统文化中的个人主义不无关系，用道家哲人的话语来表述就是要做到"自然"，才能创作出具有极高艺术价值的杰作，要求创作者既要有雄放的气魄和杰出的才华，同时必须要做到与时俱进，有锐意开拓和增强审美创作的创新意识。在司马相如的创作作品中，"能看出其深受道家思想中'个人'与'自我'观念的影响。与庄子'法无贵真'

---

① 习近平《在文艺工作座谈会上的讲话》，中共中央文献研究室，十八大以来重要文献选编（中），中央文献出版社，2016年版。
② 《汉书》，中华书局，2007年版。

和'原天地之美'的思想追求一脉相承。其热情奔放、神思飙发、自由不羁、个性张扬等可见庄子的神髓；其纵横的才气、豪放的气势、宏大的气魄又颇得庄子散文的神韵"①。司马相如由此相当充分地掌握了辞赋创作的审美规律，确立了汉代大赋的创作体制和创作方法等重要方面，而且他的作品对两汉的大赋创作有着深刻的影响，对汉代文化的传承与创新方面做出了重要的贡献。不仅如此，作为辞赋大师，司马相如在其辞赋创作的实践和论述中，对辞赋的审美创作，及其如何表现的过程都进行了不少探索，并与自己在赋作中所表现出的美学思想相结合起来，从中体现出他对汉赋创作的独到见解。

司马相如秉承了巴蜀人的奔放不羁的精神，具有崇尚自然、不拘礼法、个性张扬的性格特征。据史书记载，司马相如"事孝景帝，为武骑常侍，非其好也。会景帝不好辞赋，是时梁孝王来朝，从游说之士齐人邹阳、淮阴枚乘，吴庄忌夫子之徒，相如见而说之，因病免，客游梁"②，司马相如勇敢地遵从自己内心的兴趣和志向，辞官游梁，同时他又具有强烈的入世思想，也希望能建立功名，来实现自己的社会理想，但是他并不为世俗所约束，反而是有着独特鲜明的个性和文风，"其进仕宦，未尝肯与公卿国家之事，称病闲居，不慕官爵"③，从中可以看出他创新进取、坚持个性，不追求权力的特征，体现了道家传统文化中的自我意识。

二、司马相如的包容开放精神与中华优秀传统文化

中华优秀传统文化包含了丰富的人文精神，体现在崇尚仁爱、坚守正义的为人之道，求同存异、和而不同的处世方法，文以载道、以文化

---

① 李天道《司马相如独立自由之审美精神》，《西华大学学报》2007 年第 5 期。
② 《史记》，上海辞书出版社，2006 年版。
③ 《汉书》，中华书局，2007 年版。

人的教化观念，兼收并蓄、开放包容的博大胸怀等诸多方面。司马相如的诸多辞赋紧扣时代主题，摄取社会风貌。不仅自由创新，还体现出了极大的包容开放精神，是中华优秀传统文化的重要表现。

这与司马相如生活的环境密切相关，司马相如自幼在蜀地长大，四川虽然是一个内陆盆地，山区和丘陵纵横其间，古时巴蜀盆地道路险阻，崇山峻岭，但是这并没有阻止勤劳智慧的先民们对外的开放和包容热情，巴蜀先民在千百年来创造了极为厚重的文化，这些文化是中华优秀传统文化的重要组成部分。

早在先秦时期，古蜀国就与中原商周文明和南方的荆楚文明保持着密切的联系，秦灭蜀后，大量的中原移民来到了蜀地，蜀地在秦代时虽然文字典籍被毁掉了众多，但自古就有蜀人好文的记载，有成书于西周的《山海经》，据蒙文通《略论山海经》称，其中《海内经》四篇、《大荒经》五篇都是蜀人所作。春秋中期，鳖灵王蜀，必然也为蜀地带入了荆楚文化。春秋末期，孔子弟子蜀人商瞿传《易》学于蜀。早蜀文化得以繁荣与秦徙六国豪侠及其罪人入蜀，带入异地文化有着重要的关系。比如程郑和卓氏等工商业者，发展了巴蜀的经济。吕不韦的舍人"夺爵迁蜀四千余家"，杂家之学传入蜀，其中也有许多知识分子，由此带入了大量的秦文化。

而在司马相如的作品中，可见其多处都有引经据典，从中可以看出，他曾经熟读诸如《五经》《庄子》《楚辞》《山海经》等多种古籍，说明了这些古籍在蜀已经早有传承。可见蜀地在文翁之前，已经有了相当的文化发展，才能产生像司马相如这样杰出的人物。我们从司马相如的代表作《子虚赋》与《上林赋》中能够看出，它们紧扣时代的脉搏，直接或间接地歌咏了大汉王朝无与伦比的声威，呈现其别开生面的大一统格局。司马相如描述的大汉王朝幅员辽阔、土地肥沃、物产丰饶、经济繁荣，从中可见当时大汉王朝的辉煌灿烂的美景，通过渲染上林苑游猎之盛及天子对奢侈生活的反省，艺术地展现了汉代的盛世景象，体现了中华优秀传统文化资源浓郁的包容性和开放性的特征。

三、司马相如的爱国情怀与中华优秀传统文化

爱国主义是中华优秀传统文化的重要组成部分，中国人自古以来就对自己的国家和民族有着强烈的认同感，在中国传统文化中，儒家文化将家与国比作为皮毛关系，"皮之不存，毛将焉附"，司马相如具有强烈的爱国情怀，为了维护大汉王朝的长治久安的，他写了《喻巴蜀檄》和《难蜀父老》两文，向汉武帝提出安定西南边疆的诸种建议，为西南边疆的各民族团结统一于大汉疆域起到了重要的作用，表现出了其杰出的政治才干。因此，司马相如又被称为汉代的"安边功臣"，由此名垂青史。

《喻巴蜀檄》和《难蜀父老》作为两篇流传千古的政论文，是司马相如爱国情怀的重要体现。《喻巴蜀檄》中对中郎将唐蒙受汉武帝委任，开通夜郎道，在蜀"发军兴制，惊惧子弟，忧患长老"[1]，当地的少数民族百姓有可能发生地方动乱，檄文安抚巴蜀人民"靡有兵革之事，战斗之患"，"发军兴制"之举，"皆非陛下之意"，说朝廷本意乃是为了解决西南夷地区"道路辽远，山川阻深"的不便，才下令开通夜郎道。老百姓们无须不安，从情理和利害等诸方面晓喻巴蜀人民，从而安抚了蜀地的百姓，夜郎道也得以开凿。

《难蜀父老》文则据理反驳了朝廷大臣和蜀中父老的"通西南夷不为用"的说法，从客观形势上阐述了开通西南夷对于维护国家的统一，促进各民族之间的交流以及西南地区的共同发展与繁荣等方面所起到的重要作用。通过这两篇，司马相如准确地表达了汉武帝开疆拓土，经营边陲四夷

---

① 《史记》，中华书局，2007 年版。

的决心，并成功地说服众人，使少数民族与汉朝廷进行合作，不仅为开发西南夷奠定了坚实的理论和政策基础，同时也安定了民心，受到了边疆各族人民的热烈拥护，为汉武帝时西南边疆地区的开发做出了重要的贡献。

不仅如此，司马相如还两次出使西南夷，受命在蜀为中郎将，深入到当时的邛、笮、冉、斯榆等少数民族地区进行调查，奔走联络，使蜀地各部族都受朝廷的统一命令，进而得以相互信任，拆除部族之间的关隘，疏通道路。沟通了汉王朝与西南众多少数民族之间的关系，促进了民族大融合，西南夷道路的开凿也促进了南方丝绸之路的兴起，并进一步发展了汉王朝与东南亚各国的经济文化交流。

中华优秀传统文化是中华民族的精神命脉和中国发展的文化根基，它包括思维方式、思想观念、道德伦理、知识智慧和价值追求等多个构成维度。"在新的时代条件下，在社会现代转型进程中，传承和弘扬中华优秀传统文化，建设中华优秀传统文化传承体系，弘扬以爱国主义为核心的民族精神，对于实现中国梦的伟大目标，建设社会主义文化强国，促进人的自由全面发展，具有深远的历史意义和重大现实作用"①。中国古代文学属于五千年中华文明的重要组成部分，蕴含着中华文化精神，彰显出浓郁的民族特色。作为汉代文学大家和政治家，司马相如的自由创新精神、包容开放的心态，以及强烈的爱国主义情怀，都是中华优秀传统文化的重要体现，在悠久的历史长河中为后人留下了宝贵的精神财富。

① 《中国古代文学与中华优秀传统文化论议》，《西部学刊》2015年第9期。

司马相如与卓文君私奔何以可能？

四川省社会科学院　宁全红

司马相如，字长卿，蜀郡成都人，西汉著名辞赋家。在前往临邛富商卓王孙家做客的时候，司马相如因临邛令亲往相邀之故而有车骑随从。加上其本人雍容闲雅，甚得都邑之容，故而在以琴中音挑动之后，司马相如很快打动卓王孙新寡之女的芳心。他让人买通卓家侍者，在其相助下向卓文君大献殷勤。身为弱女子的她竟然借着夜幕的掩护逃离家门，投奔司马相如，成就了中国历史上较早一段才子佳人之佳话。对此，人们自然可以从多个方面、多个角度予以分析和评论。本文试图从制度层面简要探讨诸如此类之事何以能在西汉时期发生。

在早期中国文献中，概念往往由单字充当。"制""度"亦如是。例如，"太上以制制度，其次失而能追之，虽有过亦不甚矣"。其中，前面一个"制"为名词，与后世惯例以及故事等含义相类。例如，"先王之制：大都，不过参国之一；中，五之一；小，九之一"。而"制度"乃是指"先王制轩冕足以著贵贱，不求其美；设爵禄所以守其服，不求其观也"。非常明显，"制"乃动词，确定、制定之义。"度"乃名词，《说文·又部》："度，法制也"。在上述记载中，"度"乃是指轩冕之制，爵禄之制。而由"革制度、衣服者为畔，畔者君讨"这样的记载可知，像这样形成的制度颇具强制性，一旦违反就要受到较为严厉的惩罚。秦汉时期的律令与其相类，人们或许可将"制度"的含义予以引申，将它们也视为制度。不过，并非所有制度均如此。在《春秋左氏传》等文献中，人们不难发现，不少人违反旨在著贵贱或守其服的制度以后，人们往往谴责了之。例如，"十八年春，虢公、晋侯朝王，王飨醴，命之宥，皆赐玉五珏，马三匹。非礼也。王命诸侯，名位不同，礼亦异数，不以礼假人"。婚姻结二姓之好，与两个家族所享有的爵禄以及使用的礼器息息相关。因此，人们也可以将调整和规范婚姻行为的礼视为制度。对于违反者，人们也往往予以谴责。例如，郑公子忽与其妇妫先配而后祖，陈国大夫非常愤怒地予以指责："是不为夫妇。诬其祖矣，非礼也，何以能育？"

在不少中国法制史教材和论著中，人们可以发现秦汉时期婚姻法律制度相关介绍或论述。然而，无论是在记载秦汉历史的传世文献——例如《史记》《汉书》等——中难以发现诸如婚姻律之类律名以及相关条文之记载，在睡虎地秦简、岳麓书院藏秦简以及张家山汉简、荆州胡家草场西汉墓地M12墓出土简牍中也同样不能发现相关律名以及法律条文。鉴于秦汉时期律名与其内容通常高度一致，这无疑会让人们产生这样的看法：迄今为止，尚无任何证据表明，秦汉时期，王朝曾经制定和颁布调整和规范婚姻关系的法律。当然，人们恐怕不能因而遽然得出结论，中国法制史学界所谓秦汉时期婚姻法律制度并不存在。这是因为，《史记》《汉书》等记载秦汉历史的文献，并非将秦汉时期发生的所有事件全部予以详细记载。史家在叙述历史的过程中出于种种考虑而对载于青史的事件有所抉择，世人难以判断所谓秦汉时期婚姻法律制度是否为太史公等史家有意无意地摒弃。至于出土秦汉简牍所记载的法律制度，人们也不能简单地因为迄今为止尚未见相关律名和律文而否定其存在。这是因为，根据"县各告都官在其县者，写其官之用律"这样的法律规定可知，官吏们所使用的法律乃官府根据其需要所提供的。官吏们各有其职掌，不可能面面俱到，故而其使用的法律是有限的，并非王朝所有法律。这意味着，其死后随葬的法律也并非王朝全部法律。不仅如此，人们尚难有充分的理由认为，根据已经出土的秦汉简牍所记载的法律，人们可以拼凑比较完整的秦汉法律。

不过，这并非意味着人们没有任何途径获悉秦汉时期是否存在所谓婚姻法律制度及其相关内容。这是因为，在以法治国这种秦汉时期治理模式中，凡事皆有法式，违法者必须予以追究，否则有关官吏将承担法律责任。像司马相如与卓文君私奔这样的事件，当时很可能已经为人们所津津乐道。太史公将其著于青史在很大程度上表明其影响之大、传播范围之广。因此，揆诸情理，这一事件不可能不为官府所知。司马相如后因为受金而失官，却并未因与人私奔而受到惩罚，很可能表明此举并不违反当时法律。也就是说，秦汉王朝并不存在调整和规范私奔行为的婚姻法律。

就私奔所可能涉及的制度而言，人们还必须考虑奸相关法律。这是因为，私奔者通常会发生性行为。这类行为往往是中国古代法律非常关注的对象，秦汉法律也不例外。关于奸，根据《史记》《汉书》等传世文献以及出土秦汉简牍所记载的律令来看，秦汉时期法律对于实施四类奸类行为者予以严惩：一是所谓和奸，学者们通常将其界定为夫妻关系之外的男女双方自愿的性行为。二是所谓强奸。学者们将其界定为使用暴力、胁迫以及其他手段强行与妇女性交的行为。三是所谓禽兽行。学者们将其界定为严重违反家族人伦的性行为，具体包括与同产奸以及与父御婢、姬妾奸等等。四是所谓居丧奸，学者们将其界定为死者亲属在居丧期间发生的性行为。

　　根据前述司马相如与卓文君之间的关系及其私奔过程来看，他们之间发生的性行为与所谓强奸、禽兽行以及居丧奸等等不可能发生什么关联。值得探讨的问题是，他们之间的性行为是否属于和奸？由于司马相如与卓文君的私奔并不满足"父母之命，媒妁之言"等条件，也未历经婚礼成立所必需的程序，人们似乎有理由质疑二人之间的婚姻关系，甚至将二人的私奔行为视为和奸。退一步而言，即使这样的看法成立，二人依法也未必应该受到何种处罚。有学者依据张家山汉简所载《二年律令》指出，汉初法律规定，与人妻和奸，官吏与人妻和奸方受到处罚。在实践中，汉武帝执政中期，与皇宫中人以及诸侯王女和奸方受到严惩。司马相如与卓文君之间的行为显然与上述规定或者情况不符。而且，二人私奔行为的最终目的是建立长期而稳定的婚姻关系。就此而言，他们与个别学者所列举的秦始皇以迄汉武帝时期的一些和奸者存在根本区别。例如，郑季与平阳侯妾卫媪私通而生卫青，却未与其像夫妻一样长期生活。又如，霍中孺与平阳侯府侍者卫少儿私通而生霍去病，却在吏事结束以后归家娶妻而生霍光。也就是说，将司马相如与卓文君的行为视为和奸并不妥当。如果以上分析成立，则西汉法律很可能并未将旨在建立婚姻关系的私奔行为纳入禁止的范围，规定予以处罚。

　　在早期中国，根据目前所能获得的可靠资料来看，婚姻之成立在正常情形下需满足两方面条件：一是实质方面的条件，一是程序方面的条件。关于实质条件，人们可以根据《诗经》《孟子》以及《春秋左氏传》等文献而得知。《诗经·国风》成书于西周末年至战国初年，根据其记载的诸多诗篇可知，这一历史时期的社会风尚是放任青年男女自由恋爱与结婚。不过，也并非没有任何规则对相关行为予以约束和规范。"娶妻如之何，匪媒不得"（《诗·齐风·南山》）以及"匪我愆期，子无良媒"（诗·卫风·氓》）等诗句表明，"媒妁之言"乃婚姻成立所不可或缺的条件。虽然直至《孟子》才出现"不待父母之命，媒妁之言……则父母国人贱"这样的记载，如果考虑到孟子不少言说乃是对历史和文化进行总结的结晶，人们或许可以在相当程度上认为，"父母之命"很早就与"媒妁之言"一道乃婚姻成立所不可或缺的条件。就此而言，人们在《春秋左氏传》中也可以发现不少例证。例如，"郑公子忽在王所，故陈侯请妻之。郑伯许之，乃成昏"。在陈侯表达招其为婿的意思以后，郑公子忽想必也愿意，否则他不会费时劳神地征得郑伯同意。而且，在齐侯两度表示将文姜嫁给他的时候，郑公子忽均表示反对。如此有主见之人也要像这样做，唯一合理的解释是，此乃缔结婚姻所不可或缺的条件。又如，周灵王向齐侯求女为后，齐侯许昏，王使阴里逆之。秦汉时期依然如此。例如，刘邦因吕公之决定而得以迎娶吕后。又如，陈平因张负之决定而得以娶其女为妻。

关于程序条件，在对郑公子忽成婚事进行注释的时候，杨伯峻指出："据《仪礼·士昏礼》，古代结婚有六礼，纳采、问名、纳吉、纳征、请期、亲迎。见于《春秋》及三《传》者，唯纳币。纳币即纳征。纳币之后，婚姻即订。古谓之聘，如昭元年传'郑徐吾犯之妹美，公孙楚聘之矣。'"对于杨伯峻的注释，人们不能误以为《仪礼·士昏礼》关于结婚六礼的记载因未能获得《春秋左氏传》等文献记载的佐证，在实践中可能并不存在。这是因为，像春秋三传这样的经典，往往仅仅记载大事、要事以及异常之事。《春秋左氏传》记载昭公元年公孙楚聘徐吾犯之妹事，并不意味着纳采、问名以及纳吉等并未进行，正如它也未记载请期和亲迎并不意味着这样的事情也必然不会发生一样。它像这样记载不过是因为在公孙楚已经聘徐吾犯之妹以后发生一桩冲突而已。《礼记》所记载的婚礼程序除了最后一项亲迎以外，均与《仪礼·士昏礼》所记载的程序相同。然而，《礼记》紧接着有这样的记载："父亲醮子而命之迎，男先于女也。子承命以迎，主人筵几于庙而拜迎于门外。婿执雁入，揖让升堂，再拜奠雁，盖亲受之于父母也。降出，御妇车而婿授绥，御轮三周，先俟于门外。妇至，壻揖妇以入……"人们不难认同的是，此乃关于亲迎更为详细的记载。上述文献记载在一定程度上表明，战国秦汉时期，正式的婚礼程序应该一直如此。

不过，此乃"纸面上的法"，未必为人们所遵循。换言之，它们未必在社会实践中发挥应有作用，成为"行动中的法"。特别是在商鞅变法后的秦国迅速崛起，逐渐完成一统天下大业的情况下。在主持变法过程中，尽管卫鞅为解决山东诸侯国对秦人戎翟视之的问题而"为其男女之别，大筑冀阙"，然而，在中国历史上开创"以法治国"模式之先河的他并不主张像周人那样为国以礼。他不仅不像周人那样将礼视为政之舆，反而将其视为必将导致国土沦丧或者国家贫弱的十种因素之一。作为秦孝公所倚重的主持变法的大臣，卫鞅有权力和机会贯彻落实相关主张。与此相关的文献记载是，西汉贾谊在向皇帝上书的时候指出："商君遗礼义，弃仁恩，并心于进取。行之二岁，秦俗日败。故秦人家富子壮则出分，家贫子壮则出赘。借父耰鉏，虑有德色；母取箕箒，立而谇语。抱哺其子，与公并倨；妇姑不相说，则反唇而相稽。其慈子耆利，不同禽兽者亡几耳。"其中，"故秦人家富子壮则出分"以迄"不同禽兽者亡几耳"云云乃贾谊列举的"商君遗礼义"所造成的种种礼崩乐坏现象，应该并非全部。这是因为，贾谊最有可能的是将其印象最为深刻的现象或者他认为最能打动皇帝的现象囊括其中，而不太可能事无巨细地予以奏报。这意味着，在秦俗日败以后，私奔现象之出现也在情理之中。汉王朝延续了秦王朝朝治理模式，产生与其相类的问题，用贾谊的话而言就是，"曩之为秦者，今转而爲汉矣。然其遗风余俗，犹尚未改。今世以侈靡相竞，而上亡制度，弃礼谊，捐廉耻，日甚，可谓月异而岁不同矣"。正是在这样的社会文化环境中，司马相如与卓文君违反婚礼所应该历经的程序，私奔成都，丝毫不会让人觉得奇怪，他人甚至以为理所当然。用贾谊的话而言就是，"至于俗流失，世坏败，因恬而不知怪，虑不动于耳目，以为是适然耳"。从情理方面而言，司马相如和卓文君不可能不考虑私奔的后果。很可能正是基于对社会文化环境的洞察，并且在对家族以及社会可能的反应进行评估以后，他们才做出相关决定。

这里之所以指出家族可能的反应，不仅是因为父母之命对于婚姻能否成立发挥至关重要的作用，也不仅是因为父母是否愿意提供丰厚嫁妆对于以后的生活影响甚巨，更重要的是因为，在秦汉时期的法律环境中，父母对于子女有生杀予夺之权。父母完全可以因子女私奔而视其为不孝，将其交由官府处死。卓王孙所谓"女至不材，我不忍杀"绝非在丧失理智的情况下说出来的完全不可能兑现之言。在秦法之治下，某里士五（伍）甲告曰："甲亲子同里士五（伍）丙不孝，谒杀，敢告。"即令令史己往执。令史己爱书：与牢隶臣某执丙，得某室。丞某讯丙，辞曰："甲亲子，诚不孝甲所，毋（无）它坐罪。"在这起案件中，甲声称其子不孝，要求官府逮捕处死。在甲未提供任何其子不孝事例以及造成的损害，也未提供证据的情况下，官府便应其所求，抓捕其子并且进入断狱讼程序。西汉王朝建立以后也不乏相关法律规定。例如，"子牧杀父母，殴詈泰父母、父母、叚大母、主母、后母，及父母告子不孝，皆弃市。"由是可知，不论子女是否有牧杀以及殴詈父母等行为，只要父母前往官府控告子女不孝，就会被处以弃市之刑。据此可知，卓王孙所谓"我不忍杀"倒不是指他不愿意亲手或者命人杀死卓文君，而是指他不忍心将其女交由官府，以不孝之罪名处死。此乃秦汉时期对于私奔行为提供的最后一道防线。或许令不少人颇为遗憾的是，尽管子女私奔令父母极其不满，然而，父母、子女毕竟系骨肉至亲，人们通常不会因而诉诸法律，让官府进行处置。卓文君岂不明白此理？她因而大胆地追求属于自己的幸福，不必顾忌来自父母的惩罚。

根据前面的分析可知，在早期中国，官府对于民间私奔行为通常不会进行干预。这倒不是因为在地广人稀、交通不便等条件制约下官府缺乏足够的能力，主要是因为王朝法律并未要求它们对于诸如此类行为予以禁止，从而也未规定它们在此方面若无所作为会承担何种惩罚。与此同时，自商鞅变法以迄汉武帝执政初期，诸如司马相如与卓文君私奔之类事件表明，人们并不愿意让昏礼过分限制自己追求幸福的努力。在一定程度上而言，秦汉时期的先人因而甚至相较今人而言享有更多的婚姻自由。例如，他们不必前往官府进行婚姻登记等。人们可以从相关制度产生的根源以及实施的环境入手对此现象予以进一步探讨，而这又必须从商鞅变法谈起。在商鞅主持下制定的秦国法律主要由两部分组成：一是商鞅在《法经》的基础上制定的刑事法律。依据在于，"悝撰次诸国法，著《法经》……商鞅受之以相秦。汉承秦制，萧何定律……"一是商鞅为秦国制定的以"令民为什伍……无功者虽富无所芬华"为主要内容的法律。就前者而言，依据"以为王者之政，莫急于盗贼，故其律始于《盗》《贼》。盗贼须劾捕，故著《网》《捕》二篇。其轻狡、越城、博戏、借假不廉、淫侈、踰制以为《杂律》一篇，又以《具律》具其加减，是故所著六篇而已……"这样的记载可知，其主旨在于以严厉的刑罚惩罚和防范盗贼。为此，《法经》六篇以《盗》《贼》为核心，《网》《捕》以及《杂律》《具律》等基本上是为更好地实施《盗》《贼》而制定。就后者而言，须知卫鞅前往秦国，是为满足孝公强秦之需要。为此，他"说孝公变法修刑，内务耕稼，外劝战死之赏罚"。因此，这一部分法律的主要目的在于以赏罚二柄最大限度地调动耕战积极性，从而实现秦国迅速崛起之目标。也就是说，秦国制定且为秦汉王朝继承的法律，乃是以惩罚和防范盗贼并最大限度地将秦人纳入耕战轨道为目的和主要内容。诸如昏姻之类细故并不在秦汉统治者关注的范围之内。不仅如此，诸如"《诗》、《书》、礼、乐、善、修、仁、廉、辩、慧，国有十者，上无使战守。国以十者治，敌至必削，不至必贫"

之类记载表明，包括昏礼在内的礼制对于富国强兵不仅没有裨益，甚而有害。秦汉统治者秉持这样的理念治国，包括昏礼在内的礼制在必要的时候或许会被用来装点门面，然绝对不会予以真正重视，更不会像许多周代士大夫那样倡扬和维护。上之所好，下必从之。在这样的政治和法律环境中，人们便不难理解秦汉时期各级官府对于私奔行为的态度。

反观司马相如与卓文君相遇、私奔及其婚姻为其父母认可的整个过程，如果将反映其时代特征的所有信息隐匿起来，或许不少人会将其误认为现代爱情、婚姻以及家庭故事。然而，根据前述分析来看，就其形成条件或者制度环境而言，它与现代相关故事完全不同。人们经常说，历史有惊人的相似。因此，在遇到令人困惑的问题以后，人们经常前往历史中寻求答案，在相似或相类的历史事件中获得解决问题的启示。对于司马相如与卓文君私奔事的分析表明，在像这样做的时候，人们不能不考虑导致或者容忍事件发生的制度因素，也就是制度变迁对于事件所造成的影响，否则绝对不可能获得解决问题的合理方案。当然，因古今事件表面的相似性而以今释古，必然会让人惊诧莫名，更遑论予以认同。

当垆卖酒的再考察

四川省社会科学院　肖俊生

一、当垆卖酒的传说

卓文君与司马相如私奔之后，家徒四壁，无以为生。先在成都以衣裘当酒、赊酒，而后两人竟决定再返回邛崃卖酒，以期引起卓王孙的注意。卓王孙果以为耻，不得已而为女儿分家财，卓文君与司马相如从而结束了短暂的窘迫时期，返回成都过起了富人的生活。

《汉书司马相如传》曾详记其形[1]。东晋葛洪《西京杂记》记卓文君私奔相如初期窘迫赊酒情形则稍有不同："司马相如初与卓文君还成都，居贫愁闷，抱颈而泣曰：我生平富足，今乃以衣裘就市人杨昌贳酒。遂相与谋于成都卖酒。相如亲著犊鼻裈，涤器以耻王孙。王孙果以为病，乃厚给文君，文君遂为富人。"[2]唐初骆宾王为此写有"贳酒成

① 班固《汉书》卷 57《司马相如传》，中华书局，1962 年版。
② 刘歆著，葛洪辑抄《西京杂记》卷 2，贵州人民出版社，1993 年版。

都妾亦然"①之句。类似记载很多，比如"临邛市卓王孙女文君新寡，司马相如以绿绮琴心挑之，与之私奔。居临邛，家徒壁立，文君当垆卖酒，相如涤器"。后世有诗云："绿绮无声冷素炫，家徒四壁正萧然，县公负弩前驱日，忘却当垆涤器年。"②后世对文君当垆卖酒有很多解读，其中有一则云："当垆而卖酒者，乃胡姬也。胡姬之貌，如花对春风，而笑着罗衣而舞。君若于此而不醉，又将何所归乎？"李白为此有诗《尊酒行》之二："胡姬貌如花，当垆笑春风。笑春风，舞罗衣。君今不醉将安归？"③

上述引文引出以下几个史实：其一，卓文君私奔相如之初，生活窘迫。不惜以衣裘换酒对饮。生活无着，还换美酒，甚至赊酒，足见二人过不了普通日子，且还喜欢饮酒。其二，两人卖酒的目的是羞辱卓王孙，逼其拿钱安家，此计果然得逞。其三，卓文君为什么当垆卖酒，原来是"胡姬貌如花，当垆笑春风"，卓文君此时以其美好容貌吸引客人来买醉，不仅可以使两人的生意更好，还可以进一步羞辱卓王孙。

卓文君与司马相如在生活窘迫之时，借酒消愁，而后又卖酒羞辱卓王孙，逼其拿钱。那为什么两人要以卖酒的手段来行此妙计呢？这就不得不从汉代四川的酿酒业谈起。

二、汉代四川的酿酒业

汉初禁酒，规定无故群饮三人以上者处罚金四两，甚至入刑，法律不可谓不严厉。但祭祀用酒，以及祭祀后饮酒则不在禁止之列。周代制定《酒诰》，也允许祭祀用酒，可见祭祀用酒流传已久，已经形

① 骆宾王撰，清陈熙晋笺注《笺注骆临海集》卷4，清咸丰三年松林宗祠刻本。
② 钱子正撰《三华集》卷7，清文渊阁四库全书本。
③ 李白撰，明朱谏注《李诗选注》卷2《春日》诗之二，明隆庆六年朱守行刻本。

成了传统。汉初经济经过逐年恢复，社会也相对安定了，禁酒令也逐渐松弛了，汉代各种节日逐渐形成，每逢节日，政府都是允许饮酒甚至赏酒的。汉文帝即位之初，大赦天下，并"赐民爵一级，女子百户牛酒"①。后来他又赏赐年满八十周岁以上老人"赐米人月一石，肉二十斤，酒五斗②"。赏赐的频率越来越高。汉昭帝时，"郡县常以正月赐养酒"③。汉武帝天汉三年（前98年），政府干脆放开酒禁，实行国家垄断，"县官自酤榷卖酒，小民不复得酤矣"④。公元前81年，曾有一次影响深远的盐铁大会，社会各界强烈要求朝廷减少经济垄断，桑弘羊做了一点点让步，就是取消酒的榷酤。但不久又恢复了。再后来，朝廷也看到了酒的榷酤不易，质量下降，干脆放开经营，收起了酒税，"令民得以律占租，卖酒升四钱"⑤。朝廷无论是垄断酒业经营还是收取酒税，以及大量的赏赐肉酒，都表明政府在逐渐开放酿酒业，从而促进了汉代酒业的发展及朝野饮酒之风的形成。《汉书食货志》曾这样评价酒："酒者，天之美禄，帝王所以颐养天下，享祀祈福，扶衰养病，百福之会。"已经把饮酒放到很高的地位了。《史记·货殖列传》说："通邑大都，酤一岁千酿"⑥，便可以"富比千乘之家"。把酿酒业列为当时发展比较快的十二种经济行业之一。汉元帝时，赵君都、贾子光等以卖酒称霸于长安，"侵渔小民，为百姓豺狼，更数二千石，二十年莫能禽讨"⑦。可见大酒商在社会上何等肆虐。

成都平原自都江堰修成，经济逐渐发展。至西汉初年，蜀地经济在西汉已占有重要地位。当时四川的农牧渔业和手工业均有显著的发展。

① 班固《汉书》卷4《文帝纪》，中华书局，1962年版。
② 班固《汉书》卷4《文帝纪》，中华书局，1962年版。
③ 班固《汉书》卷7《昭帝纪》，中华书局，1962年版。
④ 班固《汉书》卷6《武帝纪》，中华书局，1962年版。
⑤ 班固《汉书》卷7《昭帝纪》，中华书局，1962年版。
⑥ 司马迁《史记》卷129《货殖列传》，中华书局，1962年版。
⑦ 班固《汉书王尊传》《汉书万章传》，中华书局，1962年版。

盐业、冶铁、冶铜、金银、漆器、蜀锦、茶酒业是当时主要的手工业。汉武帝实行盐铁官营，全国设49处铁官，蜀地有临邛、武阳、南安三处。西汉晚期，蜀地已有十多个县产盐，成都盐商罗裒经商于成都和长安之间，"擅盐井之利"，成为闻名全国的大商人。

经济发展了，对消耗品茶和酒产生必然需求。四川是茶叶的故乡，很多地方都产茶，秦汉时期，四川饮茶在上层社会已比较普遍。人工酿酒则是农业发展到一定时期的产物。秦汉时期，四川有甘酒、清醥酒、郫筒酒、巴人清酒等知名酒类产品。新都出土的汉代画像砖拓片，有一块砖专门描绘汉代四川酿酒的场景。其酿酒过程清晰，场景协调完美，推送原料、煮酒、卖酒、运输等分工明确，反映了一处专业的酿酒作坊工作场景，如实反映了四川酿酒业发展的概况。类似的酿酒、运酒、饮酒、酒具的画像砖在四川都有出土，尤以成都、绵竹、泸州、宜宾以及重庆万州一带为多，足证这些地方是汉代四川比较有名的酿酒区域，也证明了四川酿酒业源远流长。据传，汉代每年十月，都要在成都举行酒市，各地名酒都要汇聚成都举办展览，还要举办有关酒的庆典和祭祀活动①。

出生于资阳的文学家王褒曾写有《僮约》，规定他的童仆每月定期到彭山买茶买酒，规定下属"欲饮美酒，才得染唇渍口，不得倾杯覆斗"；"舍中有客，提壶行酤"。左思《蜀都赋》记载四川饮酒场面："合樽促席，引满相罚。乐饮今夕，一醉累月。"这一记载刚好与四川大邑县出土的七人大肆宴饮的画像砖图画十分吻合，四川其余地方也出土了多块饮酒的画像砖。这说明四川人在汉代饮酒十分普遍，饮酒和饮茶已经成为满足温饱之后普遍的消费习惯了，也说明四川人的生活水平

---

① 参考余华青、张廷皓《汉代酿酒业探讨》，《历史研究》1980年第5期。张德全《汉代四川酿酒业研究》，《四川文物》2003年第3期。姚兰《汉代巴蜀酿酒业研究》（江西师范大学2017年硕士学位论文）。

和生活质量在汉代有一定程度的提高。

卓文君与司马相如在窘迫之时，还在换酒而饮，以卖酒寻求出路，证明酿酒业在当时已经是一个比较明显的赚钱的行业。他们拿自己的衣物去商人杨昌那里换酒，一则说明当时已经有专业的酒商了，二则说明当时买酒已经有了多种方式，为了满足瘾君子的消费，赊销、典当都可以换来美酒消费。两人要寻求出路，必然从当时比较流行的行业入手。如果酿酒业不发达，两人可能就不是卖酒而是去卖茶了。

两人说干就干，司马相如负责酿酒，卓文君负责卖酒，站在店门前以自己的青春美貌吸引各路酒客，两人这样做既有表演的成分，也说明当时卖酒已有了各种促销招数。我们知道后来宋代酿酒业得到官方支持，各种酒品竞争激烈，也有很多歌伎被聘来促销卖酒。卓文君面若桃花，笑对春风，她一出场就引来无数话题，这对酒的销售是有促进作用的，可说是宋代以美貌卖酒的始作俑者。

三、当垆卖酒故事的传播

一个大文豪和年轻美女演绎的当垆卖酒故事很吸引眼球，吸引了一代又一代的青年才俊。汉代之后，尤其是魏晋时期，大批文人雅士，莫不爱酒，"蜀之士子莫不酤酒，慕相如涤器之风"[①]。均以效仿相如卓文君故事为荣。更有甚者，《北史》载东昏尝于宫中作市，潘妃当垆卖酒，帝自屠宰为乐，立妃为市令，有过失则自请受杖。后世有诗讥讽此事："市令宫中酒垆炙，金作莲花承凤凰，一朝国破入新宫，此物亡齐应不惜。"[②]足证卓文君与司马相如当垆卖酒故事流传之广。类似的故事后代还在重演："自宝和至宝延凡六店，历与贸易持筹算。喧询不相下，

---

① 宋光宪《北梦琐言》，上海古籍出版社，1981年版。
② 陶汝萧撰《噍古集》卷1《广西涯乐府曰窬歌》，荣木堂合集34卷，清康熙刻世采堂汇印本。

别令作市正调和之，拥至廊下，坐当炉妇于其中。且实宫人于勾栏扮演
侑酒醉即宿其处。"①

唐代李白、杜甫都曾写过有关卓文君的诗。李白前引《春日》诗之
二："胡姬貌如花，当炉笑春风。"②杜甫诗《琴台》云："茂陵多病后尚
爱，卓文君酒肆人间世。"③李商隐也有诗云："美酒成都堪送老，当炉
仍是卓文君。"④世传有卓文君井，就是卓文君当炉卖酒取用之井水。
唐代还有把剑南进贡之烧春就是此井水酿成的："《唐书》剑南岁贡春酒
十斛。卓文君井在邛州白鹤驿，世传尝取此水以酿酒。按五代词有卓女
烧春浓美之句。注：烧春，酒名也。又《国史补》注剑南贡烧春即是物
也。"⑤又称："卓文君井在邛县治南。汉人文君当炉，司马相如涤器即
此井也。"⑥

宋代东坡云："春入西湖到处花，裙腰芳草傍山斜。盈盈解佩临湘
浦，脉脉当炉卖酒家。"⑦陆游也有诗："落魄西州泥酒杯，酒酣几度上
琴台。青鞋自笑无拘束，又向文君井上来。"⑧

元明清时期，有很多演绎司马相如和卓文君当炉卖酒的戏剧故事。
如明毛晋辑《琴心记》（明末毛氏汲古阁刻本）。明田艺蘅撰《香宇
集》35卷，也把当炉卖酒故事编入。还有专门的当炉曲⑨进行演唱。
还有一类占卜书也对此有所涉及。如明姚际隆删补的《卜筮全书》卷9
《黄金策》："静而冲动，卓文君投奔于相如（卦中咸池玄武刑害等杀
临，持财爻若得休，囚不动或落空亡。庶几无事，若被日辰动爻冲之，

---

① 史梦兰《全史宫词》卷20《武宗外纪》，清咸丰六年刻本。
② 李白撰，明朱谏注《李诗选注》卷2《春日》诗之二，明隆庆六年朱守行刻本。
③ 杜甫《杜工部集》卷11，国家图书馆出版社，2018年版。
④ 李商隐撰，清陆昆曾解《李义山诗解》不分卷，清雍正四年刻本。
⑤ 曹学佺《蜀中广记》卷65《方物记》7，清乾隆文渊阁四库全书本
⑥ 陈循等纂修《寰宇通志》119卷，卷68《四川等处承宣布政使司》，明景泰四年刻本。
⑦ 俞升撰《逸老堂诗话》卷上，清抄本。
⑧ 转引自陈循等纂修《寰宇通志》119卷，卷68《四川等处承宣布政使司》，明景泰四年刻本。
⑨ 高启撰，金檀辑注《青邱先生诗集》卷1《当炉曲》，清雍正六年桐乡金氏文瑞楼刻本。

则如卓文君被相如以琴挑之，欲心因动，不免至夜而亡奔相如，后当垆卖酒）。"作者并不认为卓文君私奔相如是一个好的举动。清同治《长阳县志》载："村店卖酒无他肴核，鱼肉蔬菜而已。当垆无文君，卧甃无阮籍，俗虽陋而风则古矣。"①硬是把酒与文君当垆和阮籍联系起来。

民国时期，当垆卖酒依然是不少戏剧、小说和电影的题材。这些题材多是赞美才子佳人的，并羡慕卓文君为了爱情私奔相如的大胆行为。

卓文君私奔司马相如，而后当垆卖酒的故事流传了几千年，至今仍被津津乐道。名人的私奔故事永远是人们茶余饭后的聊天主题，同时何尝不证明古代社会人民大胆追求爱情的不易？这个故事侧面反映的是古代儒家思想对人们思想的禁锢，行为的约束。而当垆卖酒的窘迫也间接地向人们传达爱情的自由不是随便可以追求的，私奔的代价也是非常大的。今天我们谈论当垆卖酒，不仅要看到古人追求美好生活的一面，也要看到社会和思想的禁锢约束人们生活从而可能使人们付出较大代价的一面。

---

① 陈惟模修，谭大勋纂《长阳县志》卷1，清同治五年刻本。

民国时期有关相如、文君故事的俗文学作品叙论

四川师范大学　赵俊波

相如、文君的浪漫故事中蕴含着反抗礼教、婚恋自主的积极意义，千百年来，许多诗文、戏曲、小说等反复吟唱、诉说着这一故事。前人已经对古代的相关作品做了梳理，但民国时期的大量作品则付之阙如。汤君《宋元以来小说戏文之相如文君故事述略》（《四川师范大学学报》2008年第2期）曾著录民国时期的相关作品四种：郭沫若话剧《卓文君》、李季伟与云查民合撰的传奇《当垆艳》、董秋婵弹词《凤求凰》、张恨水章回小说《凤求凰》，但并不完整。因此，本文拟搜集民国时期叙写相如、文君故事的文艺作品（其抒情者如抒发对此故事的赞叹、模仿相如口吻所写的情诗等不录），希望对今天的相如文化研究以及相关的戏曲、小说等文体的创作、表演等有所裨益。其中有些作品虽然可能已经佚失，但仍录其名，以备研究。汤文所提到的四种作品，本文不再重复。

一、戏曲

（一）陈小蝶《故琴心杂剧》

杂剧，发表于《半月》1922年第2卷第1期。前有作者之序："溽暑小疾，兼旬不瘳，烦□自煎，都不可解，且借笔札自遣。苦无□热，读海盐黄韵珊《当垆艳》传奇，适投痂好。因忆弇州山人有'纪文君故夫程皋'一则，略云：皋弱冠娶文君，善琴，富文藻，每以难皋。皋日诵万言，尚书给笔札，自以为不及相如也，每负辄叹：惟司马相如能助予。文君任诞，心怜才，私语侍儿：长卿可一见乎？而皋有消渴，有玄发之吟，未几卒。相如以琴挑文君，文君遂奔。补阙求疑，其事在若无若有之间。因取其事，谱之弦声，毋亦有画蛇之诮乎？"落款："时在壬戌伏暑，识于醉灵之轩。"剧本大意，已见于此。全剧仅一折，然与传统的故事差异甚大。文君之夫程皋与相如同事丞相张禹，程自以为才华不及相如；程、卓夫妻情深，某夜二人在花园同抚瑶琴时，程皋夸奖相如文才，随后去赴张禹之宴；文君心神荡漾，梦与相如相会，醒后，与赴宴归来的程皋同下，全剧结束。剧本有《牡丹亭·惊梦》的影子。全剧思想价值不高，而语言华丽。末有周拜花后记："醉灵生清才琬丽，妙想流通，此篇剪裁，尤见瑶思。上半阙写画眉琴趣，便觉细腻熨帖；下半阙写梦里琴心，则又不嫌迷离惝恍。文人笔尖，自有造化，非钻研故纸堆中、默守《兔园册子》者所能想见也。壬戌新秋，溽暑未阑，香雪楼夜话拜读一过，谨志佩忱。余杭周拜花识。"[1]指出作品虚实结合、描写细腻而语言华丽的特点。陈小蝶（1897—1987），名蘧，字小蝶，别号醉灵轩主人，小说家，浙江杭州人，著名的鸳鸯蝴蝶派作家陈栩（蝶

---

[1] 陈小蝶《古琴心杂剧》，《半月》1922年第2卷第1期，第1、8页。

仙）之子，精于昆曲："十岁即能倚声，又喜唱昆曲，其封翁常为之撤笛。"①周拜花，杭州人，生卒年不详，为陈氏父子的好友，曾有多篇笔记、诗词等发表于报刊，盖亦为鸳鸯蝴蝶派中人。

（二）梦藤《文君当垆全本》

京剧，残，今存14—18场，刊登于《东南日报》1921年10月16—19日，与署名李直绳的《文君当垆》基本相同，参见下文。作者梦藤，不详。

（三）李直绳《文君当垆》

京剧，连载于《东方时报》1926年6月24日—7月18日。从唱词前的板式说明来看，此为京剧。今录编辑者之序如下："曩在国民饭店袁寒云先生室中，晤李直绳将军，出所著剧本十余种见贻，大抵皆已付女乐、播之管弦者也。将军篆书为世推重，所编各剧皆有裨世道人心，外间或不深知。兹先将《文君当垆》一种刊录如下，以饬（笔者按：似应为'饷'）读者。"②全剧共19场，可能由于校勘不精的原因，有些场次的题目缺失，兹将有题者按顺序胪列如下：自述、入邛、柬邀、怜才、夜奔、听琴、分财、郊迎、自愧、前驱、起节。其情节、唱词、道白等均与梦藤所编大致相同，只是在唱词前加上了板式的提示，不知二人有何关系。李直绳，即李准（1871—1936），字直绳，四川省邻水县人，晚清时曾任广东水师提督等职，任内带领舰船巡视西沙、南沙群岛，宣示主权，并收复东沙岛。辛亥革命中，参加起义，后来定居天津，以演习书法、撰写剧本度日，长于篆、隶各体，今之《大公报》报头即其所书。

（四）《文君当垆》

剧本未见。南湖《集唐四首题金少梅〈文君当垆〉》剧本即送北

---

① 钝根《本旬刊作者诸大名家小史·陈小蝶》，《社会之花》1924年1月25日第1卷第3期。
② 《文君当垆》，《社会时报》1926年6月24日。

归》，下注："少梅现往济南演唱两星期，即回津歇夏。"①金少梅，即赵韵琴，京剧著名旦角演员，活跃于20世纪20年代。南湖，生平不详。

（五）《当垆艳》

传奇，薛恨生标点，上海新文化书社1933年11月、1934年11月，均为再版，但不知何时初版。此书作者不详，据世宗《黄华碎墨》之"《当垆艳》与卓文君"条，作者为清人李渔。但《李渔全集》中并无此本，不知世宗所言何据。全本24出，包括旅慨、闺謦、琴媒、箫语、奔艳、怒婚、当垆、赏赋、应诏、谪娇、谕檄、输奁、买赋、回宫、请臣、媚势、使夷、妒梦、射围、谏猎、情猜、诗感、觞别、琴圆，每出又包括若干场。其故事既包括《史记》中的记载如怒婚、使夷、谏猎等，也包括后世的传说如《长门赋》《白头吟》故事等。时人以为此剧语言流畅，人物形象鲜明，对现实中的人情世故有深刻透视："辞藻固不及明人，然流畅处亦非后人能及。其起首之'清平乐'，虽气魄未逮，然写相如之窘，则十分尽意……然笠翁之笔，实堪钦佩。""《当垆艳》传奇之编制胜于他本者，除写卓王孙之势利、卓文君之虚荣、司马长卿之自负外，于社会透视极锋锐。盖自古及今，社会中负势利、虚荣、自负之个性者甚多，故此本之传，亦奈（笔者按：似应为'赖'）社会之力也。"②如其中"清平乐"（半肩行李）、"剔银灯"（中郎将）分别描写相如之落魄与扬眉吐气，"香柳娘"（讶明珠暗投）描写卓王孙之势利，皆刻画入微。

（六）钟剑公《当垆》

昆曲，1923年由钟剑公编剧，剧本未见，钟剑公、胡梦熊分饰相如、文君。据当时的一则消息："武林词客钟剑公雅擅昆曲，消夏西湖，编成《当垆》《感甄》二剧，连日在杨庄习演，钟君自饰长卿、子建，

---

① 《益世报》1922年7月11日第14版。
② 世宗《〈当垆艳〉与卓文君》，《戏世界》1936年1月7、8日。

而以胡君梦熊饰文君与洛神云。"①可知编演概况。此剧似为小范围的演出，没有产生太大的社会效应。

（七）清逸居士《卓文君》

京剧，见于《戏剧月刊》1929年1卷8期，署名"尚小云"，为尚小云演出本。剧本共二十一场，首写相如落魄，往临邛投奔王吉；中有私奔、当垆等情节；末写被拜为中郎将、出使邛筰的相如经过成都时，卓王孙急忙去认亲，于是以大团圆而结局。尚小云，原名德泉，字绮霞，京剧四大名旦之一，尚派创始人。

此剧的编剧实为清逸居士，见世宗《黄华碎墨》之"《当垆艳》与卓文君"条、孤王《卓文君》等。《戏剧月刊》盖从主演的角度出发而署名尚小云，此为当时常态。清逸居士为溥绪之号。溥绪（？—1931），字菊隐，皇族出身，为清季贝子，民国之后承袭父封为庄亲王，故又称庄清逸。溥绪酷嗜京剧，能登台演出，曾为京剧名家马连良、程砚秋、尚小云等编写了大量剧本。

尚小云1929年曾在天津、上海等地演出此剧，文君与相如分别由尚小云及其弟尚富霞扮演，其中《当垆》一场曾于1930年由胜利唱片公司灌制成唱片。时人指出剧本所刻画的人物形象鲜明："《卓文君》一剧，为绮霞新剧之一，剧出自名家清逸居士。其写文君也，热情而不淫荡，写司马相如家贫而安命，可谓熨帖已极。"②其语言雅俗共赏："当垆一场，最为出色，道白与做法体贴入微。相如说：'装龙像龙，装虎像虎。'文君说：'嫁鸡随鸡，嫁狗随狗。'语极隽俏，可称雅俗共赏，足见剧本煞费苦心。"③此为的评，如本场中相如自报家门："卑人司马相如，卖赋不成，去而卖酒，为鸾凤交，作牛马走……"

① 穆如《艺术界消息》，《时报》1923年8月13日第13版。
② 春花《剧词集锦·卓文君之唱词》，《戏世界》1935年7月16日第1版。
③ 汾《尚小云之卓文君》，《新晨报》1929年1月21日。

文君一句话打断:"咄!闲话少说。我在此扇炉,你去涤器,怕有客来索饮吓。(司马)晓得。我是装龙像龙,装虎像虎。(文君)奴是嫁鸡随鸡,嫁犬随犬。"又如富豪程郑与门客上场,门客唱:"他金银就流出难入我袋,只好向银皮边摹挈挤挨。"程郑自白:"我乃临邛第二名富户是也。产富者地方,致富者天命。琴棋书画,我与他结下深仇;饮食男女,出于至性。"语言均极具个性化,三言两语,即能刻画各自形象特点,且浅显、简洁,堪称本色当行。又,作者不一味以抨击礼教为务,如卓王孙疼爱女儿,询问女儿是否愿意再嫁,这与话剧中固守"三从"的卓王孙形成对比。在征得女儿同意后,卓王孙说:"儿啊,你既有此意,为父自当择一富豪之家改嫁,使尔终身衣食无缺。"①站在父母的角度,这种想法也可以理解。因此,当时有剧评说:"卓王孙择富而嫁之主张,此固天下父母之心也,旧礼教未必即能吃人。父母爱子,无微不至,此种心理,为卓王孙设想,初亦未可厚非。"②

附:评剧《卓文君》,改编自京剧尚小云演出本,二十世纪三十年代由评剧表演艺术家喜彩莲演出。

(八)《凤求凰》

越剧,1949年由雪声剧团演于上海。该剧绾合"凤求凰"与"白头吟"的故事而有所改动,演卓文君"为了敢与环境搏斗与礼教抗争"而私奔,最后,因"不甘为官财昏迷了的司马相如的第×夫人,而情愿靠自己而生活"③,即"故意加一个'光明的尾巴',论卓文君以纺纱自力更生"④,从而获得新生。私奔与新生,突出了卓文君反抗礼教、珍视人格

---

① 《卓文君曲本》,见《戏剧月刊》1929年第1卷第8期,第143页。
② 率斋《卓文君》,《益世报》1936年2月25日第5版。
③ 陈伟《新越剧〈凤求凰〉》,《和平日报》1949年4月24日第4版。
④ 洪荒《〈凤求凰〉与〈白头吟〉》,《大公报》(上海)1949年5月2日第4版。

尊严的个性。据导演冼君年说，该剧本"是'雪声'剧务部的一位同事写的"，"大体上仍然是一种加了唱词的话剧剧本"，"差不多都是抄袭话剧的"。剧本"具有不统一的缺点——文言与现代口语（甚至现代的名词）的夹杂，不写实和写实的并用"。[①]此剧为袁雪芬领衔的"雪声剧团"的演出剧目之一，曾在上海九星大戏院演出。雪声剧团倡导"新越剧"，在剧本、表演及剧团的运行机制等方面均有改革。

（九）胡知非《卓文君》

申曲（沪剧），由胡知非编导（施春轩、卫鸣岐也应当参与了部分唱段的编写），共六幕，借鉴了话剧、京剧等，施春轩的施家剧团演出。1940年的《申曲画报》曾连篇累牍地报道该剧的演出信息，并曾刊登了其中的一些唱段。其剧情是："从文君新寡起，由阿公调戏，引起文君再醮的动机。文君率婢私奔，黑夜溺水遇救，凉亭中与司马相如初遇钟情，再由双方琴声挑动情逗（笔者按：似应为'窦'）。司马相如一曲《凤求凰》，打动文君心弦，造成文君夜奔相如。夫妇合开酒肆，相如做酒保，文君当酒垆，直至圣旨下诏进京为止。演足三小时半，全剧一气呵成。"此剧在申曲史上有重要的地位，时人评其为申曲发展的里程碑："从《卓文君》里，我们可以看到申曲的前途已经开辟了一条新的康庄大道，申曲绝对不是几种什么滩的所可比拟。申曲将近要跟上了现代化的戏剧，够上艺术的水准线。申曲一向潜伏着的伟大力量，在《卓文君》里已完全爆发起来。"其特点是："情节香艳热烈，绝顶伟大。布景立体化，富有诗意。服饰完全古装（不是平剧化的古装，是电影化、话剧化的古装），作风采取一部分话剧之长，保持原来申曲固有的优点。全剧专重唱词，文句出自编导者编定，并无艺员随口而出的弊

----

① 冼君年《关于"新越剧"——导演〈凤求凰〉后的感想》，《大公报》上海版1949年4月5日第7版。

病。最精彩几段，如卓文君叹月、卓文君立志再醮，或是古色古香，或是慷慨激烈，为受数千年旧礼教束缚的妇女界扬眉吐气。""最宝贵的当推全剧几幕精彩的唱词，都是预先编定，预先熟读，文句较普通随口出的来得深奥。但也十分显明。"可见，从情节、布景、服装等几个方面都有改革，最重要的是先编定唱词而后由演员演唱，一改从前演员自由发挥的弊端。因此，作者总结经验说："希望申曲界往后的编剧，千万不要忽视了这一桩伟大的工程——编定唱词。申曲的本位，无疑的，更将跨上了一步。"[①]卫鸣岐与施春轩双演司马相如，石筱英、施文韵双演卓文君，汪秀英、施春娥双演红箫。施春轩（1901—1971），原名施春熺，上海人，出身申曲世家，为著名的申曲艺人，申曲"施派"创始人，曾主持"施家班"（后改称"施家剧团"）。胡知非（1880—1954）字浩然，号老饭桶，上海人，著名申曲、越剧编导。

（十）《司马相如》

粤剧，剧本未见。1948年，觉先声光华联合班在香港演出"李少芸新杰作《司马相如》"，由陆飞鸿、薛觉先分饰文君与相如。据记者言，男女主角的表演极其出色，"当薛氏唱'柳摇金'一曲，眉目传情，活泼潇洒，不失当年风度。惜乎衷气未足，嗓子低沉，幸早有设备传音筒数个散置舞台上下左右，故一经唱出，如空谷传声，尚觉清晰可闻。综观全剧，编剧手法美妙，场场献肉，大佬倌场场碰头，融冶一炉。布景伟大，值得一看。"[②]

（十一）尹海清《卓文君夜访相如》

粤剧电影，编剧尹海清，导演周诗禄，著名粤剧表演艺术家红线女、张活游分饰文君与相如，永泰电影公司1949年出品。此剧在保留基

[①] 福君《卓文君：胡知非君编导，新都剧场演出》，《申曲画报》1940年第95期。
[②] 《觉先声光华联合班在港演出〈司马相如〉》，《国华报》1948年9月18日第6版。

本的琴挑、私奔、当垆卖酒等情节的基础上又有多处虚构：恶霸孙子策向卓家提亲而被文君拒绝；文君心许司马相如，于是要求公开招婿；相如凭一阕琴音，得选为婿，而文君之父大成嫌弃相如贫穷，欲赠其黄金，令其另觅佳偶，相如不甘受辱而辞；文君私奔相如，二人在城外开办酒肆以度日；适逢皇帝下榜招贤，相如入京；文君虽被孙子策苦缠，亦痴心不改，苦等相如归来；孙子策因杀人一事被揭发而被捕；相如高中而回，荣归卓家，才子佳人终成眷属。

二、小说

相关小说均为白话体，包括以下几种：

（一）鸿鹄《故事新编·卓文君》

连载于《雏燕》1911年，残，今存第二部分，叙相如听到卓府中传来琴声，于是攀墙而望，认出弹琴者正是之前曾见到过的卓文君，不觉"看得呆了"，而卓文君也发现有人偷窥，于是"呸"的一声呵责。回来后，相如就得了相思病，以至卧床不起。作者鸿鹄，生平不详。

（二）村夫《司马公琴心求凰，卓文君霄夜私奔》

残，今存第四、五部分，见《包头日报》1937年6月29、30日，叙述文君私奔、当垆卖酒、相如最终拜官之事。总体看来，平淡无奇。

（三）望《卓文君红粉当垆记》

见《民意报晚刊》1947年8月9日，题下标注"幽默小品"，写私奔与当垆，为戏说体作品，有恶搞性质，如写二人登报声明结婚，而卓王孙亦登报威胁等等，文学价值不高。

（四）东方《文君当垆记》

见《正谊日报》1948年4月14日第4版，内容与风格与上述《卓文君红粉当垆记》类似，文学价值不高。

（五）梦尤《卓文君的夜奔》

见1946年6月9日的《中山日报》。小说分四个部分：相如勤奋创作，生活穷困，考虑到自己的穷困生活，决定应约赴卓府之宴；宴席上，相如抚琴，发觉文君窃听；文君私奔；当垆卖酒。小说刻画的人物形象非常真实，如相如在宴席上听到大家的赞扬时，"涨红了脸，万分忸怩不安"；在看到夜奔的文君时，又"惊惶局促"；听到卓王孙断绝父女关系的威胁后，"慌慌张张"，总之，不是史书中剑胆琴心、气盖一世的大文豪形象，而是一位活生生的、真实的青年的样子。文君勇敢追求爱情，因为"倾慕先生的文名，钦爱先生的文采"，所以"不惜背着无数人的辱骂、讥嘲，来私托于你"；在听到父亲断绝关系的威胁后，她很镇静："这有什么了不得！'饮食男女，人之大欲'。我们的圣人仲尼，不也向南子跪着求爱吗？我们不依靠任何人。现在你可以收起那枝破笔杆，我还有几个积蓄，在这个年头还是做生意好。"小说有戏说的倾向，往往以今例古，如卓王孙"连忙在报纸上刊登了一个启事"，与文君断绝父女关系。卖酒时，"文君脱下那件古袖长袍来，换上一件最时新簇花旗袍，满擦着胭脂口红，亲自当起垆来"。而文末说："现在我们的相如先生，再也不做什么'上林赋'了，也不像从前那样的消瘦。他大腹便便地天天伏在柜台上，盼望着货物涨价。"[①]在戏说之中蕴含讽刺，表达对奸商、对物价飞涨的现实不满。

（六）金康祥《文君夜奔》

分三次连载于《中央日报》（昆明）1948年5月15日至17日。此小说的情节、构思等步骤同梦尤之作，而篇幅有所扩展。一写穷困的相如努力写作，某日接到了卓府的请柬。二写相如赴宴、弹琴，发觉文君窃听，回到家后，陷入思念。夜深人静之时，文君前来投奔。三写卓王孙

---

① 梦尤《卓文君的夜奔》，《中山日报》1946年6月9日第6版。

要断绝父女关系，相如的慌张、文君的镇定，与上述梦尤小说中的描写如出一辙，此处从略。此后略写二人开酒馆致富，相如"再也不做什么子虚、上林劳什子了，他整天大腹便便地倚在柜台上，盘算着'生财有道'的门径"。当看到从前的仆人褚妈来讨饭时，他很鄙视对方"回过头来对文君笑道：'我爱！这个年头儿，天生的穷命根，压根儿是没有办法的啊！'她咧着嘴，也报之以一笑"。[①]其中环境描写非常细致，所写的临邛秋景如在目前。作者刻画了相如、文君的形象，并使用对比写法。相如最初坚持理想，在穷困之中勤奋写作，蔑视富贵；可是在发家致富后，却抛弃理想，一心赚钱，鄙视从前的仆人。文君勇敢追求爱情，且能放下富家小姐的身段，当垆卖酒，但致富之后，也有蔑视穷人之意。这一改造，反映了真实的人性——在金钱的巨大威力面前，理想、人格等难免会发生变化。

三、其他

包括电影、剧诗等。

（一）芷蘅《卓文君》

诗歌，今存第一部分，见《新诗刊》1938年创刊号。题下注其体裁为"剧诗"[②]。作品将戏剧与诗歌相结合，主体为诗，每行十三字，中间偶以散体句式介绍自然环境、人物动作。第一部分听琴，以卓文君与丫鬟红箫的对话为主。文君新寡，忧郁悲伤之时，被传来的琴声所打动。从琴声中，文君听出了演奏者出众的文才与蔑视名利的风骨、

---

① 金康祥《文君夜奔》，《中央日报》（昆明）1948年5月17日第6版。
② 所谓"剧诗"，达如《剧诗》以为是"主客观诗"，"叙客观的事，抒主观的情，兼叙事诗与抒情诗之两面者"，见《东莞留省学会杂志》1919年第1期第72页。郑振铎《诗歌的分类》将诗歌分为抒情诗、史诗和剧诗三类，剧诗"即是以言语与动作的联合来表示出它的内容"，见《郑振铎文集》第四卷第370页，人民文学出版社，1985年，原载《文学》1923年8月27日第85期。

高洁的性情等。红箫告诉小姐，此即司马相如，当初做客卓府时，文君也曾偷窥、窃听并暗恋。红箫鼓动文君酬和，后者虽然也有此想，但终于压制住自己的感情。其中描写琴声的一段，运用比喻等手法，形象鲜明，文笔优美，可与文学史上著名的描写音乐的作品如《琵琶行》《听颖师弹琴》或《老残游记》中"明湖湖边美人绝调"等媲美；而由琴音联想到弹琴者的高洁、渊博与淡泊名利等，则又是创新的写法了。

（二）梦影《卓文君》

电影剧本，刊载于《半壁》月刊，1941年第7、8、9期及冬季特大号。全剧共五场，每场若干景。剧本的情节、人物等以郭沫若话剧《卓文君》为基础而有所增删，如文君婚前即心属相如，两人暗通书信；其后丈夫程公子病亡，公公程郑调戏未果，文君返回娘家；最后以红箫刺死秦二、吓跑卓王孙与程郑、文君投奔相如而结束。其主题仍以反抗旧礼教为主，如程公子并非话剧中所说的目不识丁之人，他在亡前向文君表示歉意："我们这段婚姻，您是不同意，但我……我也做不得主的，都……都是受了……受了父母之命啊！"文君伤心地回答："我不恨你，我，我……我恨那些不顾儿女自由的父母。"①综合当时的各篇报道可知，本片1940年秋由国联公司开拍，导演杨小仲，袁美云、梅熹分饰文君与相如，田续饰汉献帝，当年即告竣工。许多报道均以"恋爱革命"概括这一故事，如："按卓文君为恋爱革命的伟大女性，固非目之为一般的儿女私情作品也。"②

（三）歌舞剧《卓文君》

1941年由国都剧团演于伪满长春，剧本未见。据当时报道称，编剧

---

① 梦影《卓文君》，《半壁》第8、9合期，第63页。

② 《卓文君搬上银幕，袁美云、梅熹任主角》，见《大众电影》1940年1卷13期102页；《中国商报》1940年10月12日第6版也以"革命女性"为题报道此事，且报道中也有这两句话。

耶国，导演袁涤，全剧共六景，即月宫、听琴、夜会、风波、谈情、出奔①。

以上记录了相关作品二十一篇，其中戏曲十二篇，小说六篇，其他三篇。可以看出，相较于古代，由于新文化运动、新传媒的发展等因素，相如、文君故事在民国时期得到了更为广泛的传播。相关作品不仅丰富了这一故事的思想内涵，而且其形式也多种多样，表现在：文体众多，有话剧、戏曲、弹词、小说、剧诗、歌舞剧、电影等；情节各异，有大团圆者，也有文君离开相如而自力更生者；作者的创作态度各异，有态度严肃、以作品呼唤思想解放者，也有以戏说为主，讽刺社会现实者，体现了相如、文君故事的巨大感召力。

① 《新型歌舞剧〈卓文君〉将公演》，1941 年 6 月 10 日第 4 版。

司马相如出使西夷路线

四川师范大学　周及徐

一、从临邛上路

司马相如出使西夷见于《史记·司马相如列传》："是时邛、筰之君长闻南夷与汉通，得赏赐多，多欲愿为内臣妾，请吏，比南夷。天子问相如，相如曰：'邛、筰、冄駹者近蜀，道亦易通，秦时尝通为郡县，至汉兴而罢。今诚复通，为置郡县，愈于南夷。'天子以为然，乃拜相如为中郎将，建节往使。"

司马相如出使西夷以"中郎将"的官衔，与太守同级（秩比二千石），所以"高车驷马"之说是实事。其为"郎中将"（秩比千石）之说[1]为讹误，我有文辨之。[2]司马相如出使西夷时间约在汉武帝元光五年

---

① 《史记·西南夷列传》："蜀人司马相如亦言西夷邛、筰可置郡。使相如以郎中将往喻，皆如南夷。"

② 参见周及徐《西汉通西南夷的几个问题及通西南夷大事年表》，《语言历史论丛》第十二辑，巴蜀书社，2018年。

（公元前130年），^①我亦在同文辨之，兹不赘述。

司马相如出西夷，从临邛出发而不是别的地方，有以下根据。

1. 现代出成都往西昌等地必经雅安。而从成都经雅安往邛笮地区之路古代不通。雅安以东的金鸡关山分隔了川康两地，打通金鸡关大道是近代的事，此后雅安才作为进入康藏、凉山地区的要冲城市发展起来。所以，古道不走雅安。

2. 临邛为秦汉边关要地。临邛城建于秦（据《华阳国志》），位于成都平原的西部边缘，再往西即入西部群山。临邛为秦汉时汉夷交界的边关城市。临邛之名得来，有人说是相邻于邛人的意思。但是，古时临邛当地及周围并无有邛人居住。邛人之国远在千里之外的邛都（今凉山西昌），中间还隔着古青衣羌国（治今芦山县）、古笮都（今汉源县）等少数民族地区。邛是当时的大国，汉民、商与之交通往来不断。临邛是通向邛都的边关，经此地即踏上通往邛都的道路。临邛，即临通邛都之路。这才是临邛得名之由。这名称也说明，古代南下邛笮的道路，是从临邛出发进入西部群山，在丛山之中择路而行的。

3. 临邛人为司马相如提供支持。司马相如岳父卓王孙及其好友为临邛富商，"临邛中多富人"（《史记·司马相如列传》）。为何偏远的边城反而有如此多富商？答曰：做走私生意。"巴蜀民或窃出商贾，取其筰马、僰僮、髦牛，以此巴蜀殷富。"（《史记·西南夷列传》）卓氏"家僮八百人"，这是奴隶。用这么多的人来扫地、舂米、做家务？非也。这些"家僮"是从夷地买来的夷人奴隶，听命于主人，吃苦耐劳，又熟知山水地理。他们是走私商队在丛山之中的最好的脚夫和向导。女婿奉天子之命出使西夷，岳父能不助他一臂之力？更何况这里边还有卓

---

① 参见周及徐《西汉通西南夷的几个问题及通西南夷大事年表》，《语言历史论丛》第十二辑，巴蜀书社，2018年。

氏自己的利益呢。通了西夷，边境开放，不再偷偷摸摸，生意会更发达。怪不得卓王孙迎接通西夷的汉使时"喟然而叹，自以得使女尚司马长卿晚"。"而厚分与其女财，与男等同。"比起以后的得益来，这只是小小的投入，身为富商还不会算这个账？果然，相如功成后，"除边关，关益斥，西至沫、若水，南至牂柯为徼。通零关道，桥孙水以通邛都"。（《史记·司马相如列传》）卓王孙大喜，正是：生意兴隆通西外，财源茂盛达临邛。

4. 汉武帝用人有因。西南夷处于外方，险山恶水，民俗诡异。如果任非其人，则往往有去无还。非熟知当地人文地理者不能使。相如蜀人，且在边关城市临邛有深厚的关系。此汉武帝选择使臣的重要原因。

司马相如当从临邛出使西夷，不再需要别的理由了。定了司马相如从临邛出使，通西夷路线也就基本定了：因为依地理形势和出使方向，古人只能这样走。

二、南下路线

司马相如通西夷（从成都至邛都）路线，由于道路长，分多图来显示方能详明，图大小以字迹地名能分辨为准。沿途情况，随图说明。作者在多年的四川调查方言之时，亲自考察过多数路段。

1. 通西夷路概况

司马相如通西夷路线既是秦汉以来的民间生活通道和商道，也是汉代通西夷路，也是南方丝绸之路，唐宋以后叫作茶马古道。根据商贸互市的目的地不同，古道有的地方分支互连，或成网状。我们研究司马相如通西南夷的路线，故只选取其中直通云南的路线。成都地区与西夷地区的交往从秦时已见记载，且"尝通为郡县"。汉以后这些道路仍然是历代的交通道路。

古代的道路通向目的地的路线，在山区一般是尽可能地选择沿河道而行，逆水上、顺流下，上下山都比较平缓，宜于长途。成都通往西南边陲的古代道路多是这种情况。如通西夷路先后沿白沫水（南河）、芦山河、灵关河、荥经河、花滩河（荥河分支）、相岭河、安宁河等南下，沿岷江及其支流北上。这种状况延续了几千年，有的路段仍为今天所用。在现代，由于交通工程技术飞速发展，逢山钻洞遇水叠桥，以近为便，在越来越多的地方不再沿古代的旧路。但是在主要的方向上古今是一致的，有很多路段甚至是与古道重合的。

2. 通西夷路线及五个分段

第一段：成都—邛崃。①出成都南（万里桥一带），西过成都平原，经苏坡桥、文家场、温江，到崇州，到邛崃市（临邛）。此段为大汉内地，平原无阻，为一日车马之程。从成都至邛崃今约70公里。

第二段：邛崃—芦山。从邛崃（古临邛）平乐古镇，分二路：

1. 向西穿芦沟竹海，到达火井镇，折向南到高何镇、天台山镇。芦沟山路崎岖，此为辅路。

2. 向南经临济镇，夹关镇。夹关又称夹门关，是古代关口，今仍为集镇。此转向西，到天台山镇。道路较为宽阔，此为主路。

以上两路在天台山镇合并，在天台山以西进入群山通道，向西南经马落岩，翻越镇西山（图中左下，今有镇西山隧道3公里）。镇西山是汉代汉夷分界地，翻过镇西山，就是夷界—古青衣国地。

过镇西山后，沿芦山河转向南，到芦山县（古青衣国，秦置青衣县，后废。司马相如后，汉代置汉嘉郡，郡治青衣县，当是汉元鼎以后立）。沿芦山河顺流南行。从邛崃至芦山今约100公里。

第三段：芦山县—两河口—荥经县。

---

① 地名用今名，古地名在括号内注出，如：邛崃（临邛）。

从芦山县向南，沿灵关河（宝兴河，芦山河与之汇合）南下，到飞仙关（镇）。飞仙关今为天全、荥经、雅安三地的交际处，实际上是北南通道上，南下荥经（严道县）道路的关口。

过飞仙关隘口沿灵关河向南，灵关河与荥经河汇为青衣江。溯北岸西上，到两河口（天全河与荥经河汇合处，今有天全县的两河口大桥），过两水汇合处逆荥经河南下。向西的分支是沿天全河向斯（徙）榆（今天全县始阳镇一带）的路线。

过荥经河南下，溯荥经河向南。经30公里到荥经县。荥经为西汉严道县，汉武帝元鼎六年（前111年），司马相如通西夷后设。

芦山县经两河口至荥经县今约50公里。

第四段：荥经县—大相岭—汉源县。

过荥经县向西，经花滩镇，溯荥河支流—花滩河向南，到安靖乡场口。有古大通桥（元代所建），道路必经处。安靖场为古驿站，茶马古道所经，今留有石板小街，旧客栈等。山后有石板古道南通向大相岭，宽两米左右，背夫拄拐窝、骡马蹄窝，比比皆是。所谓"五尺道"，此一斑也。古迹大通桥不负车载重压，2005年倒塌，今残石累累，古石雕图文可辨。茶马古道隐在山林中，今废。2007年夏，我调查方言至此，在当地向导的指引下，亲临考察这些古代道路遗迹，印象深刻。

大相岭即今泥巴山。再向南，经凤仪乡上大相岭，从中路翻过大相岭。今有108国道从西侧垭口翻越泥巴山。今又有G5京昆高速公路从东侧过大相岭，穿大相岭（泥巴山）隧道，长十余公里。两条现代化公路在东、西，古代道路在中间，三条线路并行，不重合，越过大相岭以后汇拢。今天没有人走古路越大相岭（约需两天），空手步行也精疲力竭。走西边108国道越泥巴山的人车也少了（乘车两小时），有翻车危险。大都走东路的G5京昆高速公路穿泥巴山（大相岭）隧道（十五分钟），安全快捷，真是天堑变通途。2007年夏，我调查汉源方言，从

108国道两次越泥巴山。现在还记得山顶垭口高耸入云，虽值盛夏却是云雾迷漫，风寒雨打，荒无人迹。

大相岭主峰三千多米，从西北向东南横亘20多公里，像一道高墙挡在南下的路上。古代过岭路凿石级相通，不能过车马，古代用脚力背夫。翻过山下到清溪镇，是从大相岭下到大渡河的三级台阶之中阶（小相岭）。

从清溪镇再下到九襄镇，再南下到大渡河北岸的汉源县（富林镇）。汉源县即古笮都，西汉置沈犁郡，治旄牛县，即此地。汉武帝元鼎六年（前111年），司马相如通西夷后设。2007年夏，我调查方言至此。因大渡河大树水电站建设，汉源县城要搬迁。城已经大半撤空，我在招待所住了两宿，调查记录了汉源方音音系。雨中撑着伞，在河岸边看到已无人居的空宅，望见对岸的大树镇也在雨中萧瑟。想去文管所看看古文物，门人告知今天不上班。我惜别了这座二千多年之久的小县城，心知永远也看不到它了。一点小小的慰藉是，我背上的背包里存着汉源乡音的磁盘。旧汉源城今已沉到水底。

荥经县越大相岭至汉源县今约100公里。

第五段：汉源县—冕宁县—西昌（邛都）。

汉源治所富林镇在大渡河北岸，河上原有索桥通南岸大树镇。古人当在此过渡。过河后南下。过河以后路线不可考。或走旧雅西公路（或成昆铁路）一线，即乌史河、甘洛、越西、喜德，到西昌（邛都）；或走今108国道/京昆高速一线到冕宁，沿安宁河到邛都。由于有"桥孙水"的记载（《史记·司马相如列传》），古人解"孙水"为安宁河，故走西线的可能性比较大，我们用此说。（图7）汉源县经冕宁县至西昌（邛都）今约240公里。过西昌（邛都）沿安宁河而下，渡金沙江（泸水）至滇的路线比较平坦，不似北段艰险。又未查见确实的路线材料，所以暂不论。

总上五段，汉代通西夷道路成都至西昌（邛都），共计约560公里。这是依沿线的现代道路的里程。现代道路在一些地方取直了旧路，所以古路实际上要比这个里程长。又，成都向西北通冉駹①（后之汶山郡）是另起一路，从今都江堰市溯岷江入阿坝州，古今同线路。此路"近蜀、道亦易通"，略而不论。

综上，汉代通西夷道路不仅路途遥远，而且山险水恶、民风难料。非有大智大勇之人不能胜任出使。司马相如奉天子命，杖汉节出异域，夷人从风而服。"司马长卿便略定西夷，邛、筰、冉駹、斯榆之君皆请为内臣。"（《史记·司马相列传》）司马相如为开拓中国西南边疆做出了巨大贡献。"微相如，巴蜀其为中国之边陲与？"②作五言诗一首以歌之：

怀司马相如十韵

为四川蓬安县纪念司马相如诞生2200周年大会作

长卿豪侠子，岂是赋声闻？

酒肆著犊鼻，琴三通殷勤。

临邛卓氏合，西蜀夏夷分。

有家思为国，志士心如焚。

何得定边土，勿劳征远军？

马驱相岭道，杖指滇池云。

西使夷歌地，北朝汉武君。

高功归去后，清守不争勋。

---

① 沿岷江汶川、茂县一带为駹（今羌族）；沿杂谷脑河理县一带为冉（今嘉绒族等）。任乃强《华阳国志校补图注》，上海古籍出版社，1987年版，第189—191页。

② 语见周及徐《西汉通西南夷的几个问题及通西南夷大事年表》，《语言历史论丛》第十二辑，巴蜀书社，2018年版。

身伴文君老，魂期故里坟。

南疆千里拓，史传万年文。

注：

1. 琴三：《史记·司马相如列传》中"为鼓一再行""以琴心挑之"，"一再"为三，即演奏琴曲多首。通殷勤："重赐文君侍者，通殷勤。"（《史记·司马相如列传》）

2. 西蜀夏夷分：西汉初，西蜀即华夷分界，出临邛即西夷界。

3. 相岭：相岭，即大相岭，今荥经、汉源之间的泥巴山。杖：节杖，相如"建汉节往使"。

4. 夷歌：杜工部《阁夜》诗"夷歌数处起渔樵"。东汉时，青衣夷来献"白狼歌"。

5. 清守：指相如晚年为文（帝陵）园令，为"清庙之守"（《汉书艺文志诸子略》语）。

相如与文君爱情故事在唐诗中的嬗变

四川文化艺术学院　郑小琼

司马相如是蜀地历史名人之一，他的一生富有传奇色彩。无论是他的政治才能，还是他的文学成就，都令后辈大为赞赏。司马相如与卓文君的爱情故事尤为传奇，为后人津津乐道，流传至今，颇受世人喜爱。唐代诗人云集，他们将司马相如与卓文君的爱情故事写入诗中，传承文化经典。

一、故事来源

关于司马相如与卓文君爱情故事的文字记载较早较全面者见于《史记·司马相如列传》和《西京杂记》，下面将其故事梗概整理如下。

（一）绿绮传情卓文君

当梁孝王死后，司马相如前往临邛，投奔好友王吉。临邛县令王吉想要撮合司马相如与卓文君，故假装对司马相如十分恭敬，每天亲自拜访。借此，希望引起临邛富人卓王孙的注意。而后，卓文孙与当地另一富商程郑商议，决定在卓家款待县令好友司马相如。宴饮当天，所有宾客已至，可司马相如推迟再三不往，县令王吉亲自前邀，才勉强前往。酒酣之时，王吉献琴，请司马相如自奏一曲。"是时卓王孙有女文君新寡，好音，故相如缪与令相重，而以琴心挑之。相如之临邛，从车骑，雍容间雅甚都；及饮卓氏，弄琴，文君窃从户窥之，心悦而好之，恐不得当也。既罢，相如乃使人重赐文君侍者通殷勤。文君夜亡奔相如，相如乃与驰归成都。"①这就是琴挑文君的故事脉络，既传奇生动，又言简意赅，成为一段佳话永载史册。

（二）爱情宣言《凤求凰》

《凤求凰》流传至今，成为爱表白情的经典，为后人争相传诵。司马相如琴艺精湛，所用绿绮十分名贵。司马相如写《如玉赋》赠予梁王，梁王极为高兴，以收藏的"绿绮"琴回赠②。现今见到的第一手载有司马相如琴歌两首文辞的史料是南朝陈徐陵（507—583）编辑的《玉台新咏》一书③。文辞如下：

（题）《司马相如琴歌二首并序》

司马相如游临邛，富人卓王孙有女文君新寡，窃于壁间窥之，相如鼓琴，歌以挑之曰：

凤兮凤兮归故乡，遨游四海求其凰。

时未通遇无所将，何悟今夕升斯堂。

有艳淑女在此方，室迩人遐独我肠。

何缘交颈为鸳鸯？

---

① 司马迁撰，裴骃集解，司马贞索引，张守节正义《史记卷一百一十七·司马相如列传》，中华书局，出版社，1959年9月，第3000页、第3001页。

② 李永明、刘丽兰、李天著《中国历代词选之乐舞论》，文化艺术出版社，2018年9月，第229页。

③ 朱江书《琴歌〈凤求凰〉考释》，《四川音乐学院学报》，2006年6月25日，第17页。

皇兮皇兮从我栖，得托字尾永为妃。

交情通体心和谐，中夜相从知者谁。

双兴俱起翻高飞，无感我心使予悲。①

关于《凤求凰》渊源的考证，学者们从文学、音乐、史学等角度，进行了文献分析。因《史记·司马相如列传》未记载琴辞的内容，所以，司马相如所弹曲子为何物，不能断言，但综合后世文献可知，《凤求凰》曲牌和琴辞已成为爱情的载体，也成为司马相如追求卓文君的爱情誓言。

（三）才子佳人暂卖酒

当司马相如与卓文君情定终身返回成都后，文君发现司马相如家徒四壁，生活困窘。后来两人商议，决定重回临邛。他们卖掉车骑与饰物，买来酒舍，经营生活。文君当垆，相如涤器。日子虽苦，有爱同行。据说卓王孙听闻两人卖酒的事后，感到十分耻辱，闭门不出。在亲朋好友的劝解之下，卓王孙无可奈何，于是"分予文君僮百人，钱百万，及其嫁时衣被财物。文君乃与相如归成都，买田宅，为富人"②。

从文君当垆与相如涤器的故事可知，两人为了爱情，共渡难关，并肩作战，携手同行。这一时期的司马相如对文君恩爱有加，卓文君对司马相如誓死不离。此时，他们是世间恋人或夫妻追随的楷模，他们的故事成为一段永久的佳话，深入人心。

（四）文君含恨《白头吟》

卓文君是一代佳人，容貌美丽，气质优雅。《西京杂记》载"文君

---

① 徐陵编，傅承洲、慈山等注《玉台新咏》下，华夏出版社，1988年1月，第438—439页。

② 司马迁撰，裴骃集解，司马贞索引，张守节正义《史记卷一百一十七·司马相如列传》，中华书局，出版社，1959年9月，第3000页、第3001页。

姣好眉色如望远山，脸际常若芙蓉，肌肤柔滑如脂"。①天生丽质的卓
文君为了爱情，热情奔放，私奔相如。可世事难料，她与司马相如的爱
情发生了危机。《西京杂记》载："相如将聘茂陵人女为妾，卓文君作白
头吟以自绝，相如乃止。"②这则故事就是司马相如负心的出处。这个记
载较为简略，司马相如何时何地想要纳茂陵女为妾，卓文君所作《白头
吟》为何篇，这些重要问题在《史记·司马相如列传》中并无记载。据张
修蓉学者考究，在严可均《全汉文·卷二十二》和张溥《汉魏六朝百三名
家集·司马文园集》中，都收有司马相如《报卓文君书》一篇，其言曰：
"五味虽甘，先稻黍。五色有灿，不掩韦布。惟此绿衣，将执子之斧，
锦水有鸳，汉宫有木。诵子嘉'吟'，而予故步，当不令负丹青，感
《白头》也。"③可见，卓文君确实给司马相如作过《白头吟》。而《白
头吟》到底为何诗？宋郭茂倩《乐府诗集·相和歌辞·白头吟》集录了
全文：

皑如山上雪，皎若云间月。
闻君有两意，故来相决绝。
今日斗酒会，明旦沟水头。
躞蹀御沟止，沟水东西流。
凄凄复凄凄，嫁娶不须啼。
愿得一心人，白头不相离。
竹竿何嫋嫋，鱼尾何簁簁。
男儿重意气，何用钱刀为？

① 葛洪撰，周天游校注《西京杂记》，三秦出版社，2006年1月，第83页、第156页。
② 葛洪撰，周天游校注《西京杂记》，三秦出版社，2006年1月，第83页、第156页。
③ 张修蓉著《汉唐贵族与才女诗歌研究》，文史哲出版社，1985年3月，第30页。

这首乐府民歌通过"白雪""皎月""沟水""啼鸟""竹竿""鱼尾"等意象的描写，写出了女子复杂感情，深爱与悔恨交错，缠绵与决绝间杂，表达了"愿得一心人，白头不相离"的夙愿，十分感人。卓文君所作《白头吟》与这首乐府民歌是否内容相同，难以定论。但把这首乐府民歌与卓文君的爱情故事相关联，较合情合理。当司马相如早已忘却曾经患难与共，情深意笃的日子，对文君爱意递减的时候，卓文君写此诗抒发自己悲伤失望的心情，这也契合相关文献的记载。

因文君含恨写下《白头吟》，司马相如被深深地感动了。因此，他决定不再纳妾，两人重归于初，白首偕老。在《白头吟》中，卓文君形象是对爱情心若磐石、忠贞不贰、果敢坚定的痴情女，而司马相如形象却是喜新厌旧、忘恩负义、背叛感情的负心汉。

二、诗歌引文

（一）引用"绿绮传情卓文君"题材诗篇

1. 杜甫《琴台》

茂陵多病后，尚爱卓文君。

酒肆人间世，琴台日暮云。

野花留宝靥，蔓草见罗裙。

归凤求凰意，寥寥不复闻。

2. 岑参《司马相如琴台》

相如琴台古，人去台亦空。

台上寒萧条，至今多悲风。

荒台汉时月，色与旧时同。

3. 白居易《和殷协律琴思》

秋水莲冠春草裙，依稀风调似文君。

烦君玉指分明语，知是琴心伴不闻。

4. 元稹《紫踯躅》（节选）

紫踯躅，灭紫拢裙倚山腹。文君新寡乍归来，

羞怨春风不能哭。我从相识便相怜，但是花丛不回目。

5. 李播《见美人闻琴不听》

洛浦风流雪，阳台朝暮云。

闻琴不肯听，似妒卓文君。

6. 李贺《咏怀二首》

长卿怀茂陵，绿草垂石井。

弹琴看文君，春风吹鬓影。

梁王与武帝，弃之如断梗。

惟留一简书，金泥泰山顶。

日夕著书罢，惊霜落素丝。

镜中聊自笑，讵是南山期。

头上无幅巾，苦蘖已染衣。

不见清溪鱼，饮水得自宜。

7. 李群玉《同郑相并歌姬小饮戏赠》

裙拖六幅湘江水，鬓耸巫山一段云。

风格只应天上有，歌声岂合世间闻。

胸前瑞雪灯斜照，眼底桃花酒半醺。

不是相如怜赋客，争教容易见文君。

8. 罗隐《听琴》

寒雨萧萧落井梧，夜深何处怨啼乌。

不知一盏临邛酒，救得相如渴病无。

9. 罗虬《比红儿诗·其二十八》（节选）

薄罗轻剪越溪纹，鸦翅低垂两鬓分。

料得相如偷见面，不应琴里挑文君。

10. 鱼玄机《左名扬自泽州至京使人传语》

闲居作赋几年愁，王屋山前是旧游。

诗咏东西千嶂乱，马随南北一泉流。

曾陪雨夜同欢席，别后花时独上楼。

忽喜扣门传语至，为怜邻巷小房幽。

相如琴罢朱弦断，双燕巢分白露秋。

莫倦蓬门时一访，每春忙在曲江头。

（二）引用"爱情宣言《凤求凰》"题材诗篇

1. 张祜《琴曲歌辞·司马相如琴歌》

凤兮凤兮非无凰，山重水阔不可量。

梧桐结阴在朝阳，濯羽弱水鸣高翔。

2. 史凤《闭门羹》

一豆聊供游冶郎，去时忙唤锁仓琅。

入门独慕相如侣，欲拨瑶琴弹凤凰。

3. 王仙仙《附：孙玄照琴中歌赠王仙仙》

相如曾作凤兮吟，昔被文君会此音。

今日孤鸾还独语，痛哉仙子不弹琴。

（三）引用"才子佳人暂卖酒"题材诗篇

1. 杜甫《醉时歌》（节选）

相如逸才亲涤器，子云识字终投阁。

先生早赋归去来，石田茅屋荒苍苔。

2. 李瀚《蒙求》（节选）

伯道无儿，嵇绍不孤。

绿珠坠楼，文君当垆。

3. 钱起《送褚大落第东归》（节选）

稚子只思陶令至，文君不厌马卿贫。

剡中风月久相忆，池上旧游应再得。

酒熟宁孤芳杜春，诗成不枉青山色。

4. 白居易《卢侍御小妓乞诗座上留赠》

郁金香汗裛歌巾，山石榴花染舞裙。

好似文君还对酒，胜于神女不归云。

梦中那及觉时见，宋玉荆王应羡君。

5. 李商隐《杜工部蜀中离席》

人生何处不离群？世路干戈惜暂分。

雪岭未归天外使，松州犹驻殿前军。

座中醉客延醒客，江上晴云杂雨云。

美酒成都堪送老，当垆仍是卓文君。

6. 李商隐《寄蜀客》

君到临邛问酒垆，近来还有长卿无。

金徽却是无情物，不许文君忆故夫。

7. 李商隐《戏题友人壁》

花径逶迤柳巷深，小阑亭午唧春禽。

相如解作长门赋，却用文君取酒金。

8. 薛能《和杨中丞早春即事》

贵宅登临地，春来见物华。

远江桥外色，繁杏竹边花。

戍客烽楼迥，文君酒幔斜。

新题好不极，珠府未穷奢。

9. 于《相和歌辞·宫怨》

妾家望江口，少年家财厚。临江起珠楼，不卖文君酒。

当年乐贞独，巢燕时为友。父兄未许人，畏妾事姑舅。

西墙邻宋玉，窥见妾眉宇。一旦及天聪，恩光生户牖。

谓言入汉宫，富贵可长久。君王纵有情，不奈陈皇后。

谁怜颊似桃，孰知腰胜柳。今日在长门，从来不如丑。

（四）引用"文君含恨《白头吟》"题材诗篇

1. 李白《相和歌辞·白头吟·其一》

锦水东北流，波荡双鸳鸯。

雄巢汉宫树，雌弄秦草芳。

宁同万死碎绮翼，不忍云间两分张。

此时阿娇正娇妒，独坐长门愁日暮。

但愿君恩顾妾深，岂惜黄金买词赋。

相如作赋得黄金，丈夫好新多异心。

一朝将聘茂陵女，文君因赠白头吟。

东流不作西归水，落花辞条羞故林。

兔丝固无情，随风任倾倒。

谁使女萝枝，而来强萦抱？

两草犹一心，人心不如草。

莫卷龙须席，从他生网丝。

且留琥珀枕，或有梦来时。

覆水再收岂满杯，弃妾已去难重回。

古时得意不相负，只今惟见青陵台。

2. 李白《相和歌辞·白头吟·其二》

锦水东流碧，波荡双鸳鸯。

雄巢汉宫树，雌弄秦草芳。

相如去蜀谒武帝，赤车驷马生辉光。

一朝再览大人作，万乘忽欲凌云翔。

闻道阿娇失恩宠，千金买赋要君王。

相如不忆贫贱日，官高金多聘私室。

茂陵姝子皆见求，文君欢爱从此毕。

泪如双泉水，行堕紫罗襟。

五起鸡三唱，清晨白头吟。

长吁不整绿云鬓，仰诉青天哀怨深。

城崩杞梁妻，谁道土无心？

东流不作西归水，落花辞枝羞故林。

头上玉燕钗，是妾嫁时物。

赠君表相思，罗袖幸时拂。

莫卷龙须席，从他生网丝。

且留琥珀枕，还有梦来时。

鹔鹴裘在锦屏上，自君一挂无由披。

妾有秦楼镜，照心胜照井。

愿持照新人，双对可怜影。

覆水却收不满杯，相如还谢文君回。

古来得意不相负，只今惟有青陵台。

3. 李益《奉和武相公春晓闻莺》

蜀道山川心易惊，缘窗残梦晓闻莺。

分明似写文君恨，万怨千愁弦上声。

4. 汪遵《白头吟》

失却青丝素发生，合欢罗带意全轻。

古今人事皆如此，不独文君与马卿。

5. 李昌邺《和三乡诗》

红粉萧娘手自题，分明幽怨发云闺。

不应更学文君去，泣向残花归剡溪。

6. 田娥《寄远》

忆昨会诗酒，终日相逢迎。

今来成故事，岁月令人惊。

泪流红粉薄，风度罗衣轻。

难为子猷志，虚负文君名。

三、典型意义

唐王朝是一个繁荣昌盛的王朝，在文化、政治、经济、军事等诸多方面达到了鼎盛期。国力强盛，政策开明。唐代诗人志存高远，立志建功立业，报效祖国。他们性情纯真，潇洒自如，大胆追求爱情；他们博览群书，引经据典，敢于借古讽今；他们感伤时局，忧心忡忡，积极寻找良机；他们立场坚定，直言敢谏，倾露正直热忱；他们狂放不羁，侠胆雄心，乐于匡扶正义。

司马相如与卓文君的爱情故事流传至唐代，其主题更加丰富，其作用更加显著，具有时代特点。此爱情故事在唐诗中，缓缓流淌，经久不衰，光芒四射。诗人们用其题材进行再创作，其思想性与艺术性皆源于"感于哀乐，缘事而发"，与现实社会密切相关。下面着重从思想性与艺术性两个方面进行分析，解读经典在唐诗中的演变。

（一）思想性

1. 爱情主题的延续

在中国诗歌史上，爱情诗可谓源远流长。唐代爱情诗是一部悲欢离合的民族史，需要细细品味，深深追忆。唐代诗人引用司马相如与卓文君爱情故事进行创作，借"琴台""凤凰""飞鸟""朱弦""双燕""诗酒"等意象，抒发对人世间美好爱情的向往之情；对司马相如与卓文君纯洁爱情的赞美之情；对现实中难以追求到恋人时的辗转之情。下面仅从《全唐诗》摘录一二诗篇，以时间为线索，以佐证相如与文君爱情故事在唐诗中的引用，其主题仍以歌颂赞美为主。

杜甫于唐肃宗上元年间（公元760年至761年）来到成都，游览了司马相如旧宅的一座琴台，诗人借凭吊琴台，故作《琴台》。杜甫有感于司马相如和卓文君的爱情故事，尤以《琴歌》琴辞为重，表达了对司马相如与卓文君敢于超越礼法，大胆追求爱情的由衷赞美，发出他们是自己千古知音的慨叹。

张祜《琴曲歌辞·司马相如琴歌》借琴曲歌辞中的"凤凰"意象，表达对爱情的渴望，因"凤兮凤兮非无凰"而感到惆怅。诗人接着用"梧桐""飞鸟"等意象寄寓对爱情的期盼与坚守。

左名扬与鱼玄机相互爱慕，情投意合，故出现了鱼玄机的《左名扬自泽州至京使人传语》。诗中回忆了两人共同出游、吟诗作赋、骑马嬉戏、夜雨畅谈等往事。如今"忽喜扣门传语至"，鱼玄机喜出望外，内心澎湃，感到狂喜。而此中"相如琴罢朱弦断，双燕巢分白露秋"是写相如变心，文君悲伤的故事，以卓文君的悲情衬托当时自己的喜乐。以悲衬乐，寄托对美好爱情的歌咏之情，同时，希望自己不要有卓文君一样被遗弃的遭遇。

史凤是唐代宣城（今安徽宣州）的名妓，不仅貌美如花，还能吟诗作文。史凤《闭门羹》是写遇到不想见的人，以"闭门羹"待之。诗中借《凤求凰》写司马相如与卓文君情投意合，暗指自己难遇知音，抒发对纯洁爱情的渴望。

孙玄照《琴中歌》写给了歌伎王仙仙。诗人借司马相如以琴心挑得卓文君芳心，终成眷属的故事，抒发自己追求心爱女子王仙仙不得而忐忑不安的心情。

田娥《寄远》是一首写给丈夫的思念诗。诗人从诗酒会着笔，昨日还是欢声笑语，其乐融融。转眼间，已成往事。此去一别，再见不知是何时，整日泪流满面，日渐消瘦。"难为子猷志，虚负文君名。"引用典故，同时采用对偶的手法，写出了自己也会像子猷那样性情纯真，不受世俗浸染；也会像卓文君那样忠贞不渝，捍卫爱情。整首诗抒发了对远在异地丈夫的深深思念，抒发了对永恒爱情的坚守与期盼，希望能早日重逢。

2. 爱情主题的演变

在诗歌中，诗人们善于从历史人物的身份、思想、性格、重要经历等角度进行再创作。在唐代，诗人们借"相如受武帝赏识""相如纳妾""相如涤器""琴挑文君""文君新寡""当垆卖酒"等典故，抒发进步的女性思想观；抒写渴望建功立业的豪情壮志；表达生不逢时，前途渺茫的愁苦。下面仅从《全唐诗》摘录一二诗篇，以时间为线索，以佐证相如与文君爱情故事在唐诗中的引用，其主题由爱情转为政治与人生等。

李白《相和歌辞·白头吟·其一》有感于相如想要纳茂陵女为妾，文君赠《白头吟》以表决心和态度，相如才停止纳妾。借此，李白表达了对卓文君的同情，对司马相如的批判，从而借失意的卓文君自比，抒发仕途不顺，郁郁不得志。

李白《相和歌辞·白头吟·其二》借卓文君被司马相如抛弃之史实，表达出进步的女性思想观。李白既十分同情生活在封建社会底层对爱情忠贞不渝的女子，又万分悲痛于她们被遗弃的结局。李白用哀怨悲凉的笔调，控诉了当时不合理的社会现象，从而批判了负心男子二三其德、玩弄女性的恶行。

杜甫《醉时歌》借用相如涤器的典故，看似同情司马相如的坎坷人生，实则一方面为好友郑虔鸣不平，另一方面也自嘲。诗人常年漂泊在长安，干谒诸侯，困顿无依，前途渺茫。由此，忧从中来，不免落泪。

岑参于唐代宗永泰元年（公元765年）十一月被任命为嘉州（今四川乐山）刺史，由于蜀地发生地方官员起兵混战，道路阻塞，岑参无法上任，直至唐代宗大历二年（公元766年）才来到成都，且暂住成都一年。岑参去凭吊琴台，见到一片荒芜冷落的景象，悲从中来，故写下

《司马相如琴台》。诗中借寂寥的琴台，抒发对时局动荡不安的隐忧。作为嘉州刺史，本想施展才华，却遇战乱，空有鸿鹄之志，无不伤感。

钱起《送裴大落第东归》写出唐代士人幻想中的家园环境，青山绿水，诗酒风月。诗人借卓文君不嫌弃司马相如清贫的故事，从侧面写出他们的真实处境乃简陋无比，寒酸至极。由一个唯美的爱情故事，写出了诗人现实生活的凄楚感受。

殷协律是白居易好友，两人经常一起切磋琴音。白居易《和殷协律琴思》一诗，借文君知琴心之事，暗指友人精通音律。意指除了情侣可以通晓琴心外，友人也可，这是将琴心爱情主题转为了友情主题。

元稹于元和五年（公元810年）被贬为江陵士曹，路过商山秦岭，见到紫踯躅，有感而发，特作《紫踯躅》一诗。诗中借"文君新寡"的不幸经历，抒发自己仕途不顺，政治坎坷。

李贺《咏怀二首·其一》看似写司马相如居家茂陵，与卓文君弹琴相对，惬意无比，实则暗指司马相如不被重要，闲置家中。这与李贺自己的人生遭遇极为相似。因此，感同身受的李贺，借司马相如的人生遭遇，抒发怀才不遇的深深寂寞和感慨。

李商隐《杜工部蜀中离席》作于大中六年（公元852年）初，赴西川推狱将归东川时。当时巴南蓬州、果州的贫民爆发起义，唐王朝派军队镇压。而且，唐王朝和吐蕃、党项的关系也一直很紧张，李商隐将时事写入诗中。"美酒成都堪送老，当垆仍是卓文君"反讽"醉客"贪恋成都，安于享乐。尤其是借"文君当垆"的典故，写出了"醉客"沉迷美酒，无法自拔，从而抒发感时伤世、忧国忧民的情怀。

李商隐《寄蜀客》由蜀客联想至蜀地，由蜀地写到历史名人卓文君与司马相如，再以"文君当垆"为主体，辅以"无情金徽"，成功塑造了一个伤感落寞的女子形象。诗人以此抒发在时局黑暗的年代，内心无比苦闷。

（二）艺术性

1. 人物形象生动

唐代诗人借用司马相如与卓文君的爱情故事进行艺术加工，诗中人物形象各异，丰富生动。在众多人物形象中，有美貌出众、忠贞不渝、情场失意的卓文君形象；有难遇知音、寂寞无奈、苦苦等待的美人形象；有忧国伤时、仕途坎坷、志不得意的士子形象等。

杜甫《琴台》开篇先写晚年多病的司马相如依然爱慕卓文君，再写文君当垆卖酒的往事，接着通过"野花""蔓草"等意象，进一步铺写卓文君的艳丽动人，最后感叹《凤求凰》已不再出现。整首诗把卓文君传奇的一生淋漓尽致地展现出来，塑造了一个美貌出众且忠贞不渝的女子形象。

李播《见美人闻琴不听》写得十分有情趣，引人深思。诗中的美人为何"闻琴不肯听"，也许她们是在嫉妒卓文君。因为文君听琴，与相如有情人终成眷属，可她们听琴只能默默地哀怨，无人来见。

李贺《咏怀二首》通过写司马相如的主要人生经历，表达出一种怀才不遇的深深寂寞和感慨。诗人借司马相如写自己，所以诗作题为《咏怀》。诗中相如茂陵家居的情景，正是自己昌谷赋闲的写照；而泰山顶上的封禅礼拜，与自己屈身奉礼郎的虚应礼赞极为相似。此首诗采用赋的艺术手法，直写自身苦状，透露苦闷心态，塑造出一个受压制、被鄙弃的士子形象，具有现实意义和独特的审美价值。

2. 写作手法多样

写作手法在诗词中，主要包括表达方式、写作方法、修辞手法等。翻开《全唐诗》，当众人兴趣盎然地鉴赏那些独具匠心的诗歌作品时，无不感叹诗人们的技法之高妙，表达之精准，手法之生动。

李白《相和歌辞·白头吟·其一》采用反衬修辞手法，用"鸳鸯鸟""女萝""兔丝"象征爱情专一，反衬司马相如负心，进一步指出

"人心不如草"。诗人肯定了女子的对待爱情的忠贞，尤其是卓文君对相如的至情至爱，令后人感动。

杜甫《琴台》在写卓文君时，借用"相如晚居茂陵""琴心挑得美人归""爱情宣言《凤求凰》""文君当垆卖酒"等典故，借历史名人的故事抒发自己情对美好爱情的赞美。即使跨越千年，意境依然深远。

李益《奉和武相公春晓闻莺》是一首奉和诗，奉武元衡《春晓闻莺》而作，原诗为"寥寥兰台晓梦惊，绿林残月思孤莺。犹疑蜀魄千年恨，化作冤禽万啭声。"由这两首诗原文可知，诗人们善写蜀地独特的自然景象，尤其善写历史名人。李益笔下的莺啼声仿佛是在为文君鸣不平，莺啼声仿佛是琴声。这种借物喻人的写法，唱出了文君的万千愁怨。诗人对文君被弃的遭遇，深切同情。同时，也抒发了自己的一腔愁绪，皆有同是天涯沦落人之叹。

李贺《咏怀二首》借用司马相如重要的人生经历抒发现实苦闷之情。咏怀诗自西晋阮籍创作以来，或托比兴，或借史实，或抒感怀，或重讽喻，其手法多变，以显示诗人的真实情怀为主，寄寓深远。

罗隐《比红儿诗·其二十八》自序言"比红诗"是为雕阴（今陕西富县北）官妓杜红儿所作。在一百首诗中，诗人引用历史上的绝世美人与杜红儿相比，以达到弱彼强此的目的，是典型的"尊题"格诗。诗人写才智双全的卓文君，是为了与杜红儿做比较。又进一步指出，只要司马相如看到了杜红儿的美貌，就不再想尽办法用琴心挑得卓文君的芳心。诗人取喻，往往摘其一点，予以夸张，有时悖乎理反而更为尽情。正所谓"反常合道为趣"。诗人唐突古人，抑卓扬红，就十分有味地写出了红儿美的魅力[1]。

汪遵《白头吟》从负心汉的角度写司马相如抛弃卓文君乃是古今正

---

① 傅德岷、卢晋等编著《唐诗名篇赏析》，巴蜀书社，2012年2月，第356页。

常事。采用对比的手法，将薄情人的无情对比重情者的有情，从而讽刺不信守诺言的薄情人，赞美了心若磐石、至死不渝的重情者。诗人态度鲜明，语言铿锵有力。

3. 语言清新自然

唐诗语言风格多样，有的浪漫飘逸，有的清新自然；有的雄奇壮丽，有的婉转悲凉；有的辞藻华丽，有的质朴无华。在大多写作司马相如与卓文君爱情故事的诗篇里，其语言风格以清新自然为主。

李瀚《蒙求》全诗用四言韵文，句式结构为主谓结构，同一诗行的两句采用对偶的修辞手法，各讲一个历史人物故事。这里借"文君当垆"的典故，续写女子对爱情的大胆追求和绝不放弃，生活再苦，也要守护爱情。整首诗歌取材较好，境界深广，结构对称，音律和谐，语言质朴，对后世蒙学教材《三字经》《龙文鞭影》《幼学》等书籍的编撰产生了一定的影响。

杜甫《琴台》写司马相如与卓文君的爱情故事，直陈其事，以时间为线索，把两人的传奇经历写入诗中，歌咏了浓情蜜意的爱情。整首诗语言朴素自然，情真意切。

李群玉《同郑相并歌姬小饮戏赠》诗歌语言新颖不俗，错落有致。"裙拖六幅湘江水，鬓耸巫山一段云"正常语序应该是"裙拖六幅湘江水，鬓耸一段巫山云"。因过分过多讲究平衡对称，就会显得板滞乏味。所以有时要故意打破平衡，让语句参差错落，使行文说话有些变化，反倒使表达效果更佳①。

---

① 吴礼权著《语言策略秀》，广州：暨南大学出版社，2013年12月，第46页。

论朱权《私奔相如》中的相如文君形象

四川师范大学 李 琴

朱权（1378—1448），别署涵虚子、丹丘先生，晚自号臞仙。明太祖朱元璋第十七子。谥"献"，世称"宁献王"。少负气好奇，自称"大明奇士"。朱权"好学博古，诸书无所不窥，旁通释老，尤深于史。"[①]著述涉及经史、释道、杂艺、音乐、文学等，其中以《太和正音谱》最为著名。又以杂剧有名，记于《太和正音谱》的有十二种，现仅存《卓文君私奔相如》和《冲漠子独步大罗天》两种。

《私奔相如》，全名《卓文君私奔相如》，明初朱权所作杂剧，也是现存完整的相如文君戏中最早的作品。王季烈赞道："有元人之古朴，而无元人粗野之弊，有明人之工丽，而无明人堆砌之病。"[②]评价较高。全书共四折一楔子，简名《卓文君》，题明"明宁献王朱权"，题目"蜀太守扬戈后从，成都令负弩前驱"，正名"陈皇后千金买赋，卓文君私奔

---

① 焦竑编《献征录》，上海书店出版社，1987 年版，第 47 页。
② 庄一拂著《古典戏曲存目汇考》，上海古籍出版社，1982 年版，第 398 页。

相如"，后有"于小谷本丁巳六月初七日校，清常"。①目前学界对《私奔相如》的研究，多将其归入相如文君戏的整体研究②，或纳入朱权戏曲理论的研究③，对单个作品的研究还比较少。而《私奔相如》对于完整认识早期杂剧作品中的司马相如和卓文君形象具有重要作用，也对窥探明初戏曲家对历代流传的相如文君故事的接受情况有一定价值。因此，本文将从《私奔相如》的文本出发，分析剧中所塑造的司马相如与卓文君的形象，同时与最早记载其形象的《史记·司马相如列传》进行对比，从而探究相如文君故事在明初流传过程中的接受情况等。

一、司马相如形象

（一）壮志凌云、渴望建功立业的儒士

杂剧第一折自报家门中，司马相如就道："世业儒学，少有大志，负飘飘凌云之气，昂昂济世之才"④，明述其所学为儒家，更道出其凌云大志，渴望经世致用。后更用古代贤人的典故，诉求明主，表明志向：

> 与时俯仰，常则是寂寞水云乡。抱材艺若卜和泣玉，盼功名如吕望求璜。笑甯戚空歌陇亩，使傅说空老岩墙。漫赵趄淹留岁月，空潦倒虚度时光。呜呼荀卿老矣，哀哉颜子云亡。惜乎斯文道丧，嗟欤学业荒唐。我便似左丘明般立钦钦卓尔为春秋，到如今屠沽子气昂昂伟矣为卿相。笑煞我也苏秦刺骨，叹煞我也孔子绝粮。（〔北仙吕·混江龙〕）⑤

---

① 《孤本元明杂剧·卓文君》，中国戏剧出版社，1958 年版，第 1 页、第 10 页。
② 如张文，《相如文君戏考论》，西北师范大学硕士论文，2007 年。
③ 如朱万曙，《论朱权的戏曲创作与理论贡献》，《安徽大学学报》2000 年第 4 期，第 38—43 页。
④ 《孤本元明杂剧·卓文君》，中国戏剧出版社，1958 年版，第 1 页。
⑤ 《孤本元明杂剧·卓文君》，中国戏剧出版社，1958 年版，第 1 页。

　　在这一段唱词中，朱权使用了卞和、吕望、甯戚、傅说、荀子、颜子云、左丘明、苏秦、孔子的典故述司马相如渴求建功立业，发挥自身才能，得遇明主之心。"卞和泣玉"典出《韩非子·和氏第十三》，卞和泣"宝玉而题之以石"①，悲美玉未被人所赏识，联之相如，相如有士不遇之叹，叹身上的才能与抱负一样未被君主发掘与赏识。"吕望求璜"典出《尚书大传》卷一："周文王至磻溪，见吕望，文王拜之。尚父云：'望钓得玉璜，刻曰：'周受命，吕佐检德合，于今昌来提。'"②喻君能得贤臣，臣能得明主。借姜子牙遇周文王、辅佐周文王成就事业之事，相如述自己渴求建立功业，得遇明主，辅佐明君，求取功名之心。后又用"甯戚饭牛而歌相齐桓"，"傅说胥靡乃相武丁"之事，从反面论证遇明君之重要，不然只能空歌与筑墙，发挥不出自身才能，也有士不遇之感。但面对未成就大业与年老之事，司马相如却是积极面对的，有气节的，想效仿左丘明著《春秋》一样著书而闻名。后更用"苏秦刺骨"的典故表达自己要发奋学习，刻苦钻研之决心，以及用《论语·卫灵公第十五》中所载"孔子绝粮"之事："在陈绝粮，从者病，莫能兴。子路愠见曰：'君子亦有穷乎？'子曰：'君子固穷，小人穷斯滥矣。'"③表明要做君子，要在困苦的时候坚守气节，即使现在处于不遇的境地，也要安守节操。且在第一折最后，相如到升仙桥，题柱明志，道"男儿当以功名为重"，且誓言"大丈夫不乘驷马车，不复过此桥"④，强调功名的重要性，从没有做到显贵的地位就不返乡的誓言表明自己建功立业的决心。从这儿也可以看出，相如是渴求功名、追求功名的人。

　　总的来说，相如通过引经据典等多个方面，表达出了自己积极入世

---

① 韩非撰，姜俊俊标校《韩非子》，上海古籍出版社，1996年版，第53页。
② 伏胜撰，郑玄注，陈寿祺辑校《尚书大传》，清光绪崇文书局汇刻本。
③ 朱振家撰《论语全解》，上海古籍出版社，2014年版，第236页。
④ 《孤本元明杂剧·卓文君》，中国戏剧出版社，1958年版，第2页。

的儒家心态和渴求建功立业的壮志，为整篇文章奠定了基调。

（二）博识多学的风流才子

司马相如在此杂剧中，首先是一个才子的形象。才，是其得到卓文君之爱慕的一个必要条件。卓王孙在第二折开头就提到相如之才，"奇才异学，文章博识，超迈今古"[①]，是博识的，才高八斗的。因其才所以卓王孙才留相如宿，希望相如成名之后记资助之恩，留宿才有机会见到卓文君，成就良缘。所以，"才"是相如文君爱情故事中必不可少的一点。而卓文君对相如的评价是"天下之奇士也"，她是慕其才的，有好奇之心的，才会躲屏风后偷看相如风姿，被琴心挑之，与相如私奔。当然更是因为其才能，汉武帝大赞其《子虚赋》，陈皇后千金求《长门赋》，最后官拜中郎将，与卓文君一起荣归故里。文中从多个侧面对相如的形象进行描写，一个博识多学的才子就被塑造出来了。

相如在剧中，才子的形象之中又可见其风流之面。与文君私奔他是有一定的预谋的。相如在第二折述道："闻知有一女子名文君，姿色殊绝，善于诗词，精通音律，目今新寡，我作了一操《凤求凰》之曲，欲登其室，以琴心挑之。他若有悟于琴，吾当与之俱奔，成其伉俪，岂不美哉。"[②]首先，相如是对文君之美与之才是有所听闻的，因色而起挑逗之心，弹奏的是《凤求凰》之曲，琴是两者爱情的媒介。其次，卓文君新寡，相如有与之私奔的想法，可见，他对于世俗看待是比较淡的，在乎的是是否与文君的心意相通，是大胆与主动的。而《史记·司马相如列传》作为最早记载相如与文君的爱情故事的地方，其道"是时卓王孙有女文君新寡，好音，故相如缪与令相重，而以琴心挑之"。[③]《私奔相如》与之所述情节基本相符，剧本中的"琴心挑之"情节是在史传的基础上加

---

① 《孤本元明杂剧·卓文君》，中国戏剧出版社，1958 年版，第 2 页。
② 《孤本元明杂剧·卓文君》，中国戏剧出版社，1958 年版，第 2 页。
③ 司马迁撰《史记》，中华书局，1959 年版，第 3000 页。

作

工而成的。后遇茂陵女，夸赞道"莫不是误入天仙台径迷，出红妆人佳丽"①，欣赏其美貌，对茂陵女是有所心动，从这也可见其风流。

司马相如在《私奔相如》中体现出的就是这样一个渴望建功立业、有凌云壮志的人，是一个积极的儒家入世者。同时他也是一个才华横溢的风流才子，靠着才与琴获得了卓文君的爱慕，从而有了这一出卓文君私奔相如的才子佳人剧。

二、卓文君形象

（一）大胆追求爱情、突破传统的新寡

面对相如的琴心挑之，文君是接受的。她表现出来的行为更是直接的，大胆的，"闻先生琴声，知先生不弃鄙陋，值此好天良夜，愿荐枕席之欢。"②主动荐枕席之欢，无疑是不符合传统的礼教规范的，后更是直接与相如私奔，挣脱了传统的枷锁。《史记·司马相如列传》对这段的记载为："及饮卓氏，弄琴，文君窃从户窥之，心悦而好之，恐不得当也。既罢，相如乃使人重赐文君侍者通殷勤。"③在史传里，文君是矜持的，对心悦而交往的行为觉得是不得当的，所以放弃了，后面由于侍者在文君与相如爱情中的媒介作用，最终成就一段姻缘。《私奔相如》中则未写侍者之事，让文君直抒情感，表达态度，将其塑造成了一个大胆的、主动的女子，使两者爱情更加直接。文君在剧中的身份是新寡，但这一身份并不妨碍她对于美好爱情的追求。她抛下了一切，放弃了富家小姐的身份，跟相如回到临邛，当垆卖酒，过着清贫的生活，是为美好爱情而做出的选择。当爱情受到冲击，司马相如欲娶茂陵富家女时，她对相如道出

---

① 《孤本元明杂剧·卓文君》，中国戏剧出版社，1958年版，第8页。
② 《孤本元明杂剧·卓文君》，中国戏剧出版社，1958年版，第8页。
③ 司马迁撰《史记》，中华书局，1959年版，第3000页。

"愿得一人心，白首不相离"①的愿景，表达的是对爱情美好的向往，表明了期盼坚贞爱情的心志，是对古代传统妻妾制度的一种抵抗，也挑战了传统的道德理念。

（二）才貌双全、遵守礼节的女子

文君之貌，在剧中并未直接描写，只通过相如之口述其"姿色殊绝"，仅这四字就将文君的美貌展现出来，其貌是文君吸引相如的一个重要原因。《史记·司马相如列传》中也未对文君之貌进行描写，只提及其"好音"。剧中的对文君的描绘是"善于诗词，精通音律"，不仅体现了史传的"好音"之面，且更加突出其精通音律、擅长诗词的文学才气。这一点比史传的描绘更加具体，其才也更加突出。相如抚《凤求凰》，文君能悟其意，"意在起妾之心"，并且还"深有感于衷"②，也可证文君是有才的。文君初见相如，是躲于书屏后偷看的；在私奔驾车时，道"男尊女卑，理之常也；夫唱妇随，人之道也。今先生乘车，妾为之御，斯乃妇道之宜"。③强调纲常伦理，遵守传统的礼的规范。

因此，《私奔相如》中塑造了一个对爱情积极主动、大胆追求的卓文君形象，她对于传统的三纲五常的道德标准，既有遵守的一面，又有反抗的一面。她的才与貌是能与文君成就姻缘的重要条件。

三、文君形象之矛盾：守礼与违礼并存

卓文君在《私奔相如》中既是一个守三纲五常、守礼的女子，但是由于她大胆地追求与相如之间的爱情，敢于私奔，因此她又是一个突破了传统礼教的人，守礼与违礼并存，存在着形象的矛盾之处。究其原因如下：

---

① 《孤本元明杂剧·卓文君》，中国戏剧出版社，1958年版，第8页。
② 《孤本元明杂剧·卓文君》，中国戏剧出版社，1958年版，第4页。
③ 《孤本元明杂剧·卓文君》，中国戏剧出版社，1958年版，第4页。

（一）禁戏政策的影响

守礼与反礼的矛盾，原因在于明初朝廷为加强思想控制颁布的禁戏政策。《明太祖实录》中记载了禁戏之缘由：

> 洪武六年（1373年）二月壬午（二月初十），诏礼部申禁教坊司及天下乐人，毋得以古圣贤帝王、忠臣义士为优戏，违者罪之。先是，胡元之俗，往往以先圣贤衣冠为伶人笑侮之饰，以佐燕乐，甚为渎慢，故命禁之。[①]

从上述文字可以看出，第一，禁戏的原因是与元代的戏曲发展有关的，在元代出现过先圣贤被伶人戏弄嘲笑的事情，因此朝廷要汲取元代礼乐废弛之教训，禁止此内容戏曲的演出。第二，禁戏是由上而下进行的，是统治者加强思想控制的一种手段。教坊司，在明代是朝廷负责庆典及迎接贵宾演奏乐曲事务的音乐机构，隶属于礼部，是朝廷对于音乐的意志的体现，从上至下，传递出对圣贤、忠义之士的重视。第三，禁戏政策是有惩罚力度的，违背的人是犯罪的，是要被处罚的。因此，这样的惩罚力度为禁戏提供了保障机制。

其后更是在洪武三十年（1397年）修定的《大明律》中明确规定戏曲的禁止的内容："凡乐人搬做杂剧戏文，不许妆扮历代帝王后妃忠臣烈士先圣先贤神像，违者杖一百；官民之家，容令妆扮者与同罪；其神仙道扮及义夫节妇孝子顺孙劝人为善者，不在禁限。"[②]明确提出演帝王、后妃、忠臣烈士、先圣先贤的剧是被禁止的，而且处罚也是比较严厉的；同时也提到对于宣扬义夫节妇的、孝子顺孙的以及劝人为善的剧，表明是不在禁限之内的。因为它们是符合传统的礼教观念的，有利

---

① 《明太祖实录》，台湾研究院历史语言研究所，1963年版，第1440页。
② 刘惟谦撰《大明律》卷二十六，日本景明洪武刊本。

于朝廷在思想上对民众进行统治，因此没有被禁。

在这样严格的禁戏政策下，作为藩王的朱权，自然要维护统治阶级的利益，对文君与相如私奔的情节加以改造，符合礼教观念。因此其《私奔相如》中的卓文君的形象，就是一个在私奔过程中却不忘遵守纲常礼教，为司马相如亲自驾车的女子。她道："男尊女卑，理之常也；夫唱妇随，人之道也。"①直接宣扬男尊女卑、妇为夫纲的道德观念。还在第二折与第三折中间用一楔子，借卓王孙之口，在他知晓卓文君与司马相如私奔之后，与院公道"若是文君在车上，相如驾车，便与我捉将回来；若是相如在车上，文君驾车，由他将去罢"②，注重其私奔中驾车是否守礼，直接宣扬三纲五常的道德标准，为私奔这一不符合礼教的行为披上守礼的大衣。后文还借院公与司马相如之口再三宣扬其守礼之面，"在逼迫之际，尚不失其大义，可谓贤矣"③"谓人于逼迫之际，尚能不失其仪"④，强调文君私奔相如中有礼教思想的存在，文君驾车就是未失仪的，因此这就是其矛盾所在。

（二）朱权对于相如文君故事的接受

《私奔相如》的故事情节基本遵循史传的记载。《私奔相如》中的故事情节主要有升仙桥题柱、相如琴挑文君、文君与相如私奔、文君驾车、文君当垆卖酒、遇同乡李孝先、杨得意献《子虚赋》、陈皇后千金买《长门赋》、遇茂陵女、文君吟《白头吟》、相如与文君荣归故里等。《史记·司马相如列传》大致也是这样记载的，不过对于《私奔相如》中描绘较多的文君驾车的事情未有记载。在宋元以来的相如文君戏

---

① 《孤本元明杂剧·卓文君》，中国戏剧出版社，1958 年版，第 4 页。
② 《孤本元明杂剧·卓文君》，中国戏剧出版社，1958 年版，第 5 页。
③ 《孤本元明杂剧·卓文君》，中国戏剧出版社，1958 年版，第 5 页。
④ 《孤本元明杂剧·卓文君》，中国戏剧出版社，1958 年版，第 5 页。

的记载中，有元杂剧《卓文君驾车》，已佚。①说明文君驾车的事情不是朱权个人的创作，可能有继承元代戏曲中的因素，是在前人的基础上创作出来的杂剧作品。从整个作品来看，朱权对于相如与文君的爱情故事是偏爱的，基本接受了整个的故事情节。

朱权改造了相如文君故事的思想核心，宣扬三纲五常的道德伦理。卓文君私奔相如，"私奔"这两字就表现出对于传统的礼的突破，对自由爱情的追求。《史记·司马相如列传》中体现的就是这样。但是在这整部剧中，却用了比较多的笔墨渲染三纲五常的道德标准，第二折与楔子部分尤其突出。文君驾车，强调男尊女卑、夫唱妇随；卓王孙派人追相如文君，却提到人在受逼迫之中，不能失去仪的标准；院公和司马相如也多次重申仪的重要性。在剧本中直接地表达思想态度，宣扬三纲五常，是对相如文君故事的再创作。

总的来说，卓文君形象上的守礼与违礼的矛盾，主要是受明初严格的禁戏政策的影响，由于其思想内核要体现忠孝、劝人为善的，符合礼的规范，朱权在接受传统史传记载的相如文君故事的基础上，加以改造，宣扬三纲五常的道德规范。

四、朱权创作《私奔相如》原因之探析

朱权，身为藩王，曾"带甲八万，革车六千，所属朵颜三卫骑兵皆骁勇善战"②还"数会诸王出塞，以善谋称"，③有勇有谋，意气风发。而戏曲起源于原始歌舞，随着城市商品经济的发展，杂剧在逐渐形成和发展，

---

① 汤君，《宋元以来小说戏文之相如文君故事叙略》，《四川师范大学学报》（社会科学版）2008 年第 3 期，第 135—144 页。
② 张廷玉等撰《明史》，中华书局，1974 年版，第 3591 页。
③ 张廷玉等撰《明史》，中华书局，1974 年版，第 3591 页。

但总体上看，戏曲家的地位并不高。为什么朱权似自降身份去创作《私奔相如》等杂剧作品呢？

朱权在《太和正音谱》中表达了对杂剧的认识，以及引用赵孟頫之话表达了对于杂剧作家地位的看法。

> 杂剧，俳优所扮者，谓之"娼戏"，故曰"勾栏"。子昂赵先生曰："良家子弟所扮杂剧，谓之'行家生活'，娼优所扮者，谓之'戾家把戏'。良人贵其耻，故扮者寡，今少矣，反以娼优扮者谓之'行家'，失之远也"。或问其何故哉？则应之曰："杂剧出于鸿儒硕士、骚人墨客所作，皆良人也。若非我辈所作，娼优岂能扮乎？推其本而明其理，故以为'戾家'也。"……虽是戏言，亦合于理，故取之。①

赵孟頫将杂剧分为良家子弟所扮和娼优所扮，称为"行家"和"戾家"，并对良人和娼优的行家与戾家身份发生转换，提出看法。提到杂剧是出自鸿儒硕士、骚人墨客，是良人，是行家，提高了杂剧作家的地位。而朱权是认同赵孟頫的观点的，把杂剧作家的地位定于鸿儒硕士、骚人墨客，是行家，还是有一定的地位的。因此，他创作出《私奔相如》等杂剧作品也是很正常的。

此剧创作的具体时间未有明确的记载，但据学者的考证与推测，认为应作于建文年间。②建文年间，明成祖朱棣发动靖难之役，攻打建文之都。此时的朱权，有勇有谋，还有剽悍的大军，是燕王强有力的敌手。燕王还曾与众将商议："曩余巡塞上，见大宁诸军慓悍。吾得大宁，

---

① 朱权著《太和正音谱》，上海古籍出版社，2002 年版，第 489—490 页。
② 夏写时，《朱权评传》，《戏剧艺术》1988 年第 1 期，第 121—129 页。

断辽东，取边骑助战，大事济矣。"①大宁是朱权的藩地。燕王对朱权还是有一定忌惮的。而《私奔相如》中的基调都是积极入世，渴望建功立业的壮志，是比较符合朱权当时的状态的，他还借相如之口表达自己的愿景："我读《周南》《召南》，要安邦定邦；贬太康仲康，立朝纲纪纲；教兴王霸王，道不行鲁圣书。"折射出朱权个人的人生态度，安邦定邦、立朝纲纪纲等。戏中的相如是在一定程度上是朱权的化身。

五、总结

在明初禁戏政策的影响下，朱权在对相如文君故事的接受和改造的基础上，创作了《私奔相如》这部杂剧作品。剧中将司马相如塑造成了壮志凌云、渴望建功立业的儒士，博识多学的风流才子。相如具有积极的儒家入世的心态，戏中的相如在一定程度上是朱权的化身，从中折射出朱权渴望建功立业的壮志等。戏中的卓文君是一个才貌双全、大胆主动追求爱情的人，她的形象上有矛盾点，体现在她既有遵守传统道德规范的行为，又做出私奔等不符合纲常伦理的事情上。矛盾的原因在于禁戏政策要求宣扬三纲五常的思想，起教化民众的作用，而朱权个人对于卓文君私奔相如这个故事有所偏爱，两者有冲突，因此反映到卓文君的形象上去。总而言之，《私奔相如》能让我们比较完整地认识早期杂剧作品中的相如文君形象，也可以看到在禁戏政策下剧作家对于相如文君故事的是在接受的基础上再改造。

---

① 张廷玉等撰《明史》，中华书局，1974 年版，第 3591 页。

元代戏剧中的卓文君形象

四川师范大学　刘　迪

两千多年来，司马相如与卓文君的传奇爱情故事盛传不衰。富家千金与多情才子之间的美艳故事为历代文人骚客津津乐道，由史传到民间传说不断地被铺排演绎。在历代相如文君故事中，卓文君的形象不尽相同，但在元代戏剧中，作家对文君的体认出现了高度赞扬的倾向，折射出有元一代特定的时代思潮。

一、文君形象的发展流变

（一）《史记》与文君形象的产生

司马相如与卓文君的爱情故事，最早见于《史记·司马相如列传》，作者司马迁浓墨重彩地描绘了司马相如跌宕起伏的爱情故事：

> 是时卓王孙有女文君新寡，好音，故相如缪与令相重，而以琴心挑之。相如之临邛，从车骑，雍容闲雅甚都；及饮卓氏，弄琴，

文君窃从户窥之，心悦而好之，恐不得当也。既罢，相如乃使人重赐文君侍者通殷勤。文君夜亡奔相如，相如乃与驰归成都。家居徒四壁立。卓王孙大怒曰："女至不材，我不忍杀，不分一钱也。"人或谓王孙，王孙终不听。文君久之不乐，曰："长卿第俱如临卜，从昆弟假贷犹足为生，何至自苦如此！"相如与俱之临邛，尽卖其车骑，买一酒舍酤酒，而令文君当垆。相如身自著犊鼻裈，与保庸杂作，涤器于市中。卓王孙闻而耻之，为杜门不出。昆弟诸公更谓王孙曰："有一男两女，所不足者非财也。今文君已失身于司马长卿，长卿故倦游，虽贫，其人材足依也，且又令客，独奈何相辱如此！"卓王孙不得已，分予文君僮百人，钱百万，及其嫁时衣被财物。文君乃与相如归成都，买田宅，为富人。①

司马迁在相如传记中不吝笔墨，大肆渲染相如与文君的爱情故事，充满传奇色彩，奠定了相如文君故事的基本框架。本传对文君的描写不多，以"好音"点明文君精通音律，于是才有文君为琴声所感，做出夜奔相如的举动。文君于画屏之后偷窥相如弹琴，心生倾慕之情，又"恐不得当也"，说明她既有处于青春年华对爱情的向往，又有封建礼教束缚下的矜持。与相如夜奔成都后家境清贫，文君"久之不乐"又体现了她身为千金小姐的娇贵。

（二）《西京杂记》《玉台新咏》与文君形象的发展

相如文君故事在后世流传中又得以丰富。《西京杂记》除了叙述文君与相如私奔之事，还增饰了相如文君当垆卖酒的故事情节，增加了对文君美貌和相如死因的渲染，情节愈加委婉生动：

---

① 司马迁撰，裴骃集解，司马贞索引，张守节正义《史记》卷一百一十七，中华书局，1959年版，第3000—3001页。

司马相如初与卓文君还成都，居贫愁懑，以所著鹔鹴裘就市人阳昌贳酒，与文君为欢。既而文君抱颈而泣曰："我平生富足，今乃以衣裘贳酒！"遂相与谋于成都卖酒。相如亲着犊鼻裈涤器，以耻王孙。王孙果以为病，乃厚给文君，文君遂为富人。文君姣好，眉色如望远山，脸际常若芙蓉，肌肤柔滑如脂。十七而寡，为人放诞风流，故悦长卿之才而越礼焉。长卿素有消渴疾，及还成都，悦文君之色，遂以发痼疾，乃作《美人赋》，欲以自刺，而终不能改，卒以此疾至死。文君为诔，传于世。①

《西京杂记》增添了对文君姿色的描绘，填补了史传的空白，更合情理。相如因为文君的美色而以琴挑之，文君倾慕相如的才华而做出私奔之举，可见才、色成为二人互相吸引的重要因素。此外，《西京杂记》记载了茂陵婚变，卓文君痛作《白头吟》一事：

相如将聘茂陵人女为妾，卓文君作白头吟以自绝，相如乃止。②

史传中没有相如娶妾的记载，对"文君作白头吟"这个情节的增饰，既塑造了文君的才女形象，又引发后世对婚变的思考。

徐陵《玉台新咏》卷九记载了相传为司马相如所作的《琴歌》二首，以对文君的热烈追求从侧面烘托出文君的才貌双全：

司马相如游临邛，富人卓王孙有女文君新寡，窃于壁间窥之，

_____

① 葛洪撰，周天游校注《西京杂记》，三秦出版社，2006年版，第82—83页。
② 葛洪撰，周天游校注《西京杂记》，三秦出版社，2006年版，第156页。

相如鼓琴，歌以挑之，曰：

> 凤兮凤兮归故乡，遨游四海求其凰。时未通遇无所将，何悟今夕升斯堂。有艳淑女在此方，室迩人遐独我肠。何缘交颈为鸳鸯？

> 皇兮皇兮从我栖，得托字尾永为妃。交情通体心和谐，中夜相从知者谁。双兴俱起翻高飞，无感我心使予悲。[①]

《史记》本传交代了"琴挑"一事的本末，但并没有著录琴曲的歌辞，《凤求凰》二曲丰富了"琴挑"这一细节，表明了相如对文君的热烈追求，又成为后世津津乐道的故事情节，频繁地出现在相如文君戏中。

在相如文君故事的不断发展演变中，文君的形象也越来越明晰，她虽新寡，但貌美绝殊，颇有才气，倾慕相如之才甘愿放弃千金身份，做出大胆的私奔之举。文君为追求爱情婚姻自由，敢于反抗封建礼教、摒弃门阀制度，在文学史上无疑是个光彩动人的女性形象。

二、元曲中的文君形象

宋金元时期是中国古典戏曲繁荣发展的重要时期。宋代戏曲的典范是宋杂剧，早在这一阶段，就出现了以相如文君故事为题材的作品，即周密《武林旧事》卷十《官本杂剧段数》中载录的《相如文君》。元杂剧以宋杂剧和金院本为基础，形成了具有独特民族风格的戏曲艺术形式，在现存元人剧作中，相如文君故事被多次提及，塑造了不同的文君形象。元代南方还流行着另一种戏曲形式——南戏，钱南扬《宋元戏文

---

① 徐陵编；吴兆宜注；程琰删补；穆克宏点校《玉台新咏笺注》，中华书局，1985年，第389页。

辑佚》辑有《司马相如题桥记》残曲十一支，借此可以略窥宋元南戏中相如文君戏之面貌。

（一）宋元南戏中的文君形象

宋元南戏中有关相如文君题材的作品多达五种，有《司马相如题桥记》《卓氏女鸳鸯会》《卓文君夜奔相如》《风月亭》《汉相如题桥记》等剧目，所惜大多亡佚，仅在戏曲著作中留有存目。钱南扬《宋元戏文辑佚》辑有《司马相如题桥记》残曲十一支，吉光片羽，弥足珍贵。

钱南扬认为第一首佚曲《南吕·风马儿引》是女主角初次登场之曲，为"诉情之辞"：

> 雪体冰肌恁娇容，兼六艺尽皆通。弦断鸾胶何日续？不如桃李犹得嫁东风。[1]

《西京杂记》中对文君容貌有"眉色如望远山，脸际常若芙蓉，肌肤柔滑如脂"[2]的细致描写，故后世戏曲小说多取其说，把文君塑造成一位才色兼备的佳人。这首曲子描摹了文君肤冰肌白，花容月貌，才气过人。又以"弦断鸾胶何日续？不如桃李犹得嫁东风"[3]说明文君的寡妇身份，她深处闺阁，愁闷孤独，渴望爱情的心理与摇漾的春色融合为一体，丧偶后真实而微妙的心理表现得委婉含蓄，为后文与相如私奔埋下伏笔。

《南吕·木兰花》一曲也是文君所唱，抒发了她寡居闺阁对爱情的神往：

---

① 钱南扬辑《宋元戏文辑佚》，古典文学出版社，1956年版，第45页。
② 葛洪撰，周天游校注《西京杂记》，三秦出版社，2006年版，第83页。
③ 钱南扬辑《宋元戏文辑佚》，古典文学出版社，1956年版，第45页。

叹孀居绣阁间，听琴声韵美，徐步回廊。蓦然牵惹情意起，特来扣户，皓月东墙。①

清风明月之夜，孀居的文君感于琴心，牵动情思，在月影下的庭院回廊徘徊。情与景的完美融合，使得这场韵事美得如梦似幻。溶溶夜色下被琴声所感的文君在追求爱情的道路上愈加热烈大胆：

抚琴韵切能牵惹，听琴声，使娘行动情。款曲偷身步月行，遂扣向书斋求讯。与君结取鸾凤侣，办志诚同坐同行。愿永谐百岁，琴瑟似同心，共绾并根。②

这里的文君大胆主动，闻琴而"愿永携百岁，琴瑟似同心，共绾并根"，颇见其风流气度。

《正宫·玉芙蓉》写文君抛却富家千金的身份，虽然"纤纤玉笋柔，窄窄金莲小"③，但"驾香车不惮程途杳，侍巾栉尽甘妇道劳"④，为了相如吃苦耐劳、不辞艰辛。此曲出自相如之口，既凸显了文君对相如爱情的坚贞，又可以看出剧作者将"男尊女卑"的道德观念施与文君。文君不仅抛头露面，亲自为相如驾车，还恪守妇道，侍奉相如，这无疑将之前风流大胆的文君纳入封建礼教的规范之中。

此剧还有一大特色，即增添了茂陵婚变后文君的愁苦心绪：

① 钱南扬辑《宋元戏文辑佚》，古典文学出版社，1956年版，第45页。
② 钱南扬辑《宋元戏文辑佚》，古典文学出版社，1956年版，第45页。
③ 钱南扬辑《宋元戏文辑佚》，古典文学出版社，1956年版，第46页。
④ 钱南扬辑《宋元戏文辑佚》，古典文学出版社，1956年版，第46页。

"闷怀如醉，恹恹镇日憔悴。教人无赖处，没情没绪。对景长是，懒拈针指。""娘行请拜启：何不去玩赏追游，免教萦系？""想这薄情因个甚？顿觉辜我，誓盟轻弃。"①

文君闻知相如娶茂陵女子之事，自伤自悼，不能自持。她既痛斥相如辜负盟誓，恨他薄情，却又无可奈何。作品刻画了文君哀怨的弃妇形象，又凸显了她真情错付的心酸，寄寓着作者对文君境遇极大的同情，抒发了对相如负心行为的强烈批判。值得一提的是，古代男子娶三妻四妾是很正常的事情，但文君却坚决拒绝相如娶妾，体现了她对忠贞的婚姻爱情的追求。这也在一定程度上反映了下层民众真实的思想感情。

《司马相如题桥记》虽仅辑得残曲十一支，但相如文君故事的核心情节，如琴挑私会、夜奔相如、茂陵婚变等均有涉及，剧作者以明白晓畅、情真意切的语言高度肯定了文君大胆追求婚姻自由的做法。这是由于南戏长期流行于民间，市井气息较浓，文人气息较淡，反映着世俗化的审美情趣，题材偏向于爱情、婚姻、公案。宋元南戏中不乏高度赞扬青年男女大胆反抗封建礼教，热烈追求自由幸福的作品，如《宦门子弟错立身》歌颂豪门出身的士子完颜寿马与戏剧演员王金榜之间的坚贞爱情，《司马相如题桥记》也是这样的作品，文君对爱情婚姻的渴望与追求，体现了浓厚的世俗审美情趣。

同时，宋元南戏有较多以负心书生为主题的作品，如《张协状元》写书生张协中举后婚变负心的故事，《王魁负桂英》写王魁高中状元后悔婚、停妻再娶，这类主题折射了文人为升官发财而高攀权贵的社会现象，《司马相如题桥记》也借文君之口，引发后世对这种负心行为的反思。

---

① 钱南扬辑《宋元戏文辑佚》，古典文学出版社，1956年版，第46页。

文君在新寡的身份下做出私奔之举，是对传统封建贞节观念的一次反叛。其次，文君对相如娶妾的怨恨，毫不顾忌会被扣上"妒妇"的帽子，代表着她对婚姻里忠贞专一的情感诉求，是对传统封建礼教观念的又一次冲击与反叛。

（二）元杂剧中的文君形象

有元一代，杂剧兴盛一时，所惜元杂剧中的相如文君戏皆已失传，如关汉卿《升仙桥相如题柱》、孙仲章《白头吟》、范居中等人合撰《鹔鹴裘》、屈恭之《升仙桥相如题柱》、无名氏《卓文君驾车》、无名氏《升仙桥》等多种，今俱已不能窥得原貌。然而在现存元人剧作中，相如文君故事的典故被多次提及，折射出剧作者不同的爱情婚姻观。

王实甫的《西厢记》是元代剧坛上的一朵奇葩，作者热情歌颂青年男女大胆反抗封建礼教、坚定不移地追求爱情婚姻自由的行为，并高唱出"愿天下有情人终成眷属"的爱情名言。剧作中多次提及相如文君，表现了王实甫对相如文君追求幸福爱情的高度肯定。

《西厢记》第一本第三折写月朗风清之夜，莺莺在花园内烧香，张生躲在墙角吟诗挑动莺莺：

> 我虽不及司马相如，我则看小姐颇有文君之意。我且高吟一绝，看他则甚："月色溶溶夜，花阴寂寂春；如何临皓魄，不见月中人？"（旦云）有人墙角吟诗。（红云）这声音便是那二十三岁不曾娶妻的那傻角。（旦云）好清新之诗，我依韵做一首。（红云）你两个是好做一首。（旦念诗云）"兰闺久寂寞，无事度芳春；料得行吟者，应怜长叹人。"（末云）好应酬得快也呵！①

---

① 王实甫撰，王季思校注《西厢记》，上海古籍出版社，1996 年版，第 31 页。

《西厢记》的莺莺是带着少女怀春的心情上场的。暮春时节，莺莺在花园中赏花伤春，风流俊俏的张生撞见莺莺，惊呼"正撞着五百年前风流业冤"，传神地写出张生坠入情网的痴态。当红娘催促莺莺回避时，莺莺竟"回顾觑末"。这一"觑"字颇值得玩味。相较于紫式部写作的《源氏物语》，同是发现有人窥看，做法却大相径庭：

> 大约里面有人通告"户外有人窥看"，那帘子立刻挂下，人都退入内室去了。然而并不惊慌失措，却是从容不迫，静悄悄地躲进里面，连衣衫窸窣之声也听不见。①

贵为相府千金的莺莺在丫鬟提醒有人窥看的情况下，竟然还回头看了张生一眼，这一大胆的举动，无怪乎张生会认为"昨日见了那小姐，倒有顾盼小生之意"，也无怪乎张生认为"我则看小姐颇有文君之意"了。青年男女一见倾心，青春年华萌发的情欲战胜了封建礼教，二人为"情"所动，做出惊世骇俗的越礼举动，王实甫极为肯定这种大胆热烈追求爱情的做法，也代表着作者对文君风流态度的激赏。

《西厢记》"琴心"一折更是可见王实甫对相如文君爱情的赏识：

> 我近书窗听咱。（红云）姐姐，你这里听，我瞧夫人一会便来。（末云）窗外有人，已定是小姐，我将弦改过，弹一曲，就歌一篇，名曰《凤求凰》。昔日司马相如得此曲成事，我虽不及相如，愿小姐有文君之意。（歌曰）有美人兮，见之不忘。一日不见兮，思之如狂。凤飞翙翙兮，四海求凰。无奈佳人兮，不在东墙。张弦代语

---

① 紫式部著，丰子恺译《源氏物语》，人民文学出版社，1980年版，第780页。

兮，欲诉衷肠。何时见许兮，慰我彷徨？愿言配德兮，携手相将！不
得于飞兮，使我沦亡。（旦云）是弹得好也呵！其词哀，其意切，凄
凄然如鹤唳天；故使妾闻之，不觉泪下。①

　　张生改编一曲《凤求凰》，引得莺莺感慨万千，对莺莺做出惊世骇
俗的越礼之举无疑有着推波助澜的作用。王实甫正是借用相如文君故事
来激励剧中的男女主人公挣脱礼教的束缚，追求幸福的爱情生活。

　　白朴的《裴少俊墙头马上》塑造了大胆泼辣、果敢坚定的李千金形
象，剧中可以多次看到李千金对文君相如故事的赞赏。这出杂剧源于白
居易的《井底引银瓶》，白诗写李千金和裴少俊没有经过父母之命、媒
妁之言即结合在一起，最终导致爱情悲剧。诗歌的主旨在小序中明言
为"止淫奔"，诗的最后发表议论："寄言痴小人家女，慎勿将身轻许
人"。白朴的《墙头马上》改变原诗的思想倾向，描绘李千金大胆地追
求爱情，勇敢地向封建家长挑战，成为一曲歌颂婚姻自由的赞歌。李千
金是剧中最重要和最具个性的人物，她一出场的唱词便表达了对情欲的
毫不掩饰：

　　　　我若还招得个风流女婿，怎肯教费工夫学画远山眉。宁可教银
　　釭高照，锦帐低垂；菡萏花深鸳并宿，梧桐枝隐凤双栖。这千金良
　　夜，一刻春宵，谁管我衾单枕独数更长，则这半床锦褥枉呼做鸳
　　鸯被。②

　　李千金在明媚的春光中触景生情，急切地渴望招一个风流女婿，当
她在花园中与在墙外闲游的裴少俊邂逅时，竟禁不住脱口而出："呀，一

---

① 王实甫撰，王季思校注《西厢记》，上海古籍出版社，1996年版，第86—87页。
② 王季思主编《全元戏曲》，人民文学出版社，1999年版，第515页。

个好秀才也！"①这般泼辣直爽的性格，丝毫没有名门闺秀的端庄与矜持，更多的带有元代市井女子所特有的热烈奔放。

李千金与裴少俊私奔后，在裴家后花园暗住七年，生一男一女。裴尚书发觉后，大骂李千金，逼裴少俊休妻，自私懦弱的裴少俊当面写下休书，她辛辣地嘲讽道：

> 休把似残花败柳冤仇结，我与你生男长女填还彻；指望生则同衾，死则共穴。畅道题柱胸襟，当垆的志节，也是前世前缘，今生今业。少俊呵，与你干驾了会香车，把这个没气性的文君送了也。②

李千金虽自比文君，但相对于得知相如娶妾，哭哭啼啼，作白头吟以自绝的文君，李千金显得更为大胆泼辣，她直接痛斥裴少俊的无情无义，自始至终都没有为自己的私奔有过丝毫的羞愧、悔恨之情，甚至一直理直气壮地为自己的私奔行为进行辩护。在大团圆的庆宴上，她还这样唱道：

> 只一个卓王孙气量卷江湖，卓文君美貌无如；他一时窃听求凰曲，异日同乘驷马车，也是他前生福。怎将我墙头马上，偏输却沽酒当垆。③

李千金不仅不以私奔之举为耻，甚至认为在这一点自己的气魄不输卓文君，显然是极为赞赏文君的风流大胆的。

---

① 王季思主编《全元戏曲》，人民文学出版社，1999年版，第517页。
② 王季思主编《全元戏曲》，人民文学出版社，1999年版，第532页。
③ 王季思主编《全元戏曲》，人民文学出版社，1999年版，第537页。

从王实甫的《西厢记》和白朴的《裴少俊墙头马上》可以看出元代文人对文君大胆追求爱情的热烈赞扬。著名杂剧作家关汉卿、郑光祖、乔吉等人的剧作中也多次出现对相如文君爱情风流的赞同，如：

> 【采茶歌】……（韩辅臣云）大姐，只要你有心嫁我，便是卓文君也情愿当垆沽酒来。（正旦唱）再休提卓氏女、亲当沽酒肆，只被你双通叔、早掘倒了玩江楼。（《杜蕊娘智赏金线池》第二折）①
>
> 【沽美酒】汉相如志已谐，卓文君笑盈腮。（旦儿云）今日樊素也欢喜了也。（正旦唱）这的是一段姻缘天上来。现如今名扬四海，正淑女配多才。（郑光祖《㑇梅香骗翰林风月》第四折）②
>
> 【耍孩儿】几曾见偷香庭院里拿了韩寿，掷果的云阳内斩首。香车私走的卓文君，就升仙桥上剐做骷髅。哎险也，汉相如涤器临邛市，秦弄玉吹箫跨凤楼。动不动君王行奏。本是些风花雪月，都做了笞仗徒流。（乔吉《李太白匹配金钱记》第三折）③

在描写男女恋情的元杂剧中，相如文君的典故被频频运用，都可以看出作家对文君大胆追求爱情婚姻自由的热烈歌颂。元代社会形态相对落后，思想控制上比较宽松，加之蒙古族对封建忠孝、贞节观念比较淡薄的风俗习惯，在一定程度上削弱了儒家思想对反封建女性的束缚。所以在这一时期，才出现对文君风流爱情的大批盛赞之词，甚至出现李千金这样性情泼辣，大胆追求自由婚姻、抗争封建礼教的女性形象。这

---

① 王季思主编《全元戏曲》，人民文学出版社，1999 年版，第 119 页。
② 王季思主编《全元戏曲》，人民文学出版社，1999 年版，第 577 页。
③ 王季思主编《全元戏曲》，人民文学出版社，1999 年版，第 100—101 页。

代表着元代剧作家对美好婚姻的强烈愿望，也昭示着元代女性意识的觉醒。

三、结语

在元代戏剧中，无论是宋元南戏还是元杂剧都塑造了风流大胆的文君形象，但二者的侧重点又有所不同。描写婚变是宋元南戏取材的传统特色，《司马相如题桥记》即存有涉及茂陵婚变的曲子，与南戏相比，元杂剧中的相如文君戏更突出对文君热烈追求幸福爱情的赞美，几乎不提及茂陵婚变。此外，元杂剧丝毫不将文君纳入封建礼教之下，反而更热烈地赞颂在现实面前显得格外的勇敢的文君。在元杂剧中，文君相如似乎已经成为青年男女的精神偶像，当大胆的女子勇敢主动地追求自己的婚姻和幸福时，总是以文君自居，男子也以相如为傲。但是，正是由于这种身份的差异，男性的形象相对于司马相如却弱化和淡化了许多，反而更加凸显女性的敢爱敢恨、大胆风流。这一时期的作品，无疑是对文君形象的高度肯定和赞赏，塑造了更加光彩照人的文君形象。

论刘勰对司马相如辞赋的批评

——以"繁类以成艳""洞入夸艳"为例

四川师范大学　王慧敏

　　在《文心雕龙》中，司马相如是刘勰评价最多的辞赋家之一，涉及司马相如的篇目多达22篇，共25处，可见刘勰对司马相如的高度重视。其中着墨较多之处便是对相如赋"艳"这一特征的评价，刘勰甚至因"艳"而称相如为辞宗，足以见出此特征的重要性。近代学者在研究刘勰对司马相如的评价时，多能从正反两面进行论述，但研究只占文章一小部分，极少有通篇详论之作，也较少以"艳"来论述，且对刘勰为何如此评价的深层原因分析不够透彻，未从《文心雕龙》全书进行系统关照。因此直接着眼于刘勰"繁类已成艳""洞入夸艳"的评价，以相如赋"艳"为切入点，结合书中其他篇章，了解相如赋"艳"的表现形式和形成原因，深入剖析刘勰对"艳"的客观评价，是十分必要且关键的，这有利于窥探评价背后所反映的时代特色，探究刘勰的文学批评观。

一、相如赋"艳"的传统评价

"艳"字据《说文解字》解:"好而长也。从丰。丰,大也。盍声。《春秋传》曰:'美而艳'。"①,可知"艳"最早意为容色丰满美丽,后形容文辞美妙也叫"艳"。"艳"在《文心雕龙》中多次以组词形式出现,且与"文""辞"等字眼并举,很明显是用来形容赋的文辞。如《宗经》篇:"是以楚艳汉侈,流弊不还。"②《辨骚》篇:"故能气往轹古,辞来切今,惊采绝艳,难与并能矣。"③《定势》篇:"连珠七辞,则从事于巧艳。"④《情采》篇:"绮丽以艳说,藻饰以辩雕,文辞之变,于斯极矣。"⑤可以看出,虽然"艳"字出现多种不同组词,如"艳侈""绝艳""巧艳""艳丽"等,但都包含着共同的意思:藻辞艳丽、富有华采。因此,刘勰所指的相如赋"艳"也应是这个含义。

在刘勰之前,文人肯定司马相如,主要是基于其对赋体的开创之功而非其赋"艳"的艺术美感。司马相如的《子虚赋》和《上林赋》,奠定了汉代散体大赋的基本结构和写作范式,成为扬雄、班固、张衡等后人极力追摹的艺术高峰⑥,《汉书·扬雄传》:"蜀有司马相如,作赋甚弘丽温雅,雄心壮之,每作赋,常拟之以为式。"⑦明人王世贞甚至将他与屈原并列,称:"屈氏之《骚》,骚之圣也;长卿之赋,赋之圣也。"⑧而关于相如赋"艳"的特征,仍以批评为主,《汉书·叙

---

① 许慎撰《说文解字》,上海古籍出版社,2007年版,第235页。
② 刘勰著,范文澜注《文心雕龙》,人民文学出版社,1962年版,第23页。
③ 刘勰著,范文澜注《文心雕龙》,人民文学出版社,1962年版,第47页。
④ 刘勰著,范文澜注《文心雕龙》,人民文学出版社,1962年版,第530页。
⑤ 刘勰著,范文澜注《文心雕龙》,人民文学出版社,1962年版,第537页。
⑥ 踪凡《司马相如资料汇编》,中华书局,2008年版,第6页。
⑦ 班固《汉书》,中华书局,1962年版,第3515页。
⑧ 丁福保《历代诗话续编(中)》,中华书局,1986年版,第976页。

传》评相如："文艳用寡，子虚乌有，寓言淫丽，托风终始。"①又《晋书·陈寿传》评陈寿"虽文艳不若相如，而质直过之"。②这些评价中，虽提及"文艳"，但并未直接对其做出肯定，更多的还是对"用寡""质缺"的批判。司马迁在《史记·司马相如列传》中说："相如虽多虚辞滥说，然要其归引之于节俭，此与《诗》之风谏何异？"③虽然对相如持肯定态度，但主要是从"节俭""讽谏"的实用角度而言的，而对其辞赋之"艳"，则是斥为"虚辞滥说"。扬雄作赋，奉相如为圭臬，但也批评相如"文丽用寡"④，《法言·佚文》中载："或问'屈原、相如之赋孰愈？'曰：'原也过以浮；如也过以虚。过浮者蹈云天，过虚者华无根。'"⑤认为相如赋过于虚化而讽谏内容太少，甚至到了晚年，悔其少作，批评这种赋是"童子雕虫篆刻"，"丈夫不为"。⑥这种思想实际上是根植于汉代经学"依经立论"的土壤，即文学作品的评价标准是其政治作用和社会意义，忽视文学创作的进步和文学形式可贵性。这种过分重视内容而轻视艺术的批评，始终陷于片面、僵硬的经学模式中，并非真正全面的文学批评思维。直到"文学自觉"时代的来临，这一局面才被打破，⑦置身于其中的刘勰，在承认相如赋体地位基础上，跳出时代窠臼，进一步对相如赋"艳"作艺术上的肯定，真正开始对相如赋"艳"进行自觉而合理的评价。

---

① 班固《汉书》，中华书局，1962 年版，第 4255 页。
② 房玄龄《晋书》，中华书局，1974 年版，第 2138 页。
③ 司马迁《史记》，中华书局，1959 年版，第 3073 页。
④ "文丽用寡，长卿也。"（扬雄《扬子法言》，中华书局，1954 年版，第 38 页）
⑤ 萧统《文选》，中华书局，1977 年版，第 702 页。（《谢灵运传论》引李善注）
⑥ 汪荣宝《法言义疏》，中华书局，1987 年版，第 45 页。
⑦ 元文广《刘勰的司马相如批评研究》，《信阳师范学院学报》2014 年第 3 期。

二、"繁类已成艳"——相如赋"艳"的表现方式

刘勰在对司马相如的赋进行评价时，两次用到"艳"，并把"艳"作为相如赋作的典型特征。一则为《诠赋》："相如《上林》，繁类以成艳"[①]，一则为《才略》："相如好书，师范屈宋，洞入夸艳，致名辞宗"[②]。

刘勰评《上林赋》为"繁类以成艳"，要理解"艳"，就先要对"繁类"做出解释。"繁类"首先是指名物的描写是多种类、全方面的。《上林赋》全篇对上林苑周围的环境做了多方面的描写，包括山川地势、鸟兽禽鱼、离宫别观、天子行猎、宴饮场面等。其次，"繁类"还体现为每种类别的描写极为细致，无所不包。如描写离宫别馆时，就列举了"廊""阁""榱""桷""道""橑"等不同组件和部分，展现了宫苑的复杂和宏伟。因此，刘勰此处认为的"繁类"基本可以理解为：名物繁多，以类为别，多而全，细而精，扬雄所谓的"必推类而言，极丽靡之辞，闳侈巨衍，竞于使人不能加也"[③]也是此意。

> 于是乎崇山巃嵸，崔巍嵯峨，深林巨木，崭岩参嵯，九嵏、嶻嶭，南山峨峨，巖陁甗锜，摧崣崛崎。振溪通谷，蹇产沟渎，谽呀豁閜。
>
> 于是乎离宫别馆，弥山跨谷，高廊四注，重坐曲阁，华榱璧珰，辇道纚属，步櫩周流，长途中宿……玫瑰碧琳，珊瑚丛生，瑉玉旁唐，璸斒文鳞，赤瑕驳荦，杂臿其闲，垂绥琬琰，和氏出焉。

---

① 刘勰著，范文澜注《文心雕龙》，人民文学出版社，1962 年版，第 135 页。
② 刘勰著，范文澜注《文心雕龙》，人民文学出版社，1962 年版，第 698 页。（下文《才略》篇同）
③ 班固《汉书》，中华书局，1962 年版，第 3575 页。

于是乎游戏懈怠，置酒乎昊天之台，张乐乎轇輵之宇……若夫青琴宓妃之徒，绝殊离俗，姣冶娴都，靓庄刻饰，便嬛绰约，柔桡嬛嬛，斌媚姌嫋。①

《上林赋》用铺陈手法形成了"以推类为巨衍"的体式，在宏大体式基础上再运用大量华丽绮艳的语句，张扬文采，不厌其详，不厌其细，奇艳如"巀嶭""寋产""崯呀"等形容山川之貌，华艳如"玢䃃""驳荦"等形容美玉之词，香艳如"妖冶""嫚嫚""妩媚"等形容女性之姿。如此叠加、堆积，便形成"艳"的整体效果，展现出通篇气势强盛，辞藻艳丽，富有华采的总体特征。这种方式和特征正符合《诠赋》篇所谓："赋者，铺也，铺采擒文，体物写志也。"程廷祚《骚赋论》曰："《子虚》《上林》，总众类而不厌其繁，会群采而不流于靡，高文绝艳，其宋玉之流亚乎！"②可以称得上是准确精当的点评。《西京杂记》引相如《答盛览问作赋》谈其创作经验曰："合綦组以成文，列锦绣而为质。一经一纬，一宫一商，此赋之迹也。赋家之心，苞括宇宙，总览人物。"③"锦绣"即为艳丽的文辞，"苞括宇宙，总览人物"便是"繁类"的另一种具体化表述。

三、"相如好书，师范屈宋"——相如赋"艳"的形成原因

"繁类以成艳"说明了相如赋"艳"的表现方式，"相如好书，师范屈宋，洞入夸艳，致名辞宗"则进一步分析了"艳"的形成原因，即

---

① 萧统《文选》，中华书局，1977年版，第124页。
② 程廷祚《青溪集》，黄山书社，2004年版，第67页。
③ 葛洪《西京杂记》，三秦出版社，2005年版，第93页。

"好书""屈宋"而形成的才略使之成"艳"。"才略",即为才力、识略。相如少时好读书,为其才力;以屈原宋玉为典范,为其识略。《史记·司马相如列传》载:"司马相如者,蜀郡成都人也,字长卿。少时好读书,学击剑,故其亲名之曰犬子。"①谢榛《四溟诗话》载:"汉人作赋,必读万卷书,以养胸次。《离骚》为主……命意宏博,措辞富丽,千汇万状,出有人无,气贯一篇,意归数语,此长卿所以大过人者也。"②司马相如从小便博览群书,逐渐积蓄才力,因此才能在其赋中旁征博引、苞举宇内,达到"以推类为巨衍"的境界,而师范屈宋,则直接影响其形成了"艳"的赋体风格。屈原作为中国浪漫主义文学的奠基人,其赋色泽艳丽,情思馥郁,气势奔放,刘勰认为屈原赋惊采绝艳,是后代所有辞赋家比拟的榜样,但难有与之比肩之人,因此说到"故论其典诰则如彼,语其夸诞则如此……故能气往轹古,辞来切今,惊采绝艳,难与并能矣"。③又曰"屈宋逸步,莫之能追……是以枚贾追风以入丽,马扬沿波而得奇",④司马相如既"师范屈宋",自然吸收了屈原"夸诞""绝艳"之风,进一步洞入深化,形成了自身赋"艳"的特征。

除了才力、识略,刘勰还认为,相如赋"艳"的形成,和其性情、时代特色等因素息息相关。他在《体性》篇谈到了人的性情和才气对文学创作的影响:"夫情动而言形,理发而文见,盖沿隐以至显,因内而符外者也。然才有庸俊,气有刚柔,学有浅深,习有雅郑,并情性所铄,陶染所凝。"⑤认为人的情性会影响才气,不同的情性则会呈现出不同的文章风格,继而曰:"长卿傲诞,故理侈而词溢。"⑥刘勰认为司马相

① 司马迁《史记》,中华书局,1959年版,第2999页。
② 谢臻《四溟诗话》,人民文学出版社,1961年版,第62页。
③ 刘勰著,范文澜注《文心雕龙》,人民文学出版社,1962年版,第47页。
④ 刘勰著,范文澜注《文心雕龙》,人民文学出版社,1962年版,第47页。
⑤ 刘勰著,范文澜注《文心雕龙》,人民文学出版社,1962年版,第505页。
⑥ 刘勰著,范文澜注《文心雕龙》,人民文学出版社,1962年版,第506页。

如性情傲慢不羁，不受约束，这种性格体现在文章风格上便是经常使用夸张的修辞且华丽的辞藻。除了才略、性情等自身因素，任何一种文学创作都必然受到社会环境和时代背景的浸染，刘勰清楚地认识到这一点，在《时序》篇提出："故知文变染乎世情，兴废系乎时序。"[1]他认为汉赋总体特征为铺排艳丽，提出"楚艳汉侈[2]"，并在《诠赋》篇载："汉初词人，顺流而作。陆贾扣其端，贾谊振其绪，枚马播其风，王扬骋其势。"[3]指出相如受时代影响，继承了汉赋铺排艳丽的时代风气。刘勰还在《通变》篇进一步表示："夫夸张声貌，则汉初已极，自兹厥后，循环相因，虽轩翥出辙，而终入笼内"[4]，明确指出"夸饰声貌"在汉赋中已达到登峰造极的程度，已成为汉赋的典型特征，文人创造无不遵循此轨道而难以跳出。此句虽是对"夸饰声貌"进行批驳，但从侧面反映出时代对辞人的巨大约束作用。

四、"文质并重"——刘勰对相如赋"艳"的客观评价

刘勰所处的南北朝时期，"性情渐隐，声色大开，诗运转关也"。[5]"新变"的文学思潮风行文坛，正如傅刚先生说："变，构成了南朝文学的最基本特征。"[6]在这种思潮下，复古派重文轻质，强调文学"经世致用"的社会政治功能，否定"非止乎礼义"的文章，新变派重文轻质，提出"文章且需放荡"[7]，重视华美绮丽的文风而对质朴无华的作品不甚看重，两派交锋中，新变派占据主流地位遂使浮靡文风充

---

① 刘勰著，范文澜注《文心雕龙》，人民文学出版社，1962年版，第675页。
② 刘勰著，范文澜注《文心雕龙》，人民文学出版社，1962年版，第23页。
③ 刘勰著，范文澜注《文心雕龙》，人民文学出版社，1962年版，第134页。
④ 刘勰著，范文澜注《文心雕龙》，人民文学出版社，1962年版，第520页。
⑤ 沈德潜《说诗晬语》，清乾隆刻沈归愚诗文全集本，第13页。
⑥ 傅刚《魏晋南北朝诗歌史论》，商务印书馆，2017年版，第208页。
⑦ 严可均辑《全梁文》，中华书局，1999年版，第113页。

斥文坛。处在文学观念新旧更迭的转折点，刘勰以冷峻的姿态审视，一方面肯定新变的积极意义，《通变》篇言："文辞气力，通变则久"，《时序》曰："故知文变染乎世情，兴废系乎时序"。他敏锐地洞察到文章是随着时代风气而变化的，只有顺应时代风潮，保持变通，文章才能持久存在，因此在文章形式上重视新变的绮丽文风。这一点体现在刘勰文学批评思想中，便是在论文之初的《原道》篇就提出"自然为文"的重要观点，把文章需要文采上升到天经地义的自然高度："傍及万品，动植皆文：龙凤以藻绘呈瑞，虎豹以炳蔚凝姿；云霞雕色，有踰画工之妙；草木贲华，无待锦匠之奇……夫以无识之物，郁然有采，有心之器，其无文欤？"①类似此种肯定文采之语，在《文心雕龙》中不胜枚举，如《诠赋》篇："物以情观，故词必巧丽。丽词雅义，符采相胜"②，《丽辞》篇："是以言对为美，贵在精巧"③，《隐秀》篇："工辞之人，必欲臻美"④另一方面，刘勰批评过度新变所导致的文风浮靡、内容空洞现象，因此在内容上崇尚旧制的雅正质朴，以此纠正文风，发挥文章应有的教化作用。在文章内容选取上，刘勰明显是崇尚经典的，认为作文应学经典，才能做到雅正，才能发挥文章的实用功能，《征圣》篇曰："征之周孔，则文有师矣。"⑤《宗经》篇载："禀经以制式，酌雅以富言。"⑥刘勰极力强调儒家经典的重要性，他认为文风日渐浮靡，正是脱离经典所致，因此必须"禀经制式"以纠正时弊，因此在《通变》中提出："矫讹翻浅，还宗经诰"⑦。纪昀评此曰："齐梁间风气绮靡，转相神圣，文士所作，如出一手，故彦和以通变立论，

① 刘勰著，范文澜注《文心雕龙》，人民文学出版社，1962年版，第1页。
② 刘勰著，范文澜注《文心雕龙》，人民文学出版社，1962年版，第136页。
③ 刘勰著，范文澜注《文心雕龙》，人民文学出版社，1962年版，第589页。
④ 刘勰著，范文澜注《文心雕龙》，人民文学出版社，1962年版，第633页。
⑤ 刘勰著，范文澜注《文心雕龙》，人民文学出版社，1962年版，第16页。
⑥ 刘勰著，范文澜注《文心雕龙》，人民文学出版社，1962年版，第1页。
⑦ 刘勰著，范文澜注《文心雕龙》，人民文学出版社，1962年版，第520页。

然求新于俗尚之中……复古而名以通变，盖以此尔。"①黄侃《文心雕龙札记》表达了同样的看法："此篇大旨，示人勿为循俗之文，宜反之于古……此则彦和之言通变，犹补偏救弊云尔。"②正如刘勰在《序志》篇总结道："唯文章之用，实经典枝条，五礼资之以成，六典因之致用，君臣所以炳焕，军国所以昭明，详其本源，莫非经典。而去圣久远，文体解散，辞人爱奇，言贵浮诡，饰羽尚画，文绣鞶帨，离本弥甚，将遂讹滥。盖《周书》论辞，贵乎体要，尼父陈训，恶乎异端，辞训之异，宜体于要。于是搦笔和墨，乃始论文。"③由此可以判定，以儒家经典纠正浮靡文风，以发挥文章的要点和精髓，正是刘勰编纂《文心雕龙》的目的。

由上看来，刘勰在应对"新变"导致的绮靡风气时，吸收复古派、新变派的有利因素，采取折中之举，重视绮丽文风以适应时代新变，对文学做自觉的艺术追求，同时依经为文以匡正浮靡风气，发挥文章的教化之功。周振甫先生认为，《文心雕龙》以儒家思想为主，要建立以儒家经典主导的实用文章体系，来纠正当时内容空洞、文风浮靡的现象，而创作则有取于道家，追求自然修饰，反对矫揉造作。④王运熙先生对此也提出了相同的看法："因此他大力提倡宗经，提倡风骨，企图矫正当时柔靡文风，达到文质彬彬的境界。"⑤这种做法实际上就是"文质并重"，即思想内容与艺术形式的高度统一。刘勰《征圣》篇中说："然则志足而言文，情信而辞巧……然则圣文之雅丽，因衔华而佩实者也。"⑥"志文""情辞""华实"，实际上就是这种统一的另一种表

① 范文澜《文心雕龙注》，人民文学出版社，1958年版，第521页。
② 黄侃《文心雕龙札记》，上海古籍出版社，2000年版，第104页。
③ 刘勰著，范文澜注《文心雕龙》，人民文学出版社，1962年版，第726页。
④ 周振甫《文心雕龙今译》，中华书局，1986年版，第6页。
⑤ 王运熙《中国古代文论管窥》，上海古籍出版社，2014年版，第492页。
⑥ 刘勰著，范文澜注《文心雕龙》，人民文学出版社，1962年版，第15—16页。

达，《情采》篇所谓"文附质""质待文"①，也即此意。这种"文质并重"的统一思想便是《文心雕龙》成书的核心与宗旨，是刘勰评价所有作家和作品最根本的标准。对于刘勰的这一态度，与其说是迫于时代风潮的无可奈何之举，毋宁说是洞悉世情的明智之为，其中彰显着其进步发展的文学史观和客观全面的文学批评观。

厘清刘勰文学批评观的根源与脉络，对剖析其对相如赋的评价至关重要。刘勰评价司马相如时不惜笔墨，必定要借此以达到"补偏救弊"的文学批评目的，因此对相如的评价必定服务于"文质并重"这一标准，也必然包含着思想内容、艺术特色两方面的综合考量。

在刘勰看来，相如赋"洞入夸艳，致名辞宗"，可以理解为：相如赋是因"夸"直接形成"艳"，因"艳"得以为辞宗。"夸"，即"夸饰"，可以看作是使用夸张、虚构等方式使语言更富表现力的一种艺术手法。《文心雕龙》单列《夸饰》②一篇，探讨了文学虚构与夸张的问题。"文辞所被，夸饰恒存"点明了夸饰存在的合理性和必要性；"气貌山海，体势宫殿……莫不因夸以成状，沿饰而得奇也"表明物象的奇特艳丽、气势的飞动盛大等都要借助夸张手法来实现。刘勰肯定夸饰的必要性，进一步对艳丽文辞进行认同，其实与其"自然为文"的观点是相契合的，是"自然为文"的一种表现形式。同时，刘勰在《风骨》篇又评："相如赋仙，气号凌云，蔚为辞宗，乃其风力遒也。"③认为相如为辞宗的又一原因是其风骨遒劲，但从武帝"飘飘有凌云之气，似游天地之间意"④的结果来看，使文章更加具有感染力的不是其"风骨"

---

① "夫水性虚而沦漪结，木体实而花萼振，文附质也。虎豹无文，则鞟同犬羊；犀兕有皮，而色资丹漆，质待文也。"刘勰著，范文澜注《文心雕龙》，人民文学出版社，1962年版，第537页。

② 刘勰著，范文澜注《文心雕龙》，人民文学出版社，1962年版，第608—609页。（下文《夸饰》篇同）

③ 刘勰著，范文澜注《文心雕龙》，人民文学出版社，1962年版，第513页。

④ 司马迁《史记》，中华书局，1959年版，第3063页。

反是"凌云"之气，这股气势也是由"艳"这一特征直接形成的。"赋仙"指相如为劝武帝放弃修仙而作《大人赋》，其载："垂绛幡之素蜺兮，载云气而上浮。建格泽之长竿兮，总光耀之采旄。""纠蓼叫奡蹋以艘路兮，蔑蒙踊跃腾而狂趡。莅飒卉翕熛至电过兮，焕然雾除，霍然云消"。①相如及尽夸张之能事，文辞繁复华丽，展现"大人"轻举遨游、透丽迅疾的状态，极具浪漫主义，令人神往。司马迁批评其为"靡丽多夸，然其指风谏，归于无为"。②而刘勰却打破成见，以"新变"的眼光自觉从文学特性欣赏"艳"带来的艺术效果，认为其语言华美、辞气浩荡、想象新奇、气势飞腾，具有巨大感染力，激动人心，极具文学意义。以此看来，刘勰两次将相如视为辞宗，都与其赋"艳"的特征密不可分，可以充分展示出他对这一特征的认同。刘勰以超于同时代人的智慧和眼光，迎了"新变"的文学风潮，突破汉代"依经立论"的束缚，对相如赋"艳"做出文学角度的肯定，体现了他对文学审美特性的自觉追求，这在当时，是极其可贵的。不仅是司马相如，刘勰对整个汉赋所带来的华丽奔放文风都进行了相当程度的肯定，《诠赋》篇载："枚乘《兔园》，举要以会新；相如《上林》，繁类以成艳；贾谊《鵩鸟》，致辨于情理；子渊《洞箫》，穷变于声貌；孟坚《两都》，明绚以雅赡；张衡《二京》，迅发以宏富；子云《甘泉》，构深玮之风；延寿《灵光》，含飞动之势：凡此十家，并辞赋之英杰也。"③刘勰以一种通变发展的眼光，认识到新文风异于传统经典的文学性价值，这即是他应对"新变"之风的自觉选择。

基于"文质并重"的评价标准，刘勰清醒地认识到相如赋"艳"存在的问题，认为其辞赋最大的缺陷在于其形式过于华丽，导致内容失真

---

① 司马迁《史记》，中华书局，1959 年版，第 3056—3057 页。
② 踪凡《司马相如资料汇编》，中华书局，2008 年版，第 7 页。
③ 刘勰著，范文澜注《文心雕龙》，人民文学出版社，1962 年版，第 135 页。

失实，脱离雅正，这与刘勰重雅正的为文之法相背驰，因此也是他重点批判的地方。刘勰在《才略》篇赞扬相如赋"洞入夸艳，致名辞宗"后转而批评道："然核取精意，理不胜辞，故扬子以为'文丽用寡者长卿'，诚哉是言也。"认为相如文、辞过于繁艳，超过了理、用，而致质不胜文，无法发挥文章的实用功能。《夸饰》篇曰："相如凭风，诡滥愈甚。"诡：奇异。滥：过多而无质。刘勰认为，司马相如继承了夸饰风尚，但辞藻泛滥、奇异失实的情况也更加严重了，不符合"文丽而不淫"的经典文学体制，继而他又提出解决办法："翦扬马之甚泰，使夸而有节，饰而不诬，亦可谓之懿也。"①指出应该在形式上避免扬雄和司马相如辞赋中过度的夸饰，做到夸张而有节制，增饰而不违反事实。

其实在刘勰之前，对相如类似的批评就已存在，班固《典引序》："司马相如洿行无节，但有浮华之辞，不周于用。"②王充《论衡·定贤》篇也认为其"文丽而务巨，言眇而趋深，然而不能处定是非，辩然否之实。虽文如锦绣，深如河、汉，民不觉知是非之分，无益于弥崇实之化"。③而在刘勰之后，南朝徐陵也有相似的看法，其《答李颙之书》曰："文艳质寡，何似《上林》；华而不实，将同桂树。"④这些不同时代的批评，在本质上是一致的，都认为相如赋文风过于艳丽，而致内容失实而无教化之用，造成"劝百讽一"的相反效果。对于相如赋"艳"的这一特征，汉代文学家更多是将其放在"依经立论"的主流思想下，认为其与"文贵讽谏"相违而进行指摘，而刘勰浸染于绮艳文风盛行的"新变"思潮中，反能跳出时代裹挟，以冷峻的态度对"艳"进行客观的批判，凸显了刘勰远瞻的文学批评眼光和理性的文学批评态

---

① 刘勰著，范文澜注《文心雕龙》，人民文学出版社，1962 年版，第 135 页。
② 萧统《文选》，中华书局，1977 年版，第 682 页。
③ 王充《论衡》，中华书局，1954 年版，第 267 页。
④ 严可均《全上古三代秦汉三国六朝文》，中华书局，1958 年版，第 3453 页。

度。总观《文心雕龙》，刘勰不止对相如赋过于繁艳颇有微词，还将这种不满上升到整个辞赋，认为辞人都有语句过于繁复华丽的问题，如《物色》篇中："及长卿之徒，诡势环声，模山范水，字必鱼贯，所谓诗人丽则而约言，辞人丽淫而繁句也。"[①]《宗经》篇也表达"是以楚艳汉侈，流弊不还"[②]相同的批评，并表示解决这一问题的方法便是"正末归本，不其懿欤！"即回到经典，以经典为模范，制以雅正之文，这对矫正时代绮靡文风具有巨大意义。

五、小结

南北朝文学"新变"聚焦于文学作品的艺术形式，既开启了文学自觉的时代良风，也导致了文风浮靡的弊病。汉赋在文学形式上，兼有"新变"之风的正反两面，因此成为刘勰文学批评的重点，而司马相如作为汉赋的代表作家，刘勰自然为其大力着墨。换言之，刘勰对相如赋"艳"的客观描述和评价，实际上反映出他对"新变"的态度，即提倡"文质并重"的文学创作和批评，一方面顺应时代思潮，自觉追求文学独立性、审美性，肯定绮丽文风，一方面提倡"执正驭奇"，发挥儒家雅正之文的经世作用，匡救浮靡之风。以现代文学批评眼光来看，刘勰的折中思想不免有些许矛盾之处，"禀经制式"的观念也被赋予过高的标准而略显理想与陈旧，但处于时代的转折处，刘勰能突破汉代文学家"依经立论"的窠臼，以发展的文学史眼光给予"新变"之风以肯定，也能在"新变"思潮风行下，理性地批驳浮靡文风，足以见出其文学批评的高远见地。

---

① 刘勰著，范文澜注《文心雕龙》，人民文学出版社，1962 年版，第 694 页。
② 刘勰著，范文澜注《文心雕龙》，人民文学出版社，1962 年版，第 23 页。

评传的文体特征考察

——以游国恩、龚克昌《司马相如评传》为中心

四川师范大学　余秋慧

历史上对司马相如事迹的书写不胜枚举，追溯其源当然是司马迁《司马相如列传》，其中记载了相如的身世、仕履、婚姻、事功和作品。《司马相如列传》丰富的内容留给后人无限的源泉，无论是相如文君的婚恋，还是相如题桥、上书封禅等典故，都被后世文艺作品反复演绎，形成了文学史上的经典文学现象。近代以后，学者们开始以评传这一文体继续书写相如故事。本文以游国恩和龚克昌的两篇《司马相如评传》为中心，对其中所表现出的文体特征及写作倾向进行比较和讨论。

一、评传的四大文体特征

新文化运动以后，传记文学逐渐成为一种受文人学者青睐的文体，呈现蓬勃发展之势，至今仍有很大影响。虽然评传已经被广泛运用于文学和学术写作中，但目前学界对它的研究尚不充分，对评传的源流、性

质、影响等仍有讨论的空间。杨正润《传记文学史纲》曾讨论过"评传"的定义、写作特征等的专著，他认为评传"是作者在广泛收集和考证资料的基础上对传主进行了充分研究的学术成果……学术传记除了历史性和文学性外还包含学术性"。①徐雁专门讨论了"人物评传"的特质，说："所谓'评传'，往往是作者在广泛收集和深入考证有关文献资料的基础上，对传主进行系统学术研究以后写作的传记著作。""'评传'是一种以真实人物为写作对象的兼具文学性、历史性和学术性的作品体裁。"②可见，历史性、文学性和学术性是目前学界公认的评传的三大特征。不过评传还有一大特征不容忽略——作为文学批评文本的批评性。童庆炳《文艺理论教程》提道："评传体是对一个作家总体性的思想和艺术评价，是史论结合的批评，规模浩大，容量丰富。"③虽然书中没有再就这一问题进行更多讨论，但这番话显然是有的放矢，而是准确捕捉到了"评传"所包含的文艺批评元素。张利群则将"评传体"置于整个批评文体视域中进行考察，将传记体批评划入应用体类批评文体中。④"评传"具备历史性、文学性、学术性和批评性四种特征，这些特征相互交织，共同构成了评传撰写的基本要求。

历史性和文学性是评传作为传记文学分支最基本的两大特征。这两个特征却是一对矛盾共生体。首先，历史性是评传的基本要素。从古至今，传记文学和史传书写的关系都是密切的，历史著作的写作对象都是真实的历史人物和历史事件，评传也不例外。如果传主及其生平的真实性都无从保证，那么评传也会受到质疑。古往今来的传记无一不是建立在真实性的基础之上的，无论是正史中的列传还是单篇的传记作品都遵循这一原

---

① 杨正润著《传记文学史纲》，江苏教育出版社，1994年版，第27页。
② 徐雁《论"人物评传"》，《南京社会科学》1996年第12期，第66、67页。
③ 童庆炳主编《文学理论教程》（修订版），高等教育出版社，1998年版，第462页。
④ 张利群主编《文学批评原理》，广西师范大学出版社，2004年版，第278—279页。

则。其次，评传还具有一定的文学性。这种文学性不是指小说创作的虚构，而是建立在真实性基础上的文学写作手法或是艺术加工。以《史记》这部传记文学的鼻祖为例，鲁迅的评价精妙绝伦："虽背《春秋》之义，固不失为史家之绝唱，无韵之《离骚》矣。惟不拘于史法，不囿于字句，发于情，肆于心而为文。"①这话恰恰道出传记文学的历史性和文学性交织的写作特色。评传的写作不仅要顾及文献材料的真实性，还要注重写作时的艺术性、文学性。这不仅体现在描写方法和词藻运用上，还体现在作者倾注于字里行间的情感。这样的写法在纯粹的史学著作中也许会受到质疑，但从传记的角度来说却是十分可贵的。因为作者和传主之间不再是冰冷的塑造者和被塑造者的关系，而是一对情感相通的共同体。

二、对游、龚《司马相如评传》的文体特征分析

游国恩《司马相如评传》1923年在《文艺旬刊》连载五期，以白话文写就，分为引文、主体、附录、年表四部分。②这也是中国文学史上较早发表的"评传"之一，在传记文学史上、中国学术史上都具有典范意义。当时的游国恩还只是就读于北京大学本科一二年级的本科生。游文的主体部分以《史记》《汉书》中的《司马相如列传》为基础，对史书中未载或不详细的史实进行考证、说明。文中对史实的援引主要来自《史记》《汉书》《三国志》《华阳国志》《西京杂记》等史书、笔记，行文严肃，不见调笑口吻。就连一直以来众说纷纭的"窃妻卓氏"事件，他也并未以调侃或鄙夷的笔调进行书写，依然以史书记载为基础，梳理了二人相遇、成婚等过程。在对这一事件的叙述中，唯有两处虚写，一是对司马相如自梁国返蜀以后落到家徒四壁的原因推测，游国

---

① 鲁迅著《中国小说史略（外一种：汉文学史纲要）》，商务印书馆，2011年版，第393页。
② 游国恩《司马相如评传》，《文艺旬刊》，1923年版，第13—17期。

恩写道："或者是他性情豪放，任意挥霍的缘故。"①此外还记了一件轶事，原文援引《成都旧事》中一典故，说文君一生不食此物是因为民间俗称"蝛蛛"为"长卿"，但游国恩立刻解释："这事真假不可信。"②游国恩的这篇《司马相如评传》显然更突出体现评传的历史性——材料是征实的，记叙也如材料一般是平实，几乎没有文学性的描写。

　　龚克昌《司马相如评传》③曾以专著的形式刊行，主要包括主体、专题讨论、年表三大部分，主体部分又以时间顺序分为七节，内容丰富固不待言。同样是叙述相如"窃妻卓氏"事件，龚克昌则将这一事件冠以"冲破封建罗网而实行自由婚姻的喜剧"之名，④还加入了许多细节性的描写。例如，描写在卓王孙家的宴席："大家都贪婪地看着相如，频频点头，啧啧称赞。"⑤又有卓文君听了相如的琴声后的心声："这琴声像一杯蜜，比蜜还甜；像一团火，比火还热，一下把她的心陶醉了，融化了，她听得简直如醉如痴。"⑥写文君夜奔相如："贴身丫头急急忙忙走进来，递上了相如派人送来的亲笔信。文君看了又羞又喜。她与丫头慌忙地换了一身衣服，连首饰都顾不得收拾，踏着月色，便急急往临邛都亭奔去……在丫头搀扶下，她深一脚，浅一脚，好歹跑到都亭。"⑦这些描写未曾出现在《史记》《汉书》等史志记载中，但也并非龚克昌纯凭想象发挥而来。传记的形成固然受到正史传记写法的影响，但是作家在撰写评传时还会受到他曾经接受的相关文学作品的影响，并体现在评传中。《史记》中有关相如、文君的爱情故事只有寥寥数语的记载，

---

　　① 游国恩《司马相如评传》，《文艺旬刊》1923年第13期，第2页。
　　② 游国恩《司马相如评传》，《文艺旬刊》1923年第13期，第2页。
　　③ 龚克昌等著《司马相如》，春风文艺出版社，1999年。后收入龚克昌著《中国辞赋研究》，改名为《司马相如评传》，山东大学出版社，2013年版，第354—415页。本文以该文首次刊行的春风文艺出版社版为底本。
　　④ 龚克昌等著《司马相如》，春风文艺出版社，1999年版，第21页。
　　⑤ 龚克昌等著《司马相如》，春风文艺出版社，1999年版，第23页。
　　⑥ 龚克昌等著《司马相如》，春风文艺出版社，1999年版，第24页。
　　⑦ 龚克昌等著《司马相如》，春风文艺出版社，1999年版，第25页。

因而演绎出的诗歌、戏剧、小说等却版本众多。据统计，历代相如文君故事演绎出包括杂剧、小说、戏文、传奇、话剧、弹词等在内的四十八种故事形式，[①]在后代文学史上产生了重要影响。龚克昌的上述描写应当也受到这些文学作品影响，因此具有一定的艺术加工成分在内。

　　游、龚两篇评传对历史性和文学性的不同处理方式，是评传撰写乃至传记文学撰写中的普遍矛盾——该如何把握传记中的事实叙述和艺术想象？赵白生对此提出了"传记事实"这一概念，他说："（传记事实）是指传记里传主的个性起界定性作用的那些事实。"[②]这里所说的"事实"是司马迁所说的"轶事"，即发生在传主身上，能够反映传主心灵变化的事。他认为要平衡传记中的历史性和文学性，需要传记家们准确识别材料中的"传记事实"并加以运用。司马迁在书写史事时首先遵循的便是历史的真实性，但他也非常重视挖掘史料的文学性。所谓"文章西汉两司马"[③]，《史记》兼顾历史性和文学性的写法终是得到后人的肯定。茅坤《与蔡白石太守论文书》一文提到《史记》之感动人情之处，曰："读《游侠传》即欲轻生，读《屈原贾谊传》即欲流泪，读《庄周鲁仲连传》即欲遗世，读《李广传》即欲力斗，读《石建传》即欲俯躬，读《信陵平原君传》即欲好士。若此者何哉？盖各得其物之情而肆于心故也，而固非区区字句之激射者。"[④]优秀的传记并不能仅仅靠实录取胜，而是要感物动情，方能打动读者。龚克昌对相如的感情在《司马相如评传》中几乎随处可见。例如写相如为何改名："这些，都是他紧步蔺相如，胸怀大志，希冀为国家效劳的表现。"[⑤]写到相如入訾为郎

---

　　① 汤君《宋元以来小说戏文之相如文君故事叙略》，《四川师范大学学报（社会科学版）》2008 年第 2 期。

　　② 赵白生著《传记文学理论》，北京大学出版社，2003 年版，第 14 页。

　　③ 左宗棠撰；刘泱泱等校点《左宗棠全集》附册，岳麓书社，2014 年版，第 430 页。

　　④ 茅坤著，张梦新、张大芝点校《茅坤集》，浙江古籍出版社，2012 年版，第 2 册，第 196 页。

　　⑤ 龚克昌等著《司马相如》，春风文艺出版社，1999 年版，第 11 页。

后的不满时:"他不甘心把自己的时间精力消耗在这种武夫便能完成的小事上,不愿担当这样的武职。"①写到《哀二世赋》的创作动机:"对秦二世这种任用权奸,听信谗言,严刑峻法,杀戮随心,滥取民财,挥霍无度的罪恶行径,司马相如自然是深恶痛绝的,他趁汉武帝路过这里,立即写了《哀二世赋》。"②这些描写无疑使司马相如身为词臣却心系朝堂的形象跃然纸上,使读者得以了解到一个更具有情感起伏的、更具有血肉感的历史人物形象,而不再局限于"辞赋家""文学家"这样笼统的概括之中。

评传又被称为"学术传记"③,学术性是评传区别于其他传记体裁的核心特征。杨正润认为,学术传记有"大量的注释,并且要说明资料来源和参考书目,不允许虚构""要求作者对历史背景和某以专门领域的发展有丰富的知识"。④梅新林《中国学术史研究的主要体式与成果》分析了"评传"在学术史研究中的作用,认为这是"对传主进行系统学术研究以后写成的著作"。⑤这些说法反映出评传与一般传记、学术论文的区别。一方面,评传内容必须以学术研究为基础,不能是随笔式的、感悟式的记录,而是在严谨的科研基础上的成果体现;另一方面,评传到底是传记文学的分支,不能同完全的学术论文那样只有研究过程的推导,还需要有一定的文学性,需要作者真切地与传主共情,才能将评传真正写活。评传还必须具有一定的批评性。这种批评性是建立在前三种特质的基础之上的。文艺批评的对象一定是真实存在的作者、作品或文学现象,评传的历史性保证了它的批评是真实可信的。文学批

---

① 龚克昌等著《司马相如》,春风文艺出版社,1999 年版,第 18 页。
② 龚克昌等著《司马相如》,春风文艺出版社,1999 年版,第 36 页。
③ 杨正润著《传记文学史纲》,江苏教育出版社,1994 年版,第 27 页。
④ 杨正润著《传记文学史纲》,江苏教育出版社,1994 年版,第 27—28 页。
⑤ 梅新林《中国学术史研究的主要体式与成果》,《浙江师范大学学报(社会科学版)》2009 年第 1 期。

评有多种体式，评传以文学性描写和洋溢其中的情感使之区别于其他批评文本，具有独特的价值。同时，评传作为学术传记的严谨性决定了它能够具有文艺批评的批判意识和客观公正。作者对传主及其作品并非一味地拔高或贬低，而是通过知人论世的方式，使读者能够理解传主的经历和创作动机。那么，究竟应该在评传中体现学术性和批评性呢？目前学界有不同说法。

> 学术传记中一般都有大量的注释，并且要说明资料来源和参考书目，不允许虚构，通常严格按照年代的顺序写作……不只是叙述其生平，更要结合时代对他的成就进行深入的分析，对他的历史地位作出恰如其分的评价，同时还应当展示一个完整的人物。[①]
>
> ——杨正润

> "评传"在传记所固有的文学性和历史性两种性能之外，还必须强调其学术性的特征……应当拥有大量的注解和参考文献目录，以说明文献资料的来源和评传作者学术用功的深广度，并且应当编制科学的"索引"，以揭示著作中所出现的名词术语和人物主题……"评传"也是要求按照传主的年代顺序来写作的，而且不允许有过度的虚构和想象。[②]
>
> ——徐雁

> 评传对人物的"评"与"传"都有着自身特殊的要求：传，可略写经历，但要突出人物的主要性格特点、事迹及成就。评，要力求语言精当，鞭辟入里。[③]
>
> ——周俊超

---

① 杨正润著《传记文学史纲》，江苏教育出版社，1994年版，第27页。
② 徐雁《论"人物评传"》，《南京社会科学》1996年第12期，第66页。
③ 周俊超《中国评传发展之我见》，《文史博览（理论）》2014年第2期，第46页。

　　前两则材料都提到评传必须要有"注释""参考书目"等元素，这实际上就是要求作者必须有一定的学术基础，要求在评传中所做的考证、评判是源出史实的，而非杜撰而来。杨正润提出评传要在叙述人物生平的基础上结合传主生平、生活的社会环境对其做出恰如其分的评价，实际上隐含的就是对评传批评性的期待和要求。周俊超甚至认为评传的语言描写也有要求。综合诸家之言，要完成一篇高质量的评传并非易事。

　　由于游国恩撰写《司马相如评传》时，评传这一体裁尚处于古代与现代的转型时期，因此没有符合当代学术规范的注释或参考书目等形式，但是作者的学术严谨精神在行文中却处处体现。首先，文中涉及文献、史实的考证达二十余处，以司马相如四次游京师、五次归蜀、三次为郎的经历为时间线索；中间穿插对司马相如《子虚》《上林》《喻巴蜀檄》《难蜀父老》《大人赋》《自叙传》《封禅书》等传世作品的考证和分析。其次，他还对前人《子虚》《上林》是模仿《高唐赋》而来、《大人赋》乃模仿《远游》而来的说法一一进行了详尽的驳斥。他的反驳意见并非情绪发泄式叙述，而是通过证明《高唐赋》《神女赋》考证作品出现的时间甚至晚于相如的《子虚》《上林》，从而得出相如赋皆出于自我的创作，而非摹习前人的结论。最后，文中还有对《凡将篇》的辑佚、佚文存目整理等。同时，游国恩在进行文献考辨时，还将引文出处一一标注，皆是有证可查的文献。这些无一不显示出作者深厚的朴学功底、严谨的学术精神以及对传主司马相如一生事迹谙熟于心。从评传的批评性上来说，游国恩的评价也是建立在学术考证的基础之上得出的。他称相如为"赋家""小学家""经学家""科学家"，在文人做外交方面的事功"在历史上也要数他头一位"。[①]在对作品的分析

---

　　① 游国恩《司马相如评传》，《文艺旬刊》1923 年第 13 期，第 1 页。

评价上，游国恩的批评也力求不蹈袭前人，他说："关于《子虚》《上林》二赋的价值，前人批评甚多；但大概都是主观的抽象的空话。我不愿再如此批评，所以只指出他们的几个特点。"①并从辞赋的问答体裁、"自铸伟辞"、铺采摛文、双声叠韵手法、博物夸张、谲谏讽刺等方面一一分析两篇赋文的特点。在分析《长门赋》《大人赋》时，游国恩也都采用这样的思路，不仅将批评落到实处，还做到了独树一帜，而非人云亦云。这篇评传还显露出游国恩早期的文艺批评思想，关于前人对相如《封禅书》"靡而不典""作此伎俩以惑人主"的贬抑，游国恩认为："都是题外文章。我们中国批评文学界所以糟到这步田地，就是因为他们这些人要把文学牵涉到忠君爱国上去。况且他们大半人不懂封禅为古礼，妄议前贤；只由他们一味盲说谩骂；譬如②驴鸣犬吠，可厌已极。试问：即使他劝武帝行封禅为阿谀，为非礼，与文章本身的好坏何关？而且这篇《封禅文》是他临死时的遗札，尚何所求而作此谀文？此种'隔靴搔痒'荒谬不通的议论，真不配拿来批评文学。"③可以看出，游国恩并不赞同以"忠君体国"的政治思维来左右文艺作品的评价，而是从作品真正的文学价值、文学史价值等方面进行品评。这样的批评思想在当时的确是站在时代前列，对今天的文艺批评仍有指导意义。

龚克昌《司马相如评传》中也多处涉及考证，例如相如生卒年考证、文翁遣相如受经说、《子虚》《上林》篇次分合问题、相如作品的创作时间等。不同于许多概括性的评价，龚克昌的批评是从文艺作品本身出发进行的。比如一些文人对《大人赋》的创作表现出鄙夷之

---

① 游国恩《司马相如评传》，《文艺旬刊》1923年第14期，第2页。
② 原文为"警如"，当为"譬如"。
③ 游国恩《司马相如评传》，《文艺旬刊》1923年第17期，第1页。

态，由于武帝读了此文后"飘飘有凌云之气，似游天地之间意"①，因此觉得这是相如为了获得武帝宠幸而作的文章。龚克昌持不同意见。为了考证相如作此文的动机，他仔细梳理了武帝从元光二年（前133年）开始的狂热的寻仙活动，从中揭示了"汉武帝贪生怕死"②的形象。他认为相如"表面上是为了迎合汉武帝的淫奢，实则在对武帝进行委婉的劝诫"并分析了《大人赋》中的相关描写。③但为什么这篇赋最后没有起到劝诫效果，反而使相如背上魅惑人主的骂名呢？龚克昌认为这与"赋"的文体特点、批评者本身的立场有很大关系。"这里，有赋的弱点问题，也有读者自身的立场、思想、理解、接受问题，而且后者往往是更重要的。试想，历史上不是有许许多多政治家、政论家，他们都直截了当地公开批评统治者的过失，可是统治者见到批评后就改了吗？没有。持这种态度批评汉赋的人，实际上是把文学艺术的作用夸大了，把文学艺术抬到不适当的地位上。"④龚克昌的这番话是公允的。对这个问题的认识，不仅关系到对相如人格的定性，还涉及对辞赋这一文体的评价。赋体特征本就是"劝百而讽一"的⑤，是绵里藏针地劝诫君主，是希望君主读罢文章能够自省的，至于皇帝能否接受劝诫，实在不是相如这样的文人能够左右的。龚克昌一针见血地指出了中国古代批评史上的"痼疾"——文学固然重要，但是不应当使之成为他者的附庸。或是为政治而谈文学，或是为经学而谈文学，或是为权力而谈文学，在龚克昌看来都是没有完全承认文学的完整内涵和独立地位。文学的独立性从来不应体现在它对其他事物有何帮助上，而是应该由于它自身的美。假如文艺作品真的能左右政治、历史的走向，那么这二千年间也不会出现

① 司马迁撰《史记》卷一一七《司马相如列传》，中华书局，1959年，第9册，第3063页。
② 龚克昌等著《司马相如》，春风文艺出版社，1999年版，第38页。
③ 龚克昌等著《司马相如》，春风文艺出版社，1999年版，第39页。
④ 龚克昌等著《司马相如》，春风文艺出版社，1999年版，第40页。
⑤ 班固撰《汉书》卷五十七《司马相如传》，中华书局，1962年版，第8册，第2609页。

这么多不听劝诫的无道之君。问题的根源不在文人利用怎样的形式进谏，而是在于封建社会之权力集中于皇帝一人之手，而皇帝仅凭自己的好恶选择要不要"从善如流"。

游国恩和龚克昌的两篇《司马相如评传》在学术性和批评性上都有独到见解，他们在对相如生卒、作品真伪考证等问题上虽有不同看法，但这只是学术上的争鸣，就评传的"学术性""批评性"来说，这两篇文章显然是符合标准的。游、龚二人都并不一味夸大司马相如的人格魅力或作品价值，只是以文艺作品本身的价值为导向，不被时风所裹挟，没有以"封建王朝""官僚阶级"等为标准对相如的作品及人格进行批评。当然，两篇《司马相如评传》都难免白圭之玷。游国恩的《司马相如评传》虽以坚实的文献为基础，对相如的一生作为、作品价值、艺术成就做了点评，但缺少了一定文学加工，少了一些艺术想象。徐雁评价类似评传，说："我们经常可以读到名为'评传'，而文学性极其浓厚的所谓'评传'；但我们也往往能够读到学术性强到令人不能卒读的所谓'××评传'，这些都是没有能够处理好'文学性''学术性'两者关系比重的缘故。"①杨正润在谈评传写作的难点时也说："许多这类作品中往往学术研究过多而淹没了人物，看不到传主的人格同他的成就的关系，阅读起来又很少趣味，只能供少数专家研究之用，不适合普通读者，如胡适的《神会和尚传》。"②游国恩的《司马相如评传》通篇几乎都是考证，的确使人读后产生信服感，但也少了一些作者与传主之间情感共鸣的反映。这固然有作者的学术背景因素，也因为当时是现代评传发展的探索期，尚无典型可供参考。龚克昌的文章总体来说兼顾了评传的历史性、文学性、学术性和批评性，不过在文学描写方面稍显突出，这些艺术性叙述一方面增加了文章的可读性，另一方面也一定程度

① 徐雁《论"人物评传"》，《南京社会科学》，1996 年第 12 期，第 67 页。
② 杨正润著《传记文学史纲》，江苏教育出版社，1994 年版，第 28 页。

上抵消了评传的真实性。不过好在这样的描写所占篇幅不多，没有导致文章滑向小说创作的一端，仍不失为一篇优秀的评传作品。

三、结语

评传的发展距今短短百年，规模却蔚为壮观。20世纪70年代末以来，各大出版社组织出版了各类人物评传，如中华书局《历代画家评传》、南京大学出版社《中国思想家评传丛书》、河南教育出版社《近代史人物评传》、上海人民出版社《中国当代著名作家评传》、上海古籍出版社《中国京昆艺术家评传丛书》等。这些卷帙浩繁的评传丛书陆续出版反映出我国评传发展的迅猛之势。然而，对评传的理论研究却尚在处于起步阶段，还需要更多探索。赵生白认为传记文学的研究缺乏"本体论的高度"[1]，研究者们没有清晰地界定传记研究对象的外延范围。这一判断当然也涵盖了评传。本文以游国恩、龚克昌的两篇《司马相如评传》为中心，考察了评传这一文体的历史性、文学性、学术性、批评性，及这些特性在实际撰写中的联系与矛盾共生现象。从材料选择上来说，评传需要遵循历史性，选择真实可信的文献作为撰文的基础；从内容记叙上来说，撰写评传还需要形象生动的文学性描写，这就对作者的语言叙述能力做出了要求；从专业品评上来说，评传还须兼顾学术性和批评性，以突出评传文体的核心价值。四者缺一不可，既有一定的矛盾性，又存在紧密的联系，共同构成了评传独特的文体特征。

---

① 赵白生著《传记文学理论》，北京大学出版社，2003年版，第7页。

司马相如赋与儒学

四川师范大学　李　沁

司马相如，字长卿，汉族，蜀郡成都人，西汉辞赋家。其《子虚赋》《上林赋》为汉大赋的代表，司马相如本人也被称为"赋圣"。司马相如一直是学界研究的热点，对其思想及作品的研究不少，观点也较多，有学者认为司马相如与儒学大相径庭，通过分析司马相如的生平和所在时代背景的影响，以及赋作表现，都能看出司马相如深受儒学影响。

一、司马相如生平与时代背景

《史记·司马相如列传》记载："司马相如者，蜀郡成都人也，字长卿。少时好读书，学击剑，故其亲名之曰犬子。相如既学，慕蔺相如之为人，更名相如。以赀为郎，事孝景帝，为武骑常侍，非其好也。会景帝不好辞赋，是时梁孝王来朝，从游说之士齐人邹阳、淮阴枚乘、吴庄忌夫子之徒，相如见而说之，因病免，客游梁。梁孝王令与诸生同舍，相如得与诸生游士居数岁，乃著《子虚》之赋。"①通过《史记》的记载，可以对司马相如的生平有大致了解。具体而言，第一阶段（约前179—约前152），少年读书时期。司马相如20多岁之前都在四川生活学习，其思想创作都不可避免受到当地文化影响，四川儒学的发展也早有迹可循，一方面成都平原得天独厚的地理优势，为古蜀文明和中原文化的交织碰撞提供了条件，另一方面秦到汉期间多次移民，移民将原有文化带到蜀地，促进了中原文化在蜀地的传播，其中不可或缺的就有儒家文化。第二阶段（前152—前143）以赀为郎与从游梁王时期。此时，（正值）汉景帝时期，社会矛盾逐渐尖锐，黄老学术已不能满足统治者要求，儒家文化逐渐发展，为汉武帝"独尊儒术"奠定了基础。司马相如"以赀为郎"后，在汉景帝下担任武骑常侍，非其所好，后跟随梁孝王，与当时作赋名家枚乘、严忌等人相互切磋，作赋能力大有提升，《子虚赋》也是此时所作。第三阶段（前143—约前118），与卓文君婚和侍武帝时期。汉武帝时期，政治、经济、文化各方面矛盾加剧，加强中央集权，大一统成为君主的迫切要求，此时董仲舒的"罢黜百家，独尊儒术"之说被重用。从高祖到武帝，统治集团的主要思想从黄老转到儒学，因此武帝时代的士人也纷纷转向儒学。儒家文化影响着文人的思想与心态，也对汉赋的发展起到了重要作用。关于汉赋的兴盛与儒学的关系有许多学者做过系统研究，如冯良方《汉赋与经学》中就从十个方面详细阐述了两者之间的关系；刘周堂在《前期儒家文化研究》一书中也认为大赋的兴盛与儒学密切相关，其体制"劝百讽一"的内在矛盾也为儒学所决定。简宗梧在《汉赋源流与价值之商榷》中也认为赋家和儒家是相互依存发展的。

---

① 司马迁著《史记》卷一百一十七，中华书局，1959年版，第2999页。

二、司马相如赋作中体现的儒家思想

司马相如被称为"赋圣",其游梁时的所作《子虚赋》的原貌并没有保存下来,现在看到的主要是武帝时所作的《天子游猎赋》(《文选》分为《子虚赋》《上林赋》)、《哀秦二世赋》和《大人赋》。司马相如赋作中蕴含深厚的儒家思想,下面将结合司马相如赋作来具体分析其儒家思想。

第一,尊君抑侯,维护中央集权,主张"大一统"思想。"大一统"思想可追溯到夏商周时代,正式提出"大一统"是《公羊传·隐公元年》:"何言乎王正月,大一统也。"疏曰:"王者受命,制正月以统天下,令万物无不一一奉之以为始,故言大一统也。"①董仲舒在继承先秦儒家思想的基础上,结合时代背景和其他理论精华,形成了更系统的"大一统"理论。在司马相如作品中具体体现为尊君抑侯,贬低诸侯,张扬君主的权力和利益。在《天子游猎赋》中通过子虚使齐,以子虚之口夸耀楚国云梦之泽的广大,物产的丰富,楚王田猎歌舞的盛大,极为奢侈,后以乌有先生的口吻批评楚国之奢,但此时乌有先生还只是诸侯国与诸侯国间的代表,他的重精神,讲道义还只是诸侯国的思想,将错误仅归结到诸侯国君的道德修养上,没有上升到大一统帝国的眼界。再细究乌有先生的言论已经有尊君抑侯的思想了,乌有先生说道"今足下不称楚王之德厚,而盛推云梦以为高,奢言淫乐而显侈靡,窃为足下不取也。必若所言,固非楚国之美也。无而言之,是害足下之信也。章君恶、伤私义,二者无一可,而先生行之,必且轻于齐而累于楚矣。"②批评其夸耀的行为,实则就是贬低诸侯,诸侯非君王,应恪守礼制,向

---

① 阮元校刻《十三经注疏》,中华书局,1980 年版,第 2196 页。
② 司马迁著《史记》卷一百一十七,中华书局,1959 年版,第 3014 页。

君王朝觐述职，不应该僭越，过分奢侈享受。还说到"然在诸侯之位，不敢言游戏之乐，苑囿之大"。①更加明确了诸侯之位不该僭越君王之权，天子的礼乐制度有专门的规格，按西周制度规定，在乘舆使用上，天子驾六马，诸侯驾四，大夫三，士二，庶人一。在音乐舞蹈方面，天子八佾，诸侯六佾，大夫四佾，士二佾。在苑囿方面，天子之囿方百里，大国四十里，次国三十里，小国二十里。

　　紧接着又以亡是公的口吻来批评楚、齐二国，先说道"楚则失矣，而齐亦未为得也"②将文章高度提升到君主大一统上面，暗喻汉武帝大一统天下，"夫使诸侯纳贡者，非为财币，所以述职也。封疆画界者，非为守御，所以禁淫也。今齐列为东藩，而外私肃慎，捐国逾限，越海而田，其于义固未可也。且二君之论，不务明君臣之义，正诸侯之礼，徒事争于游戏之乐，苑囿之大，欲以奢侈相胜，荒淫相越"③直接点明了诸侯应尽的义务，朝觐述职，按时纳贡，重视君臣上下关系，端正诸侯应该遵守的礼仪，正是为了"张天子抑诸侯"，维护天子的荣誉和利益，宣扬大一统思想。紧接着又极力宣扬天子游猎的壮观宏丽，描绘天子上林苑的繁华，实则是以上林的巨丽否定齐楚的广阔，用诸侯之事烘托天子之尊，使诸侯相形见绌，自愧不如。

　　第二，"劝百讽一"的体制。"劝百讽一"的艺术手法实则是儒家思想的反映。《天子游猎赋》文中巨丽侈靡，铺衍繁富，大肆铺陈君王的宫殿、苑囿、车马、服饰、田猎等，篇幅巨大，浓墨重彩，最后予以否定，归于天子"此大奢侈。朕以览听馀闲，无事弃日，顺天道以杀伐，时休息于此。恐后叶靡丽，遂往而不返，非所以为继嗣创业垂统

　　① 司马迁著《史记》卷一百一十七，中华书局，1959年版，第3015页。
　　② 司马迁著《史记》卷一百一十七，中华书局，1959年版，第3016页。
　　③ 司马迁著《史记》卷一百一十七，中华书局，1959年版，第3016页。

也"①的言论上，推倒上林变为耕田农产，促使农民生养，革新政治，长治久安，为后世做好榜样，实现否定—否定—再否定的内在逻辑。

"劝百讽一"的结构往往使讽谏意味淡薄而被忽略，细究其原因也不脱离儒家思想，大篇幅的铺陈一方面是汉朝大一统繁荣昌盛的反映，汉武帝时期幅员辽阔，人口众多，社会经济发展，国家富强繁荣，客观上形成了"以大为美"的巨丽审美观。另一方面据《西京杂记》司马相如自述而言："赋家之心，苞括宇宙，总览人物。"②强调赋家包容万物的心态，此心态与儒家以天下为己任的心态相融，也是汉武帝时期主流思想的表现之一。当然，这样的讽谏方法与儒家诗教观也有重要关系，先秦儒家强调"美刺"的讽谏方法，"美"表现为对事物的歌咏，"刺"表现为委婉地劝谏讽刺。同时在儒家思想里面，天子之尊享用的物品应该是最好的，有专门的规格，以达到维护君权的目的，最后落脚到讽谏也是表明君主的仁德，君主可享天子之尊，但也施利于民。具体到《天子游猎赋》中就是广泛铺陈诸侯的奢靡，诸侯相争，引起君王注意，规范诸侯，维护君权，但是君王并不耽于享乐，使汉武帝能通过此赋看到汉帝国的强大富强，又委婉劝谏了帝王在现实政治中要规范自己，使统治者赏心悦目又闻而改之。司马相如赋中所描绘就是汉武帝时期现实社会的反映，富强，繁荣，又野心勃勃，已经有一统天下的雄心壮志了。

第三，宣扬仁政，体现为政以德，宽厚待民的思想。仁政思想是儒家思想核心，仁义礼智信是儒家强调的道德标准，汉初儒家吸取亡秦教训，十分重视仁政思想，在汉武帝时期倡导"罢黜百家，独尊儒术"后，其仁政思想依旧保留。在司马相如赋作中较为明显能够看出儒家的仁政思想，在《天子游猎赋》中乌有先生言："今足下不称楚王

---

① 司马迁著《史记》卷一百一十七，中华书局，1959年版，第3041页。
② 葛洪撰《西京杂记》卷二，中华书局，1985年版，第12页。

之德厚，而盛推云梦以为高，奢言淫乐而显侈靡，窃为足下不取也。必若所言，固非楚国之美也。无而言之，是害足下之信也。"①正是因为子虚所言楚国之奢靡就是违背了儒家节俭爱民的主张，为政以德的思想，如果子虚所言只是虚夸，那也违背了儒家"仁义礼智信"的道德标准，后又说"然在诸侯之位，不敢言游戏之乐，苑囿之大"②也是因为诸侯和君主是有严格等级制度的，作为诸侯应该守节守礼。在文章末尾，赋里的君主幡然醒悟，提出反对奢靡之风，要为后世做好榜样，采取一系列措施，罢酒停猎，放猎场土地为农业用地，开仓放粮救济贫民，补助难民，体贴鳏寡老人，发出号令，减轻刑罚，改革制度，修订历法，除旧布新，进行政治革新，使国家长治久安。这是儒家理想的圣明君主，知错能改，实行仁政，去奢求俭，爱民利民。《史记·司马相如列传》记载："其卒章归之于节俭，因以风谏。"③也是对此赋的高度概括，作者思想的升华，最后归于节俭，是对君主的劝谏，包含仁政思想，也就是赋家通过赋作来实现他们"兼善天下"的理想，期望君主施行仁政，也是上文"劝百讽一"体制最终要达到的目的。

司马相如随汉武帝于长杨打猎，路过秦二世的墓，写下《哀秦二世赋》，在此赋中也表达了劝谏君王施行仁政的愿望。赋的前半段写景叙事，后半段议论抒情。批判秦二世"持身不谨兮，亡国失势；信谗不寤兮，宗庙灭绝"。④秦二世骄奢淫逸，残暴无方，焚书坑儒，违背儒家仁政思想，没有以德治国，爱护民众，以秦二世为鉴，讽谏汉武帝要立身正德，施行仁政，不要重蹈覆辙。

① 司马迁著《史记》卷一百一十七，中华书局，1959 年版，第 3014 页。
② 司马迁著《史记》卷一百一十七，中华书局，1959 年版，第 3015 页。
③ 司马迁著《史记》卷一百一十七，中华书局，1959 年版，第 3002 页。
④ 司马迁著《史记》卷一百一十七，中华书局，1959 年版，第 3055 页。

此外，《大人赋》虽然用极尽夸张的语言铺陈"大人"遨游仙界的盛况，分东西南北来描绘仙界的繁华，最后以西王母"曒然白首，戴胜而穴处兮，亦幸有三足乌为之使。必长生若此而不死兮，虽济万世不足以喜。"①来委婉劝谏汉武帝不要追求成仙之道，以国家社会为己任，期望其成为圣明君主。《史记·司马相如列传》也说道"相如以为列仙之传居山泽间，形容甚臞，此非帝王之仙意也，乃遂就《大人赋》。"②

第四，强调礼乐教化。孔子教化于民，是以礼乐为核心的道德教化，儒家认为，礼乐教化符合人情人性，能够节制欲望，提高人的道德修养，规范社会风气，促进社会和谐，利于天下大治。儒家常常将礼、乐并提，认为礼、乐具有同等重要的地位。儒家认为，礼乐是因人情而设的，礼规范人的行为，即"发乎情，止乎礼"，乐直接作用于人的内心，调节人的情感，使人心平和，情感适度，即"入人也深，化人也速"。在《天子游猎赋》中"于是历吉日以斋戒，袭朝服，乘法驾，建华旗，鸣玉鸾，游于六艺之囿，驰骛乎仁义之涂，览观《春秋》之林，射《狸首》，兼《驺虞》，弋玄鹤，舞干戚，载云罕，撠群雅，悲《伐檀》，乐乐胥，修容乎礼园，翱翔乎书圃，述《易》道，放怪兽，登明堂，坐清庙，次群臣，奏得失，四海之内，靡不受获。"③是儒家礼乐教化思想最明显的写照，构想帝王游览于六艺之林，驰骋于仁义之途，以《礼》为指导，以《书》为学习，阐释《易》的道理，天下群民均有所受益。"于斯之时，天下大说，乡风而听，随流而化，卉然兴道而迁义，刑错而不用，德隆于三王，而功羡

---

① 司马迁著《史记》卷一百一十七，中华书局，1959 年版，第 3060 页。
② 司马迁著《史记》卷一百一十七，中华书局，1959 年版，第 3056 页。
③ 司马迁著《史记》卷一百一十七，中华书局，1959 年版，第 3041 页。

于五帝。"①形成儒家所崇尚的"大同"理想社会，民众因教化而遍受感化，奉行仁义，刑罚无用，德政堪比三王五帝，这跟《礼记·礼运》里面强调礼乐教化的目的是一样的，蕴含深厚的儒家思想。汉武帝时期使儒家思想成为正统思想，是希望用以巩固君权，维护国家政治统一，而推行礼乐教化的结果和目的在汉武帝时期就表现为社会等级制度鲜明，明确君臣父子的权职，各在其位，各司其职，尊卑有序，上行下效，以达到维护国家统一的目的。

第五，多引用儒学经典，经学之义。司马相如赋作中还有许多引用儒家经学之义的地方，若非是研读过儒家经典，不会所受影响如此之深，也不会运用起来如此得心应手。《天子游猎赋》中就有多处例子可见，如卒章君主所做一系列改革措施，开垦农田，开放山林，开仓救济，赡养鳏寡孤独，施行仁政，减省刑罚，这也是儒家仁政思想的体现。"改制度，易服色，革正朔，与天下为更始"②融入了经文经学阴阳谶纬之学、董仲舒天人合一思想，提倡君权神授，即改制易服也是重要的政治手段。最后描绘的"游于六艺之囿，驰骛乎仁义之涂，览观《春秋》之林，射《狸首》，兼《驺虞》，弋玄鹤，舞干戚，载云罕，揜群雅，悲《伐檀》，乐乐胥，修容乎礼园，翱翔乎书圃，述《易》道"③以至天下大同繁荣的场面，更是直接指出对儒家六艺，《诗》《书》《礼》《易》《春秋》《乐》的学习，描绘的场面同《礼记·礼运》篇里面孔子追求的大同社会几乎一样。

---

① 司马迁著《史记》卷一百一十七，中华书局，1959年版，第3041页。
② 司马迁著《史记》卷一百一十七，中华书局，1959年版，第3041页。
③ 司马迁著《史记》卷一百一十七，中华书局，1959年版，第3041页。

三、结语

汉赋深受儒家思想的影响，司马相如作为汉大赋的代表作家，其赋作蕴含深厚的儒家观念。分析司马相如生平与当时的社会背景，不难发现司马相如深受儒家思想的影响，尤其汉武帝时期在推行"独尊儒术，罢黜百家"的政策以后，当时的文人思想不可避免受其影响，具体表现在司马相如赋作中则为尊君抑侯，维护中央集权，主张"大一统"思想；"劝百讽一"的体制；宣扬仁政，体现为政以德，宽厚待民的思想；强调礼乐教化；多引用儒学经典，经学之义。当然，司马相如赋作中还有道家思想和其他文化的影响，这有待我们继续深入研究。

从《天子游猎赋》看赋家心迹说

四川师范大学　张雨晨

司马相如（前176—前117），字长卿，蜀郡成都人。鲁迅在《汉文学史纲要》中评价道："武帝时文人，赋莫若司马相如，文莫若司马迁。"[1]司马相如作为汉赋集大成者，有"辞宗""赋圣""赋颂之首"等尊称。

常璩称"长卿彬彬，文为世矩"，[2]司马相如的赋作更是作为后世衡文标准。后人针对他的辞赋创作，常引用《西京杂记》卷二记载来说明，"友人盛览尝问以作赋，司马相如答曰：'合綦组以成文，列锦绣而为质，一经一纬，一宫一商，此赋之迹也。赋家之心，苞括宇宙，总览人物，斯乃得之于内，不可得而传。'"[3]虽然"赋家之迹""赋家之心"是否为司马相如所说存疑，但此说能体现司马相如的创作心理与其辞赋的基本特征。李天道在《司马相如赋的美学思想与地域文化心态》

---

① 鲁迅《汉文学史纲要》，人民文学出版社，1977年版，第136页。
② 常璩撰，刘琳校注《华阳国志校注》，巴蜀书社，1984年版，第712页。
③ 刘歆等撰，王根林校点《西京杂记（外五种）》，上海古籍出版社，2012年版，第19页。

中指出"赋家之迹"涉及了赋的叙事机制、符码组合、符码转换等审美表达方面的内容，而"赋家之心"涉及了赋的创作心理过程中诸如审美想象、审美灵感、审美心境等审美创作构思方面的内容[①]，即赋家心迹说从构思与表达两方面提出了汉赋的理想形式。

本文从司马相如最具标志性赋作——《天子游猎赋》入手，探究《天子游猎赋》是怎样呈现赋家之心与赋家之迹，从中探寻作为赋作内在精神的赋家之心与作为赋作外在形式的赋家之迹的关系，从而把握司马相如之所以被尊为赋圣的重要文学成就。

一、从《天子游猎赋》中观赋家之迹

（一）赋家之迹

"赋家之迹"在《西京杂记》中被司马相如阐释为"合綦组以成文，列锦绣而为质，一经一纬，一宫一商"。[②]"綦"与"组"都从糸，从糸字都与丝缕布帛有关，"綦组"即杂色丝带，"锦绣"是指织锦刺绣，在此句中引申为文辞。"文"本义指花纹、纹理，"质"有形体之意，即要运用精巧的语词来修饰组成文章。"经"与"纬"相对，为方位词，《大戴礼记·易本命》记载"凡地东西为纬，南北为经"，[③]"一经一纬"指出了赋在状物中对物象的排列方式，要讲求其空间方位布局的和谐完整，从而能构建出一个完整的立体世界。"宫商"指代古代五音——宫商角徵羽，后来引申为诗律里的平仄以及声韵里的四声，即赋作要求要音韵和谐、音律相和。迹即痕迹、足迹，所谓"赋迹"即赋的

---

① 李天道《司马相如赋的美学思想与地域文化心态》，中国社会科学出版社，2004年版，第3页。
② 刘歆等撰，王根林校点《西京杂记（外五种）》，上海古籍出版社，2012年版，第19页。
③ 戴德撰，黄怀信译注《大戴礼记译注》，上海古籍出版社，2019年版，第335页。

形迹，是指以文字为呈现方式的赋的外在文本形式。赋家之迹在赋作中的体现根据《文心雕龙·诠赋》可概括为"丽辞"，[①]即华丽的辞藻。王思豪在《论"赋心""赋迹"理论的复奏与变奏》中认为是赋家之迹是作为审美批评提出，以编织锦绣来比喻铺写赋作，通过铺采摛文，追求声色之美，一是在视觉上展现赋的"文字美"，二是在听觉上展现"声韵美"。[②]

总而言之，赋家之迹是指赋作呈现的形式，在语言的选用与排列、整体的布局上讲求辞藻华美、善于铺排、时空完整、结构紧凑，并且要注重声律，达到音韵上的和谐。

（二）《天子游猎赋》中的赋家之迹

《天子游猎赋》是一篇描绘性文本，赋家之迹展现在丰富的夸张想象、时空的完整构造、万物的精雕细刻以及音韵和谐、语句铺排上，使全赋呈现出汪洋巨丽之势。

1. 夸张想象，虚实结合

《天子游猎赋》全赋声势浩大，奔腾着丰富的想象，广用夸张、比喻、拟人等多种修辞手法，极力渲染了苑囿自然风貌之美、物产之丰，以及游猎盛况。如"水虫骇，波鸿沸。涌泉起，奔扬会。礧石相击，硠硠礚礚，若雷霆之声，闻乎数百里之外"[③]中"骇""沸"两个动词描绘出夜猎使鱼鳖惊骇、洪波沸腾之景，以拟人、夸张的修辞手法传达出众石相撞之声，展现了楚王与众美女夜猎的壮大场面。天子设宴之时，"千人唱，万人和，山陵为之震动，川谷为之荡波"[④]。跳舞奏乐，人声鼎沸，声势浩大，甚至使山陵震动、波涛汹涌。

---

① 刘勰撰，黄叔琳等校注《文心雕龙》，上海古籍出版社，2015 年版，第 49 页。
② 王思豪《论"赋心""赋迹"理论的复奏与变奏》，《文史哲》2014 年第 1 期，第 87 页。
③ 司马相如著，朱一清、孙以昭校注《司马相如集校注》，人民文学出版社，1996 年版，第 3 页。
④ 司马相如著，朱一清、孙以昭校注《司马相如集校注》，人民文学出版社，1996 年版，第 26 页。

《天子游猎赋》还善于虚写与实写相结合，其物象并不全是眼前所见来——列举再现，如上林苑中的繁多果木并不全是北地所生长的，如荔枝、槟榔、椰子等。此外，还常引用神话传说中的形象来加以夸饰，如"干将之雄戟"是传说中春秋时吴人干将所铸利剑，"乌号之雕弓"是皇帝曾用过的良弓，"夏服之劲箭"是夏后氏曾用过的箭囊。"阳子骖乘，纤阿为御"①分别为传说中的善御车者阳子、善御马者纤阿，他们给天子陪乘、驾驶车马，给赋作带来了浪漫色彩。

《天子游猎赋》的夸张、想象等修辞手法大量运用，虚实结合，是赋家之迹对作赋如同编织"綦组""锦绣"为美丽花纹追求意象的精美、辞藻的华丽的要求，从而使赋作对状物图貌更加生动，更富有感染力，为《天子游猎赋》注入了壮大之气与雄奇色彩。

2. 时空完整，立体可观

《天子游猎赋》在描写中还重视塑造时间与空间的完整性。在空间完整的追求上，注重全方位描绘，以云梦泽为典型，从"其中""其东""其南""西其""其北"五个方位依次勾勒，分别叙述其地独特的风貌与物产，从北面的森林到南面的平原，从西面的清池到东面的花圃，中部的高山挺拔而出，构造了云梦泽高低起伏，参差交错，立体三维之实景。此外，是齐国乌有先生描述齐国"东陼钜海，南有琅邪""邪与肃慎为邻，右以汤谷为界"，②首先从东、南、左、右界定，展现了齐国之大，其次还对地貌进行了阐述，最后夹杂以人类活动如观、射、浮、游、秋田、彷徨，使齐地清晰立体起来。在时间完整的追求上，是通过绵密的描述来构成，《子虚赋》从楚王出游—夜猎—息獠—食之依次叙述，构成了完整的情节线索。"日出东沼，入

---

① 司马相如著，朱一清、孙以昭校注《司马相如集校注》，人民文学出版社，1996年版，第2页。
② 司马相如著，朱一清、孙以昭校注《司马相如集校注》，人民文学出版社，1996年版，第4页。

乎西陂"①展现了在上林苑的时空变化，描绘了太阳从上林苑东边的水池升起，到西边的山坡落下，表现出了一个宏大宽广并立体动态的上林苑。

《天子游猎赋》中就是一个完整可感的世界，此中不仅有万物，还有空间上的分布，时间上的变化，事件的发展。构造完整的时空这一追求就是赋家之迹作赋的"一经一纬"，能在赋作中创造出一个宏大的世界。

3. 声色动静，穷形尽相

《天子游猎赋》运用图案化表现手法精雕细刻，呈现出图案化的艺术手法，刘勰在《文心雕龙·诠赋》中认为赋"写物图貌，蔚似雕画"，②《天子游猎赋》在此方面犹胜，描写事物，不遗巨细。如在描写上林苑的水时，"临坻注壑，瀺灂霣坠，沈沈隐隐，砰磅訇礚"③到"悠远长怀，寂漻无声，肆乎永归"④，写出了水由动到静，其形态变化多端，水声如响耳边。又如司马相如写美若天仙的郑女"被阿緆，揄紵缟，杂纤罗，垂雾縠"，⑤她们身披绫罗绸缎、珠玉点缀、裙摆飘扬、体态婀娜、香气氤氲，好似亭亭玉立的神仙浮现在眼前。描写郑女的身姿绰约是通过抓住衣裙的纹理、材质、剪裁来这些细节衬托。

《天子游猎赋》写风物、游猎、乐舞都淋漓尽致，一是抓住了物象的主要特点，二是抓住了细节，铺排万象皆有其形，而非单调罗列，是赋家之迹对于"文""质"的追求，既有其形体，又有花纹修饰。

---

① 司马相如著，朱一清、孙以昭校注《司马相如集校注》，人民文学出版社，1996年版，第24页。
② 刘勰撰，黄叔琳等校注《文心雕龙》，上海古籍出版社，2015年版，第49页。
③ 司马相如著，朱一清、孙以昭校注《司马相如集校注》，人民文学出版社，1996年版，第22页。
④ 司马相如著，朱一清、孙以昭校注《司马相如集校注》，人民文学出版社，1996年版，第23页。
⑤ 司马相如著，朱一清、孙以昭校注《司马相如集校注》，人民文学出版社，1996年版，第3页。

4. 韵散结合，字句雕琢

《天子游猎赋》在用韵上独具特色，熊伟业在《司马相如研究》[1]一书中对其进行了较为系统的研究。"其石则赤玉玫瑰，琳瑉琨吾，瑊玏玄厉，碝石碔砆"[2]中的"吾""砆"押鱼韵，此外在文中多处地方也用到了如歌韵、屋韵、质韵等上古韵部。同时，《天子游猎赋》广用双声、叠韵、叠音字，共计550余字，约占全文百分之十五以上。如在双声上，同为见母的有"兼葭""见教""宫观""鳏寡"。在叠韵上，"案衍坛曼"四字为元韵，还有押元韵词如"梗柟""蝘蜓""婴珊""宛潬""散涣""连卷"等；在叠音上，有"淫淫""裔裔""沈沈""隐隐""潏潏""湢湢"等。

在遣词上，文字运用复古求奇，堆砌同偏旁字，热衷铺陈辞藻，有"鳂鳙鳍鲉""巃嵸崔巍""駊騠驴骡""滂濞沆溉"等，甚至后人有"字林""字窟"之讥。在句式上，《天子游猎赋》常以三、四言夹杂散体句式，《天子游猎赋》的三言句共26处，141句，423言，[3]而四言句使用最多，同时长短句结合来集中状物说理，形成语言的板块结构，增强了语言的节奏感与韵律性，如："水虫骇，波鸿沸。涌泉起，奔扬会。礧石相击，硠硠礚礚，若雷霆之声，闻乎数百里之外。"[4]写上林苑的水，句式如水势，一泻千里，变化多端。此外，《天子游猎赋》还多骈偶、排比句，如"撞千石之钟，立万石之虡，建翠华之旗，树灵鼍之鼓"[5]一连四个动宾结构短句，展现出天子宴乐的巨大场面。在描绘上林苑中，一连用六个"于是乎"从虫鱼鸟兽、水流山峦、玉石草木各方面加以细致描绘，表现了上林苑的物类繁多以及奇观异景。

---

① 熊伟业《司马相如研究》，电子科技大学出版社，2012年版，第200页。
② 司马相如著，朱一清、孙以昭校注《司马相如集校注》，人民文学出版社，1996年版，第2页。
③ 熊伟业《司马相如研究》，电子科技大学出版社，2012年版，第212页。
④ 司马相如著，朱一清、孙以昭校注《司马相如集校注》，人民文学出版社，1996年版，第3页。
⑤ 司马相如著，朱一清、孙以昭校注《司马相如集校注》，人民文学出版社，1996年版，第26页。

《天子游猎赋》极尽铺排，在音韵上追求的和谐、句式上追求的节奏感，使之读来气势恢宏、抑扬顿挫，适应了赋作为半口头文学来诵读的传统，是赋家之迹讲求"一宫一商"的要求。

二、从《天子游猎赋》中观赋家之心

（一）赋家之心

司马相如论赋家之心"苞括宇宙，总览人物，斯乃得之于内，不可得而传"①。其中"苞"通"包"，即包含，"宇宙"是空间与时间的总称，《淮南子》第十一卷《齐俗训》将"宇宙"分别释义为："往古来今谓之宙，四方上下谓之宇"②。"总览"即"综观"，"人物"包括人与物，"内"在这里指内心，"传"是传授。此句即赋家之心宽阔广博，囊括万物，遍观人物，并且，赋家之心只能自己从内心感发，不能通过从他人那习得，指出赋家心中所有与修得的方式。后世对于赋家之心多有解读，刘熙载在《艺概》卷三《赋概》中有相关的五条记载，指出赋家之心"能随其所值赋象班形"，③即赋家之心可大可小，可精微，可宽广，随物千变万化。此外，成公绥在《天地赋（并序）》中有言："赋者贵能分赋物理，敷演无方，天地之盛，可以致思矣。"④即赋家善于观物，天地万物都可以促成赋家思考，即心物感应，说明了万事万物都可以作为赋作描写对象，赋家要对万事万物有感而发才得以作赋，指出了赋的创作动机。

总而言之，赋家之心就是赋家在赋作中写物图貌来借用万物表达出

---

① 刘歆等撰，王根林校《西京杂记（外五种）》，上海古籍出版社，2012年版，第19页。
② 刘安等撰，高诱注《淮南子》，上海古籍出版社，1989年版，第116页。
③ 刘熙载《艺概》，上海古籍出版社，1978年版，第99页。
④ 曾枣庄《中国古代文体学》，上海人民出版社，2012年版，第44页。

心性，根据《文心雕龙·诠赋》的诠释，赋家之心体现为"雅义"。[①]
赋心一说被后世赋家广为采用，在立意运思上提出赋作核心要求。

（二）《天子游猎赋》中的赋家之心

关于《天子游猎赋》的写作，《西京杂记》卷二载："司马相如
为《上林》《子虚》赋，意思萧散，不复与外事相关，控引天地，错
综古今，忽然如睡，焕然而新，几百日而后成。"[②]指出司马相如创作
《天子游猎赋》是全身心沉浸其中，不为外界干扰，长久处于一种忘我
境界之中。《史记·司马相如列传》有关于《天子游猎赋》的写作意图
的记述："相如以'子虚'，虚言也，为楚称；'乌有先生'者，乌有
此事也；'亡是公'者，无是人也，明天子之义。故空藉此三人为辞，
以推天子诸侯之苑囿。其卒章归之于节俭，因以讽谏。"[③]由此可观，
《天子游猎赋》中虚构了三位人物，通过子虚、乌有先生、亡是公三人
进行对答辩驳，以大量语言描写，描绘了云梦泽、上林苑的风物之美、
天子诸侯游猎之盛，展现了汉帝国统治前所未有的繁荣局面，颂扬了
汉朝的大一统，揭示了淫逸奢侈之危，从而讽谏统治阶级戒奢侈淫乐、
修明政事。

1. 风物之美的审美趣味

熊伟业在《司马相如研究》一书中认为"物色"是构成《天子游
猎赋》的细节、细胞，将之分为了宫室台观、天文、节候、山、水、
土石、地理、花草、木、舆服、器物、禽、兽、禽兽鱼虫体、水族、
声音、气味、神兽、饮食、人体共20类加以分析，[④]由此可观《天子
游猎赋》的物象丰富。《子虚赋》以云梦泽为描写中心，按云梦泽

---

① 刘勰撰、黄叔琳等校注《文心雕龙》，上海古籍出版社，2015年版，第49页。
② 刘歆等撰，王根林校《西京杂记（外五种）》，上海古籍出版社，2012年版，第19页。
③ 司马迁撰，蒋善辑《史记汇纂》，商务印书馆，2017年版，第385页。
④ 熊伟业《司马相如研究》，电子科技大学出版社，2012年版，第263页。

中、东、南、西、北五个方位细描，中部的山挺拔险峻、绵延交错，土石品类丰富、灿烂夺目；东面蕙圃，香草繁茂；南面平原宽广，万物丛生；西面池清泉冽，芙蓉出水；北面万木林立，鸟兽奔走。《上林赋》是以上林苑为描写对象，依次描绘了上林苑的水流奔腾不息，鸟兽悠游自在，崇山峻岭，花草纷繁，楼阁重重，玉石林列，果木富饶。

《天子游猎赋》极尽铺陈渲染，描摹出了云梦泽、上林苑的自然万物，展现了其风貌之美与物产之盛，是赋家之心包罗万象的写照，同时在赋中还铺排了大量传说中的人与物，展现出了赋家之心博观古今、超越时空的格局。

《天子游猎赋》还对华美精巧的离宫别馆进行了细描，"夷嵕筑堂，累台增成，岩窔洞房，頫杳眇而无见，仰攀橑而扪天，奔星更于闺闼，宛虹扡于楯轩，青龙蚴蟉于东箱，象舆婉僤于西清，灵圄燕于闲馆"，①楼阁亭台层层叠叠，回廊走道蜿蜒环绕，高处可以摸天，低处能通崖低，奇珍异兽环绕，像神仙居住之地。这些建筑融入了当时社会人对美的追求，也是人类改造自然的力量体现，揭示了人与自然的关系，是赋家之心对人的认识与颂扬。

2. 节俭刺奢的道德要求

《子虚赋》中楚国使者子虚盛赞楚国云梦泽胜景，从山川、物产到游猎歌舞——道来，借以向齐国乌有先生炫耀，而齐国乌有先生指责子虚，认为他"不称楚王之德厚，而盛推云梦以为高，奢言淫乐而显侈靡"，②却转而也向子虚夸耀齐国的美景、物产不可胜数，即便有禹和契的本领，也说不明、数不清，甚至"吞若云梦者八九于其胸中曾不蒂芥"。最后亡是公指出"楚则失矣，而齐亦未为得也"，诸侯国以浪费

① 司马相如著，朱一清、孙以昭校注《司马相如集校注》，人民文学出版社，1996年版，第24页。
② 司马相如著，朱一清、孙以昭校注《司马相如集校注》，人民文学出版社，1996年版，第4页。

相比，以放纵相胜，争苑林的大小、物产的多少，批判了诸侯之间攀比炫耀之风。

《天子游猎赋》除描写自然风物之外，还极尽笔墨描写淫游纵乐盛况。先有齐王"驾车千乘，选徒万骑，田于海滨"，再有楚王"驾驯驳之驷，乘雕玉之舆。靡鱼须之桡旃，曳明月之珠旗"，后有天子"乘镂象，六玉虬，拖蜺旌，靡云旗，前皮轩，后道游"。①游猎队伍的声势浩大、游猎工具的精良、游猎手段的残暴血腥，构成一幅幅天子诸侯贪奢享乐之景。

待游猎宴饮达到高潮时，天子却怅然若失，叹道："嗟乎！此大奢侈！"顺势而下，点出主旨，强调要想"继嗣创业垂统"，就不能乐于淫游纵乐。天子反思沉溺于游猎驰骋，不仅耗费自己的心神体力，而且耗费车马、钱财、人力，独自享乐而不顾百姓，耽于狩猎而不料国事，这不是仁者。

《天子游猎赋》先通过描绘游猎之盛，将天子与楚王对比，表面上似乎在攀比，实际话锋一转，通过天子反思悔过，认识到了淫游纵乐之危，从而主张要节俭。这是赋家之心纵观历史的经验教训总结，以长远的目光超越时空、把握事物的发展，并能运用以指导当下的现状。

3．理想社会的政治主张

司马相如由衷歌颂汉武帝的大一统事业，《天子游猎赋》就倾注了司马相如的政治热情，构造了一幅理想社会图景，并且其政治主张蕴含着深厚的民本思想。司马相如借天子之口，认为围建苑囿侵占农田，百姓没有吃食，以小国之力行大国之事，劳民伤财，民心生怨。天子从百姓出发，将皇家游猎场所整改，增加农民耕地与住地。更提出治国安民之策，礼乐并行，仁义尽施，广开言路，招纳贤士，那时将天下四海升

---

① 司马相如著，朱一清、孙以昭校注《司马相如集校注》，人民文学出版社，1996年版，第25页。

平，百姓安居乐业，"德隆于三王，而功羡于五帝"。①

此外，亡是公为天子代言，驳斥了为楚国代言的子虚与齐国的乌有，作为天子其一言一行充满表率作用，也照应着汉代"大一统"的思想观念，即诸侯要以天子为尊，遵从礼制，自觉维护汉帝国的统一。理想社会的政治主张是赋家之心以整个天下与人类的生存为视角对政治的反思与期望。

三、从赋家心迹中观司马相如

司马相如在《答盛览问赋书》中以《楚辞》中的《涉江》与《哀郢》篇为例说明："推诸题之但有迹者亦见心，但言心者亦具迹也。"②并指出："迹，其所；心，其能也。心、迹本非截然为二。"③即赋迹是赋心表现的场所，赋心是赋迹展现出来的功能，赋迹与赋心二者不可分割，是自然流露。南朝梁刘勰在《文心雕龙·诠赋》中言："情以物兴，故义必明雅；物以情观，故词必巧丽。丽词雅义，符采相胜。"④情通过物来调动、表达，物要带情去观赏才能把握，情与物相互应和，而情蕴含于赋家之心，物在赋家之迹，情与物的关系正是赋家心迹之间的联系，促使了赋作的内在精神与外在语言形式的和谐。

司马相如作赋讲究赋家之心与赋家之迹要和谐统一，赋家之心只有赋家之迹才能承载与彰显，赋家之迹内蕴赋家之心才不会显得虚浮、辞藻堆砌，内容形式要相互适应，同孔子"文""质"说，形神结合。沈德潜《赋钞笺略序》指出正是在赋家之心要求下，"古来赋手，类皆耽

---

① 司马相如著，朱一清、孙以昭校注《司马相如集校注》，人民文学出版社，1996年版，第28页。
② 刘熙载《艺概》，上海古籍出版社，1978年版，第95页。
③ 刘熙载《艺概》，上海古籍出版社，1978年版，第94页。
④ 刘勰著，黄叔琳等校注《文心雕龙》，上海古籍出版社，2015年版，第49页。

思旁讯，铺采摘文，元元本本，骋其势之所至而后已"。①《天子游猎
赋》丰富的夸张想象，追求时空完整的布局排列，广博繁多的物象铺排
的这一系列赋家之迹，风物之美尽览眼前，天地规则尽在胸怀，展现出
赋家之心超越时空、纵观古今、包揽天下的豪壮气概。

　　司马相如的赋作之所以能具赋家心迹，得益于他丰富的人生经历
与渊博的学识。他从儿时起就爱好读书，后博览儒家经典，《三国
志·蜀书》卷第三十八记载有文翁遣司马相如"东授七经"，②此事经
鲁红平《关于司马相如"东受七经"》一文考证确存可能，③司马相如
赋作中的儒家思想便基于他对古文典籍的精通。司马相如还早早立志
于建功立业，钦佩蔺相如而改名为司马相如，二十岁时司马相如凭借
家中财产有了做官资格，再经由层层考选成为了"郎"，护卫銮舆。
二十二岁凭借文武兼备晋升为武骑常侍，侍从景帝游猎。后逢梁孝王
来朝，托病辞官游梁，在梁与诸善辞赋者同住，一起游玩、作赋，过
得闲适畅快。约十年梁王病死，三十三岁的相如归蜀，娶卓文君留下
一段流传千古的才子佳人爱情故事。四十三岁时，凭借《子虚赋》应
汉武帝召见为"郎"，主要做上疏谏议与起草文稿之事，并开始作
《天子游猎赋》。司马相如丰富的学识，侍从游猎的经历，与众同好
切磋而提升的文辞水平以及从立功到立言的理想转变，使之能追求赋作
心与迹的统一。

　　司马相如赋家心迹说是赋体创作论的最早示范，它从创作心理、
创作方法、创作内容几个方面概括了汉赋的创作。程氏先冠在《青溪
集》卷三《骚赋论》里有言："长卿天纵绮丽，质有其文；心、迹之

---

① 陈良运《中国历代赋学曲学论著选》，百花洲文艺出版社，2002 年版，第 295 页。
② 陈寿《三国志》，中华书局，1959 年版，第 973 页。
③ 赵敏俐《汉代文学与文化研究 上》，商务印书馆 2018 年版，第 389 页。

论，赋家之准绳也。"①王世贞在《艺苑卮言》中记载："作赋之法，已尽长卿数语。大抵须包蓄千古之材，牢笼宇宙之态……故赋家不患无意，患在无蓄；不患无蓄，患在无以运之。"②此二段都指出了司马相如的作赋之法，其赋作汪洋宏大、气势雄伟、变化多端。司马相如的赋家心迹体现了他"以心为主，从物出发，心物交融，体物得神，天人合一的美学特点"。③正是如此，司马相如被尊为赋圣，其心迹说被奉为赋论圭臬。

四、结语

赋家心迹说指出了赋家的创作准则，在形式上与内容上都提出了要求，概括地说就是丽辞雅义，其奠定了汉赋体物写志的基本写法与以大为美的审美追求。根据赋家心迹说观司马相如《天子游猎赋》，其囊括宇宙，控引天地，万事万物尽在笔端，将汉代散体赋推向成熟，也促成了司马相如成为中国文学史上赋这类文学形式的奠基者之一。

① 程廷祚撰，宋效永校点《青溪集》，黄山书社，2004年版，第67页。
② 王世贞撰，陆洁栋、周明初注《艺苑卮言》，凤凰出版社，2009年版，第13页。
③ 李天道《司马相如赋的美学思想与地域文化心态》，中国社会科学出版社，2004年版，第141页。

文史司马相如的文化贡献

——兼论蜀学研究中对其地位的重新评价及"相如学"人文学科创建

南充职业技术学院　朱　涛

一、辞赋扬名，奠定汉大赋历史地位

司马相如生活的年代，正处我国文学创作和学术争鸣的自觉时期。在北方，齐鲁大地诸子风流，孔孟、墨翟等古之前贤，大放异彩，留下了不少见地深刻的思想主张。在南方，荆楚之域奇峰独秀，伟大的爱国诗人屈原，以其扛鼎巨构《离骚》，一开中国浪漫主义的文学先河。而巴蜀境内，虽先秦之际，并未产生和其媲美的文学传统。到了西汉，却异军突起，相继出现了雄踞蜀中的三大赋家。司马相如，更是以其斐然的文采，奠定了在汉赋，特别是在"汉大赋"方面，无人超越的历史地位。故后世将他多与班固、司马迁并举。唐诗僧皎然《讲古文联句》的"屈宋接武，班马继作"，明代文人冯梦龙《醒世恒言》之"吟诗与李杜争强，作赋与班马斗胜"，皆此类情形。而左宗棠《题卧龙岗诸葛草庐》七言，更是以"文章西汉两司马"的盛誉赞之，将司马相如，明确放在和"廿四史"之首《史记》作者，并驾齐驱的一种高度。"武帝时文人，赋莫若司马相如，文莫若司马迁，而一则寥寂，一则被刑。盖雄于文者，常桀骜不欲迎雄主之意，故遇合常不及凡文人。"或许是受了左宗棠影响，鲁迅先生对司马相如的评价亦高，还特地在他的《汉文学史纲要》第十篇中，将两人放入了同一节，来对比论述。

至于同代巴蜀作家，对其赋文亦颇为看好。扬雄《法言·吾子》即云："孔氏之门人用赋也，则贾谊登堂，相如入室矣。"①意谓他的辞赋造诣，还高于前辈作家贾谊。扬雄较相如晚生126年，也写大赋。但每每作赋，皆以相如赋作为蓝本。晋人葛洪，便在《西京杂记》中谈道："司马长卿赋，时人皆称典而丽，虽诗人之作，不能加也。扬子云曰：'长卿赋不似从人间来，其神化所至邪？'子云学相如为赋而弗逮，故雅服焉。"这是怎样的一种嘉许，字里行间，当不难看出。

西汉二司马共享盛誉，而作为晚生的太史令，也毫不吝惜其溢美之词。他在《史记》中，采取"以文传人"②的写法，将《子虚》（合《上林》）、《哀二世》、《大人》诸赋，"连篇累牍，不厌其繁"③地收入《司马相如列传》。据笔者统计，此篇传文，洋洋洒洒，字数竟达11095言。作为列传，甚至超过了《项羽本纪》。这足以说明，其"心折长卿"④，"特爱其文赋"⑤，已是到了怎样的程度。

《史记》"直可孤行天地，不当与群书为伍。"⑥作为治学十分严谨的太史公，对相如佳篇如此欣赏，除"雄于文，而亦爱赋"⑦的缘故之

---

① 扬雄《法言》，刘通判宅仰高堂刻本，南宋。
② 章学诚《文史通义》，上海古籍出版社，2008 年版。
③ 李景星《屺瞻草堂四史评议》，济南精艺印刷公司，民国二十一年。
④ 牛运震《史记评注》，三秦出版社，2011 年版。
⑤ 茅坤《史记钞》，北京燕山出版社，2019 年版。
⑥ 田雯《古欢堂集》，西溪旧藏（明刻），1862 岁许修直暮都门所得。
⑦ 鲁迅《汉文学史纲要（插图本）》，上海古籍出版社，2005 年版。

外，还有一点，即明人王世贞评《子虚》《上林》所言的那样："以为材极富，辞极丽，运笔极古雅，精神极流动，长沙有其意而无其材，班张潘有其材而无其笔，子云有其笔而不得其精神流动之处云云，其为历代评骘家所倾倒，可谓至矣。"①此段文字为鲁迅所引，足见先生亦赞同此说。

相如之赋，在作者生前就影响颇大。帝王爱之，文友奉之，后世崇之。究其原因，一是创作题材的拓展。其涉及的内容，有政治、军事，亦有民俗和地理，实可谓之是"苞括宇宙，总揽人物"②的百科全书。其所存赋作，"内容分为'述志言情'和'体赋骋词'两大类。按其赋作题材类型分为'苑狩''览古''旷达'和'美丽'四类；其中有对天子和诸侯游猎活动的反映，也有对地貌山川、花木鸟兽、宫馆苑囿及音乐舞蹈的描写。凡其罗诸笔端，描写万事万物，皆能极度拓广题材，丰富内容，使其范围之广大，内容之广泛，为此前所没有，从而把辞赋创作发展到一个高潮阶段，呈现出绚丽夺目的色彩。"③

二是作品气势的雄浑。其作多为鸿篇巨制，且又极尽铺张能事，大气磅礴而文采飞扬。这一点，其他赋家就很少做到。如《子虚》《上林》两篇名赋，在铺张宏丽的特征方面，就远胜宋玉在《高唐赋》中的艺术造诣。王褒、扬雄，并为蜀中汉代辞赋的"三大家"之列。而前者之赋，即欠缺了几许气势方面的纵横捭阖。后者之赋模仿相如，故早期创作，同样形成了一种雄奇壮丽的文风，但依旧不及司马相如的汪洋恣肆。而在汉赋"四大家"中，和相如、扬雄并称的班固，虽然注重场景宏大，其"典雅与骈俪相结合的文风"④，毕竟又与赋圣的"纵横疏宕"⑤有别。张衡之赋清灵简畅此审美情趣，和司马相如亦区别很大。

---

① 鲁迅《汉文学史纲要（插图本）》，上海古籍出版社，2005年版。
② 葛洪撰，周天游校注《西京杂记》，三秦出版社，2005年版。
③ 李金忠《试论司马相如辞赋的成就及其贡献》，《渤海学刊》1997年第4期，第28页。
④ 董红《班固〈两都赋〉祖述〈诗经〉疏理》，《华章》2013年第13期，第63页。
⑤ 董红《班固〈两都赋〉祖述〈诗经〉疏理》，《华章》2013年第13期，第63页。

这些赋家，均无法达到相如之作"广博宏丽，卓绝汉代"①的一种高度。相如其作，尤以气盛，无疑是他创作方面，十分显著的又一特点。

三是表达手段的丰富。相如作品，创作手法变化多端。其《子虚》《上林》二赋当中，即虚实结合、动静相宜，以交织的时空，绘制了一幅色彩斑斓的立体画卷。他长于虚构又善用象征，加之文采出众的笔力，共同将汉之大赋的艺术实践，推向了一座新的高峰。需要强调的还有一点，即司马相如的赋作风格，也因文体方面的不同，而有所变化。他的大赋气势逼人，而其小赋，则又深得情语之妙。《长门赋》中，即细致入微地，描绘了阿娇幽居冷宫，愁闷悲思的复杂心态，一开"宫怨"题材先河。

由于赋作题材的拓展，及手法创新等艺术方面的鲜明特征，司马相如的辞赋作品，不仅让他诵赋惊主，深得当时武帝青睐。也潜移默化地，影响了后世文人创作。其赋之"工"，世所公认。东汉班固尤好辞宗文，在《汉书》当中，即有"（枚乘）为文疾，受诏辄成，故所赋者多；司马相如善为文而迟，故所作少而善于皋"②的对比论述，"认为无论是述事状物，或遣词造句，都恰到好处，增一字似嫌多，减一字就不足，颇许其工。"③"马工枚速"，对初唐四杰当中的王勃，就产生了十分重要的影响。他的作品，便既有枚皋挥毫之速，也有相如为文之工，兼枚马之笔，取舍得当。

唐宋之际的李杜、苏辛，皆将相如作为学习、借鉴和继承典范。诗圣杜甫崇之为"逸才"。"就杜甫诗中所提及前代作家的次数而论，司马相如、阮籍、庾信是最多的三位，超过屈原、宋玉、贾谊、扬雄等。不

---

① 鲁迅《汉文学史纲要（插图本）》，上海古籍出版社，2005 年版。
② 班固《汉书》，中华书局，2016 年版。
③ 徐东林《"枚速马工"与厚积薄发——王勃著〈滕王阁序〉对写作的启迪》，《文学自由谈》2007 年 8 月（上半月），第 43 页。

仅仅评论其作品，同时引他们为同调，抒发自己怀才不售、漂泊不定的身世慨叹。"①

文学传承上，李太白颇受楚骚影响。然而，早年诗仙，对相如赋关注更胜于骚学。"十五观奇书，作赋凌相。"②其《大猎赋》序云："白以为赋者，古诗之流。辞欲壮丽，义归博远。不然，何以光赞盛美，感天动神，而相如子云竞夸辞赋，历代以为文雄，莫敢低汗。臣谓语其略，窃或褊其用心。"③开宗明义，就展示出一种"凌相如之上"的豪情与气魄。斯作，当脱胎《子虚》《上林》二赋。将司马相如辞赋的宏丽，与先秦庄孟的英逸之气，同时融入汉代大赋，汰其繁缛，从而形成了俊迈而又飘逸的高格，呈现出较之赋圣作品，更为雄浑的盛唐气象。而他创作的《大鹏》赋，同样也是摹相如而凌之的艺术实践。④

在对相如文学传统的接受方面，苏东坡可谓一种特例。一方面，他不满于赋圣"谄事武帝"⑤，"作《大人赋》，不过欲以侈言广武帝意耳"⑥。"及病且死，犹草《封禅书》，此所谓死而不已者耶"⑦；另一方面，其《前赤壁赋》在主客问答的体式、铺排爽丽的语言、自由超逸的审美精神、开放包容的文化心态等方面，对司马相如《上林赋》又有所借鉴。正是因为《前赤壁赋》对《上林赋》作的接受，才提升了苏轼文赋技巧和思想境界，并在此基础上有所创新。创作中，苏轼自为主客设笔，简化了篇章结构，摒弃了古赋烦琐的语言形式，赋予了作品旷达淡

① 朱大银《杜甫论司马相如、阮籍及庾信》，《安康学院学报》2012 年 8 月 21 日。
② 王琦《李太白全集》，中华书局，2011 年版。
③ 金国永《司马相如集校注》，上海古籍出版社，1993 年版。
④ 赵昌平《李白的"相如情结"——李白新探之二》，《文学遗产》1999 年第 5 期，第 12—13 页。
⑤ 苏轼《东坡志林》，青岛出版社，2010 年版。
⑥ 苏轼《东坡志林》，青岛出版社，2010 年版。
⑦ 苏轼《东坡志林》，青岛出版社，2010 年版。

泊的审美情怀，和开放通透的文化心态。①

与东坡并称的辛幼安，曾有一阕被梁任公给予"回肠荡气，对于此极，空前绝后，无出其右"②评价的词作。其"长门事，准拟佳期又误。蛾眉曾有些人妒。千金小姐纵买相如赋，直聘此情谁诉"③句，即采用了"长门作赋"典故。而他的《瑞鹧鸪》，有"不是长卿终慢世，只缘多病又非才"④反语，亦借孟山人典自比相如，自嘲自愤，来表达报国无门的愤慨。由此可见，稼轩心中，也自有一种"相如情结"。

自唐以降，推崇相如而习其赋者，代不乏人。赋圣的实践，为其提供了艺术养分。在此基础上，后辈文人又推陈出新，从而进一步，延续了华夏民族的文脉。从此意义讲，奠定汉大赋历史地位的司马相如，在文学传承中所起的作用，当功在千秋而不可磨灭。

二、兼美各体，散文创作比肩太史公

谈相如创作，一般多论辞宗之赋。但其散文，却同样是我们巴蜀文化，岁月漫漫的长河中，不可忽略的重要支流。"文章西汉两司马"，"汉之得人，以兹为盛……文章则司马迁、相如。"⑤左宗棠和在他之前的《汉书》作者，看法实乃同出一辙。笔者认为，这里的"文章"，固然含有赋颂在内，但更当是指笺奏书论这样的作品。

两汉人的文章概念，是包括子史之作的。司马迁以《史记》留名，班固把史书，也就放在了文章之列。王充《论衡》云汉世文章之徒，"陆

① 宋贤《苏轼〈前赤壁赋〉对司马相如〈上林赋〉的接受》，《阜阳师范学院学报（社会科学版）》2019年第6期。
② 梁令娴《艺蘅馆词选》，广东人民出版社，1981年版。
③ 辛弃疾撰，邓广铭辑校《辛稼轩诗文钞存》，古典文学出版社，1957年版。
④ 辛弃疾撰，邓广铭辑校《辛稼轩诗文钞存》，古典文学出版社，1957年版。
⑤ 班固《汉书》，中华书局，2016年版。

贾、司马迁、刘子政、扬子云，其才能若奇，其称不由人”[①]，正是"因为他们的《新语》《史记》《新序》《说苑》《太玄》诸作"[②]。从王充所列"文章之徒"，与班固、左宗棠将"两司马"并提的对照比较，我们甚至，还能进一步得出推论，即"文章西汉两司马"中，所说的司马相如"文章"，未必就不是指他的散文。

笔者提出这样的疑点，首先是从评论者展开文学批评的标准，和所崇作家文学创作的基本情况的角度分析。刘勰的《文心雕龙》曾云，"若夫陆贾《新语》、贾谊《新书》、扬雄《法言》、刘向《说苑》……，咸叙经典，或明政术；虽标'论'名，归乎诸子。何者？博明万事为子，适辨一理为论。彼皆蔓延杂说，故入诸子之流。夫自六国以前，去圣未远；故能越世高谈，自开户牖。两汉以后，体势漫弱；虽明乎坦途，而类多依采。此远近之渐变也。嗟夫！身与时舛，志共道申；标心于万古之上，而送怀于千载之下。金石靡矣，声其销乎？"[③]也就是说，在他看来，《新语》《说苑》这类的著作，从思想内容的广泛性论，已牵涉到各个方面的问题，应该属于诸子的范畴，乃为诸子散文的延续。从对后世的影响来讲，也和先秦诸子书相若。

刘勰所崇数人中，其代表作品，司马迁《史记》为传记散文，刘向《新序》为政论散文，扬雄《太玄》为哲学著述，皆可谓之是鸿儒之作。在古人的心中，就文化价值论，文人还是低于鸿儒，子书的价值，当远远大于单篇小作。

何谓鸿儒，又如何看待此类鸿儒，与一般文人的区别呢？《论衡·超奇篇》中，就特地谈道："采掇传书以上书奏记者为文人，能精思

① 王充《论衡》，岳麓书社，2006 年版。
② 胡永杰《两汉魏晋文学中的文章观念初探》，首都师范大学硕士学位论文，2005 年 5 月，第 22 页、26—27 页。
③ 杨明照《文心雕龙校注》，上海古典文学社，1958 年版。

著文连结篇章者为鸿儒。……文人逾通人，鸿儒超通人。故夫鸿儒者，所谓超而又超者也。"①东汉哲学家、思想家桓谭则云："才通著书以百数，惟太史公广大，其余皆蒺残小论，不能比之子云所造《法言》《太玄经》也，《玄经》数百年，其书必传，……若遇上好事，必《太玄》次五经也。"②"蒺残小论"即单篇的笺奏赋颂等文，它们政教作用有限，所以价值也无法和子史之作相比。③

　　下面，再回过头来，看看王充、班固、左宗棠三家对"两司马"并称问题的思考。王充，生于公元27年，卒于公元97年；班固，生于公元32年，卒于公元92年。也就是说，王充要长班固5岁，辞世亦晚了5年左右，二人当属同一时代的文化巨子。

　　而两人生前，也是有所交往的。班固13岁，即得到当时已为学者的王充推崇，后于建安二十三年，即公元47年，方入太学，穷究九流百家之言。"充少孤，乡里称孝。后到京师，受业太学，师事扶风班彪。好博览而不守章句。"④由《后汉书》可知，王充乃班固之父班彪弟子，可常在师门见到班固，两人的关系，自然也就相当密切。《后汉书》的《班彪传》注引《谢承书》曰："固年十三，王充见之，拊其背谓彪曰：'此儿必记汉事。'"⑤可为其佐证。"从汉代师法与家法的传统来看，从王充对于班氏父子衷心推许的情况来看，比照《汉书》与《论衡》，可以推测班、王思想当有相同相通之处。"⑥

　　公元82年之际，班固《汉书》便初步完成，仅余《八表》和《天文

　　① 胡永杰《两汉魏晋文学中的文章观念初探》，首都师范大学硕士学位论文，2005年5月，第22页、26—27页。
　　② 桓谭《新论》，社会科学文献出版社，2014年版。
　　③ 胡永杰《两汉魏晋文学中的文章观念初探》，首都师范大学硕士学位论文，2005年5月，第22页、26—27页。
　　④ 范晔《后汉书》，中华书局，2007年版。
　　⑤ 范晔《后汉书》，中华书局，2007年版。
　　⑥ 汪春泓《论班固与王充"疾虚妄"精神的共通性》，中国典籍与文化论丛（第三辑），中华书局，1995年12月，第103—104页。

志》待续；而王充《论衡》，则在公元88年，方脱稿完工。故班固早于王充6年，就将"两司马"并提而论。但由于二子的特殊关系，在分别撰写《汉书·艺文志》和《论衡》二稿的过程当中，其于文学批评的尺度把握等，显然是有火花碰撞。班固将司马相如与司马迁并举，很可能是从散文角度，而非重其华丽的辞赋。何以言之呢？因为其虽称相如为"辞宗"，从文化价值的角度评判，看好的却依旧是他的政论。今之学人即谈到了这样的一个观点："班固作《司马相如传》虽然基本上是《史记》的照录，但他对相如的评价与司马迁并不相同。司马迁认为相如赋虽多虚辞滥说，但功在讽谏，合于《诗》道；班固则否认相如赋的讽谏功用……两人对相如的不同评价（无疑）反映了两汉文人价值观念的演化。"①此外，唐代史学家刘知几在谈到著史是否收录文章的问题时有一个说法，叫作"不以无益害有益"，于是批评道："马卿之《子虚》《上林》，扬雄之《甘泉》《羽猎》，班固之《两都》，马融之《广成》，喻过其体，词没其义，繁华而过实，流宕而忘返，无裨劝奖，有长奸诈，而前后《史》《汉》皆书诸列传，不其谬乎！"《史通·载文》即谓司马相如等之辞赋文章虚矫淫靡，不"足以惩恶劝善，观风察俗"，不当入史。②其言如此，今人观之，却又当注意到另外一点，即班固虽推崇司马相如，将其和《史记》作者放在同样的高度，既有对他一代辞宗地位的认可，更有对其政论散文的价值评估。作为史家，班固断无将以靡丽赋文与经传史籍并论的道理。且其思考，极有可能是受王充重诸子之学而略文采的观念影响。

刘勰是南朝梁之大臣，生于公元465年之际，所处时代，较之王

---

① 蒋方、张忠智《司马迁与班固眼中的司马相如——两汉文人的价值观演化之管窥》，《湖北大学学报（哲学社会科学版）》2003 年 5 月 30 日。

② 蒋方、张忠智《司马迁与班固眼中的司马相如——两汉文人的价值观演化之管窥》，《湖北大学学报（哲学社会科学版）》2003 年 5 月 30 日。

充、班固又晚了许多。其《文心雕龙》所崇诸家，陆贾、扬雄、刘向，皆与王充同，亦不列司马相如作品，或是受了王充影响所致。而清人左宗棠"文章西汉两司马"，则当出自班固的"文章则司马迁、相如"。

推断左宗棠所提"文章"，指历史或者政论散文，还可从文体研究的角度，来加以分析。两汉之前，"文章"的概念较为混淆，先秦经典等也包容在其内。而这种现象，一直延续到建安三国时期。在此之际，"对于各种文字作品，人们依然是用'文章'和'文'两词总括之。"①而到南北朝，则出现了我国第一部按体区分、从类编排的文学总集。梁代萧统的《昭明文选》，将所列文体，按次分为了"赋、诗、骚、七、诏、册、令、教、文、策问、表、上书、启、弹事、片戈、奏记、书、移书、檄、难、对问、设论、辞、序、颂、赞、符命、史论、史述赞、论、连珠、箴、铭、诔、哀文、碑文、墓志、行状、吊文、祭文，共四十目"②。可知《文选》中，萧统已将"赋、诗、骚"与散文之体，区分开来。较之略早的《文心雕龙》，乃研究和阐述各类文体历史发展及创作特征的理论著作。刘勰在书中，又将文体，分为了诗、乐府、赋、颂、赞、祝、盟、铭、箴、诔、碑、哀、吊、杂文、谐、讔、史、传、诸子、论、说、诏、策、檄、移、封禅、章、表、奏、启、议、对、书、记34种不同的文体。虽分类标准有所不同，但却都将韵文和散文区别对待。左宗棠，不仅是晚清之际的重臣，其学术造诣也非常深厚，绝不可能，对文体之学没有研究；也不可能以班固所处时代的标准，将区别很大的韵文和散文进行类比。从以，"文章"之词指代汉赋。厘清了这点，我们就能更有底气地得出结论：班固、左季高将司马相如与《史记》作者并举，很有可能，是称道其文冠天下，在散文创作方面

---

① 胡永杰《两汉魏晋文学中的文章观念初探》，首都师范大学硕士学位论文，2005年5月，第22页、26—27页。
② 刘永济《十四朝文学要略》，黑龙江人民出版社，1984年版。

的修为，和其散文史上的贡献。

相如散文中，《史记》《汉书》《文选》所载的《封禅文》《喻巴蜀檄》《难蜀父老》和《谏猎书》（即《上书谏猎》）等诸篇，尚流传至今并认定为原作。《报卓文君书》《答盛贤问作赋》皆残。他如《遗平陵侯书》《与五公子相难》及《草木书篇》俱佚。其中，《封禅文》当冠司马相如的散文之首。《文心雕龙·封禅》即云："观相如《封禅》，蔚为唱首，尔其表权舆，序皇王，炳玄符，镜鸿业，驱前古于当今之下，腾休明于列圣之上，歌之以祯瑞，赞之以介丘，绝笔兹文，固维新之作也。"这篇散文乃相如绝笔，死后方才上奏给朝廷。据《史记》所载："相如病甚，武帝使所忠往其家取书，至其家，相如已死。文君曰：'长卿固未尝有书也。时时著书，人又取去，即空居。长卿未死时，为一卷书，曰有使者来求书，奏之。无他书。'"武帝得之，则大为感动。

但这篇作品，班固的评价却并不太高，仅只肯定了司马相如的"言封禅事，忠臣效也"。却又认为他"夸行无节，但有浮华之辞，不周于用。至于疾病而遗忠。"所谓"遗忠"，李周翰注云："谓将死之时，述天子之德，遗其忠迹而死。"这种观点，甚至影响到后世之人对相如的评价。

事实上，此文的创作，正好反映了司马相如立不朽之言的政治抱负，和对封禅礼制的赞许。封禅之文，"昭示了封禅仪式的合理性与必然性，以一种劝天子封禅的积极姿态出现，力促汉武帝举行泰山封禅。虽然汉武帝在获得《封禅文》八年之后才举行第一次封禅仪式，但《封禅文》已经先于汉武帝完成了精神意义上的封禅大典。"[1]

"国之大事，在祀与戎。"[2]封禅，是国家礼制十分重要的组成部分，亦是泽被苍生的大事。司马相如的《封禅文》，"先抑后扬，把周朝

---

[1] 郑伟生《论司马相如〈封禅文〉文体归属的变迁》，《中北大学学报（社会科学版）》2018 年第 4 期。

[2] 左丘明著，刘利注《左传》，中华书局，2007 年版。

的事业与汉代相比，显然已后来居上，从而说明此时封禅乃是历史的必然性。"①在相如看来，封禅之事，恰逢其时，"这是天下的壮观，王者的事业。"②此种观念，无疑是与时俱进的观点，洋溢着一种和时代共振的大汉气息。同他汉大赋所取得的成就相若，司马相如的散文作品，亦始终散发出与时俱进的时代气息。辞赋也罢，散文也罢，就相如之作的思想性而言，前人的推崇虽精辟到位，但却依旧忽略了他，除开启蜀中浪漫主义文学风格的影响之外，在前瞻性上的思想价值。即便鲁迅这样的大家，在《从帮忙到扯淡》一文中，亦只是感慨："司马相如在文学史上也还是很重要的作家。为什么呢？就因为他究竟有文采。"事实上，能自觉站在维护祖国统一的高度，将"大一统"思想，将自身作品的政治意义，和其高妙的美学价值结合，才让司马相如作品，产生了广泛后世影响。从此角度看，他的《封禅文》，与扬雄《剧秦美新》、班固《典引》，并为汉代封禅文三大名篇，当实至名归。

汉代散文的成就颇高，"除《史记》《汉书》《淮南子》《论衡》等这样单本流传的文集外，清人严可均所辑《全汉文》《全后汉文》，就分别有六十三卷和一百零六卷，各收录334人和469人的文章……可以说，汉代是一个文章腾涌的时代。"③在此"文必秦汉"的时代，司马相如，无疑是站在其散文高地巅峰的人物。除《封禅文》外，其为"通西南夷"而写的《喻巴蜀檄》《难蜀父老》等，皆可入围汉代散文的经典方阵。

《喻巴蜀檄》和《难蜀父老》，前篇表述"天子"之意，后篇是传递己之使命，均带有政治方面的色彩，体现了他作为西汉政治家的远见卓识。就写作主旨论，两篇文章，是有相通之处的："一是汉武出师四

---

① 刘跃进《司马相如创作的时代意义》，《海南大学学报（人文社会科学版）》2020年9月，第3—4页。
② 刘跃进《司马相如创作的时代意义》，《海南大学学报（人文社会科学版）》2020年9月，第3—4页。
③ 马庆洲《汉代散文发展的历程》，《文史知识》2012年第9期，第13页。

夷，其目的是化洽天下，将地理开发与化洽天下联系起来，对汉武帝的开边之举都做了颂扬；二是开发西南夷，百姓虽劳，但功在千秋，蜀老将士，应急国家之难，乐尽人臣之道。"①此二文者，皆具很高的艺术价值。"作为古代流传至今的第一篇成篇檄文，《喻巴蜀檄》具有檄文的基本特点，又保持着司马相如文章整饬华丽的一贯风格，在写作技巧上对后世有（着）多方面的借鉴作用"②；而《难蜀父老》，"不仅重铺排，讲辞采，有气势，而且采用了大赋的问答体制，体现了汉代文赋互相渗透的普遍特征。"③刘勰对此，更是给予了"文晓而喻博，有移檄之骨焉"④的由衷赞誉。两篇文章，都是"具有赋体风格的散文，质而不俚，说理透辟，内容充实，气势雄浑，有贾谊、晁错之风骨。"⑤如果说，司马相如的《封禅文》"光扬大汉，（而）轶声前代"⑥；那么，《喻巴蜀檄》和《难蜀父老》，则堪称汉代政论散文的极品。《文选》中，"檄"类仅只收文五篇，《喻巴蜀檄》和《难蜀父老》，即分置首尾。后世之人评价之高，则不言而喻耳。因此二文的应时而生，相如不战而屈人之兵，以怀柔策略力助朝廷，顺利解决了通"西南夷"所面临的难题，对于我国目前"一带一路"倡议的推进，同样具有意义深远的启发价值。

较之前文提到的作品，《上书谏猎》则颇有争议。此文，又名《谏猎疏》，乃劝阻武帝田猎之作，言"祸藏于隐微，而发于所忽"。其劝诫帝君爱惜龙体，故后人鄙之风骨无存。但斯作在语言艺术方面，却颇为机巧，奇文奥旨，微言意深。姚姜坞赞"相如《谏猎》，真圣于文章者。下

---

① 王德华《事昭而理辨 气盛而辞断——司马相如〈喻巴蜀檄〉〈难蜀父老〉解读》，《古典文学知识》2013年第5期，第114页。
② 熊伟业《〈喻巴蜀檄〉文体分析》，《康定民族师范高等专科学校学报》2007年8月16日，第62页。
③ 马庆洲《汉代散文发展的历程》，《文史知识》2012年第9期，第13页。
④ 杨明照《文心雕龙校注》，上海古典文学社，1958年版。
⑤ 张大可《论司马相如》，《信阳师范学院学报（哲学社会科学版）》2012年5月，第101页。
⑥ 班固《汉书》，中华书局，2016年版。

面方似有话说，忽然而止，却插入他语，忽然而接。变怪百出，而神气浑涵不露。虽以昌黎《师说》较之，且多圭角矣"①，从独特的视角，给予了关注。清人吴汝纶，则更称此文"用笔之奇，古今所罕"②。

总体来看，作为蜀中历史上首位文人作家，司马相如的数篇散文，数量不多，却堪称两汉文章上品。他和先秦贾谊等文士，共同将中国古代散文，推向一个新的高峰。

二、艺文双绝，音乐领域尽展才华

据《史记·司马相如列传》所云："是时，卓王孙有女文君新寡，好音，故相如缪与令相重，而以琴心挑之。"何为"琴心"呢？此即琴声表达的情感。文君好音，可见是深通音律的；相如能以琴心挑之，则其音乐方面的造诣，更当是在文君之上。"神期谅交感，相顾乃如此。岂比成都人，琴心中夜起。"此唐人权德舆《杂诗》之作。因为《史记》当中的记载，历代文士，皆悉此典。"《史记》《汉书》《四川通志》《琴史》《琴书大全》等文献中，都从琴的角度记述了司马相如与琴有关的事，在民间和琴界流传下来。"③

司马相如乃深谙音律的弹琴高手。这一点，从其赋作，便能得到确切的明证。"遂设旨酒，进鸣琴。臣遂抚琴，为幽兰白雪之曲。"他的《美人赋》中，即提到过自抚《幽兰》《白雪》。前者，又名《猗兰操》，"孔子所作也……过隐谷之中，见芗兰独茂，喟然叹曰：'夫兰当为王者香，今乃独茂，与众草为伍，譬犹贤者不逢时，与鄙夫为伦也。'乃止车援琴鼓之云：'习习谷风，以阴以雨。之子于归，远送于

---

① 高步瀛《两汉文举要》，中华书局，1990年版。
② 高步瀛《两汉文举要》，中华书局，1990年版。
③ 唐中六《汉代古琴家司马相如》，《天府广记》2020年第7期。

野。何彼苍天，不得其所。逍遥九州，无所定处。世人暗蔽，不知贤者。年纪逝迈，一身将老。'自伤不逢时，托辞于芎兰云。"①此去，传为梁代著名琴家丘明传谱，为唐人《神奇秘谱》所录，《藏春坞琴谱》《杏庄太音补遗》《西麓堂琴统》《琴学丛书》亦存。乃现存最早的古琴曲谱。后者，传为春秋之际乐师师旷或齐人刘涓子所作，"取凛然清洁，雪竹琳琅之音。"②此曲，与《阳春》并为中国的十大古曲之一。阳春白雪，"调高寡和，宋玉以来，迄今千载，未有能者。"③唐高宗之际，其曲已绝。而两首名曲，司马相如皆能操之，其琴艺如何，已毋需赘言耳。

《长门赋》中，对古琴演奏也有所载："授雅琴以变调兮，奏愁思之不可长；按流徵以却转兮，声幼妙而复扬。贯历览其中操兮，意慷慨而自昂。"从司马相如的描述可知，若非深谙音律的高手，是断然无法，以如此精到的文字来完美表达的。而其《子虚》《上林》二赋亦展示了宏大歌舞场面。《子虚赋》中对金鼓、鸣籁、灵鼓之器，《上林赋》中对灵鼍之鼓、陶唐氏之舞、葛天氏之歌、荆吴郑卫之声，及《韶》《濩》《武》《象》之乐的文字铺陈，均充分展示了司马相如的音乐天赋。

相如所操乃古之名琴。宋人陈旸的《乐书》即云："黄帝之清角，赵后之凤凰，齐桓之号钟，楚庄之绕梁，相如蔡琰之绿绮，扬雄之清英，蔡邕之焦尾，庾信之玉床，谢庄之怡神，李勉之寒玉石、和志，洞元之六合，路氏之石枕，庄女之落霞，求诸先王之制，虽未尽合，亦各一代绝特之器也。"④其后的《文献通考》亦称："黄帝之清角，齐桓之号钟，楚庄之绕梁，相如之绿绮，蔡邕之焦尾……名号之别也。"⑤而长卿"绿绮"古琴的来历，明人陶宗仪《说郛》所引吴郡虞汝明《古琴

---

① 蔡邕《琴操（皇祐新乐图记/汉铙歌十八曲集解合一）》，商务印书馆，1937年版。
② 朱权《神奇秘谱》，西泠印社，2014年版。
③ 朱权《神奇秘谱》，西泠印社，2014年版。
④ 陈旸《乐书》，浙江大学出版社，2016年版。
⑤ 马端临《文献通考》，中华书局，2011年版。

疏》作，则是记录得清清楚楚："司马相如作《玉如意赋》，梁王悦之，赐以'绿绮'之琴，琴铭曰：'桐梓合精。'"①也就是说，"绿绮"古琴是梁王所赐，是赋圣名篇所换的"稿费"。宝剑送烈士，名琴赠知音。若非相如琴艺非凡，儒雅的梁王，也不会如此大方出手。

今之成都、蓬安、邛崃、梓潼之地，皆有相如琴事遗址。历代诗家，亦留下过不少关于"相如琴台"的文字。"朝忆相如台，夜梦子云宅。"此李太白《淮南卧病书怀，寄蜀中赵征君蕤》之句；"茂陵多病后，尚爱卓文君。酒肆人间世，琴台日暮云。野花留宝靥，蔓草见罗裙。归凤求凰意，寥寥不复闻。"是又为杜甫《琴台》佳篇。"古迹使人感，琴台空寂寥。静然顾遗尘，千载如昨尘。"和唐代诗坛"双子星座"同时代之诗人高适，亦传下了他的《同群公秋登琴台》华章。"西汉文章世所知，相如闳丽冠当时。游人不赏凌云赋，只说琴台是故基。"到了北宋，曾任观文殿学士，兼翰林侍读学士的太子少傅田况，亦亲往琴台废墟凭吊，并写下了这首七言绝句……凡此种种，均为长卿的入化琴艺，做出了注脚。

"古琴传统上有独奏和弹唱两种表现方式，前者为'琴曲'，后者为'弦歌'，均为我国古代音乐文化的重要遗产。"②所谓"弦歌"，即依琴咏歌，又称"琴歌"。"歌则必弦之，弦则必歌之。"③此朱长文的《琴史》之语。《史记》中，同样也有"诗三百，孔子皆弦歌之"的说法。也就是说，古时之人，常一边弹琴，一边唱歌。四川出土的诸多琴俑，即多呈这样的造型之态。司马相如席间奏琴，也同样如此，乃弦而歌之的行为艺术。其曲谱未存，"琴歌"歌词《凤求凰》却流传至今。

其一："有一美人兮，见之不忘。一日不见兮，思之如狂。凤飞翱

① 陶宗仪等《说郛三种》，上海古籍出版社，1988年版。
② 王迪《弦歌雅韵》，中华书局，2007年版。
③ 朱长文《琴史》，江苏凤凰文艺出版社，2017年版。

翔兮，四海求凰。无奈佳人兮，不在东墙。将琴代语兮，聊写衷肠。何时见许兮，慰我彷徨。愿言配德兮，携手相将。不得於飞兮，使我沦亡。"

其二："凤兮凤兮归故乡，遨游四海求其凰。时未遇兮无所将，何悟今兮升斯堂？有艳淑女在闺房，室迩人遐毒我肠。何缘交颈为鸳鸯，胡颉颃兮共翱翔？凰兮凰兮从我栖，得托孳尾永为妃。交情通意心和谐，中夜相从知者谁？双翼俱起翻高飞，无感我思使余悲。"两首诗作，据传皆为相如弦歌《凤求凰》歌辞。《史记》中，描写相如席间奏琴的文字寥寥，更未载此辞。《汉书》中，也未见其貌。直至陈朝徐陵汇编《玉台新咏》，方始收录并加序说明。此后，唐《艺文类聚》、宋《乐府诗集》，则均载斯篇。

《凤求凰》又名《文君操》，近人疑之乃两汉琴工假托之辞，但其证据并不充分。而琴谱文献《西麓堂琴统》，这部最早录之的著述，倒是记载得明明白白："司马相如薄游临邛，遇卓王孙之女文君，新寡，作此挑之，因奔相如，与俱归成都。后遂为之弦歌。"①且徐陵《玉台新咏》中，不仅录入琴歌二首，且为之作序，想必亦非空穴来风。"由于《凤求凰》或《文君操》至今未见司马相如的演奏曲谱，人们对这首琴曲的作者予以肯定或提出质疑乃属正常现象。查阜西编纂的《存见古琴曲谱辑览》中对《凤求凰》的'原始作曲人或作曲时期'，明确标示为'汉司马相如'。现代琴家王迪则认为：'歌词与司马相如原作不同，为后人之拟作。'……显然，《凤求凰》的作者是谁仍是一个有待继续探究的问题。"②不过，虽是否入乐殊难断定，"据张辑等史料，称（司

① 汪芝《西麓堂琴统》，中国书店，2007年版。
② 冯光钰《从〈凤求凰〉看历代琴曲与时代同步发展之优良传统》，《中国音乐（季刊）》2006年4期，第3页。

马相如）作有与卓文君有关的琴曲歌辞二首"①，则乃不容置疑的事实。
"《凤求凰》一曲，不仅存之乐典，且广为移植衍化而风靡梨园，久演
不衰。"②且在其基础上改编而成的同名琴歌，至今还在现代琴家的手
中演奏。此外，后人还据司马相如"长门卖赋"的传说，创作了《长门
赋》，这一传统的古琴曲目。

司马相如乃汉代琴界的代表人物，亦是巴蜀首位见载于文献史料的
古琴名家和收藏大家。其"绿绮"之琴，更是成为了后世对"古琴"
的一种代称。从琴与文人关系来看，琴棋书画，自古被称为"文人四
事"，而琴排首位，亦由此可知古代士子对琴的重视。

而在四川，古琴艺术则当从相如始。今之蜀地，有古琴流派，以地
理概念的"蜀山"名派，又称"蜀派"或是"川派"。蜀派古琴，躁急
奔放、气势宏伟，发展至今，已登榜近代古琴演奏的九大派别。司马相
如的《凤求凰》，则其代表琴曲之一。而他之后，同时代的文人扬雄，
也以琴著《琴清英》，让绕梁之声，在子云亭内回荡了千年。

古琴原本名士雅乐。西汉一朝文风鼎盛，也带动了蜀中琴派发展。
自汉以降，本土或流寓境内者，三国诸葛亮、姜维、唐之薛涛、陈子
昂、李白、杜甫，宋之苏氏父子及文同等，明之杨慎，皆晓音律而善
古琴。其间，尚不乏雄峙其巅的人物。诸葛亮好为《梁甫吟》，并撰
有《琴经》；李白著琴诗40余首，并为《双燕离》《幽洞泉》《难朝飞
操》等琴曲填词；苏轼为《阳关曲》《醉翁吟》填词，并撰有《杂书琴
事》专论；状元杨慎也好古琴，故宫中，尚存由其监制、题名，并钤有
"乾隆御府珍藏"的实物。而陈子昂、杜甫、岑参、元稹、刘禹锡、苏
轼、文同、黄庭、陆游等人诗中，亦多有关于蜀地琴人、琴器、琴材、

① 冯光钰《从〈凤求凰〉看历代琴曲与时代同步发展之优良传统》，《中国音乐（季刊）》
2006年4期，第3页。
② 徐康《弦外说琴》，《书屋》2002年第4期，第19页。

琴曲的描述，字里行间，不无见地精深的评价。

"人家多种橘，风土爱弹琴。"①此张蠙律作《送友尉蜀中》当中的句子。蜀境内，有唐之际琴风尤盛。其后，古琴艺术，更一步一步地走向成熟。金泰和年间，琴师苗秀实有《琴辨》一书，耶律楚材为之作序，尚称其演奏"如蜀声之峻急，快人耳目。"②而到了晚清，蜀中古琴的表演技艺和音乐理论，又有了一个大的突破，并发展为不可忽略的流派。

"君若安七弦，应弹卓氏引。"③蜀中文士，在琴艺和琴学理论方面，不少都有较高造诣。而这，与司马相如的奠基作用、传承之功关系如何，实可作为蜀山琴派在古琴艺术的挖掘和整理等方面，一项重要的研究课题。

司马相如对音乐的贡献，还表现在他对中国古代民歌音乐的创作方面。据《汉书·礼乐志》所载，武帝定郊祀之礼，"立乐府，采诗夜诵，有赵、代、秦、楚之讴。以李延年为协律都尉，多举司马相如等数十人，造为诗赋，略论律吕，以合八音之调，作十九章之歌……使童男女七十人歌之，昏祠至明"。

所谓郊祀歌，即郊祀所用的一种乐歌。歌词内容乃颂神颂瑞，并宣扬汉王朝文治武功，祝祷大汉四海安宁。《乐府诗集》中，列其为《郊庙歌辞》之首，后世历朝袭汉代之旧，皆有仿制。武帝时始用乐歌乐舞，所作《郊祀歌》，计《练时日》《帝临》《青阳》《朱明》《西颢》《玄冥》《惟泰元》《天地》《日出入》《天马》《天门》《景星》《齐房》《后皇》《华晔晔》《五神》《朝陇首》《象载瑜》《赤蛟》，共十九章，篇目多以首句为名。

《郊祀歌》乃骚体之作，而相如长之。《文心雕龙》，即有"朱马

① 陈贻焮主编《增订注释全唐诗》，文化艺术出版社，2007年版。
② 耶律楚材《湛然居士文集》，商务印书馆，1937年版。
③ 苏轼《苏轼诗集》，中华书局，1982年版。

以骚体制歌"的论述。其中,"朱"指朱买臣,"马"则为司马相如。作为汉乐府的重要篇章,《郊祀歌》的曲作者乃李延年无疑,而辞作者未明。除司马相如为主要创制者以外,其他作者,尚有"吾丘寿王、东方朔、枚皋、董仲舒、萧望之、邹阳等人"[1],甚至"其中有武帝之作。"[2]或可根据《史记·乐书》中"至今上即位,作十九章"之句,断定为歌辞著作权当归汉武帝所有。从历代研究情况来看,清人多持"司马相如是《郊祀歌》主要创制者"观点。而目前学界普遍认为,"十九章"实乃集体创作。且今之学者还得出结论:"根据刘勰提供的"朱马以骚体制歌"的线索,通过考察司马相如骚体赋创作的形式特征和写作意旨,可以大致推测《郊祀歌》十九章中《朝陇首》和《天马》(其一)两首歌诗可能为司马相如所作。"[3]

《郊祀歌》,乃武帝时期著名文人与音乐家共同促成的郊庙乐歌,亦是研究汉乐府创作的重要材料。就艺术性而论,其辞非谙熟音乐之人而不能为。此外,司马相如(尚)作"《钓竿》诗,遂为乐曲"[4]。这也从另外一个侧面,展示了他音乐方面深厚的功力。

三、儒道合韵,学术成果蔚为大观

司马相如是才子,又绝非一般意义的才子。作为文人,他兼善各体艺文双绝;作为学者,他通古博今成果斐然,在学术史上,也占据了十分重要的高地。现分而述之。

首先,就相如而论,其博大精深的儒家思想,在很大程度上,决定

① 张永鑫《汉乐府研究》,江苏古籍出版社,1992年版。
② 萧涤非《汉魏六朝乐府文学史》,人民文学出版社,1984年版。
③ 李程《司马相如"骚体制歌"考》,《西华大学学报(哲学社会科学版)》2012年第2期,第33页。
④ 崔豹《古今注》,辽宁教育出版社,1998年版。

了他的哲学地位。

其晓五经而贯诸子，将仙家之气，融入了中国传统文化，并以纵横术游说君王，经世致用，"既赞扬大一统，将帝王神圣化，又始终以讽谏为旨归，以维护西汉帝国的长治久安。"①创作方面，无论大赋还是散文，均体现出厚实学术功力和时代精神。

崇经重道，乃汉之潮流。而在司马相如身上，这样的意识又更为明显。其生于西汉，正值经学发展最为昌盛的时期。武帝登基后，为求政治方面的统一，即采用当时的董仲舒建议，"推明孔氏，抑黜百家。"②儒术的独尊，亦让此理论，"延伸至社会的各个层面，经学从此在思想领域占据着主导地位，成为中国封建社会的意识形态霸权。"③

而在此之前，颇具敏锐人文眼光和政治卓识的蜀太守文翁，即已走在了时代前列。据《汉书·循吏传》所载："景帝末，（其）为蜀郡守，仁爱好教化。见蜀地辟陋有蛮夷风，文翁欲诱进之，乃选郡县小吏开敏有材者张叔等十余人亲自饬厉，遣诣京师，受业博士，或学律令。"至于相如又是否在这"十余人"之列，并无交代。但《汉书·地理志》又有"及司马相如游宦京师诸侯，以文辞显于世，乡党慕循其迹。后有王褒、严遵、扬雄之徒，文章冠天下。繇文翁倡其教，相如为之师"的说法。且秦宓《致王商书》亦称："蜀本无学士，文翁遣相如东受七经，还教吏民，于是蜀学比于齐、鲁。"④此说，虽今之学者多有质疑，其学深受儒家经学影响则不难断言。这正如王瑶认为的那样："以情理来说，相如在景帝初就到京师供职，而且又是那样有才力，自然是早年在蜀时就受到了

---

① 鲁红平《论司马相如的儒家思想》，《西南民族大学学报（人文社科版）》2008年第9期，第164、165、167、168页。

② 班固《汉书》，中华书局，2016年版。

③ 吕丽辉《汉武帝与经学的产生》，《北方论丛》2004年第2期，第96页。

④ 邹德金编《裴松之注三国志》，天津古籍出版社，2009年版。

良好的教育。"①但他又进一步地推敲细节:"再以当时蜀中一般文化情形的僻陋说,则他的教育只能受之于家庭。所谓'少时好读书,学击剑,故其亲名之曰犬子',就是指他在家庭学习时的情形说的。可知他的父亲一定是位有优良学识的人,其姓名事迹所以没有流传下来,是因为入蜀的学者多是罪犯的关系。"②这种结论,就未免有些臆断的成分。

事实上,明代学者曹学佺,已为我们提供了司马相如学术师承的另一道线索:"按《益都耆旧传》:'胡安,临邛人,聚徒于白鹤山,司马相如从之受经。'"③《益都耆旧传》,亦作《益部耆旧传》,述自西汉至三国时期益州,即巴、蜀、汉中人物史事,其作今佚。陈寿乃司马相如老乡,对巴蜀掌故了如指掌,所叙之事,可信度当毋庸置疑。胡安,即鹤山先生,西汉布衣教育家、星相家和儒学大家,精研中国古代哲学,是巴蜀地区通阴阳历算之首位易师。其白鹤山麓讲学的内容,当为儒家之精要,更多是与"六经"中之易学相关。

蜀中刘咸炘,为学界推崇的国学大师。其曾在《蜀学论》中指出:"自周秦以来源远流长的'蜀学'主要表现在易学、史学、文学三个方面。"④在他看来,蜀地《易》学传习的两座高峰,一为唐宋,一为汉代。就汉代而言:"在六艺经首,三圣大《易》之传蜀为特盛。商瞿北学尚曰传疑。赵宾异说,孰为疏证?大义精于君平而诸儒多沿施、孟。"

学者刘复生则做出解读:"据《史记》等书载,商瞿是春秋鲁人,追随孔子学《易》而有传商瞿为蜀人,生于瞿上,自属'传疑',可存而勿论。《汉书·儒林传》载,蜀人赵宾'为《易》,饰《易》文',说箕子为'万物荄兹'云云,虽与诸说异,然而难以被证误,他死后

① 王瑶《中古文学史论》,北京大学出版社,1998年版。
② 王瑶《中古文学史论》,北京大学出版社,1998年版。
③ 曹学佺《蜀中广记(外六种)》,上海古籍出版社,1993年版。
④ 刘复生《刘咸炘〈蜀学论〉及其在学术史上的意义》,《社会科学研究》2006年第3期,第157、159页。

'莫能持其说'。《华阳国志》言西汉成都人严君平'专精大《易》'蜀人颇受其教。然而后世蜀地所传习者，主要为施、孟两家。施指施雠，孟则孟喜，二人同受《易》于汉田王孙，后来各有所专而成两大家。蜀人亦分别受教而传习之，《后汉书·儒林传》载，绵竹任安'少游太学受孟氏《易》'；梓潼景鸾'少随师学经，涉七州之地，能理施氏《易》'。严君平直接传人虽然未明，但尚'易'之风则一脉相承。"①从上述文字中，我们不难得出这样的信息：其一，西汉时蜀地易道盛行，传易之人皆饱学之士；其二，本土易道承传有序，尚"易"之风未曾断绝；其三，传承过程中，已经形成了流派纷呈的喜人局面。

此论中，刘咸炘共谈到商瞿、赵宾、严君平、任安、景鸾五名蜀中的易学大家。而临邛胡安则未在其列。但关于胡安，《巴蜀全书》总编纂、川大教授舒大刚，及宜宾学院四川思想家研究中心的吴龙灿则颇有研究："司马相如（前179—前117）在文帝景帝时已经知名，他向胡安学习《易经》，应该是青年时期的事情，最迟也应在文帝末年（前157年）或以前。中原的田何传授《易》学，大约在惠帝时，《高士传》曾说'（惠）帝亲幸其庐以受业'，当与胡安是同一时代人。田何传《易》于中原，胡安也在巴蜀传授《易》学，二人也许稍有前后，但相去不远。司马相如生活的时代应该和《易》学博士田何同时，他在《上林赋》中说'修容乎《礼》园，翱翔乎《书》圃，述易道'云云，表明他为学比较关注'《礼》园''《书》圃'和'《易》道'，史志说他曾经跟从胡安学《易》是有根据的。"②此一论断，不仅为相如问学胡安，提供了相关材料支撑，也考证了他在邛州学习易经的时间。这一

---

① 刘复生《刘咸炘〈蜀学论〉及其在学术史上的意义》，《社会科学研究》2006年第3期，第157、159页。
② 舒大刚、吴龙灿《汉代巴蜀经学述论》，《四川师范大学学报（社会科学版）》2013年第6期，第7—9、11页。

点，对于梳理相如学术的思想体系，重新评估其哲学和蜀学历史地位，当很有帮助。"至今巴蜀好文雅，文翁之化也。"此《汉书·循吏》传中的观点。后世之人，多将"文翁化民"，当作是"巴蜀与齐鲁同风"的根本原因。但从对相如邛州学易时间的考证，则司马相如的受《易》和早年成名，更当是在文翁之前。"旧论两汉蜀学者，咸谓文翁兴教，英伟挺生，迄东京而大昌。然蜀学之兴，由来尚矣，非自文翁始也。"①川师大教授王文才先生，对此即有清醒的认识。

蜀学中，易学、史学、文学并重，在蜀境《易》学所形成的首座巅峰当中，商瞿、赵宾、严君平、任安、景鸾等易学大师，商瞿乃系春秋鲁人，"自属'传疑'可存而勿论。"赵宾"自云受（受者'授'也）诸孟喜"②，生年当在景帝之际，与胡安弟子司马相如所处时代相若。余者中，严君平、任安、景鸾三人，皆在其后。由是可知，两汉易学及蜀学领域，司马相如的文化贡献，更早于文翁。

作为蜀中传授经学的先驱人物，胡安之"易"又为何"易"呢？"先生明天文历象阴阳之数，司马相如从学焉。后乘鹤仙去。"③舒大刚及吴龙灿认为："胡安有仙气……居洞授《易》，临台升仙，可见他是修道成仙之人，当是仙道之流。"④此外，《邛州直隶州志》及《大邑县学振文堂记》又分别有载："胡安、严遵《易》学，尚近于《左传》"；"胡安先生、林翁孺、庄君平，以经授长卿、子云，流风所渐，儒学日茂。"⑤。由此可见，胡安所传相如之"易"，是融合《易》《老》和天文历象阴阳数术，而沟通儒道的经学之"易"。

① 王文才《两汉蜀学考》，李大明（主编）《巴蜀文学与文化研究》，商务印书馆，2005 年版。
② 刘复生《刘咸炘〈蜀学论〉及其在学术史上的意义》，《社会科学研究》2006 年第 3 期，第 157、159 页。
③ 吴巩修、王来遴等纂《邛州直隶州志》（中国地方志集成丛书），巴蜀书社，1992 年版。
④ 舒大刚、吴龙灿《汉代巴蜀经学述论》，《四川师范大学学报（社会科学版）》2013 年第 6 期，第 7—9、11 页。
⑤ 魏了翁《鹤山集》，文渊阁四库全书，商务印书馆，1986 年版。

　　此外，在经学方面，司马相如的学术造诣，还体现在他对"七经"的掌握。据乐史《太平寰宇记》的成都"孔子庙"词条所云："昔司马相如教授于此。"①曹学佺《蜀中广记》卷"石室"条亦引《寰宇记》称："石室，司马相如教授于此，从者数千人。"而这所校庠，即文翁兴办之"文翁石室"。文翁立教，是以《诗》《书》《礼》《易》《春秋》《孝经》《论语》等儒家《七经》为传授内容的经学教育。相如在石室讲经为何科，已难考证，但其精研的，亦绝不仅周易一门。

　　何以知之呢？其一，他是武帝定郊祀之礼，钦点创作《郊祀歌》的主要作者，居为之造赋的数十人之首。如《史记》所言："通一经之士，不能独知其辞，皆集会与共讲习读之，乃能通知其意。多尔雅之文。""这些乐府歌辞必须依靠五经博士来解释，就说明作辞者肯定通五经，融会了五经入辞。"②

　　其二，相如文章多引经文。如《上林赋》结尾部分，就几乎全从经书中出。"游于六艺之囿，驰骛乎仁义之涂，览观《春歌》之林，射《狸首》，兼《驺虞》，弋玄鹤，舞干戚，载云罕，揜群雅，悲《伐檀》，乐《乐胥》，修容乎《礼》园，翱翔乎《书》圃，述《易》道，放怪兽，登明堂，坐清庙，次群臣，奏得失，四海之内靡不受获。"③"短短几句就直接引用经书达十处之多，几乎每一句都源于儒家经典。这样的句子不是对儒家经典有过深入研究的人是无法写出来的。"④"考司马相如《美人赋》，有所谓'途出郑卫，道由《桑中》，朝发《溱洧》，暮宿上宫'之辞，郑、卫即《诗经》十五《国风》之一，《桑

　　① 乐史撰，王文楚校《太平寰宇记》，中华书局，2007年版。
　　② 鲁红平《论司马相如的儒家思想》，《西南民族大学学报（人文社科版）》2008年第9期，第164、165、167、168页。
　　③ 李孝中、侯柯芳《司马相如作品注译》，四川人民出版社，2007年版。
　　④ 鲁红平《论司马相如的儒家思想》，《西南民族大学学报（人文社科版）》2008年第9期，第164、165、167、168页。

中》《溱洧》又为鄘、郑之诗，'上宫'乃《桑中》所约之处……一篇《美人赋》，俨然在作《诗经》郑、卫之旅！自非熟于《诗》者所不能为。"①此外，其赋"多显列诸经篇名，或暗用其辞语，如《上林赋》'悲《伐檀》，乐乐胥'，前取义《魏风·伐檀》，后取辞《小雅·桑扈》；《长门赋》'雷殷殷而响起兮'取辞于《召南·殷其雷》。《难蜀父老》除引用、阐释《小雅·北山》诗句外，其'王者未有不始于忧勤，而终于逸乐'之句，清陈启源以为'此《鱼丽》序也'"②对"六经"当中诗经的因袭，司马相如的作品当中，已显露无遗。

其三，从所创作的《封禅文》看，司马相如对"礼"之理解也非常深刻。据吴福连《拟四川艺文志》考证："蜀之制《封禅书》者，前有相如，后有杨终，典礼莫重于此也。"故舒大刚、吴龙灿二学者亦受其影响，认为"汉武帝文治武功既成，欲告天祭地，以炫百世无有之功烈，而董仲舒诸儒不知其仪，得司马相如临死前所草《封禅书》而成其事，其书自今犹保存在《史记》之中。蜀人《礼》学论著，应以此为最早也最巨"。③

在中国古代，封禅历来是天下太平的重要象征。国之大治礼不可废，故太史公眼中，《封禅书》与礼、乐、律、历、平准、河渠、天官之书，当是放在等量齐观的至尊高度，而并为"八书"；三国之际，蜀人则认为相如《封禅文》是可与严遵《老子指归》、扬雄《太玄经》共论的作品。

其四，司马相如的《凡将篇》，也对传统经学乃至于文学，产生了

---

① 舒大刚、吴龙灿《汉代巴蜀经学述论》，《四川师范大学学报（社会科学版）》2013年第6期，第7—9、11页。
② 金生杨《试论司马相如的学术思想》，《西华师范大学学报（哲学社会科学版）》2015年第3期，第20、21、26、32页。
③ 舒大刚、吴龙灿《汉代巴蜀经学述论》，《四川师范大学学报（社会科学版）》2013年第6期，第7—9、11页。

十分重大的影响。《凡将篇》系汉代最早，也是收入汉字最多的文字学著作。因取发凡起例之义，故谓之"凡将"。斯作，《隋书·经籍志》无载，今书久佚，不存于世。

文字学，其又称"小学"，包括文字、音韵和训诂三大部分。两汉之际，经学内部出现了一个重要变化，即作为经学基础之小学的崛起。由于对小学教育的重视，《凡将篇》很快也得到传播。据《汉书·艺文志序》所载："武帝时，司马相如作《凡将篇》，无复字。"①《四库全书总目提要》亦云：《茶经》"《七之事》所引多古书，如司马相如《凡将篇》一条三十八字，为他书所无，亦旁资考辨之一端矣"②。

除司马相如《凡将篇》外，西汉时的识字之书有五，即秦代所传《仓颉》3篇（合《仓颉》《爰历》《博学》，断六十字以为一章，凡五十五章，并为《仓颉篇》），元帝之际史游的《急就》和成帝之际李长的《元尚》。还有就是扬雄《训纂》及《仓颉训纂》。其中，《仓颉》录字3300言，"史游作《急救篇》，李长作《无尚篇》，皆《仓颉》中正字，《凡将》则颇有出矣。"③延至东汉，班固再续《仓颉训纂》，许慎又著《说文解字》，六经文字则盖无遗漏。"因汉代最早的小学著作是司马相如《凡将》，收字最多的小学著作也是司马相如《凡将》，还有扬雄《训纂》《仓颉训纂》。（故）吴福连赞曰："《凡将》《训纂》，蜀儒小学，冠冕海内。"④

据国学大师蒙文通考证，《凡将篇》中，收入了大量当时蜀中境内的新字，故其对本土文字之学的对外传播，无疑是一种颇大贡献。《凡将》之作，选词遣字得字学之真，七言成句而文辞优美，又在很大程度

---

① 班固《汉书》，中华书局，2016年版。
② 永瑢、纪昀《四库全书总目提要》，海南出版社，1999年版。
③ 班固《汉书》，中华书局，2016年版。
④ 舒大刚、吴龙灿《汉代巴蜀经学述论》，《四川师范大学学报（社会科学版）》2013年第6期，第7—9、11页。

上，助推了蜀地汉赋创作。此外，颜师古《急就篇序》亦云："司马相如作《凡将篇》，俾效书写，多所载述，务适时要，（故而）史游景慕拟之。"《说文解字》从体例编排到分部解说，亦当吸收了《凡将》之中的部分成果。司马相如在古文字学上的贡献及后世影响，实不为小矣。

其五，融经于文，以文学手段表达主张。相如文章，并非如某些论者所言献媚取宠，而是通过文学手段，表达儒家的仁政主张、礼乐教化、"张天子以抑诸侯"等思想主题，以文学方式为强化君权的"大一统"服务。如他的《天子游猎赋》（为《子虚赋》与《上林赋》合称），即传达了诸侯应当恪守礼制，毋享奢华的思想观念，与儒家学说的进取有为，一脉相承。再有，其"劝百讽一"的艺术风格，同样是出于儒之"五经"。昔太史公即云："相如虽多虚辞滥说，然其要归引之节俭，此与《诗》之风谏何异？"寥寥数语，尤为中肯。而其《大人赋》，本意也是风谏帝君。只是"往时武帝好神仙，相如上《大人赋》，欲以风，帝反缥缥有陵（凌）云之志"。①

由以上五点，我们当可明确看出，司马相如在经学方面的包罗万象。"七经"中，《诗》《礼》《易》前文已经论述。而其所长的其他方面，从相如与张楷同为文翁所遣习经的经历来看，亦略可考证。张楷其人，通《严氏春秋》和《古文尚书》。《严氏春秋》乃《公羊》之学，自是"今文"；《尚书》却是"古文"之学。既为同窗，相互参习，内容方面当大体相若。

除经学以外，司马相如还长于诸子杂学。如其"赋中所及天文历数之处亦不少，《封禅》之奏更可见数术杂入之迹"。②他的作品"引经据典，显然可见其曾熟读诸如……《山海经》《庄子》《楚辞》等多种

---

① 班固《汉书》，中华书局，2016年版。
② 杨正苞《司马相如与巴蜀文化》，《文史杂志》1999年第4期，第9页。

古籍"。^①对此，湛江师院鲁红平甚至得出结论，可以肯定司马相如钻研的不是儒家经学，而有可能是极为驳杂的诸子之说。为此其思想比较活跃，没有定型。经过儒家思想的洗礼，他从极具战国策士之风的游士变为汉赋代表作家，其思想这才逐渐从自由驳杂而走向尊崇儒学。^②西华师大金生杨亦称，司马相如会通众经，兼涉诸子诗赋，有着战国纵横之术的传统遗脉，较之时儒，其过远甚。其《喻巴蜀檄》《难蜀父老》《谏猎疏》，皆以游说为意，成效显著，甚至其《封禅书》，也在一定程度上游说了武帝，并取得成功。^③章学诚认为，"古之赋家者流，原本《诗》《骚》，出入战国诸子"。^④此言之妙，实不虚耳。

司马相如，是古蜀文化承前启后的关键人物。两汉之际，巴蜀经学以《易》学、"小学"最盛。而司马相如，则是西汉易学高地的时代骄子，和文字学领域的拓路先驱，正是他及扬雄等人的共同努力，才助推了蜀地学术发展。到北宋之际，三苏父子开创"蜀学"，与二程"洛学"、王安石"新学"，形成了宋代儒家学说三分天下的鼎立局面。奠基之功，当功在后世。

其次，司马相如的文化贡献和蜀学地位，还体现在对蜀中古史的明确记载，体现在他的史学天赋。

古蜀之国，道路崎岖，山高水阻。故李太白的《蜀道难》，也情不自禁地，发出了"噫吁嚱，危乎高哉！蜀道之难，难于上青天！蚕丛及鱼凫，开国何茫然！尔来四万八千岁，不与秦塞通人烟"的无限感慨。但在漫长岁月当中，古蜀之地，却留下了不少神话传说。据蒙文通《略

---

① 杨正苞《司马相如与巴蜀文化》，《文史杂志》1999 年第 4 期，第 9 页。
② 鲁红平《论司马相如的儒家思想》，《西南民族大学学报（人文社科版）》2008 年第 9 期，第 164、165、167、168 页。
③ 金生杨《试论司马相如的学术思想》，《西华师范大学学报（哲学社会科学版）》2015 年第 3 期，第 20、21、26、32 页。
④ 章学诚著，王重民通解《校雠通义》，上海古籍出版社，1987 年版。

论〈山海经〉的写作年代与产生地域》一文考证，《山海经》内，《海内南经》《海内西经》《海内北经》《海内东经》，皆为当时蜀人作品。①相如《子虚》《上林》二赋，即明显受到了这部历史神话书籍关于古蜀记载的影响。就相如而言，既是蜀人，又博闻强记，明悉掌故，对蜀地本土的山川物产、风土文化等，均非常熟悉。得天独厚的人文背景，让司马相如，对古蜀之上古历史，产生了十分浓厚的兴趣。他根据先秦相关传说，对其加以梳理、研究，遂撰成了对修史体例有开创之功的《本纪》。其又称《蜀本纪》，亦乃最早的一部巴蜀地方史志。"司马相如、严君平、扬子云、阳城子玄、郑伯邑、尹彭城、谯常侍、任给事等，各集《传》《记》以作《本纪》，略举其隅。"这部为《华阳国志》所载，杂记蜀事的地方志书，今已不存，则殊为憾事。

因相如《蜀本纪》在《史记》《汉书》中均无所载，两汉、魏晋著作中，也未见征引，故张溥认为"相如无史"②，当未曾考虑到司马相如遗著因其生前散失的可能，以此论断，则失其谬也。"相如他所著，若《遗平陵侯书》《与五公子相难》《草木书》篇不采，采其尤著公卿者云。"太史公在其《史记·司马相如列传》当中，即已有过类似的选择。同样，《汉书·艺文志》，对于相如作亦未曾全录。其书虽逸，他涉猎史学当确有其事。司马相如因撰写《凡将》而研究过蜀地风物和民俗；因汉大赋写作，同样需要搜集大量的古蜀轶闻，所掌握的材料自然不少，对蜀中史地和神话传说等，都极为熟悉。故作《蜀本纪》，诚情理之中。

长卿《蜀本纪》，更早于严遵、扬雄等人。且司马相如所处年代，古之蜀地教化未开。那么，其撰史志的相关材料，又从何而来呢？这一点，又涉及另外的一个话题，即古蜀文化的领地范围。蜀人常璩在《华阳国志·蜀志》当中，曾经笔录了关于巴蜀历史文化起源的传说："蜀

① 蒙文通《巴蜀古史论述》，四川人民出版社，1981年版。
② 张溥编，殷孟伦注《汉魏六朝百三家集题辞注》，人民文学出版社，1960年版。

之为国，肇于人皇，至黄帝，为其子昌意娶蜀山氏之女，生子帝喾，对其支庶于蜀，世为侯伯，历夏、商、周，武王伐纣，蜀与焉。"也就是说，古蜀先民，并非处于完全封闭的一个区间，他们甚至还参加了武王伐纣的战争。当时的古蜀，原本就有自己的文化，而在岁月漫长的历史进程中，本土文化与境外文化，又沿着一条"接触—冲突—交流—融合—整合"的道路，进行了文化之间的碰撞。李白笔下描述的《蜀道》，即由此而来。此外，三星堆的出土文物已证明："三四千年前的成都平原已具有了可以同中原殷商文明媲美的高度发达的青铜文明形态。古蜀文明与中原文明有许多明显的不同，同时又有着比较密切的关系，相互之间有着源远流长的文化交流和影响，并以各自的鲜明特色展现出了长江流域和黄河流域南北两个文化系统的绚丽多彩。"①

从以上论述中，我们似乎可得出结论，即司马相如记载当时的古蜀历史，一是通过与外界文化的交流所获；而更多的，则是从民间搜集、了解的信息。通过文字，将曾经鲜活的古蜀传说等重要史料，固化了下来。

《蜀本纪》的文化贡献，当在它对蜀地历史的传承之功。其书虽然散佚无考，却为扬雄《蜀王本纪》和常璩所撰的《华阳国志》，提供了种种史料来源。

此外，司马相如还作有史赞和其他史论。其《荆轲赞》又称《荆轲论》，由《汉书》以"杂家"之名录之，乃应用性很强的"赞"体之文。其四言成韵，言辞简约而节奏铿锵。古之史书，往往在篇末文尾之处，附赞于后以代评论，从而形成了一种固定的"论赞"文史学批评模式。"史赞"这一新的文体，即相如所创。在其之前，五帝之时便有"赞"文，或三言、四言，或六言、杂言，并无规范的语言格式。"赞"者"助"也，故在司马相如前，一般多限于祭祀礼仪的辅助功能。祭祀

---

① 殷孟伦《汉魏六朝百三家集题辞注》，人民文学出版社，1960年版。

场所，祝文为主，赞则辅之。故而，刘勰在《文心雕龙》书中，称"至相如始赞荆轲，及迁史固书，托赞褒贬。约文以总录，颂体以论辞。"对其所创"史赞"文体，给予了一种高度评价。此外，《汉书·艺文志》，其"杂家"当中仅收作五篇，《荆轲论》即其中一篇。"赞"体之文"颂体以论辞"，是"论"的支流。司马相如首倡"史赞"，所奠定的以人物为咏颂对象，主表称扬的新的文体，延至东汉，更是形成了一座高峰，这既是文体学上的先声，亦乃相如，在史学方面的又一贡献。

《自叙传》，即带有史传性质的自传，"《北史·儒林传》《隋书·儒林传》皆有记载：'通人司马相如、扬子云、马季长、郑康成等，皆自叙风徽（《北史》作'徽美'），传芳来叶。'唐代史论家刘知几在《史通》中对司马相如《自叙传》（亦）有多处记载。"①

"盖作者自叙，其流出于中古乎？案屈原《离骚经》，其首章上陈氏族，下列祖考；先述厥生，次显名字。自叙发迹，实基于此。降及司马相如，始以自叙为传。然其所叙者，但记自少及长，立身行事而已。逮于祖先所出，则蔑尔无闻。至马迁，又征三闾之故事，放文园之近作，模楷二家，勒成一卷。于是扬雄遵其旧辙，班固酌其余波，自叙之篇，实烦于代。虽属辞有异，而兹体无易。"②从刘知几《史通·序传》第三十二所载内容可知，发轫《离骚经》，由相如开创的"自叙传"这种具有史学价值的文体，后为司马迁《史记·太史公自序》、扬雄《自叙传》及班固《汉书·叙传》沿袭。

除撰写史书、史论、史传之外，司马相如赋，对巴蜀史志编纂的贡献亦大。"赋者，古诗之流也。先王采焉，以观土风。见绿竹猗猗，则知卫地淇澳之产。见在其版屋，则知秦野西戎之宅。故能居然而辨八方。"

---

① 且志宇《司马相如与巴蜀史志文献编纂关系考》，《巴蜀史志》2021 年第 1 期，第 59 页。
② 刘知几撰，白云译注《史通》，中华书局，2014 年版。

（《三都赋序》）①赋虽文学，亦为志书。自清以降，中国便有"著而为赋，以代乘志"（《北墅绪言》卷4）的文化传统，而此观点，即《三都赋序》中，左思将赋，与方志联系在一起的做法。相如大赋，书蜀语，名蜀物，为明清以来四川各地纂修州府县志，提供了不少文献史料。

综上所述，可知具有深厚史学底蕴的司马相如，既通音韵，又是知《尔雅》，并著有《凡将篇》的训诂大家；还是一位撰有《蜀本纪》，一开史学文本体例的历史学家和博物学家。其史学方面的学术地位，理当引起今之学人的高度重视。

最后，再谈谈相如在蜀学领域的美学思想及文学理论方面的成就。

司马相如，其注重创作的艺术表达，从审美角度，提出了"赋迹"与"赋心"二说。相如认为："合綦组以成文，列锦绣而为质，一经一纬，一宫一商，此赋之迹也。赋家之心，苞括宇宙，总览人物，斯乃得之于内，不可得而传"（《西京杂记》卷二）。这一点，既是他对辞赋创作理论的奠基，又是其文艺美学思想的核心。何为"赋迹"呢？在此赋论中，他从艺术旨趣出发，对素材选取、谋篇布局和表达方式等展开探究，非常形象地道出了辞赋乃至于其他文体，在创作方面的艺术特点。所谓"赋迹"，乃指作品形式的"铺陈"。在他看来，赋就如经纬线编织的锦绣，又若五音组合的音乐。要纵横交错地予以铺排，要华丽和质朴两相结合，要体现文字的韵律和谐，共同构成作品外在的形式之美。所谓"赋心"，则是作品的艺术构思。创作中，要有广阔博大的胸怀，要有驾驭万物的气度，还要有驰骋古今的想象，才能营造出完美的意境。而这些内在的审美体验，只能意会，需靠自己去细细琢磨。

司马相如阐释的观点，从文学理论的角度来看，是内容与形式结合的问题；从文艺美学的角度来看，又是神形合一的问题。作为国内最早的

---

① 陈宏天、赵福海、陈复兴编《昭明文选译注》，吉林文史出版社，2011 年版。

赋论，其不仅奠定了辞赋创作的理论基石，也丰富了文艺美学的内涵，故备受后世之人推崇。清人孙梅，即在《四六丛话》中称："长卿之于赋，其犹子长之于史也。惟其牢笼天地，苞括宇宙，与夫疏岩有奇气者，异曲而同工。是以班固扬雄之流，苦精竭思，而终于不可及也。"①

"赋迹""赋心"说由司马相如在创作中明悟。而这一赋论，又直接影响了他的创作。其辞赋作品，题材宏大、视野开阔，辞采华丽、气势雄魄，以方言入赋，呈现出一种具有浓郁地域色彩的美学特征，展示了蜀地文学的奇幻之美。诚如鲁迅在《汉文学史纲要》中所论述的那样："其专长，终在辞赋，制作虽甚迟缓，而不师故辙，自撼妙才，广博闳丽，卓绝汉代。""风""骚"之途，代表了司马相如之前，中国传统文学创作的不同路径。而在此之间，他在充分掌握创作审美规律的基础上，做出了自己冷静的选择，在继承《诗经》风谏传统的同时，选择了《楚辞》开辟的道路，形成了奇诡、瑰丽的文体风格，并成为两汉浪漫主义文学创作的拓荒之祖。

"蜀儒文章冠天下"②乃南宋席益亦在《府孥石缝堂圆籍记》中，对蜀中文学的高度评价。而西汉文章，则以司马相如、王褒、扬雄为尊，相如居首。今之成都有文翁石室，中有礼殿，曰"周公礼殿"。礼殿之外，又有"蜀石经"。石室、礼殿、石壁九经，皆影响后世的蜀学至宝，在儒学发展中，具有极其重要的价值和地位。北宋嘉祐二年（1057年）之际，"宋祁知益州，第二年便对学宫加以改造，建文翁祠，'作堂三楹，张左右序及献庑，大抵若干间'，又肖文翁之像于屋宇间，绘司马相如、蒋堂像于东西壁以配祠。"③其时，能够配享在儒学领域地位崇高的教育家文翁，仅此二人。他在巴蜀文学方面的地位之

① 孙梅著，李金松校《四六丛话》，人民文学出版社，2010年版。
② 袁说友编辑，赵晓兰整理《成都文类》，中华书局，2011年版。
③ 金生杨《试论司马相如的学术思想》，《西华师范大学学报（哲学社会科学版）》2015年第3期，第20、21、26、32页。

高，我们从中当不难推断。此外，"《李君碑》碑文中提到前贤，（亦）特别列举了司马相如、严君平、扬雄三人为代表，可见三人在汉代蜀地之知名度和代表性。"①

"蜀学"乃蜀之固有学术，其成果，主要体现在易学、史学和文学方面。而刘咸炘《蜀学论》中，划文学为盛汉与唐宋两座高峰，认为"文集者，古诗之流；而词，赋之扩充也"，又云："文化江汉，庸蜀先从。二南分绎，西主召公。蜀士之作，固已弁冕于《国风》。盛汉扬声，相如、褒、雄。分国华之半，为词苑所宗。后辈踵武，李尤、杨终。"②而刘复生对此的解释则是："汉代成都人司马相如、王褒、扬雄之赋，在汉赋中占有最炫目的地位，不仅'分国华之半'，也为后世奉为典范。后汉蜀士李尤、杨终二人作赋，都继承了司马相如、扬雄的文风。"③其言虽非谬，但却需要说明一点，即刘咸炘先生做此论述，不仅是褒掖司马相如等辞赋作品的文学造诣，其更重在三子文风对后世的影响。也就是说，这里的"文学"，还包含了美学方面的见地，和文学理论的成果在内。另需补充的一点是，长卿之于文学的贡献，还有他对文体的拓展，以及汉赋的奠基之力。

四、立足蜀学，创建"相如学"人文学科

传统"蜀学"，共包括三个方面内容。易乃经之首，而易学在蜀。《宋史·隐逸·谯定传》中，即载有一段古之逸事：袁滋入洛，问

---

① 曾江、饶嘉《文翁石室：开启千年蜀学传奇》，《中国社会科学报》2016年8月19日，第4页。
② 刘复生《刘咸炘〈蜀学论〉及其在学术史上的意义》，《社会科学研究》2006年第3期，第157、159页。
③ 刘复生《刘咸炘〈蜀学论〉及其在学术史上的意义》，《社会科学研究》2006年第3期，第157、159页。

《易》于颐。颐曰:"易学在蜀耳。盍往求之!"①从程颐当年的感叹,已可知蜀地易学之盛耳。两汉之际,胡安、赵宾、严遵三人,分授相如、孟喜和扬雄,而相如之后,盛览、张叔又"皆从相如学"②其后,易学在诸子推动之下,蔚为大观,这和司马相如在文翁掌教的余脉延续,很难说没有传承的关系。

后易归于史,且相如对巴蜀古史的研究,也通过《蜀本纪》被它书征引。司马相如,为四川保留了关于上古的相关材料,滥觞之功当在千秋。

而文学领域,先有班固《汉书·叙传》云,长卿之赋"见识博物,有可观采,蔚为辞宗,赋颂之首";后有《汉文学史纲要》所言,"从汉兴好楚声,武帝左右亲信,如朱买臣等,多以楚辞进,而相如独变其体,益以玮奇之意,饰以绮丽之辞,句之短长,亦不拘成法,与当时甚不同。故扬雄以为使孔门用赋,则贾谊升堂,相如入室。"评价之高,当知相如盛名不虚。在蜀地文脉的延续方面,先有长卿,后才有太白,乃有唐宋八大家中,眉山父子独得其三的局面出现。其又创造了汉大赋这一新的审美表现形式,提出了影响深远的赋论,这足可奠定他在文学创作实践,和理论方面的大家地位。

古今学者,皆举相如为辞赋宗,然从上述所论来看,其文化方面的综合贡献,绝不仅仅在辞赋创作。对于司马相如的地位,我们理当站在今天研究成果的新的高度,进行全方位重新评价。

从著述上看,司马相如于文学,《汉书·艺文志》录其赋作二十九篇,今存《子虚赋》《上林赋》《大人赋》《长门赋》《美人赋》《哀秦二世赋》六篇,另有《梨赋》残句,和《玉如意赋》《鱼菹赋》《梓山赋》(按:即《梓桐山赋》)存目,有训诂学著作《凡将》残篇,

---

① 脱脱、阿鲁图《宋史》,中华书局,1977 年版。
② 姜宸英《湛园札记》,文渊阁四库全书本。

《西京杂记》还载有"答盛览问作赋"的赋论内容，乃公认的汉赋代表作家和理论大家。相如又是诗家子，除《郊祀歌》中的部分作品和《琴歌》二首外，还作有"今传为古曲"^①的《钓竿》诗，当是为通晓音律的诗人。有《谕巴蜀檄》《难蜀父老》《谏猎疏》《封禅文》等散文4篇，及《遗平陵侯书》《与五公子相难》《草木书》存目，乃以秦汉名篇，而登上《文选》《古文观止》的文章圣手。于史学，《蜀本纪》逸稿堪与《蜀王本纪》媲美，杂书《荆轲赞》，则开中国史论先河。而这，尚还是因为《史记》所称"时时著书，人又取去，即空居"之故。就学识而言，四部之分，其经史子集具有心得；就文艺而论，以文章显名又通琴艺。遑论其政治方面的建树，单单从学术层面来看，司马相如都可被称为一代通儒，更是属于发挥过承前启后作用，超越了时代的文化巨子。而这样的通才，在巴蜀历史上，唯宋之东坡、明之杨升庵，及近世之鼎堂先生等寥寥数人，方能与其共执牛耳。天不生长卿，蜀学待长夜。司马相如，在蜀学乃至中国文化的辽阔领域，就如历史星空的北斗，始终散放着耀眼的光泽。

对相如生平和作品研究，代不乏人，但往往停留在赋论层面，只言片语，不成系统。直至20世纪80年代。邓郁章等川内学者，才开始了寻找长卿桑梓的文化苦旅。在谭继和、李大明、马国栋、祁和晖、赵正铭、邓郁章、魏赤中、郑幼林等助推之下，蓬安县司马相如研究会、四川省司马相如研究会相继成立，其中，赵正铭任蓬安县相如研究会首届理事长，李大明任四川省司马相如研究会首届会长。省级学会成立之际，谭继和、李大明、张彦、谭晓钟、冯文广、祁和晖、徐西平、邓郁章、蔡东洲、金声扬、龙显昭、李孝中、王明元、徐才安、熊伟业、潘殊闲、李凯、吴明贤等学者云集而盛况空前。由对赋圣籍贯考证而助推

---

① 崔豹《古今注》，辽宁教育出版社，1998年版。

的司马相如文化研究，引起了学界广泛关注，并迈入一个稳步发展的崭新阶段。

从相如文化的研究来看，材料方面已相当丰富，仅只与文君相关的文献，宋诗中就有40多则。[①]对于长卿的生平考辨，论者多取《史记》《汉书》，且尤重《史记》。历代学人，刘知几、张溥、王培荀及钱钟书等，皆有考证。就作品而论，相如之稿，魏晋六朝前皆单篇流传，今天所能见到的文集，多明清辑本。其中，明本5种、清本2种。后世点评者，皆从此本。

如前文所述，司马相如在政治、文化等诸多方面，都产生了十分广泛的影响。特别是在蜀学领域，其更是无法回避的人物。但时至今日，国内关于相如文化和学术研究，都还未能形成系统的理论框架。而从丰富蜀学内涵，弘扬传统文化的角度，站在蜀地故有之学术高地，构建司马相如研究的学术体系，创建一门以"相如学"冠名的人文学科，则尤为必要。

众所周知，蜀学经历代学人努力而发展到今天，共经历了三个历史阶段："西汉时期，引进并接受中原儒学以发展文教事业；两宋时期逐渐形成以苏学为代表的地域学术特色而在学术史上产生重大影响；迄于近代它又吸收新学而获得新的活力。"[②]"其包括蜀学理论、蜀学史、蜀中学者、蜀学文献等方面的研究，是四川文化中高层次的理论研究。"[③]司马相如生活的时代，正处蜀学的第一座高峰；而从丰富蜀学理论、蜀学史、蜀中学者、蜀学文献的内涵所需，都完全可以将"相如学"相对独立地呈现给世人，乃至发展为一门显学。

---

① 高石《司马相如研究综述》，《文学理论》2017年第11期，第84页。
② 谢桃坊《蜀学的性质与文化渊源及其与巴蜀文化的关系》，《西华大学学报（哲学社会科学版）》2009年第4期，第1页。
③ 谢桃坊《蜀学的性质与文化渊源及其与巴蜀文化的关系》，《西华大学学报（哲学社会科学版）》2009年第4期，第1页。

当然，创设"相如学"，绝不仅仅是立足蜀学。在学术体系的构架方面，还当着眼于政治、文化、社会生活的综合角度，全方位地加以思考。

政治与社会生活方面，要注重他在开发西南、开发夜郎的进程中，所扮演的角色和历史贡献，深刻挖掘"通西南夷"对维护国家统一、促进西南地区共同发展，对民族交流的积极作用。并通过对他的生平研究，考证西汉的典章制度、婚姻礼俗、社会风尚；通过赋中的名物考辨，了解西汉的生活环境及地方物产等。在文学艺术的实践方面，要探讨司马相如之作的美学思想、文化背景、风格因袭、文本内容、文章技法、历代评论、演绎作品、传播效应，以及他在梁园文士集团的地位、创作实践对长安文化及日韩等国文化的影响、对蜀派古琴的艺术贡献等。学术方面，要研究西汉的文化与学术政策，司马相如的学术渊源、文化交流、学术成果，及成都、蓬安、邛崃、梓潼、安福等城的相关地名、已废胜迹、文化遗存。民俗方面，要解读相如文化现象，研究其爱情故事等民间传说，以丰富民间文学内涵。"相如学"的理论构建，要以他山之石攻玉，引入相关学科理论，如汉斯·尧斯的"文学接受"，及文学批评、文化地理、比较美学等多学科的理论方法；要注重应用领域的研究，如旅游开发的横向联合、乡愁特色古镇创建、浪漫之都和古琴音乐名都打造，及临邛古酒、文君锦等"非遗"产品和文创美术产品之挖掘、研发和推广。

司马相如与中华辞赋

南充市辞赋学会　朱兴弟

司马相如从小爱好读书，练习操琴，还苦练击剑，立志长大后成为多才多艺的人才。然而，司马相如在琴艺、剑术方面有何成就，不见史载，人们只知一曲《凤求凰》，倒是他在辞赋方面达到登峰造极的地步。他的汉赋功力深厚，取得了无与伦比的辉煌成就；他作为汉赋的奠基人，已成为中国古代文化史及文学史上杰出的代表；他在文学上的成就令人仰望，因而被后世誉为"辞宗赋圣"；他已成为中华辞赋文学史上一座难以跨越的丰碑，其辞赋作品影响古今，而且必将光耀未来。

一、司马相如出川与辞赋结缘

司马相如早年的求学经历是怎样的，何时与赋文结缘，《史记·司马相如列传》语焉不详，而史学界则颇有争议。有说是他在赀选为郎、游宦京师之后才开始了辞赋创作，有说是在他去梁国以后。其实司马相如早就倾心于辞赋学习和创作了，《汉书循吏传》中提到，蜀郡太守文翁曾经选了10多位本乡子弟到长安学习儒学经典。几年之后，这些人学成回蜀，成了中原文化在蜀地落地生根、开枝散叶的种子。很可能就是在长安这段时间，司马相如开始学习作赋，并为他日后创作打下了良好的基础，而不可能在他赀选为郎以后半路出家，就一跃成为那个时代作赋的顶尖高手。

三国时期的蜀汉学者秦宓和东晋史学家常璩都认为，司马相如是当年10多位赴长安学生中的一员。据《三国志·秦宓传》载："蜀本无学士，文翁遣相如东受七经，还教吏民，于是蜀学比于齐、鲁。故《地里志》曰：'文翁倡其教，相如为之师。'"由此可见，司马相如要想接触或学习辞赋创作，就必须走出去，来到具有辞赋创作氛围的某地文化圈，才能增长这方面的知识。否则难入其门，更难以在辞赋方面取得巨大成就。

司马相如第二次到达长安后，赀选入侍景帝并为武骑常侍，由于景帝不好辞赋，于是他称病辞官，在梁孝王那里当了几年门客。正是梁孝王让司马相如与文人雅士一同居住，才使他有机会与邹阳、枚乘、庄忌等当时著名的辞赋家相处了好几年，并写出了千古名作《子虚赋》。

梁孝王死后，司马相如返回故乡，虽然家徒四壁，但他仍然坚持作赋。而新继位的孝武帝刘彻却是一个喜赋作赋的行家里手。建元三年，孝武帝在读到司马相如几年前在梁国写的《子虚赋》后，极为赞赏，结果两人出人意料地成了"知音"，于是一代赋圣得以横空出世。

"滴水穿石，非一日之功。"正是司马相如第一次到长安"东受七经"和后来在梁国那段时间，使他能在当地与众多的文人赋家交流，不但熟练地掌握了辞赋创作技巧，而且汉赋水平得到极大提高，因而创作出代表西汉辞赋一流水平的《子虚赋》和《上林赋》。从此，司马相如的赋作逐渐成为汉赋定格成形的范本，往往被当代及后世文人仿效。

二、司马相如的汉赋奠定了其文学地位

因为汉武帝非常赏识和喜爱司马相如的赋作，所以在阅读了《子虚赋》后把他召至京师，随后命他继续作赋。于是司马相如在《子虚赋》的基础上很快续写了《上林赋》。这两篇赋作结构恢宏、句式匀整、文思活跃、辞藻华丽，其铺陈描写达到了极致，显示出司马相如高度的修辞技巧，堪称文坛一绝，汉赋的顶峰作品。汉武帝认为这才是介于诗与文之间的真正辞赋，于是拜司马相如为郎官。

司马相如的文学才华引起了文人才子们的仰慕和仿效，一些辞赋家对其汉赋创制竞相模仿。汉朝时期的川籍著名辞赋家扬雄年轻的时候，因为仰慕司马相如赋作的辞藻富丽、典雅唯美，每当作赋时常拟之以为式。他说："长卿赋不似从人间来，其神化所至也。"（《西京杂记》卷3P14页）。扬雄还认为司马相如辞赋的艺术成就，高于西汉初年著名的政论家、文学家贾谊之赋，他说："如孔氏之门用赋也，则贾谊登堂，相如入室矣。"东汉史学家、文学家班固也说："文艳用寡，子虚乌有，寓言淫丽，讬风终结。多识博物，有可观采，蔚为辞宗、赋颂之首。"（《汉书·叙传下》），强调了司马相如"辞宗、赋颂之首"的崇高地位。唐代诗人李白则说自己："十五观奇书，作赋凌相如。"（《赠张相镐（其二）》），作为豪放不羁的诗人李白，亦对司马相如这样的作赋高手无比推崇。正如宋代田况、王素分别在其撰写的《题琴台》所言："西汉文章世所知，相如宏丽冠当时。""长卿才调世间无，拘监君前奏《子虚》"，对司马相如的赋作高度赞赏。

司马相如在中国文学史上一直享有崇高的声望，辞赋大家贾谊、扬雄、班固、张衡都没能在辞赋创作上超越他。难怪自古就有"千金难买相如赋"之说。在中国传统文学中，唯有司马相如被誉为"辞宗赋圣"，别无他人。他的赋作光耀古今，在辞赋界的文学地位影响至今，这既有欣逢盛世的时代因素，也与他本人的非凡才华和赋学天赋密不可分。

三、司马相如对辞赋文学的贡献

司马相如具有很高的文学造诣，是汉赋成就最高的作家，《子虚赋》和《上林赋》作为他的代表作，最能体现汉赋的价值以及存在的不足。然而瑕不掩瑜，这两篇赋作仍是汉赋中最优秀、影响最深远，而且具有典范意义的作品。以致在唐代以前的文学领域里，辞赋成为主要而且十分流行的文学体裁；从唐代直到清朝的科举考试中，辞赋都占有一席之地。

司马相如的赋作主要是描写重要对象或恢宏场面，其特色是规模庞大、气势磅礴、语汇华丽、高端大气，描摹夸饰层出不穷；主要内容是描写宫苑、都邑、田猎等内容，大多是对物产的丰盛，都市的繁荣，宫苑建筑的华美以及大汉帝国文治武功的描写和歌颂。由于汉武帝迷恋游猎，司马相如撰写了《谏猎疏》，委婉予以规劝；他还创作《哀二世赋》，劝谏汉武帝汲取秦朝教训。虽然赋文中对封建统治者的劝谕之词写得委婉含蓄，但也反映了作者反对帝王过分奢华淫逸的思想，其中的讽谏之词亦说明作者并非对帝王贵族们毫无是非原则的阿谀和奉承。

从文学角度来看，司马相如的汉赋则改变了旧的文学观念，对中国文学发展起到了积极的推动作用。首先是体现了辞赋的政治作用。他以天子打猎之盛况，暴露了诸侯王和天子极端奢侈淫靡的生活，引出篇尾的劝谏之辞，主张统治者应有廉俭守节的思想；在篇尾讲述天子解酒罢猎，颁布一系列抚民安民的政策，表达了其歌颂圣德之意。其次是体现了辞赋的铺陈特点。在《子虚赋》中，作者力图将云梦之全貌展现在读者面前；在《上林赋》中，从山溪原野、花草树木到飞禽走兽极言上林苑的盛况，由此体现了汉大赋的靡丽和劝讽两个特点，这些都与辞赋的细致铺陈密不可分。

司马相如的辞赋毕竟是为当时的统治阶级服务，其作品作为时代的产物，虽然有它的局限性，但在丰富作品词汇，提炼语言词句，描写技巧等方面，无疑都取得了非凡的成就。后来司马相如因遭人陷害而被免职。直到晚年，孝武帝任命他为陵园令。他在任职期间，先后写下了《长门赋》《美人赋》《大人赋》等一批赋作，这些作品对后代的辞赋创作产生了深远影响。比如建安以后的很多诗文，往往在其辞藻、语言和述物叙事的手法方面从汉赋中得到启发，而且作者在模仿司马相如赋作、保留汉赋基本文采的基础上，改变了汉大赋篇幅冗长的缺陷，创造出许多篇幅较小、抒情咏物的短篇小赋。

从司马相如存世的作品中，可以窥见他积极的事业进取、充分的人物关怀、潇洒的浪漫气势、细腻的情事描写等优秀的思想境界和直面现实的文学精神，能够探析他超前于时代的文学创作意识、杰出的文学表现技法以及杰出的文学创作成就。他能够以鲜明的文学创作意识，创造性地使用多种文学表现手法来表达辞赋的艺术化效果，不但大大地增强了作品的美感效应，而且还强化了辞赋的文学性特征，因而他的文学精神和辞赋作品不但具有强大的生命力，而且经得起历史的检验，并且能够传承至今。人们在进行辞赋创作时，往往会自觉或不自觉地受到司马相如赋作中的艺术创作和技巧的影响，因此他无愧于"辞宗赋圣"之称号和美誉。

四、司马相如赋作对现代辞赋的影响

辞赋发源于春秋，鼎盛于两汉，骈偶于六朝，律化于唐代，散衍于两宋，绝迹于"文革"，复起于"开放"，振兴于当今。

在中国所有文学体裁中，辞赋是中国独有且十分独特的文学体裁，它能以最精练的文字表现包罗万象的内容，可用最精美的语言表达作者最丰富的思想情感，这是其他文学体裁都难以企及的，所以其具有强大的生命力。正如《西京杂记》（译文集卷二）载："司马相如为《上林》

《子虚》赋，意思萧散，不复与外事相关，控引天地，错综古今。""合纂组以成文，列锦绣以为质，一经一纬，一宫一商，此赋之迹也。赋家之心，包括宇宙，总览人物，斯乃得之于内，不可得而传。"。

然而，由于"五四"运动以后20多年接连不断的内外战争，以及新中国成立以后20多年接连不断的政治运动，辞赋这一中国独有的传统文学体裁沉寂了几十年；在经历了改革开放和经济发展20多年后，辞赋文学得以在中国逐渐复苏。特别是网络查阅的方便以及白话译文的浅显易懂，使中国古代著名辞赋及传统辞赋理论知识得以广泛传播，使许多作赋者的辞赋鉴赏能力和创作水平得到很大的提高。特别是司马相如的代表作《子虚赋》和《上林赋》，尽管晦涩难懂，生僻字多，但在借助辞典或译文来解读后，会发现其作品不但拥有外在的、实用的美学价值，而且具有内在的、超越功利的精神价值，还拥有斑斓多彩的文学风貌，具有经久不衰的艺术魅力，因而成为学赋者的参考范文及辞赋爱好者的精神食粮。

近20年来，全国各地旅游景区和景点，市、县，企业、学校、医院、文化场馆不惜以重金面向社会征赋，以勒石刻碑展示于世人，留传于后世；近几年，各种庆典也时兴朗诵骈赋，因为它有如诗的韵律、如歌的行板，诵读起来朗朗上口，闻之悦耳动听，令人耳目一新。因此让更多的人认识了辞赋，知道了司马相如，于是阅赋、学赋、作赋者越来越多。可以说从古到今，但凡风景名胜、城市或企业文化宣传，非以辞赋勒石刻碑莫属。因为它叙事精炼、言简意赅，不仅能够记录当下，而且可以追溯历史，能使风景名胜的秀丽和城市历史积淀与厚重相得益彰，所以颇受欢迎。

然而，随着时代的发展，社会的进步，人们文学欣赏兴趣的改变，辞赋创作也应当与时俱进并有所创新，以适合大众的阅读和审美习惯。不过万变不离其宗，作者在创作辞赋的时候，务必按照传统辞赋的写作规则和章法去作赋，否则就如炒菜没放盐巴，其作品就会失去辞赋应有的古香赋味和古风雅韵。作为今天的辞赋创作者，应当在继承传统辞赋的基础上有所突破、有所创新、有所发展，将司马相如擅于铺陈、词汇华丽、气势磅礴的作赋技巧弘扬光大，以创作出适应时代发展要求，适合大众阅读习惯的辞赋佳作。

如今，辞赋创作已呈现以骈赋为主的流行趋势，其主要原因是其具有典雅华丽及高端大气的风格、抑扬顿挫的音律美、语句骈对的形式美、句尾押韵的声韵美，因而是被誉为阳春白雪、高山仰止的最高文体；如今，辞赋文学这一中华国学之经典，已呈星火燎原之势快速发展，中华文学皇冠上这颗璀璨的明珠正闪烁着越来越绚烂的光芒。

五、结语

随着社会的进步，汉语言文学的发展，如今人们的文学观念及审美情趣也发生了很大的变化，而枯涩难懂的辞赋亦难以适应现代人的阅读习惯和文化需求，如果让读者带着字典阅赋，那么辞赋发展之路只能越走越窄。因此，辞赋创作应当随着时代前进的步伐和文学潮流的影响而有所调整和改变，应从司马相如的汉赋中汲取营养，努力提高作品质量并增强其内涵，创作出令人耳目一新、让阅读者喜闻乐见的现代辞赋。

在中国传统文学这座百花园里，辞赋是一种绚烂夺目的名贵之花，虽然它经历了由盛到衰的漫长历程，但如今正快速前进在复兴之路上。在当前有利辞赋创作的文学大环境下，在越来越多的阅赋者、学赋者和作赋者的辛勤耕耘和热心呵护下，辞赋这种古老的文学体裁正焕发出青春的活力。有理由相信，中国辞赋这一独特的文学体裁一定会长盛不衰，中华辞赋之花必将花开满园、越开越艳。

司马相如与巴蜀文化

——浅谈司马相如的文学成就对巴蜀文化的影响

甘肃陇南康县平洛镇财政所　　燕兆林

今天我们要谈论司马相如与巴蜀文化，则必须及提到汉代文学。在谈论汉代文学时，则有两个"司马"大人物是不能不说的。一个是西汉著名的史学家、思想家、文学家司马迁，他经历宫刑依然撰写了中国历史上第一部纪传体通史、编年体史书、被后人堪称古代文学巨作——《史记》，为王侯将相列传，给后人留下了许多可考资料。还有一个就是汉代最重要的文学家司马相如，他是汉赋的杰出者，被称为"辞宗""赋圣"。在汉景帝时期，司马相如写的《子虚赋》已经让他成为天下闻名的文士。司马相如出使西南，上奏解决西南的方案，得到落实后被称为"安边功臣"。司马相如的《凤求凰》被不少情侣当作定情之作。西汉史学家司马迁在《史记》里只写了三位文学家，分别是战国时期楚国诗人、政治家屈原，西汉初年著名的政治家、文学家贾谊，汉代的辞宗、赋圣的司马相如。但描写司马相如的篇幅远远长于屈原、贾谊这两位文学家，这充分说明在司马迁的眼中司马相如的文学地位很高，在文学造诣上颇高。司马相如是公认的汉赋代表作家和赋论大师，也是一位文学大师和美学大家。他是汉赋的奠基人，扬雄欣赏他的赋作，赞叹说："长卿赋不似从人间来，其神化所至邪！"鲁迅在《汉文学史纲要》中将司马相如和司马迁放在一起作专节介绍，并指出："武帝时文人，赋莫若司马相如，文莫若司马迁。"2017年9月，中国社会科学院文学研究所所长刘跃进来四川蓬安，参加第五次司马相如文化研讨会时指出：司马相如有着高远的政治理想，辉煌的文学典范，具有春秋大义、家国情怀、天地人相统一的宇宙观和崇高的浪漫主义，理想主义精神，有着"做非常之人，行非常之事，立非常之功"的胆识与壮举。刘跃进老师饱含激情地说："司马相如不仅是蓬安的，也不仅是四川的，他是中国的，更是世界的！"这充分说明司马相如是四川的底蕴和荣光！

一、司马相如的生平事迹

司马相如（约前179年—前118年），字长卿，安汉人（今四川蓬安），祖籍左冯翊夏阳（今陕西韩城南），西汉辞赋家，中国文化史文学史上杰出的代表，中国汉赋四大家，第二批四川历史名人。最初"以赀为郎"。汉景帝时为武骑常侍，后辞官游梁，与邹阳、枚乘等同为梁孝王门客。过了几年，梁孝王死，相如归蜀，以琴挑临邛富人卓王孙女文君，文君夜奔，同归成都，家徒四壁立。后来，与文君又回临邛，以卖酒为生，"令文君当垆，相如身自著犊鼻裈，与保佣杂作，涤器于市中"。王孙以为耻，乃分给文君家僮（奴隶）和财物。因为汉武帝读了相如的《子虚赋》大为赞赏，以及狗监杨得意又乘机极力推荐，武帝就召见了相如，相如乃改赋天子游猎之事，就是现今所传的《上林赋》

（天子游猎赋）。汉武帝大喜，任相如为郎，并深得汉武帝的信任。后相如出使"西南夷"，著《难蜀父老》一文，对沟通汉与西南少数民族的关系起了积极作用。晚年以病免官，家居茂陵而卒。他与卓文君的爱情故事也广为流传。著有代表作品为《子虚赋》《上林赋》，作品辞藻富丽，结构宏大，使他成为汉赋的代表作家。少年时代喜欢读书练剑，二十多岁时以资为郎，做了汉景帝的武骑常侍，但这些并非其所好，因而有不遇知音之叹。景帝去世，汉武帝刘彻在位。有一天，汉武帝读到司马相如的《子虚赋》，被文章的才气折服，非常喜欢，他以为作者是前朝人，便叹息道："写这篇赋的人，太有才了，可惜朕没有和此人生活在同一个时代！"此时，在汉武帝身边服侍的狗监（管理猎犬的人）杨得意是四川人，他了解司马相如，于是对汉武帝说："陛下，小臣的同乡司马相如曾说此赋为其所作。"汉武帝很惊喜，于是立刻派人召司马相如进京入朝，询问真假。司马相如被召到朝廷，汉武帝问他："《子虚赋》是你写的吗？"相如答曰："是的，陛下，不过那只是写诸侯游猎的事，没什么了不起的。请允许臣写天子游猎赋，写好了再献给陛下。"汉武帝同意了，特命尚书为司马相如准备笔墨纸砚。司马相如写了一篇《上林赋》，汉武帝的皇家园林名为上林苑，呈献给汉武帝。这篇文章同样记录在《史记》中，描绘了上林苑宏大的规模，进而描写天子率众臣在上林苑狩猎的宏大场面，气势磅礴，文采飞扬，表现出汉武帝时期恢宏巨丽的盛世王朝气象。汉武帝读了以后，十分满意，就封司马相如为郎官（帝王的侍从官）。建元六年（公元前135年），相如担任郎官数年，正逢唐蒙受命掠取和开通夜郎及其西面的僰中，征发巴、蜀二郡的官吏士卒上千人，西郡又为唐蒙征调陆路及水上的运输人员一万多人。唐蒙又用战时法规杀了大帅，巴、蜀百姓大为震惊恐惧。皇上听到这种情况，就派相如去责备唐蒙，趁机告知巴、蜀百姓，唐蒙所为并非皇上的本意。司马相如在那儿发布了一张《谕巴蜀檄》的公告，并采取恩威并施的手段，收到了良好的效果。司马相如平定了西南夷。邛、笮、冉、駹、斯榆的君长都请求成为汉王朝的臣子。于是拆除了旧有的关隘，使边关扩大，开通了灵关道，在孙水上建桥，直通邛、笮。相如还京报告皇上，皇上特别高兴。他的一篇《难蜀父老》以解答问题的形式，成功地说服了众人，使少数民族与汉廷合作，为开发西南边疆做出了贡献。元狩五年（公元前118年），相如已因病免官，家住茂陵。

二、司马相如文学成就源于巴蜀文化地理环境

常言道："自古蜀中多才俊"，此话一点不假。晋朝著名文学家左思在《蜀都赋》中写道："近则江汉炳灵，世载其英。蔚若相如，皭若君平。王褒韡晔而秀华，扬雄含章而挺生。幽思绚道德，摛藻掞天庭，考四海而为儁，当中叶而擅名。是故游谈者以为誉，造作者以为程也。"可见在奇诡的自然环境和独特的人文土壤之上的巴蜀地区，着实涌现出了无数才俊，汉赋大家司马相如就是其卓越代表。自古文学创作与文化地理紧密相连，因此我们可以肯定，司马相如是巴蜀文化地理孕育的产物，其文学创作深受巴蜀之影响。

通过了解巴蜀的文化地理，我们就能具体看到巴蜀文化地理对司马相如文学创作的影响。可以这样说，司马相如之所以能够奠定古代巴蜀文学第一人的地位，是因为他接受巴蜀文化地理之影响，其身上鲜明地体现出古代巴蜀人的人格个性和行为方式。有句话是这样说的："意识决定行为"。要谈巴蜀文化地理对司马相如文学创作之影响，则必先看看置身于巴蜀环境中的司马相如的人格个性。其一，好学能文。《史记·司马相如列传》说："少时好读书，学击剑，古其亲名之曰犬子。相

如即学，慕蔺相如之为人，更名相如"。这说明：司马相如兼具崇文尚武两方面的个性，一方面是好读书所显示的沉静，另一方面是好武所显示的刚健。一动一静，一刚一柔，恰好鲜明地体现出司马相如个性的完美结合，而古代巴蜀好文并非司马相如一人。《汉书·地理志》让古代巴蜀人："未能笃信道德，反以好文讥刺"，这句话同时揭示出了古代巴蜀人两方面的重要特征：（一）是好文，善著书。（二）是未能笃信道德。其二，正统道德观念淡漠。司马相如之时，由孔子奠定的礼教文化在中原和北方地区早已扎下深根，而偏处西南一隅的古代巴蜀到西汉之时，仍未能更多地受到这种影响。在道德方面，司马相如更多地保留了西南夷风。历史上所艳羡的司马相如琴挑卓文君的故事，颇能说明这一点。其三，重情任性。敢于标新立异，敢作敢为，善于标新立异贯穿司马相如一生行事之中，如琴挑卓文君之违背儒家伦理道德；如打通西南夷道为国不禅风险；作赋讽谏汉武帝，而不怕遭来祸害等等。

司马相如充分体现出巴蜀文人"风流才子"的特点。这一点，不仅为他自己赢得了生前身后名，也成为后世巴蜀文人歆羡和效仿的榜样，更是对其文学创作产生了重要影响。司马相如的人性个性转化为创作个性，在其文学创作包括赋和散文两方面都有充分的展现。

（一）是他敢于创新的创作态度。司马相如身上有许多第一。他是第一个奠定汉大赋体制的作家，《子虚赋》《上林赋》即是；他的《哀二世赋》用文学的形式第一次指斥了秦朝的暴政；他的《长门赋》开创了写宫怨题材的先河。所有这些都显示了司马相如创作时善于创新，敢于创新的特点，这便是巴蜀文化重视创造性的内在传承。

（二）是司马相如所主张的"得之于内""得之于心"，说及其审美的敏感能力离不开巴蜀地域环境的影响，据《西京杂记》卷二记载，司马相如答友人作赋得秘诀时说："合綦组以成文，列锦绣而为质，一经一书，一宫一商，此赋家之迹也。赋家之心，苞括宇宙，总览人物，斯乃得之于内，不可得而传"。这就是说，赋是要讲究文采和调音的。赋得文采，有如彩带铺陈，锦绣罗列，是非常华丽的；赋得调音，如音乐的宫商相和，也是十分动听的。但这些都不过是赋的表达方式而已。赋家之心上可以包笼宇宙，下可以总览人物，世间万物都可以被接受，被认识。但这是一种自得于心的东西，只能自己去体会而不能言传，这段话无疑是司马相如的辞赋创作主张，包含着极为丰富的赋学思想。司马相如一方面强调了赋得审美表达的丰富性，强调辞采的华丽和音韵的和谐，一方面强调赋的审美创作构思"得之于内，不可得而传"，倡言创作构思中的独立性和创新性，这就是讲求文艺创作必须"自得"。从司马相如的创作实践有关辞赋创作的论述来看，辞赋创作既要深思熟虑，又要自然兴发，乘兴随兴，自得自在，自得于心，必须要有自己独特的体验。他的这种"自得"之思想与对创作的独特体验正是巴蜀文化开放性与整体性结合的体现。首先，司马相如对自然的礼赞明现与崇尚大自然活力的楚文化、巴蜀文化紧密相通。巴蜀吸收荆楚文化后产生的荆楚——巴蜀文化因子赋予司马相如的赋作内在之生命力。司马相如赋作的主要意境——山川、树林等贯穿着荆楚——巴蜀文化山川其树神崇拜的愿望，象征着青春、生命、力量及自由、和谐、宁静，积淀着民族文化的深层结构，成为司马相如"自得"的源泉。其次，司马相如的"得之于内，得之于心"是与其放诞风流、张狂不羁的个性特征有关。而此种个性又是由巴蜀地区重开创性、冒险性的地域文化精神决定。

（三）是创作上显示出的浪漫雄健和偏重崇尚的审美个性。司马相如之赋产生于汉武帝时期这个国力强盛、进取精神极为浓厚的时代，是汉帝国时代精神在艺术上的典型体现。换言之，相如之赋本身就是一个崇尚时代的写照。他笔下之描写，不仅是文人的想象，还有着现实的基础。除了汉帝国这一大土壤之外，我们不能忽视巴蜀这一方土地以及相如本人的个性。巴蜀四面环山，多山多水的地理环境，是比较适宜于产生崇高观念的，西方美学家博克对自然界崇高对象的分析，颇适用于分析高山、大川、大漠、海洋容易产生出崇高的原因。这种结合终于使司马相如的赋显示出浪漫刚健和偏向崇高的审美特征。

（四）是司马相如的"斑采文章"与"丽"深蜀人审美趋向的影响。西汉末年，扬雄指出司马相如之赋有"丽以淫"的特点，这里的"丽"是就相如辞赋文采而言。班固在《汉书》扬雄本传中说："蜀有司马相如，作赋其弘丽温雅，雄心壮志，每作赋，常拟之为式"，又在《文艺志》中说司马相如等人之赋"竞为侈丽宏衍之辞"。这说明班固也是认同司马相如之赋具有"丽"的特点。而翻检古代巴蜀文人之作品，辞采华美，音韵流畅是其重要特征。蜀人"好文"，这个"文"字，不仅是指文章，也是指"文采"；巴蜀人在文学上追求"采""丽"，只是整个巴蜀人"好尚"的审美趋向的一个具体表现，司马相如亦如此。

三、司马相如的文学成就

在古代有很灿烂的文化，除了诗词以外还有歌赋，尤其是在遥远的西汉，辞赋更是十分的兴盛，西汉辞赋写得最好的只能是司马相了，司马相如写下的辞赋。后世很多人都称赞，也没有比司马相如写得更好的了，在汉赋中司马相如写得最好的，从古至今流传下来的汉赋司马相如的广得赞誉。

司马相如是我国汉代时期的最大代表作家。西汉汉武帝登基之后，对文人十分的重视和关注，汉朝的文学得到了发展，并取得了前所未有的成果。相如生活于汉代的鼎盛时期，其时国力的强盛，物产的富饶，生产力的发展，都是前所未有的，也正是这一时期，司马相如和扬雄这两位赋坛文人的名字变得众人皆知。《汉书·艺文志》著录西汉的赋，不算"杂赋"，共有七百余篇，其中汉武时代就有四百余篇。司马相如的文学成就主要表现在辞赋上。《汉书·艺文志》著录"司马相如赋二十九篇"，现存《子虚赋》《天子游猎赋》《大人赋》《长门赋》《美人赋》《哀秦二世赋》六篇，另有《梨赋》《鱼葅赋》《梓山赋》三篇仅存篇名。《隋书·经籍志》有《司马相如集》一卷，已散佚。明人张溥辑有《司马文园集》，收入《汉魏六朝百三家集》。其赋今存六篇，除《子虚赋》《上林赋》外，还有《哀二世赋》《大人赋》《美人赋》和《长门赋》。司马相如与卓文君不拘封建礼教的束缚，追求自由、幸福的爱情婚姻的果敢行为，远在公元前就演绎了自由恋爱的爱情经典，被誉为"世界十大经典爱情之首"，闻名中外。后人则根据他二人的爱情故事，谱得琴曲《凤求凰》流传至今。

（一）司马相如散文。司马相如还是汉代很有成就的散文名家，其散文流传至今的有《谕巴蜀檄》《难蜀父老》《谏猎疏》《封禅文》等。《难蜀父老》假托蜀父老搬往"通西南夷"，从而引出作者的正面意见，阐明"通西南夷"的重大意义。《封禅文》颂扬"大汉之德"，认为可以举行封禅的典礼。这些文章的思想倾向与《子虚》《上林》赋有一致之外，是以互相印证。司马相如的散文常用宾主答问形式及排偶句调，颇有辞赋气味。从整体上看，在语言的运用和形式的发展等方面，司马相如对汉代散文做出了重要的贡献。两千多年来，司马相如在文学史上一直享有的声望，产生了深远的影响。两汉作家，绝大多数对他十分佩服，其中最有代表性的是历史学家司马迁。在整个《史记》中，专为文学家立的传只有两篇：一篇是《屈原贾生列传》，另一篇就是《司马相如列传》，仅此即可看出相如在太史公心目中的重要地位。并且在《司马相如列传》中，司马迁全文收录了他的三篇赋、四篇散文，以致《司马相如列传》的篇幅大约相当于《屈原贾生列传》的六倍。这就表明，司马迁认为司马相如的文学成就是超过贾谊的。

《史记》中记载司马相如当了几年郎官，其间写了《大人赋》《谏猎疏》《哀二世赋》等文章劝谏汉武帝，深得汉武帝的欣赏。他的文章虽看似夸张华丽，但其中贯穿着一条鲜明的主线，即要有所讽喻，有所针砭，具有较强烈的社会责任感，对君主多有劝谏，所以深得司马迁的欣赏，在《史记》中尽录其文，独一无二。司马相如最后留下的一篇文章是《封禅文》，临死也不忘忠君报国，其志可嘉。一代才子随风而逝，留下了数篇千古文章，以及一段注定会永世流传的浪漫爱情故事。

（二）司马相如的辞赋。汉武帝时代是辞赋最兴盛的时代。武帝时代的辞赋，实盛极一时，成为文坛的主要形式。而司马相如是公认的汉赋代表作家和赋论大师，也是一位文学大师和美学大家。司马相如写下了那篇让他扬名天下的《子虚赋》，在《史记》中被全文记录。此赋辞藻华丽，描写景物瑰丽奇伟，洋洋洒洒、气韵非凡，文采斐然，并采用"以颂作讽"的手法表达了对君王淫逸奢侈的批判，主张君王应当廉俭守节、清静无为。此赋在文学上、思想政治上均有极高的高度，堪称千古名篇。

1. 司马相如赋的代表作品：《子虚赋》《上林赋》是司马相如赋的代表作品。《子虚赋》写楚使子虚先生盛夸楚云梦之大、山川之美、物产之富、畋猎歌舞之乐，借以傲齐。接着齐国乌有先生批评子虚"彰君恶，伤私义"，而又极赞齐国的山川方物远胜于楚。《上林赋》则写亡是公批评子虚、乌有和楚、齐二君有违诸侯之礼，铺陈天子上林苑的巨丽及天子上林游猎的无比壮阔场面，以压倒楚、齐。最后天子自我醒悟到游猎"非所以为继嗣创业垂统"，于是解酒罢猎，废上林苑，交百姓使用。前后两部分，主题是统一的，即反对奢侈，崇尚节俭，抑诸侯而尊天子，维护汉帝国的统一。其间又有对人民生产、生活的关心，及对天子功德、帝国昌盛气象与风貌的热情歌颂。是汉人发扬蹈厉精神和自信心态的反映。《天子游猎赋》以描写帝王、诸侯生活为内容，以微刺帝王淫奢为指归，既美且刺，欲抑先扬，劝百讽一。全文辞采富丽，瑰谲多姿，想象丰富，气势磅礴。标志着汉大赋的体制已臻于成熟。它也成为两汉及后世大赋创作效法的对象，如扬雄的《甘泉赋》《长杨赋》，班固的《两都赋》，张衡的《二京赋》等，皆取式于此。《大人赋》是讽谏汉武帝好神仙方术的，但"劝百讽一"，武帝读后，反倒"飘飘有陵云气、游天地意"（《汉书·司马相如传》）。大赋而外，司马相如的抒情赋也写得不错，如《长门赋》是宫怨题材的名篇，表现了以陈皇后为代表的后宫女子"色衰而爱弛，爱弛则恩绝"的可悲可怜命运和悲愁心境。《哀二世赋》哀胡亥"持身不谨""信谗不寤"而终至亡国，实吊古以讽今。此赋以"子虚""乌有先生""亡是公"为假托人物，设为问答，放手铺写，以维护国家统一、反对帝王奢侈为主旨，歌颂了统一大帝国无可比拟的形象，又对统治者有所讽谏，开创了汉代大赋的一个基本主题。赋中假设楚国子虚，和齐国乌有先生的相互夸耀，最后亡是公又大肆铺陈汉天子上林苑的壮丽及天子射猎的盛举，以压倒齐楚，表明诸侯之事不足道。这样作品就歌颂了大一统中央皇朝无可比拟的气魄和声威。在统一帝国政治经济空前发展、中央王朝对封建割据势力的斗争取得进一步胜利的时代，这种歌颂具有一定的现实意义。但作品主要部分在于夸张帝王的物质享受，渲染贵族宫廷生活骄奢淫逸的风气，迎合了武帝的好大喜功。赋未委婉致讽，流露了作者另一方面的思想：即认为过分奢侈"非所以为继嗣创业垂统"。为统治阶级的长远利益计，作者主张"解酒罢猎"，与民同利。正如扬雄所谓"靡丽之赋，劝百而讽一，犹骋郑卫之声，曲终而奏雅"，实际上它起不了多少讽刺作用。

2. 新体赋的特色。新体赋的特色是铺张，在这一点上，《子虚》《上林》比枚乘《七发》有进一步的发展。作品以子虚夸楚开始，说"楚有七泽，常见其一，未睹其馀也，臣之所见，特其小者耳，各曰云梦"，并乘势大力夸耀楚王游猎云梦的规模。哪知乌有先生却以齐国的渤澥、孟诸可以"吞若云梦者八九于其胸中曾不蒂芥"，压倒了楚国。最后亡是公才以天子上林的巨丽、游猎的壮观，又压倒了齐楚。这样一浪高过一浪，形成了文章壮阔的气势。其次是以大量的连词、对偶、排句，层层渲染，增加了文章词采的富丽。例如：撞千石之钟，立万石之虡，建翠花之旗，树灵鼍之鼓；奏陶唐氏之舞，听葛天氏之歌；千人唱，万人和；山陵为之震动，川公为之荡波。这种描写确实气势充沛，波澜壮阔。后来扬雄《长杨赋》的"子墨客卿""翰村主人"，张衡《二京赋》的"凭虚公子""安处先生"，都是模仿这种形式。

3. 代表作品产生的现实社会基础。《子虚》《上林》赋的出现不是偶然的。《西京杂记》载司马相如的友人盛览尝问他作赋秘诀。相如说："赋家之心，包括宇宙，总览人物，斯乃得之于内，不可得而传。"其实这并不仅仅是作家个人的才力，即他说的"赋家之心"的问题，更重要的是空前统一、繁荣的汉帝国的出现，加强了正处在上升期的封建统治阶级的信心，也大大开拓了文人学士的胸襟与眼界，使他有可能在赋里多少反映这个强大的汉帝国的面貌，也多少表现了当时统治者的一种发扬蹈厉的精神。后来张衡二京，左思三都，虽篇幅加广，而气魄终觉不如。至南朝文人勉强学步，就如在蹄涔之水，吹波助澜，更无足观了。所以，《子虚》《上林》赋的出现是有一定的现实社会基础的。然而作品所表现的时代面貌终究是非常表面和畸形的，因此它们并不能真正反映它的时代。至于它们的艺术形式和表现手法，则与楚辞有很多联系，是楚辞的变化和发展。

4．重要地位。《子虚》《上林》赋在汉赋发展史上有极其重要的地位。它们确立了一个"劝百讽一"的赋颂传统。汉赋自司马相如始以歌颂王朝声威和气魄为其主要内容，后世赋家相沿不改，逐渐形成一个赋颂传统。如果说这种歌颂可以在司马相如时代还不是全无意义的话，那么随着时代的变化，它往往流为粉饰太平，对封建帝王贡谀献媚，全然失去意义。它们也奠定了一种铺张扬厉的大赋体制。后世赋家大都按照这一体制创作愈来愈失去了创造性。

5．著有骚体作品。司马相如还著有《大人赋》《长门赋》《哀秦二世赋》等骚体作品。《大人赋》迎合了汉武帝好神仙的心理，所以武帝读后大为欢喜，"缥缥有凌云之气"。《长门赋》据叙中说，是为武帝陈皇后失宠而作。《南齐书？陆厥传》载厥与沈约书，谓《长门》《上林》非一字之赋。从文章风格来看，明确如此。后来顾炎武因叙文不符的实事，也断为后人托名之作。不过这赋即属于伪作，仍是一篇很好的抒情文。它细致的同时典型地表现了一个失宠的宫人望君不止的复杂变化的心情，对后世宫怨诗的创作有一定启发作用。

司马相如还充分地掌握了辞赋创作的审美规律，并通过自己的辞赋创作实践和有关辞赋创作的论述，对辞赋创作的审美创作与表现过程进行了不少探索，看似只言片语，但与其具体赋作中所表露出的美学思想相结合，仍可看出他对赋的不少见解。他已经比较完整地提出了自己的辞赋创作主张。从现代美学的领域，对其辞赋美学思想进行阐释，无疑是有益的和必要的。

四、司马相如辞赋与当时社会环境的联系

汉朝经过"文景之治"后进入汉武帝时代，社会安定，国家强盛，司马相如正好活跃在景帝和武帝时代。可以说是汉武帝成就了西汉的强盛，既然国家这么强盛，那就得有一种文化来承载，于是一种新的文体顺势而生，其内容以描写宫苑的华美、国土的广阔、都邑的繁盛以及汉武帝的文治武功为主要素材当然也包含了一些劝谕之词，其文采辞藻华美、炫博耀奇，独具风格。这种新的文体就是大赋，司马相如就是写大赋的行家里手，他的辞赋相当有名气，就分析一下司马相如的辞赋非常出名的原因。

（一）司马相如勤奋好学，文学功底深厚。

司马相如天资聪颖，从小就勤奋好学，诗词音律统统涉猎，而且喜欢体育，武术和剑法都不错。长大后更是不得了。论文才，人家饱读诗书，装了一肚子的学问；论才艺，人家唱歌、舞剑、弹琴样样精通；论人才，人家长得高大挺拔，英气不凡。这样的人要混社会，不成功天理都不容啊。

（二）司马相如志向远大，厚积薄发。

为什么说司马相如志向远大呢？得从他改名字说起，相如原来的名字叫犬子，父母给起的名，为了好养活。司马犬子书读得多了，就有了偶像了，这偶像就是战国时赵国的上卿蔺相如，他发誓要成为蔺相如式的人物，就自己把名字也改成了相如。改了名之后以赀为郎，开始了人生的第一步，人家弄的这个官可不是普通的官，是当朝第一领导人汉景帝的保镖，直接就跟中央领导拉上了关系。在国家领导身边混了一段时间，那见识可就大了，这司马相如就发现领导的弟弟梁孝王是个喜欢文学的主儿，每次来都带几个文人雅士谈论辞赋，司马相如私下一琢磨，

既然现在流行辞赋，那咱也得往这方面发展才对，心里一合计，本来当保镖就是个权宜之计，这会儿有了方向了，就得开干了，当下就跟景帝告病回家了，景帝也痛快，反正也不缺保镖，你爱干不干吧，走吧。就这样司马相如回家闭门研究开了辞赋，本来就文学功底深厚，这辞赋经他这么一研究，还真研究出名堂来了。

（三）司马相如目标精准，一赋成名。

司马相如钻研辞赋，心下有感，大笔一挥就写了一篇《子虚赋》，写文章就是为了让人看的，让谁看呢？相如心中早有主意，带着《子虚赋》直奔梁园，拜访梁孝王来了。梁孝王看过之后，大为赞赏，非常高兴，高兴到什么程度？二话不说就把自己收藏的一把绿绮琴赠送给了司马相如，司马相如通晓音律，自然知道这琴的贵重。一时间司马相如名声大噪，很多有钱的人都争相邀请，以结识司马大才子为荣。

（四）司马相如暗中施计，博取盛名。

司马相如是个有远大志向的人，梁园自然不是久居之地，正赶上梁孝王辞世，相如遂离开梁园回自己老家找好友王吉合计下一步事宜。王吉当时是成都一个偏远小县城的县长，自小与相如交好，深知相如才华，也知道相如在大领导身边混过，又跟领导弟弟交好，自然不敢怠慢。相如来此之前心下早有定夺，于是跟王吉如此这般商榷一番，定下了博取盛名的妙计。第二天王吉悄悄找了个县城最高档的酒店安排相如住下，然后每天都带着一大帮人前去拜访，而相如则一连三天称病不见。这一下不要紧，全县城及附近地区就传遍了，县令拜访声势如何大，司马大才子连县令的面子都不给，大领导跟前的红人云云，总之是相如这个人不得了，顿时就成了当地有头有脸的贵族人士巴结的首选对象。

（五）司马相如绝版撩妹，天下闻名。

司马相如在县城出名之后，有钱之人竞相邀请，其中有一个叫卓王孙的乃是当地首富，他的女儿文君年方十七，要才学有才学，要颜值有颜值，早就是万千男儿心目中的梦中情人，只是这文君心高气傲，所以一直待字闺中。话说卓王孙请客这天，县里头面人物几乎都到齐了还不见司马相如的影子，王吉亲自去请了三次，相如才抱着价值连城的绿绮琴缓缓到来，一阵寒暄之后，大家纷纷请相如展示才艺，相如假意推辞一番便弹奏了起来。其实这群人当中附庸风雅者居多，通晓音律的就更少了，相如倒不在意，因为他这琴是专门弹给一个人听的，这个人就是卓文君，你别人你也听不懂呀！卓文君不一样，人家也是诗书琴画样样精通之人，一听这琴声就听出来了，这是《凤求凰》啊！早就听过相如大名了，当下隔着帘子偷偷一看，这相如长得相貌堂堂，一表人才，这简直就是我心中的白马王子啊。在闺中待久了，乍一下遇着这么个人物，又弹着《凤求凰》这不是冲我来的吗？心下早已暗许。司马相如呢？早就安排王吉买通了文君的侍女，完了之后通过侍女两下一沟通，这事就定下来了。怎么定的？相如给文君建议，既然是你情我愿咱们就玩个刺激点儿的：私奔！要不说这女人在爱情面前智商为零呢，卓文君当下就拍了板了，走！说走就走！这一下不要紧，后面的事咱就不细说了，反正是天下人都知道了这档子事儿，这也是司马相如出名的一个推手吧。

（六）司马相如赢得超级粉丝关注，赋史留名。

司马相如虽抱得美人归，但是他的志向还是未能实现，他自己似乎也在等待着什么。汉武帝当政之后，有一天无意中看到了《子虚赋》，大为惊叹，立即差人询问由来，一问就问到是相如所为，马上要召见相如，相如在老家呢，于是千里迢迢赶来见武帝，武帝将文章的事一说，相如心中暗喜，机会终于来了。就跟汉武帝说《子虚赋》那个是写着练手的，您要想看，我就专门给您写一篇天子游猎赋，当下就备好竹简笔墨，将一篇《天子游猎赋》一挥而就，后来称之为《上林赋》。汉武帝看了之后那是拍案叫绝呀！立即就封司马相如做了侍郎。自此之后汉武帝就成了司马相如的铁杆超级粉丝，连领导人都成了铁杆粉丝了，那还不等于是天下闻名了吗？

（七）司马相如以赋安民，成为"安边功臣"。

汉武帝给司马相如封官后先后两次派相如出使西南平定民乱，这两次平乱真正展示了相如过人的雄辩才华和绝顶的文笔功夫。第一次出使西南写下了《喻巴蜀檄》，既维护了朝廷尊严，又安抚了百姓民心。不久之后又一次出使西南，写下了《难蜀中耆》，圆满完成了对西南人民的政治思想教育任务，彻底安定了民心，为朝廷之下了汗马功劳，被称为"安边功臣"。

五、司马相如文学成就对巴蜀文化发展传承影响

巴蜀自古以来人文荟萃，文化名人灿若繁星，他们在不同的领域内对巴蜀文化，乃至中国文化做出了巨大的贡献。他们或出生于巴蜀，或成长于巴蜀，或在巴蜀为官，或流寓于巴蜀，在巴蜀地区完成了他们一生的主要业绩，为巴蜀的发展乃至祖国的统一和繁荣立下了不朽的功勋，发展和传承了独具特色而又异彩纷呈的巴蜀文化，使巴蜀大地以富有浓郁的文化氛围著称于世，"蜀学比于齐鲁""文宗自古出巴蜀""天下诗人皆入蜀""唐后史学，莫隆于蜀"，蜀学"冠天下而垂无穷"等称许，无不彰显巴蜀文化的璀璨夺目、成就非凡。

巴蜀历史文化名人是巴蜀文化发展各时期的代表人物，梳理他们的生平事迹尤其是对巴蜀文化的贡献和影响，我们发现，他们引领巴蜀文脉的传承与升华。他们的理想智慧、丰功伟绩、魅力神韵，增添了巴蜀儿女乃至中国人民内心深处的文化自信和自豪。因此，巴蜀历史文化名人，承载着中华民族优秀的精神品格，闪烁着巴蜀人民独特的气质风范，是我们

四川和重庆实施中华优秀传统文化传承发展的宝贵资源和突出优势。巴蜀历史文化名人分别为：大禹、李冰、司马相如、文翁、诸葛亮、陈寿、武则天、李白、苏轼、杨慎等一代又一代杰出的巴蜀儿女，以天下为己任，创造了辉煌灿烂的思想文化，推动了巴蜀乃至中国社会历史的巨大变革。正所谓："蜀之文人才士，每出，皆表仪一代，领袖百家……岂他方所能比拟？"①他们继往开来，是创造、传承、革新巴蜀文化的先导者，是巴蜀文脉的传承者，是巴蜀历史长河中最为耀眼的明珠。

司马相如是古代文化名人，也是巴蜀文化的杰出代表。其生平事迹尤其是相如故里问题研究和讨论是当前和今后人们和学者们十分关注的一个重要方面。雄奇险秀的巴蜀自然风光和今文派的文治教化传统，对上至司马相如下至郭沫若等著名的巴蜀文人有着巨大的哺育之功。司马相如是西汉四大辞赋家之一，被称为汉代蜀中第一文豪，西汉一代文宗。

司马相如少时好读书击剑，善属文。汉景帝时为武骑常侍，因病免，客梁孝王。梁孝王卒后归蜀，琴挑文君，结为伉俪。后得乡人引荐，武帝任以为郎。司马相如一生，充满传奇而又成就非凡："弹琴看文君""文君当垆""相如涤器"的故事传为千古佳话，邛崃文君遗址和成都琴台路早已建成旅游胜地。司马相如的代表作《子虚赋》《上林赋》（或统称为《天子游猎赋》）是汉赋的极品。内容上，既歌颂统一大帝国无可比拟之声威，又对最高统治者有所讽谏，开创了汉代大赋的一个基本主题；形式上，摆脱了模仿楚辞的俗套，结构宏大，层次严密，辞藻富丽，形成铺张扬厉的风格，确立了汉代大赋的体制。相如还精通小学，写有字书《凡将篇》。司马相如出使通西南夷，急国家之难，而乐尽臣之道。其撰《喻巴蜀檄》《难蜀父老》两篇政论文，对后

---

① 何宇度《益部谈资》卷上。

世政论及告喻文体有较大影响。

司马相如对巴蜀文化发展之影响可谓承前启后。他不但继承了蜀人好文的传统，成为一代文豪；而且蜀学在汉代的发展，"由文翁倡其教，相如为之师"，使蜀中成为"蜀国本多士，雄文似相如"的文化渊薮。司马相如以其杰出的文学成就，确立了其在巴蜀文化及中国文学史上的重要地位。其与巴蜀文化的关系和对文学发展的影响，引起了各位专家学者的热烈讨论。司马相如掌握了辞赋创作的审美规律，并通过自己的辞赋创作实践和有关辞赋创作的论述，对辞赋创作的审美创作与表现过程进行了不少探索，看似只言片语，但与其具体赋作中所表露出的美学思想相结合，仍可看出他对赋的不少见解。他已经比较完整地提出了自己的辞赋创作主张。从现代美学的领域，对其辞赋美学思想进行阐释，是有益的和必要的。由于受到道家思想的深刻影响，司马相如的辞赋呈现出了斑斓多姿的艺术风貌，从而获得了经久不息的艺术魅力。在两汉赋作家中，以司马相如成就最高，其大赋甚至成为汉大赋创作的范式，故研究司马相如辞赋创作的特点，对研究汉赋乃至整个汉代文学，都有着深远的意义。总之，司马相如作为出自巴蜀的汉赋大家，其创作深受巴蜀的地理文化各方面的影响，堪称区域文化地理与文学的美妙结合。正是由于此类组合的百花齐放，共同融合，才一起形成了丰富的中国文学风格，使其成为博大精深，包罗万象的千古奇葩，使无数后来者为之着迷。

相如文化与南方丝绸之路

四川省南充市蓬安县教育科学研究室　蔡良炯

"一带一路"（The Belt and Road）是"丝绸之路经济带"和"21世纪海上丝绸之路"的简称，2013年9月和10月由中国国家主席习近平分别提出的合作倡议。依靠中国与有关国家既有的双多边机制，借助既有的、行之有效的区域合作平台，借用古代丝绸之路的历史符号，高举和平发展的旗帜，积极发展与沿线国家的经济合作伙伴关系，共同打造政治互信、经济融合、文化包容的利益共同体、命运共同体和责任共同体。

本文欲就相如文化与"一带一路"中的南方丝绸之路的关系做一些探讨。

南方丝绸之路泛指历史上不同时期四川、云南、西藏等中国南方地区对外连接的通道，包括历史上有名的蜀身毒道和茶马古道等。据英国人哈维的《缅甸史》、霍尔的《东南亚史》等著作记载，公元前2世纪以来，中国的丝绸、茶叶从缅甸经印度到达阿富汗，远及欧洲。

南方丝绸之路的东线为从四川经贵州、广西、广东至南海的"牂牁道"，或称"夜郎道"；南方丝绸之路的中线为从四川经云南到越南和中南半岛的交通线，历史文献记载为"步头道"和"进桑道"；南方丝绸之路的西线为从四川成都经云南至缅甸、印度，进一步通往中亚、西亚和欧洲地中海地区"蜀身毒道"。

世界中心的不断转移，是地缘政治的权利转移。经济的不均衡增长导致了财富的革命，政治必须为经济拓展更广阔的发展空间。"南方丝绸之路"的提出，是基于以四川为重心，分布于云南至缅甸、印度地区内，出土了大量相同的文化因素的文物。这些文化因素，其时代早于经中国西北出西域的丝绸之路。因此便称这条由四川为起点，经云南出缅甸、印度、巴基斯坦至中亚、西亚的中西交通古道为"南方丝绸之路"。

南方丝绸之路既是民间商道，同时又是使节往来、朝贡贸易、文化交流、宗教传播的文化通道，还是中央王朝得以维系上下关系的政治通道。南方丝绸之路经过不断发展完善，成为一条贯通东西南北的大通道，道路不断延伸，如网状遍及周围各地，通过马帮的运输，川、滇的丝绸、茶叶得以与中亚、西亚和欧洲进行交易。

司马相如（公元前179—公元前118年），字长卿，故乡为汉巴郡安汉县（今四川省蓬安县），落籍在蜀郡成都。少年时喜好读书击剑，因仰慕蔺相如的为人，故改名相如。

司马相如是我国汉代著名的政治家、思想家和辞赋家。班固称他为"蔚为辞宗，赋颂之首"，鲁迅先生在《汉文学史纲要》中也说"武帝时文人，赋莫如司马相如，文莫如司马迁"。将其与著名史学家司马迁相提并论。并认为相如"不师故辙，自撰妙才。广博宏丽，卓绝汉代"。在中国文学史上，司马相如占有非常重要的地位。

司马相如身上体现着国家利益至高无上的精神，司马相如文化的精髓是大一统思想。在汉武帝即位之际，司马相如以《子虚赋》《上林赋》成为鼓荡大一统文化中国的梦想者和策动者；在大一统文化中国形成的过程中，他再以《谕巴蜀檄》《难蜀父老》成为大一统文化中国的践行者和宣传者；在大一统中国形成后，他又以《封禅书》成为大一统文化中国的礼赞者。即使在大汉如日中天之时，司马相如在赋中提出的"明天子之义""正诸侯之礼"，反对"奢侈相胜""荒淫相越"，具有强烈的警戒意义。他的著述和行为体现了维护国家统一，反对国家分裂，反对各自为政的爱国主义精神实质，对国家和民族具有重大意义。他反对因循守旧，力主改革创新，至今仍是我们学习的宝贵精神财富。

司马相如的作品，《汉书·艺文志》称仅赋作二十九篇。《史记》《汉书》所收篇目相同，赋文仅八篇。"相如他所著，若《遗平陵侯书》《与五公子相难》《草木篇》不采"，存目三篇。《汉书·艺文志》"小学十家"列司马相如作《凡将篇》一篇存目。梁顾野王《玉篇下·石部》存目《梓桐山赋》一篇，任昉《文章缘起》存目《荆轲赞》一篇，《文选·魏都赋》刘逵注谓司马相如著《梨赋》存目一篇，唐虞世南《北堂书钞》谓司马相如撰《鱼菹赋》存目一篇，吴兢《乐府古题要解》谓司马相如作《钓竿》诗存目一篇，宋虞汝明《古琴疏》谓司马相如作《玉如意赋》存目一篇，元徐骏《诗文轨范》谓司马相如作《老将篇》，疑是《凡将篇》之误，存目一篇。以上存目无文之十篇，加上现存的赋、文、歌、书十三篇，犹远未足其赋作之数。《隋书·经籍志》首见相如专集，署录《司马长卿集》一卷，旧、新《唐书》亦明载《司马相如集》二卷。

司马相如文化的浩然之气、浪漫之韵、大雅之声，在文化中国巨人的长廊里实占有一席不可磨灭的地位。相如文化首先应是大一统思想，从"润色正道"的圣门儒术为主要特色，其次才是文学方面的辞赋之宗。相如大赋是汉代中国诗教文章的代表，具有儒学经典"兴废继绝，润色鸿业"（班固：《两都赋》）的作用，属于汉代儒家主流意识形态。相如文化中论赋家之心是"苞括宇宙，总览人物""控引天地，错综古今"（《西京杂记》卷二），构成相如文化浪漫主义文学精神的根基，开启了巴蜀文学浪漫主义的传统。相如文化"以非常之人"的胆识，"做非常之事"的功业，"成非常之功"的主张（《史记·难蜀父老》），开发西南夷，体现了中华民族终日乾乾向上、开拓进取的"非常"精神。

司马相如在梁园作《子虚赋》，因乡人狗监杨得意的推荐得汉武帝召见，作《上林赋》，因以为郎，受到武帝的信任。两次奉使西南，作《谕巴蜀檄》与《难蜀父老》，两篇政论准确地宣示了汉王朝的旨意，对开发西南夷作了政策上和理论上的阐述，安定了民心，取得了开发西南夷的成功，对开通南方丝绸之路做出了重要的贡献。

汉以前，在四川西部、南部和云南、贵州一带居住着一些少数民族，被统称之西南夷。"秦时尝破，略通五尺道，诸此国颇置吏焉"（《汉书·西南夷两粤朝鲜传》）。西南夷地区早在秦王朝就设置郡守官吏进行管辖了。西汉初期，中央政府和西南夷地区联系较少，出现了短暂的空白。汉武帝建元六年（公元前135年）东越（闽越）出兵攻打南越，南越请求汉政府支援。汉武帝派大行令王恢率军队攻打东越。事情平息后，王恢派番阳令唐蒙去南越，通报有关情况，借以显示汉王朝的兵威。唐蒙因问蜀贾枸酱之事，产生了开发西南夷的设想，并上书汉武帝说，"诚以汉之强，巴蜀之饶，通夜郎道，为置吏，易甚"（《史记·西南夷列传》）。

唐蒙的建议得到了汉武帝的采纳，"乃拜蒙为郎中将，将千人，食重万余人，从巴蜀筰关入，遂见夜郎侯多同。蒙厚赐，谕以威德，约为置吏，使其子为令"（《史记·西南夷列传》）。唐蒙率领巴蜀的吏卒千人，并征发了万余人转运辎重，增加了百姓的负担，在当地百姓中引起了不满和骚动，而唐蒙为此亦用军兴法诛杀了为首者，更使得"巴蜀民大惊恐"，人心浮动，地方不安。汉武帝闻听这种情况，采纳了司马相如的建言，"乃使相如责唐蒙，因谕告巴蜀民非上意"（《史记·司马相如列传》），司马相如到西南后，乃作《谕巴蜀檄》一文。文章先用对外征讨的声威和虽被征招而无隐患来震动和安抚人心，为皇帝本意辩解，并分析唐蒙和地方官吏的责任；再树边民为榜样，以当官享乐传名来规范和开导百姓，并在对比中寻过责怪巴蜀吏民；最后说明作者意，要求及时传达。总之，维护皇帝，斥责官吏，开导百姓，扬威以慑之，示安以慰之，示范以规之，示利以导之，寻过以责之。纵横辩说，思维严密，策略周详，全盘平衡，运用权术，有礼有节。由于司马相如的帮助，终使唐蒙打开了通南夷的道路。

"是时邛，筰之君长闻南夷与汉通，得赏赐多，多欲愿为内臣妾，请吏，比南夷"（《史记·司马相如列传》）。川西地区的少数民族首领看到南夷与汉通的物质好处，又主动请求内附，要求中央政府像对待南夷一样为之置吏。汉武帝征求熟悉西南夷情况的司马相如的意见，司马相如回答说："邛、筰、冉、駹者近蜀，道亦易通，秦时尝通为郡县，至汉兴而罢。今诚复通，为置郡县，愈于南夷"（《史记·司马相如列传》）。司马相如认为四川西南地区道路易通，汉以前就曾经是中央王朝的郡县，只是汉以后才废弃，因而极力主张设郡置县，开发邛、筰等川西地区。于是，汉武帝派遣司马相如以中郎将的身份再次出使巴蜀，并为他"建节"，置副使，"驰四乘之传，因巴蜀吏币物以赂西夷"（《史记·司马相如列传》）。司马相如针对当时"蜀长老多言通西南夷之不为用，大臣以为然"的情况，写了《难蜀父老》一文。文章托言难蜀父老，实际上是驳朝廷重臣的错误认识，坚定武帝开发西南夷的信心。文章先概述凭强盛国力平定边境的胜利形势，是全文的背景。紧接着提出批驳的靶子：开发西南边境难成、损民、无用。主体和重心是批驳——先指出开发西南边境具有促进民族融合，事关统一大业的重大意义，是总批；接着指出并用大禹治水为例证明创大业、立殊功的普遍规律，驳"难成""损民"，劝武帝效禹立非常之功，永传之名；再通过颂扬武帝采纳远见卓识的议论（指自己的主张），开创大业，垂范万代，指出开发西南夷是当务之急，是消除混乱、和睦民族、拯救百姓、统一祖国的伟大事业，将使中外更加安乐，驳倒"损民""无用"；又用形象的比喻，批评死盯着创业开始时的忧患，看不到正迈向成功，享受安乐的趋势的短浅见识，驳倒"难成"；最后设蜀人诚服，表明自己主张正确。文章高瞻远瞩，很有说服力，文中用边民的怨言和渴望作论据，动情入理，很有雄辩性和说服力，赞颂武帝采纳远见开创大业，促进武帝听取自己的意见，坚定开发的信心，委婉而有力。经过司马相如这一番解释，巴蜀民众终于明白了通西南夷的意义，表示"百姓虽怠，请以身先之"，来支持司马相如通西南夷的主张。邛、筰、冉、駹、斯榆等部族首领都自愿称臣，请求内附。撤去了旧时的边关，打通了灵关道，在孙水（安宁河）修建了桥梁，通往邛都。司马相如在此设置了一个都尉，十多个县，都归属蜀郡管辖。

开发西南夷，自汉武帝开始，一直就是汉王朝的基本国策。这既是出于汉王朝大一统的现实政治的需要，也是促进民族融合的历史发展的必然要求。司马相如两次出使西南夷，写下的《谕巴蜀檄》《难蜀父老》两篇流传千古的政论文，阐述了中央王朝开发西南夷的必要性和可行性，使相如文化中大一统的思想弘扬光大，名垂青史。成功彰显了司马相如卓越的政治才干，为汉中央王朝开发西南夷地区做出了积极贡献，司马相如也成为运用大一统思想开通西南夷的践行者，成为开边功臣。

司马相如"以非常之人，然后做非常之事，成非常之功"的"非常"精神，不用军事力量而用相如文化宣扬政令，说服吏民，开通西南夷，开拓南方丝绸之路，用相如文化大一统这种精神主张，启发和唤醒巴蜀民众不畏艰险，开拓创新。

开通西南夷，不仅是地理中国的统一问题，更重要的价值是文化中国的认同和维护国家统一的问题。司马相如用文化促进了大中华的国家认同和民族认同，促进了西南地区各民族文化向中原文化的凝心聚力，对"一带一路"中的南方丝绸之路的开拓有深远的影响。

一些重要的考古发现，如三星堆出土的海贝、象牙、大溪文化的海螺，茂汶和重庆涂山出土的琉璃珠，都不是本地所产，而是来自印度北部地区，这些都充分证明巴蜀先民与南方世界有所交通和交流。汉武帝时，张骞在大夏发现邛竹杖和蜀布的轶事，也说明巴蜀到印度（古身毒国）再到中亚、西亚早就存在一条物流通道。

南方丝绸之路是一条始于先秦，盛于汉唐的商贸通道，由多条主干道和支干道组成的商贸道路网络系统，同时也是一条民族迁徙的走廊。从政治上看，统治者要把自己的权威达于各地，因此需要开发这样一条通道；从军事上看，为了军队的进入和军事物质的运输，也需要开通这些道路。司马相如以文化为魂开通的西南夷，对中央政权统一西南地区、巩固西南边陲，促进民族文化交流和民族融合有重要历史作用。

汉武帝开发西南夷，司马相如功不可没。西南夷的开发成功，足以证明相如文化的核心大一统思想的广博宏丽。相如文化大量宣扬大一统思想，司马相如出使西南夷，又践行了大一统思想，对当时的影响是深远的，对当今"一带一路"的影响也是巨大的。

南方丝绸之路开通以来内接中原，外连南亚、东南亚，是佛教南传、藏传、本土宗教的交汇地，独特的地理位置，杂居交错的民族聚落，构成了独特的地域文化，是中原文化、相如文化、藏传文化、东南亚文化及当地民族文化融合的产物。

南方丝绸之路是多国、多地域、多民族文化的碰撞和融合、排斥和吸收，是混合体而不是单一的民族特产。转运不同时空的丝绸、茶马，一路适应、融合，最后移植生根，在不断地适应中变迁，不断的创造再生，将圈内圈外国内国外的文化勾连融合，浑然一体。

南方丝绸之路的历史意义和价值意义是世界性的，它具备的文化个性和创造精神不可替代，这种创造性是南方丝绸之路的开放精神和大一统精神的必然产物，沿线文化是南方丝绸之路沿线族群的民族文化精粹的集中表现，是该路线民族文化的标志，是大一统整体性的象征。南方丝绸之路文化在漫长的发展历史上，已渐渐转型为象征精神，沿线旅游、博物馆、茶叶丝绸交易等，无不是以相如文化和茶马文化为内核的发展开拓，而这些也必将随着"一带一路"倡议实施继续传承和发扬。我们深入挖掘相如文化的大一统的精神内涵和时代价值，以"苞括宇宙"的博大胸怀，"控引天地"的开拓精神，以高度的文化自觉和坚定的文化自信，谱写与新时代相匹配的新的伟大篇章。

相如作品之时代性理念探索

四川省蓬安县司马相如研究会　沈仲子

　　司马相如是中国汉代的大文学家、大辞赋家，他融汇先秦中原诸子散文与南方楚辞等文风创建了体现汉武鼎盛时代风貌，鸿篇巨制、辞藻华丽，既尊天子抑诸侯且寓谏于颂的《上林赋》，成为汉代大赋典模，并因在"赋、檄、难、书"等文体完备中的突出作用，被后人尊称为"文宗""赋圣"。同时，在其作品中彰显出来总揽天地控引六合的中华大一统理念和恋乡爱国包容兼蓄的家国情怀，热情豪放天马行空的浪漫情调，既突显了他独具的思想家、政治家风骨，也构成了相如文化深厚底蕴，成为中华优秀传统文化中的一个重要部分。

　　作为被后人尊称为"文宗""赋圣"的司马相如，两千多年来，以其大赋惊天子、深获汉武帝赏识、破格重用开通两南夷的君臣际会，以其文倾天下、获太史公知遇、载文列传记于《史记》，以其一曲凤求凰、深获文君芳心倾慕、私奔相从的传奇恋情，深得历代文学之士，特别是诗词骚客的景仰和倾慕，并为此留下了众多的吟咏诗篇和赞颂佳评，但较系统、全面、深入地对司马相如及其作品开展全方位学术研讨，却是近一二十年司马相如研究会成立后才有的事。而对司马相如作品及其创作要素所蕴含之相如文化之深层次研究，可说是"万里长征方迈步"。诚所谓中华文化博大精深，相如文化意蕴深厚，传承弘扬优秀传统文化、探讨发掘相如文化意蕴任重道远。本文尝试就司马相如《子虚赋》《上林赋》《封禅书》等作品所彰显出来的相如文化的开放性理念抛砖引玉作点探索，既属抛砖引玉，且系尝试、探索，谬讹必多，诚盼识者教正以臻于善。

所谓相如文化之开放性，具体而言，指的是司马相如文学创作及其作品中所蕴含的包含兼容性、开拓创新性、进取完备性和前瞻大局性。

一、包含兼容性

（一）汉初好楚声

民国汉赋研究学者陶秋英称"汉高祖本好楚声"①。因汉高祖刘邦与其"楚汉相争"的西楚霸王项羽，后者原系楚人，而刘邦原居沛县，可算是楚文化浸润区。故在垓下决战中，汉谋士张良用长箫一曲造就"四面楚歌"瓦解了楚军斗志，导致项羽兵败自杀。而项羽败亡前的垓下歌"力拔山兮气盖世，时不利兮骓不逝，骓不逝兮可奈何，虞兮虞兮奈若何！"②与汉高祖功成归乡有感而发的大风歌"大风起兮云飞扬，威加海内兮归故乡，安得猛士兮守四方！"③，均承袭了楚辞雄浑悲怆的风韵。

承汉高好楚声延续而来的汉初王公贵戚们的好楚声这一良好先导十

① 陶秋英《司马相如作品略论》，（踪凡编《司马相如资料汇编》，中华书局，2008年版，第413页）。
② 司马迁《史记·项羽本纪》，中华书局，2011年版，第283页。
③ 司马迁《史记·高祖本纪》，中华书局，2011年版，第329页。

分重要，一是才有汉初贾谊、枚乘、邹阳等人缘楚辞向汉赋发展的文创风气，二是才有司马相如在梁园数载与枚乘、邹阳等人切磋并受其影响，文思大进，从而创作出了"青出于蓝而胜于蓝"的《子虚赋》，三是没有"好楚声"的汉武对《子虚赋》的赞赏与惊叹，便没有司马相如应召入京，也便没有《上林赋》的出炉与汉代大赋文体的确立，最低汉大赋文体的确立要延后若干年了。

（二）汉武倾慕楚声方有相如大赋

汉初，历经战乱，百业凋敝，故文景两帝秉持黄老"无为而治""休养生息"理念，对外和亲以安外，对内轻瑶薄赋，与民休息，重在培厚国力，于文章之事，无暇敦厚。故司马相如列传中有司马相如"事孝景帝，为武骑常侍，非其好也"和"会景帝不好辞赋"[①]，故才有司马相如后来以病辞官前往梁国，游学梁园之行。汉武继位掌权后，国力日盛，文武兼修，志在四方。所以在读到《子虚赋》后发出了"朕独不得与此人同时哉！"[②]的感叹，这一方面显示了在竹简漆书时代文章传播之不易，另一方面也说明"汉高好楚声（辞）"其由来有继。正由于汉武倾慕楚声（辞赋），才有特诏召问相如和"令尚书给笔札"[③]之举，才有相如鸿篇巨制、辞藻华丽的《上林赋》，也才可能出现有汉一代之体物骋辞大赋——汉赋——文体。

（三）相如受多种文化熏陶初创《子虚赋》

司马相如出生于汉代之安汉县（即今之四川省蓬安县），属于古巴文化区，其后求学执教居住于成都，属古蜀文化区，及壮"以赀为郎"，即凭借家庭的资质与对朝廷的赋税贡献（还有个人的相应才干能力）被甄选为郎，仕宦京城长安，接触到先秦以来以诸子百家散文

---

① 司马迁《史记·司马相如列传》，中华书局，2011 年版，第 2609 页。
② 司马迁《史记·司马相如列传》，中华书局，2011 年版，第 2611 页。
③ 司马迁《史记·司马相如列传》，中华书局，2011 年版，第 2611 页。

为主的中原文化。之后，辞郎游学于梁园，与枚乘、邹阳等切磋唱和，受以楚辞为代表的楚文化及梁所在的江淮文化与毗邻之齐鲁文化熏陶，文思大进，有感于当时汉初休养生息数十年后，物阜国富与诸侯王之骄纵跋扈，创作出了有别于楚辞之悲怆、枚邹等之抒情慵散的《子虚赋》。

（四）相如集各体大成初创《子虚赋》

《子虚赋》既是对南方楚辞文风承袭，也是对江淮之间枚乘、邹阳等汉初抒情小赋的融通，更是融汇了中原先秦诸子政论散文的风骨，也包含了巴蜀仙道文化等元素。正如民国时期汉赋研究者陶宗英所说，"司马相如，乃集各体的大成。屈宋派的抒情；荀卿派的说理、寓言、讽谏；枚乘的散韵相同、问答体；一切都兼而有之。所以他的赋，绮丽朴茂，刚健柔媚，兼有各种风韵。"陶宗英还在《统一南北文学的功绩》一文中说道"政治的统一，给予南北文学调剂的机会；……于是司马相如把散文韵文南赋北赋融于一炉，得了一个伟大的成功。……以历史的眼光来看，司马相如做了汉赋的开发者。……汉赋的整个完成，是骚赋的一大进步，是散文韵文调和的成功，是南北文学接触后的新果"，[①]陶秋英由之肯定了司马相如开创汉赋实乃"统一南北文学的功绩"。这也论证了相如集先秦与当代各文体大成创作的《子虚赋》及其后之《上林赋》，具有极其广泛的包含兼容性。

二、开拓创新性

如果说《子虚赋》是司马相如创建汉赋的初期之作，不论文体文风内涵风骨等方面尚属初探，那么在此基础上经近半年酝酿精心构

---

① 陶秋英《司马相如作品略论》，（踪凡编《司马相如资料汇编》，中华书局，2008 年版，第 413 页）。

思而成的《上林赋》（及其为配套《上林赋》而修订完善的《子虚赋》），则以其"合綦组以成文，列锦绣而为质"①的构思文笔与"苞括宇宙，总览人物"②的内涵气势，成为司马相如的代表作，也成为其开创汉赋新文体的经典传世楷模之作，而其所具有的开拓创新性更有众多表露。

一是基于当时的政治的统一和南北文学融合的契机，基于汉王朝京都及中原地区先秦诸子散文和汉代史学的发达与影响，基于楚辞文体对当时执政者与文坛的深厚影响，基于汉武国力鼎盛、四海宾服八方来朝、多种文化元素的陆续汇入与融合，基于汉武囊括四海文武兼修的政治文化需求，司马相如实现了将散文韵文南文北赋融汇的突破、创建了一种新文体，即代表汉武鼎盛时代风貌的汉代大赋——汉赋。

二是基于当时的封建中央集权威服封建分封地方势力的政治需要，赋中突出了贬抑封建分封遗留的地方盘踞势力——诸侯，彰显颂扬封建中央集权——天子权势，张扬中央集权——天子囊括四海威服八方的皇皇声威。这既符合当时汉武一代鼎盛时期封建中央集权天下一统四海一家的政治需要，体现了汉武鼎盛时期的时代风貌，更彰显了一代汉赋服从于封建中央集权"中华大一统"的国家理念。

三、进取完备性

民国学者蒋天枢论在《汉赋之双轨》中对《子虚》和《上林》两赋有十分精辟的分析："《子虚赋》虽为相如成功之作，然其时餍饫未

---

① 陶秋英《司马相如作品略论》，（踪凡编《司马相如资料汇编》，中华书局，2008 年版，第 416 页）。

② 赵正铭、邓郁章主编《相如故里文化旅游丛书·司马相如在蓬安》，四川人民出版社，2007 年版，第 95 页。

广，取材未丰，犹未足以极其材。及其遇武帝，为侍从之臣……，罗天下之壮观，取精用宏，遂得骋其天才，发而为宏侈巨丽之文（指《上林赋》）。赋体至是，始成为逶迤泱瀁之大波，……相如才力大，停蓄深，故能以磅礴之气，驱磊坷之辞。其色在骨，其秀在韵；遂以'追风入丽，沿波得奇'。虽未能沁人心脾，却能盪人精魄。"①这一方说明《子虚赋》虽是成功之作，由于"取材未丰，犹未足以极其材"，尚不及《上林》的"宏侈巨丽之文"。另一方面，也说明没有汉武帝的际遇与高度赞赏，没有为待从之臣得以搜罗天下之壮观，没有取精用宏骋其天才，就不可能厚积薄发而为宏侈巨丽之文（《上林赋》），（汉）赋（文）体就不可能"始成逶迤泱瀁之大波"。

《上林赋》作为司马相如经典之作，也是其开创汉赋新文体的经典楷模与传世杰作，其所具有的的进取完备性亦有众多表露，也十分突出。

代表汉武鼎盛时代风貌。基于当时的政治统一和南北文学融合的契机，基于汉王朝京都及中原地区先秦诸子散文和汉代史学的发达与影响，基于楚辞文体对当时执政者与文坛的深厚影响，基于汉武国力鼎盛、四海宾服八方来朝、多种文化元素的陆续汇入与融合，基于汉武囊括四海文武兼修的政治文化需求，司马相如实现了将散文韵文南赋北赋融汇的突破、创建了一种新文体，即代表汉武鼎盛时代风貌的汉代大赋——汉赋。

张扬中央集权尊天子抑诸侯的政治需求和"中华大一统"的国家理念。基于当时的封建中央集权威服封建分封地方势力的政治需要，赋中突出了贬抑封建分封遗留的地方盘踞势力——诸侯，彰显颂扬封建中央集权——天子权势，张扬中央集权——天子囊括四海威服八方的皇皇声威。这既符合当时汉武一代鼎盛时期封建中央集权天下一统

---

① 赵正铭、邓郁章主编《相如故里文化旅游丛书·司马相如在蓬安》，四川人民出版社，2007年版，第95页。

四海一家的政治需要，体现了汉武鼎盛时期的时代风貌，更彰显了一代汉赋服从于封建中央集权"中华大一统"的国家理念。以此，《上林赋》与《子虚赋》（应是之后为协同《上林赋》集结为《天子游猎赋》之改进版），作为司马相如的巅峰之作，既受到汉武帝的高度赏识，也以其气度恢宏、辞藻瑰丽，成为汉赋的经典代表之作，更以其囊括古今、意揽六合、天马行空、挥斥山河之势，成为唯一可以彰显太平盛世国家气度的韵体文学模板，并以其"高、深、广、厚"非博识精进不可企及之难，成为赋体楷模，深得后世推崇效仿，并缘此被尊为"赋圣"。

汉代大赋系述国运之盛昌之独特国家文体。古今中外的文人骚客，在其诗文中大都多多少少掺杂或蕴含了一些个人恩怨得失，并借此博得读者或后人的认同与共鸣，这是古今中外凡流传后世经典名著必备的人文关怀要素之一，不足为怪。而相如创建的汉大赋，则完全摒弃个人之恩怨得失，无视仕宦之尊宠荣辱，但状山川之形胜，述国运之盛昌，让人读后莫不心潮澎湃胸境大开，（中华）大国屹立傲视寰宇之意油然而兴。故汉（大）赋成为有别于其他文体但关乎国运及地方风物的散韵兼济的独特文体，由于其在彰显（太平昌盛时期）国家时代气度上的独具性，将之视作国家文体亦未不可。

即以当代而论，新中国成立60年来，特别是前四五十年间，各种文创虽有坎坷但其后均发展迅猛，佳文篇什，目不暇接，唯独大赋创作波澜不惊。但近一二十年来，由于经济发展，国力昌盛，各地城市建设，景区开办，其势如潮，而囊括一地历史沿革、山川形胜，物华天宝、煌耀人文的《××赋》便如雨后春笋般争相迭出。以致有"千城千赋""百山百赋"之竞。这既证实了"国运昌盛出大赋"之说，不也从一个侧面反映了只有司马相如创作的"大赋"才配作为国运昌盛时期抒发一地煌煌盛世景象的独特文体么。是故，将汉代大赋称为专述国运之盛昌之独特国家文体又有何不可。

四、前瞻大局性

所谓相如文化的前瞻大局性，应从相如作品中所蕴含彰显出来的国家理念与时代要求上来探讨。这既可从其代表作《子虚》《上林》两赋中彰显出来的总揽天地控引六合的中华大一统理念中得到证实，更可从《喻巴蜀檄》《难蜀父老》及《封禅书》等作品中鼓吹倡导的国家理念、家国情环与时代要求中得到验证。

（一）《喻巴蜀檄》与《难蜀父老》彰显的国家大局观念。

此二文均为汉武"通西南夷"之作，前者为安抚原中郎将唐蒙通夜郎道处置失当引发蜀中骚乱的劝谕之作，后者为相如任中郎将开西南夷因朝廷之臣与蜀中父老多言不便的辩难之作。司马相如在《喻巴蜀檄》与《难蜀父老》中，大力维护君主权威、斥责官吏不当言行、开导百姓急国家之难、尽人臣之忠，以期"及臻厥成，天下晏如也"[①]"中国有至仁焉，德洋而恩普"[②]"遐迩一体，中外褆福"[③]，则是相如文化（作品）以中华大一统理念强调君民一体家国相戚的国家大局观念的集中体现。

（二）《封禅书》彰显的前瞻大局性。

《封禅书》是司马相如的遗作，是司马相如死后被其妻卓文君呈交给汉武帝，阐明请求封禅的主张，并对汉武帝日后的多次的封禅活动产生重要影响。

---

① 蒋天枢《汉赋之双轨》，（踪凡编《司马相如资料汇编》，中华书局，2008 年版，第 407 页）。
② 司马迁《史记·司马相如列传》，中华书局，2011 年版，第 2652 页。
③ 司马迁《史记·司马相如列传》，中华书局，2011 年版，第 5653 页。

其实劝说武帝进行封禅活动，相如早有此意。在其早年的《难蜀父老》中便有所表述："且夫贤君之践位也，……必将崇论闳议，创业垂统，为万世规。""盖闻中国有至仁焉，德洋恩普，物靡不得其所。""遐迩一体，中外禔福。""方将，鸣和鸾，扬乐颂，上咸五，下登三。"①在对巴蜀父老进行劝诫开导的同时，也对"增太山之封，加梁父之事"的封禅应具备的环境条件及历史意义、政教作用做了提示。

《封禅书》概述了先秦以来古代传说中七十二位国君封禅泰山之事；既而记述汉武时期文治武功，显赫一时，四境归顺，祥瑞屡现，雄才大略可与历代君王媲美。书中借古喻今，直陈其意，假托大司马进言，并拟作颂功德赞祥瑞的封禅颂词，再三敦劝武帝顺应天时民意进行封禅，并借其时汉武帝对天人感应的无比尊崇，从顺天治国理民，敬天封禅告成，畏天居安思危三个方面阐述了封禅的必要条件、政治意义和诫勉事项。

司马相如经过多年思考，在临终前抱病撰写了包含顺天、敬天、畏天三重意义的《封禅书》，并在死后托妻呈交武帝，最终促成汉武于七年后封禅，其志绝非一般识见仅为促成汉武泰山封禅盛典，而是以"人之将死其言也哀"的"死忠之谏"劝诫崇尚"天人感应"且又功高志大的汉武通过敬天封禅促发其"顺天""畏天"心志，以使汉武能身处盛世居安思危慎终虑远，其意蕴甚为高深广厚。清代诗文评论家何焯对司马长卿《封禅文》评曰"……本之以功德，善其始也。……仍申之以规戒，善其终也。"②颂功德以肇封禅之始，归之于规戒以善其终，何焯对司马相如作封禅，寓谏于颂的初心，可偶深体其义，中肯之评，不负长卿本意乎。

---

① 司马迁《史记·司马相如列传》，中华书局，2011 年版，第 5653 页。
② 司马迁《史记·司马相如列传》，中华书局，2011 年版，第 5654 页。

（三）封禅成为其后历代封建王朝的国家盛典更彰显司马相如的前瞻大局性。

自汉武封禅始，其后基于国力鼎盛、天下晏如；九州一统、四海宾服的封禅活动便成为封建时期的一种国家盛典，成为其后有所作为君主孜孜以求的一种政治追求，而其中蕴含的"顺天、敬天、畏天"理念也具有不俗表现。如宋太宗时政通人和，其时社会经济均处于世界之巅，朝廷内外，甚至黎民僧侣均万人跪拜祈请封禅，但太宗碍于"燕云十六州"未能收复（九州未一统、四海未宾服），坚辞未允。这也足以说明封禅及其蕴含的"顺天、敬天、畏天"理念确也具有非凡的历史作用，未可等闲而论。

而《封禅书》所具有的政治上的前瞻大局性，也更彰显了司马相如不仅是一个伟大的文学者，更是一个具有前瞻大局意识的政治家，也是一个具有开放意识勇于探索积极进取的思想家和文学家。

后　记

　　司马相如和相如文化研究，从1989年再次提出"相如故里在蓬安"至今，已经30多年了。2020年6月，四川省委宣传部批准了相如故里南充蓬安的上报材料，正式公布司马相如为四川历史名人。但是，司马相如这个历史名人，不仅是四川的，也是中国的，更是世界的。

　　2021年，是我们建党100周年的喜庆日子，也恰逢司马相如诞生2200周年。我们党成立以来，坚定"四个自信"，不断开拓创新，艰难困苦，浴血奋战，踔厉奋发，筚路蓝缕，取得了今天的辉煌成就。在向新的100年奋进时，更要坚定不移地紧跟党中央，确保"两个维护"，坚定"四个自信"。四川省司马相如研究会是一个以弘扬中华优秀传统文化为己任的群众社团。研究会已经召开了六次大型司马相如文化研讨会。2020年4月23日，四川省社科院历史研究院，四川省司马相如研究会，南充市委宣传部，蓬安县委、县政府在锦江宾馆鸿宾厅召开了省内高校和有关部门专家100余人的"纪念司马相如诞生2200周年座谈会"。4月30日，在相如故里蓬安，司马相如和相如文化的历史性遗迹标志性建筑——相如故城首期恢复建设完成，隆重开城，这为相如文化的传承提供了文旅结合的实物佐证。新时代，继往开来，我们更要在习近平新时代中国特色社会主义思想指引下，更好地坚定文化自信，更好地传承和弘扬中华优秀传统文化，做好相如文化研究工作，做好文旅融合发展，促进地方经济社会进步。

这本论文集，就是2020年拟召开的第六次司马相如文化研讨会收集的学术论文。研讨会定名"司马相如与中华广域文化共同体"，故论文集就定名《司马相如与中华广域文化共同体——第六次司马相如文化研讨会论文集》。所收论文来自高校和四川省社科院研究相如文化的老师们。经由社科院历史所研究生进行初步校对工作，在具体的格式方面有了一些初步的整理。包括张娜、刁涵、张静远、李玉亭和税显辉在内的五名同学，各自完成了5—6篇的文章校对，在文集整理的过程中贡献了自己的力量，对文集的整理工作有所裨益。由于疫情原因，时间较紧，故个别地方内容有待提高。但是，宣传和推广相如文化，抛砖引玉，推进文化研讨，势在必行，也是我们社团的应有之义，因此，我们出版了这本集子，尚待专家老师们教正。本书出版，得到了相如故里蓬安县委、县政府的大力支持，一并致谢。

是为后记。

魏赤中

2022年11月